Einschulung

AF191544

Waxmann Verlag GmbH
Steinfurter Straße 555, 48159 Münster
info@waxmann.com

Gabriele Faust (Hrsg.)

Einschulung

Ergebnisse aus der Studie „Bildungsprozesse,
Kompetenzentwicklung und Selektionsentscheidungen
im Vorschul- und Schulalter (BiKS)"

Waxmann 2013
Münster / New York / München / Berlin

Bibliografische Informationen der Deutschen Nationalbibliothek
Die Deutsche Nationalbibliothek verzeichnet diese Publikation in
der Deutschen Nationalbibliografie; detaillierte bibliografische
Daten sind im Internet über http://dnb.d-nb.de abrufbar.

Diese Veröffentlichung wurde ermöglicht durch die Sachbeihilfe der
Deutsche Forschungsgemeinschaft zum Bamberger Forschungsprojekt BiKS
(„Bildungsprozesse, Kompetenzentwicklung und Selektionsentscheidungen im
Vorschul- und Schulalter", FOR 543). Wir danken den an der Studie teilnehmenden
Kindern, Erzieherinnen, Eltern und Lehrkräften für ihre Teilnahme und allen
im Rahmen der Datenerhebungen eingesetzten Studierenden für ihre engagierte
Mitarbeit.

ISBN 978-3-8309-2912-3

© Waxmann Verlag GmbH, Münster 2013
Postfach 8603, 48046 Münster

www.waxmann.com
info@waxmann.com

Umschlaggestaltung: Anne Breitenbach, Tübingen
Satz: Sven Solterbeck, Münster

Gedruckt auf alterungsbeständigem Papier,
säurefrei gemäß ISO 9706

Inhalt

Vorwort

Nach den internationalen Leistungsvergleichen, die den nicht befriedigenden Kompetenzstand der Fünfzehnjährigen und die enge Kopplung von Herkunft und Schülerkompetenzen in Deutschland aufgedeckt hatten, wurde von der Deutschen Forschungsgemeinschaft die Förderinitiative „Forschergruppen in der Empirischen Bildungsforschung" ausgeschrieben. Sie sollte die empirische Bildungsforschung an den Universitäten stärken und möglichst auf Dauer verankern. Im Rahmen dieses Programms entstand die interdisziplinäre Bamberger Forschergruppe „*Bi*ldungsprozesse, *K*ompetenzentwicklung und *S*elektionsentscheidungen im Vorschul- und Schulalter" (BiKS). Auf der Grundlage von zwei miteinander verzahnten Längsschnittstudien untersuchten Pädagogen, Psychologen und Soziologen die Vorgeschichte und die Folgen der Übergangsentscheidung am Ende der Grundschule, die in Deutschland die Weichen für den Kompetenzerwerb und die Bildungsentscheidungen im Lebenslauf stellt. Die Längsschnittstudie BiKS-3-10 begleitete von 2005 bis 2012 über 500 bayrische und hessische Kinder und ihre Eltern vom Eintritt in den Kindergarten bis zum Ende der Grundschule. Im Mittelpunkt dieses Längsschnitts stand die Einschulung, die ihrerseits schon das Resultat kumulativer Bildungsprozesse in Familie und Kindertageseinrichtung ist. Die Vorgeschichte, den Verlauf und die Folgen der Einschulung untersuchte insbesondere das Teilprojekt 6 der Studie. Mit diesem Band werden nun die wichtigsten Forschungsergebnisse dazu gesammelt vorgelegt.

Die BiKS-Forschungen konnten nur durch das Engagement und die Unterstützung zahlreicher Personen durchgeführt werden. Als erste sollen die Leiterinnen und Leiter der anderen Teilprojekte erwähnt werden: Prof. Dr. Hans-Günther Roßbach, Elementar- und Familienpädagogik, zugleich bis Juli 2012 Forschergruppensprecher, Prof. Dr. Cordula Artelt, Empirische Bildungsforschung, die die Sprecherrolle ab August 2012 übernahm, die beiden Soziologen Prof. Dr. Hans-Peter Blossfeld und Prof. Dr. Thorsten Schneider sowie Prof. Dr. Sabine Weinert, Entwicklungspsychologie. Die persönlich und fachlich bereichernde interdisziplinäre Zusammenarbeit wurde zur Initialzündung für weitere Vorhaben wie NEPS („National Educational Panel Study") und BAGSS („Bamberg Graduate School of Social Sciences"), durch die die empirische Bildungsforschung an der Universität Bamberg mittlerweile gut etabliert ist. Gedankt werden soll außerdem den wissenschaftlichen Mitarbeiterinnen und Mitarbeitern in den insgesamt acht Teilprojekten, insbesondere denjenigen des Teilprojekts 1, das u.a. für die Feldsteuerung der beiden aufwändigen Längsschnittstudien zuständig war. Meine Mitarbeiterinnen Sanna Pohlmann-Rother und Franziska Wehner und mein Mitarbeiter Jens Kratzmann bewältigten die Arbeiten des Teilprojekts 6 in großer personeller Kontinuität als nacheinander vertrauensvoll zusammenarbeitende, eingespielte Zweierteams. Zusammen mit ihnen konnte ich Fragestellungen entwickeln und bearbeiten, die ich alleine nicht hätte bewältigen können. Der Dank geht auch an die Gutachterinnen und Gutachter, die sich vor allem beim ersten Antrag und beim Folgeantrag mit umfangreichen Unterlagen auseinandersetzen mussten. Die Deutsche Forschungsgemeinschaft förderte das aufwändige Projekt über acht Jahre. Die Otto-Friedrich-Universität Bamberg unterstützte die Forschergruppe ideell, materiell und personell. Insbesondere aber danken wir den an der Studie teilnehmenden Kindern, Eltern, pädagogischen Fachkräften und Lehrerinnen und Lehrern für ihre Teilnahme und allen im Rahmen der Datenerhebungen eingesetzten Studierenden für ihre engagierte Mitarbeit.

Bamberg, im März 2013
Prof. Dr. Gabriele Faust

Forschungsstand zur Einschulung und Beitrag der BiKS-Einschulungsuntersuchungen

Gabriele Faust

1.   Einleitung

Der Eintritt in das Pflichtschulsystem ist weltweit ein wichtiges pädagogisches Thema: zum einen im Hinblick auf die Kinder, die diesen Schritt bewältigen müssen, zum anderen institutionell betrachtet als Nahtstelle zwischen dem vorschulischen Bereich und dem Schulsystem. Bildungsübergänge allgemein gelten als kritische Zonen mit Chancen und Risiken für die Betroffenen, u.a. auch weil die in diesem Zusammenhang anstehenden Bildungsentscheidungen gesellschaftliche Ungleichheiten befördern können. Diese Aspekte sind daran beteiligt, dass die Einschulung breite und anhaltende Aufmerksamkeit erhält.

Im Rahmen der Studie „Bildungsprozesse, Kompetenzentwicklung und Selektionsentscheidungen im Vorschul- und Schulalter (BiKS)" wurde die Einschulung in ihrer Vorgeschichte, ihrem Verlauf und ihren Folgen untersucht, indem in den Jahren 2005 bis 2013 547 Kinder aus 97 Kindergartengruppen und ihre Familien in den zwei Bundesländern Bayern und Hessen vom Eintritt in den Kindergarten bis zum Übergang in die weiterführenden Schulen begleitet wurden (zu Stichprobe, Anlage und Auswertung der Untersuchungen vgl. den Beitrag von Faust, Kratzmann & Wehner, Teil I, in diesem Band). In die zunächst halbjährlichen, später jährlichen Erhebungen, die neben fortlaufenden Kompetenzmessungen der Kinder auch Befragungen und Beobachtungen umfassten, waren auch die Erzieherinnen[1] und die Lehrkräfte der Kinder sowie das Leitungspersonal von Kindergärten und Grundschulen einbezogen. Sowohl empirisch-quantitative als auch qualitative Verfahren kamen zum Einsatz. So war nicht nur eine über den unmittelbaren Schuleintritt hinausgehende längsschnittliche Untersuchung der Einschulung einschließlich einer detaillierten Analyse der Formation der Einschulungsentscheidungen der Eltern möglich, sondern es konnten auch die familiären und institutionellen Einflüsse auf die Kompetenzentwicklung der Kinder vor und nach dem Schuleintritt, die mit den Einschulungs- und später auch den Übergangsentscheidungen am Ende der Grundschule verflochten sind, untersucht werden.

Der in dieser Buchveröffentlichung vorgestellte Ertrag der BiKS-Einschulungsuntersuchungen besteht in der breiten und tiefen, längsschnittlichen und mehrpers-

---

1   In diesem Buch wird in allen Beiträgen nur die weibliche Form verwendet, weil fast alle beteiligten pädagogischen Fachkräfte weiblich waren.

pektivischen Untersuchung der frühen Bildungsprozesse der Kinder in Verbindung mit der Einschulungsentscheidung ihrer Eltern. Außerdem werden Ergebnisse zur Kooperation von Kindergarten und Grundschule unter Einbezug der Eltern berichtet.

2. Rechtliche Rahmenbedingungen des Schuleintritts

Wie in zahlreichen anderen Staaten legen auch in Deutschland Stichtagsregelungen fest, welche Kinder zu einem bestimmten Zeitpunkt in das Pflichtschulsystem eintreten. Gemäß dem Hamburger Abkommen der Ministerpräsidenten der Länder vom 28. Oktober 1964, das die Rahmenvorgaben der Länder im Bildungsbereich vereinheitlichen sollte, war dies in allen Bundesländern für mehr als drei Jahrzehnte einheitlich der 30. Juni. Alle Kinder, die bis zu diesem Tag ihr sechstes Lebensjahr vollendeten, wurden zum neuen Schuljahr schulpflichtig. Als zweites Einschulungskriterium kam der für die erfolgreiche Mitarbeit in der Schule notwendige körperliche, geistige und seelische Entwicklungsstand („Schulfähigkeit") hinzu. Da Lebensalter und Entwicklungsstand voneinander abweichen können, erließ die Kultusministerkonferenz 1967 bzw. 1968 Ausnahmeregelungen für jüngere, aber schulfähige Kinder (vorzeitige Einschulungen) und schulpflichtige, aber noch nicht schulfähige Kinder (Zurückstellungen, vgl. Burk & Faust-Siehl, 1999, S. 82). Beide Beschlüsse wurden zwar 1997 aufgehoben, doch bestehen nach wie vor in der Bundesrepublik Deutschland drei je nach Entwicklungsstand unterschiedliche Möglichkeiten des Schuleintritts, nämlich vorzeitige, fristgerechte und verspätete Einschulung. In der ehemaligen DDR wurden seit 1965 alle Kinder, die das sechste Lebensjahr bis zum 31. Mai vollendeten, zum Schuljahrsbeginn am 1. September des gleichen Jahres schulpflichtig, wobei auch hier Möglichkeiten der vorzeitigen Einschulung und der Zurückstellung vorgesehen waren (Geiling, 1999, S. 205). Ausnahmeregelungen dieser Art existieren nicht in allen Staaten. In Japan und Spanien etwa tritt die gesamte schulpflichtige Schülerkohorte zu annähernd 100 % in die Pflichtschule über.

Mit der Festlegung auf das sechste Lebensjahr liegt der Schuleintritt in Deutschland zwischen einem frühen (wie z.B. in West- und Mitteleuropa; Großbritannien: fünf Jahre, Niederlande: vier Jahre beim Eintritt in die Basisschool) und einem späten Übergang (wie z.B. in Nord- und Osteuropa; Finnland, Estland und Lettland: sieben Jahre; vgl. Schmitt u.a., 2001, S. 17). Dabei ist jedoch zu berücksichtigen, dass sich die vorschulischen und die schulischen Systeme und als Folge davon auch der Schritt in das Pflichtschulsystem sehr unterscheiden, so dass das Schuleintrittsalter nur eingeschränkt vergleichbar ist. In Deutschland kristallisierte sich das vollendete sechste Lebensjahr als Einschulungsalter historisch zu Beginn des 19. Jahrhunderts heraus, nachdem es in den Schulordnungen der Jahrhunderte davor zwischen dem fünften und siebten Lebensjahr geschwankt hatte. Allerdings bestand schon in dieser Zeit in Abhängigkeit vom Entwicklungsstand des Kindes ein gewisser Spielraum: Bereits bei Comenius entschieden sowohl das Alter als auch der Entwicklungsstand über den Zeitpunkt, zu dem die Eltern das Kind in die Schule schicken sollten (vgl. Rüdiger, Kormann & Peez, 1976, S. 14f.). Die doppelte Bindung der Einschulung sowohl an das Alter als auch an den Entwicklungsstand und der zeitliche Spielraum rund um das sechste Lebensjahr sind auch für die Weimarer Grundschule nachweisbar. Die Festlegung auf das vollendete sechste Lebensjahr erfolgte erstmals 1938 im Reichspflichtschulgesetz, das für das gesamte Reichsgebiet galt (vgl. Götz, 2011, S. 99ff.).

1997 verständigten sich die Kultusminister der Länder auf die „Empfehlungen zum Schulanfang". Danach sollten Zurückstellungen auf Ausnahmen beschränkt werden. Zur vorzeitigen Einschulung wurde demgegenüber ermutigt. Sie ist auch dann möglich, wenn das sechste Lebensjahr erst nach dem 31. Dezember des Einschulungsjahres vollendet wird. Außerdem sollten die Länder den Stichtag zwischen dem 30.06. und 30.09. festlegen und mehrere Einschulungstermine pro Schuljahr vorsehen können (vgl. Burk & Faust-Siehl, 1999, S. 83). Während die halbjährliche Einschulung – wenn überhaupt – nur auf Schulebene praktiziert wird, werden die Stichtage und die länderspezifischen Schuleintrittsregelungen immer wieder verändert, so auch während der BiKS-Studie. Wie Hessen hielt etwa die Hälfte der Bundesländer auch nach der KMK-Empfehlung von 1997 am Stichtag 30.06. fest. Bayern gehörte zu den Bundesländern, die den Stichtag in Richtung Jahresende oder auf den 31.12. verlegen wollten. In diesem Bundesland wurde der Stichtag zunächst „flexibilisiert": Alle bis zum 30.09. sechs Jahre alt werdenden Kinder wurden durch die Anmeldung der Eltern bei der Schule schulpflichtig (Burk & Faust-Siehl, 1999; Faust, 2006). Im Schuljahr 2005/06 war der 31.07. der neue verpflichtende Stichtag für die Einschulung. Danach wurde die Stichtagsverlegung noch weitere vier Jahre fortgeführt. Dadurch wurden in Bayern zunehmend jüngere Kinder schulpflichtig. Allerdings wurde der Stichtag 31.12. nicht realisiert und die Verlegung auf das Jahresende zurückgenommen, nachdem die Eltern verstärkt die Möglichkeit der Zurückstellung nutzten. Seit dem Schuljahr 2010/11 gilt wieder der Stichtag 30.09. Die Veränderungen in der bayerischen Einschulung wirken sich im Kontext der BiKS-Untersuchungen als ein natürliches Experiment aus: Bayerische BiKS-Schulanfänger sollen jünger als die hessischen in die Schule eintreten.

Hinzu kamen Veränderungen durch die Einführung der Sprachstandserhebungen und Sprachförderung vor dem Schuleintritt. Diese wurden kurzfristig zu Beginn der 2000er Jahre eingeführt, als u.a. PISA und IGLU die gravierenden Defizite im Kompetenzerwerb und in der Bildungsbeteiligung der Schüler/-innen mit Migrationshintergrund deutlich gemacht hatten (vgl. Deutsches PISA-Konsortium 2001, S. 372ff.; Bos, Lankes, Prenzel, Schwippert, Walther & Valtin, 2003, S. 276ff.). Um noch ausreichend Zeit für die Förderung zu haben wurde die Schulanmeldung der Kinder z.B. in Hessen in den Herbst vor der Einschulung vorgezogen. Hessen war das erste Bundesland mit diesen Maßnahmen und nahm – zusammen mit Hamburg – den sprachlichen Entwicklungsstand als weiteres Schulfähigkeitskriterium in die hessischen Schulpflichtbestimmungen auf.

Neben den Stichtagen sind vor allem die Regelungen zu vorzeitigen und verspäteten Einschulungen länderabhängig, uneinheitlich und in ständiger Bewegung. Auch die Raten der fristgerechten und vor allem der nicht fristgerechten Einschulungen schwanken zwischen den Ländern und im Zeitverlauf. Zwischen 2007, als die vorzeitig eingeschulten BiKS-Kinder in die Schule kamen, und 2010, dem aktuellsten statistisch aufbereiteten Jahr, sank der Anteil der vorzeitigen Einschulungen in den westdeutschen Bundesländern von 7 % auf 5.1 %, wobei er in den Ländern mit Stichtag 30.06 auf höherem Niveau blieb und geringfügiger abnahm als in den Ländern mit einer Stichtagsverlegung in Richtung Jahresende. Demgegenüber stiegen die Zurückstellungsraten an, und zwar in Westdeutschland von 5.6 % auf 7.8 %. Sie verringerten sich in den Ländern mit konstant gebliebenem Stichtag, während sie in den Ländern mit Stichtagsverlegung zunahmen. Durch die Veränderungen der Einschulungsregelungen befinden sich inzwischen ca. 61 % der Sechsjährigen im Primarbereich, darunter anteilig mehr Mädchen als Jungen (zu den Zahlen vgl. Autorengruppe Bildungsberichterstattung, 2012, S. 250f.). Dazu trägt bei, dass mehr Mädchen vorzeitig in die Schule eintreten, während die Jungen bei den Zurückstellungen überrepräsentiert sind (vgl. ebd., S. 63). Diese typische Geschlechterverteilung wird bereits in der Bildungsreformzeit beobachtet.

3.   Theoretische Grundlagen

Am Schulanfang treffen mit dem Kindergarten, der Grundschule und der Familie unterschiedliche Institutionen aufeinander und der Übergang hat sowohl einen sozialisatorischen als auch bildungsspezifischen Charakter. Überdies sollte das Kind als zentraler Akteur berücksichtigt werden. Eine Theorie des Schulanfangs, die diesem komplexen Gefüge und auch der Bildungsbedeutung des Übergangs gerecht würde, liegt bislang noch nicht vor. Nach Hacker (1998, S. 35ff.) gehen theoretische Begründungsansätze zum Übergang entweder von den beteiligten Institutionen aus oder sie setzen an den Bedingungen der kindlichen Entwicklung an. Ein etwas älteres Beispiel für den ersten Ansatz liegt mit Plake (1974) vor, in dem ein struktureller Sozialisationskonflikt zwischen Familie und Schule festgestellt, aber der Kindergarten nicht adäquat berücksichtigt wird. Das Fehlen eines überzeugenden theoretischen Rahmens erschwert die Einordnung der Phänomene des Übergangs (so auch schon Hüttenmoser, 1981a, S. 1, und 1981b, S. 402). Im Folgenden werden vier gegenwärtig aktuelle Ansätze vorgestellt und auf ihre Eignung als Rahmentheorie des Schulanfangs untersucht.

3.1 Bildungsökonomische Ansätze

Hier steht die Frage nach dem „optimalen" Einschulungsalter im Mittelpunkt. Die Analysen belegen, dass ältere Schulanfänger/-innen verglichen mit jüngeren – vorzeitig Eingeschulten oder den relativ Jüngeren des gleichen Einschulungsjahrgangs – bessere Leistungen erzielen, seltener Klassen wiederholen und zu höheren Anteilen anspruchsvollere weiterführende Schulformen besuchen. Fredriksson und Öckert (2005) zeigen für die schwedische Bevölkerung der Geburtsjahrgänge 1935 bis 1984 größere Vorteile der älteren Schulstarter während der Bildungskarriere und kleinere Vorteile beim Gehalt im Erwerbsleben auf. Die Analysen ziehen nationale oder internationale Large-Scale-Datensätze mit Kompetenzwerten und/oder Informationen zu Bildungsverläufen heran. Rückschließend wird das Einschulungsalter der Schüler/-innen ermittelt. Mit Regressionsanalysen, Matching-Strategien oder dem Instrumentalvariablenansatz wird nach Unterschieden zwischen den zu verschiedenen Zeiten des Jahres geborenen und deshalb zu Schulbeginn unterschiedlich alten Kindern gesucht. Puhani und Weber (2005) verwenden den IGLU-2001-Datensatz und die Hessische Schülergesamtstatistik des Schuljahrs 2004/05 mit 6.591 bzw. 182.676 Fällen. Auch in dieser Analyse erreichen die relativ Älteren höhere Testwerte im IGLU-Lesetest und anspuchsvollere Sekundarschulformen in den Klassenstufen 6 bis 8. Einzelne Telefoninterviews belegen zudem Vorbehalte von Schulleitungen gegenüber jungen Schulanfängern. Ein Problem dieser Studie ist die mangelnde Unterscheidung zwischen vorzeitig Eingeschulten und den relativ Jüngeren unter den fristgerecht Eingeschulten. Jürges und Schneider ermitteln auf der Basis des PISA-E-Datensatzes von 2000 für die im Juni gegenüber den im Juli Geborenen der westdeutschen Teilstichprobe eine um 8 % geringere Wahrscheinlichkeit für eine Gymnasialempfehlung (2006, S. 212). In der Studie von Fertig und Kluve (2005) zeigen zwar sowohl das lineare Wahrscheinlichkeitsmodell als auch der Matching-Ansatz für die west- und ostdeutschen 18- bis 29-Jährigen des „Junge-Erwachsenen-Längsschnitts" einen negativen Zusammenhang zwischen dem Schuleintrittsalter und Klassenwiederholungen sowie höheren Schulabschlüssen, nicht aber der Instrumentalvariablenansatz. In einer Auswertung der PIRLS-2006-Daten stellt Mühlenweg (o.J.) darüber hinaus für 17 Staaten (ohne Deutschland) einen Zusammenhang zwischen Schuleintrittsalter und sozialer Ausgrenzung her: Die relativ jüngeren Viertklässler/-innen haben eine niedrigere Lesekompetenz und sind signifikant häufiger Opfer von Mobbing und Gewalt in der Schule. Dies betrifft insbesondere Jungen und Schüler/-innen mit Migrationshintergrund.

Ein gravierendes Problem der bildungsökonomischen Studien ist die Kontrolle möglicher Selektionseffekte. Da keine Kompetenzwerte zum Zeitpunkt des Schuleintritts vorliegen, werden Kontrollvariablen wie z.B. der Bildungshintergrund der Eltern, die Bücheranzahl, der Besitz an Computern etc. herangezogen, durch die die Unterschiede zwischen den Gruppen möglicherweise nicht vollständig erfasst werden. Erschwerend ist, dass die Einschulungsregelungen von den Eltern und den schulischen Entscheidungsträgern nur bedingt eingehalten werden. So ist der Alterskorridor für deutsche Schulanfänger deutlich breiter als erwartet (Puhani & Weber, 2005, S. 46, wonach das Einschulungsalter zwischen 5;0 und 8;0 mit Einzelfällen bis zu neun Jahren und mehr liegt). Nicht zu entscheiden ist schließlich, ob die beobachteten Effekte – sofern sie sich belegen lassen – Auswirkungen des Einschulungsalters oder des höheren Lebensalters und der größeren Erfahrung der relativ Älteren in den Schulklassen sind. Weiß (2008, S. 171) kritisiert, dass die Analysen der Bildungsökonomie der „Spezifik des Objektbereichs kaum angemessen Rechnung tragen" und bemängelt die „ausgeprägte Selbstreferenzialität der Bildungsökonomie". Die untersuchten Zusammenhänge würden als Input-Output-Beziehungen modelliert, ohne das Verhalten der Akteure zu berücksichtigen. Zudem würden vorschnell Empfehlungen an die Politik abgeleitet. Im Unterschied dazu liegen in den BiKS-Einschulungsuntersuchungen Kompetenzdaten vor der Einschulung vor und die Formation der Einschulungsentscheidungen ist Forschungsthema.

3.2 Das Individuum im Kontext seiner Umwelten: Ökopsychologische Grundlagen

Eine wichtige Quelle für ein adäquates Verständnis des Schulanfangs ist der ökopsychologische (oder auch ökosystemische oder bioökologische) Ansatz von Bronfenbrenner (1989). Er betrachtet Individuen nicht isoliert, sondern stellt sie in den Kontext von Umwelten. Diese Betrachtungsweise ist für Lebewesen grundlegend, weil alle an ihre Umwelten angepasst sind und in Symbiose damit leben sowie zum Erhalt ihrer Umwelt beitragen (Oerter, 2002, S. 72). Dies muss noch mehr für den Menschen und seine im Verlauf der Kulturentwicklung geschaffene Umwelt gelten, die nur aufgrund der spezifisch menschlichen sozialen und kulturellen Weitergabe entstehen konnte. Für Tomasello (zusammenfassend 2006) ist die frühe Fähigkeit der Kinder, sich ab etwa neun Monaten in andere hineinzuversetzen, deren Absichten zu verstehen und sich mit ihnen zu identifizieren, die Grundlage der kulturellen Evolution. Sie gewinnen dadurch Zugang zu den Leistungen des „kognitiven Kollektivs" und können die verschiedenen Lernformen von Imitation, Zusammenarbeit und Unterricht nutzen. Jedes menschliche Kind steht dadurch quasi „auf den Schultern von Riesen" (ebd., S. 19). Ein so eng mit Entwicklung, Sozialisation und Lernen verbundener Gegenstand wie die Einschulung wäre ohne diesen in seiner Bedeutung kaum zu überschätzenden charakteristischen Mensch-Umwelt-Zusammenhang nicht zu erfassen.

Beim Menschen gehören deshalb nicht nur die materiellen Gegebenheiten und – besonders wichtig – die in den Umwelten stattfindenden Interaktionen zur

Umwelt, sondern auch die Institutionen und das gesamte gesellschaftliche System (Oerter, 2002, S. 72). Bronfenbrenners Leistung liegt u.a. darin, die menschliche Umwelt als eine Serie von ineinander verschachtelten Systemen zu beschreiben (vgl. ebd., S. 73ff.): Das Mikrosystem ist die unmittelbare Umwelt, in der das Kind mit Eltern und ggf. Geschwistern im Rahmen von materiellen Bedingungen lebt. Das Mesosystem verbindet zwei oder mehr Umwelten und wird wesentlich durch die zwischen ihnen bestehenden Wechselbeziehungen bestimmt. Das Exosystem, dem das Individuum nicht oder noch nicht angehört, wirkt indirekt ein. Beispiele dafür sind entweder die Arbeitswelt der Eltern oder – vor der Einschulung – die Grundschule. Das Makrosystem schließlich umlagert die inneren Umwelten und prägt sie von außen. Unterschiede in den Makrosystemen werden insbesondere bei interkulturellen Vergleichen deutlich. Jedes Ereignis in einem System schlägt auf die anderen Systeme durch und verändert die darin und zwischen ihnen bestehenden Beziehungen. Die menschliche Entwicklung im Kontext ihrer Umwelten erhält dadurch einen dynamischen Charakter. Bedeutsam ist außerdem, dass insbesondere die subjektive Sicht der Personen zählt. Mit der menschlichen Entwicklung sind notwendigerweise Übergänge verbunden, die das Individuum mit neuen Rollen und Verhaltenserwartungen konfrontieren (Bronfenbrenner, 1989, S. 22). Später ergänzt Bronfenbrenner (1996) mit dem Chronosystem noch die zeitliche Dimension.

Oerter (2002, S. 76) kennzeichnet Bronfenbrenners Ansatz zwar als „einleuchtend und vielversprechend", kritisiert aber die mangelnde Stringenz der Systeme, bei denen mittlere und größere Organisationsformen fehlten und das Makrosystem nicht mit den anderen Systemen vergleichbar sei. Nach Wolf (2001, S. 431) liegt die Bedeutung insbesondere in der Modellvorstellung selbst und deren Offenheit, die jedem Nutzer einen großen Interpretationsspielraum bietet. Für empirische Konkretionen stellt bereits die kaum zu operationalisierende Vielschichtigkeit von Transaktionen im Mikrosystem eine Hürde dar. Auf der Basis dieser Modellvorstellung lässt sich die Einschulung folgendermaßen kennzeichnen: Das Kind entwickelt sich hinsichtlich seiner Tätigkeiten, Aktivitäten, Rollen und zwischenmenschlichen Beziehungen im Mikrosystem Familie. Mit dem Eintritt in den Kindergarten kommt dieser als weitere direkte Umwelt hinzu. Gleichzeitig bilden Familie und Kindergarten ein Mesosystem. Schon im Vorfeld des Schuleintritts wirkt die Grundschule als Makrosystem darauf ein. Obwohl das Kind daran nicht unmittelbar beteiligt ist, beeinflusst diese Ebene die direkten Umwelten und damit seine Entwicklungschancen. Der Schuleintritt ist Anstoß zu oder Folge von Entwicklungen und kann sich anregend oder hemmend auf die Tätigkeiten, Aktivitäten, Rollen und zwischenmenschlichen Beziehungen des Kindes auswirken. Nickel (z.B. 1988) entwickelt auf dieser Grundlage ein weithin anerkanntes Modell der Schulfähigkeit.

3.3 Schulanfang als „Transition": Der Transitionsansatz

Bronfenbrenners Modell spielt auch im Transitionsansatz, der gegenwärtig einflussreichsten theoretischen Grundlage, eine wichtige Rolle. Statt von einem Übergang wird von einer „Transition" gesprochen, d.h. markanten, beschleunigten Veränderungen im Leben eines Einzelnen und seiner Familie (Griebel & Niesel, 2002, S. 12). Unter den Bedingungen der Postmoderne hat jeder Mensch lebenslang immer wieder Übergänge zu bewältigen. Die Transitionsforschung sieht sich selbst „an der Schnittstelle" von individuellen und gesellschaftlichen Veränderungen. Der Akzent liegt dabei auf den Erfahrungen und dem Erleben der Beteiligten: Es gibt nicht den Übergang, sondern die Beteiligten bewältigen ihn, indem sie sich darüber verständigen, sie „co-konstruieren" ihn (Griebel, 2006, S. 33).

Ergänzend kommen weitere Theoriegrundlagen hinzu. Auf der Basis des Familientransitionsansatzes von Cowan wird festgehalten, dass die einzelnen Familienmitglieder und die Familie als Ganzes verstärkt durch die gesellschaftlichen Entwicklungen immer wieder Veränderungen zu bewältigen haben, durch die krisenhafte Entwicklungen ausgelöst werden können. Krisen sind aber immer auch Chancen, weil dadurch ein neues Gleichgewicht geschaffen wird. Dies verweist auf das Spannungsfeld von Kontinuität und Diskontinuität (vgl. z.B. Griebel & Niesel, 2003, S. 146f.; Griebel & Niesel, 2004, S. 136ff.). Mit der Theorie der kritischen Lebensereignisse (Filipp, 1995) werden normative kritische Lebensereignisse, die vorhersehbar und von allen Gesellschaftsmitgliedern zu bewältigen sind, und nicht normative wie z.B. Trennung, Scheidung und Todesfall unterschieden. Die Individuen beantworten sie durch Anpassungsreaktionen. Dabei spielt die soziale Unterstützung durch die umgebenden Systeme eine wichtige Rolle. Mit der Stressforschung (Lazarus, 1995) wird akzentuiert, dass Stress auftreten und die Reaktionen beeinträchtigen kann, wenn die Ressourcen nicht ausreichen, um die Herausforderungen zu bewältigen.

Übergänge bringen auf drei Ebenen Veränderungen mit sich: Auf der individuellen Ebene sind Kinder und Eltern vom Übergang betroffen. Nach dem Transitionsansatz erleben beide auf dieser Ebene einen Wandel in ihrer Identität, der von starken Gefühlen und Stress begleitet ist, und wachsen in neue Rollen hinein. Die interaktionale Ebene bezieht sich auf die Kontakte mit anderen. Übergänge erfordern Abschied und Neuaufbau von Beziehungen. Die kontextuelle Ebene bezieht sich auf die Kontexte bzw. Systeme, die die Aufgabe haben, die Übergänge zu begleiten und zu unterstützen.

Forschungsgrundlage für die deutschen Beiträge zum Transitionsansatz ist u.a. eine Eltern- und Erzieherinnenbefragung 1998 bis 2000 an bayerischen Kindertagesstätten. Mit einer Reihe von Kindern und Eltern wurden außerdem jeweils mehrere Interviews durchgeführt (genauer: Griebel & Niesel, 2002, S. 134ff.), die zu folgenden Kernthesen führten:

- Das Kind wird vom Kindergartenkind zum Schulkind, die Eltern von Eltern eines Kindergartenkindes zu Eltern eines Schulkindes. Diese „Entwicklungsaufgabe" kann einen Schub auslösen. Der Statuswechsel ist mit starken Gefühlen wie z.B. Vorfreude, Neugier, Stolz und – möglicherweise – auch mit Stress (Unsicherheit, Angst) verbunden.
- Kinder und Eltern müssen von Erzieherinnen und Kindergartenkindern Abschied nehmen und sich in die neue Gruppe der Schulklasse einfinden bzw. Kontakte zu Schule und Lehrerin aufbauen.
- Das Kind pendelt täglich zwischen den Einrichtungen und der Familie. Die Familie stützt und stärkt das Kind, Kindergarten und Schule sollten zusammenarbeiten und ihrerseits Kinder und Eltern unterstützen, zumal die Einschulung in vielen Fällen mit weiteren familiären Veränderungen wie z.B. Geburt eines Geschwisterkindes oder Wiederaufnahme von Berufstätigkeit zusammenfallen kann. Diese Ebene macht darauf aufmerksam, dass es nicht genügt, auf die Kompetenzen des Kindes allein zu setzen. Die Systeme sind in der Pflicht, was Schulvorbereitung in Kindergarten und Familie sowie Kooperation zwischen Kindergarten und Schule sowie auch längerfristig die Kommunikation zwischen allen Beteiligten erfordert. „Der Übergang ist gelungen und das Kind ist ein kompetentes Schulkind, wenn es sich in der Schule wohl fühlt, die gestellten Anforderungen bewältigt und die Bildungsangebote für sich optimal nutzt." (Griebel, 2006, S. 38)

Als weitere Datengrundlage wird auf die internationale Transitionsforschung verwiesen. Darin wird von beträchtlichen Anteilen der Schulanfänger berichtet, denen der Übergang Schwierigkeiten bereitet oder bei denen er krisenhaft verläuft: Nach Pianta und Cox (1999) haben in den USA zwei Fünftel der Schulneulinge Verhaltensprobleme, nach Kienig (2002) zeigen 50 % der untersuchten polnischen Schulanfänger „Entwicklungsdisharmonien". Als Beispiel für entsprechende deutsche Daten wird auf Beelmann (2000) verwiesen. In diesem Kongressvortrag auf der Basis einer laufenden Forschungsarbeit werden deutsche Schulanfänger in vier Gruppen eingeteilt: Geringbelastete (zwei Fünftel, ohne Symptome), Risikokinder (knappes Drittel, starke Verhaltensauffälligkeiten), Übergangsgestresste (ein Sechstel, Zunahme von auffälligem Verhalten) und Übergangsgewinner (ebenfalls etwa ein Sechstel, deren Auffälligkeiten abnehmen). Daher wird gefolgert: „Die Transition in die Schule ist für die Kinder stressbelastet, sie ist mit einer Häufung von Reaktionen verbunden, die als Entwicklungsdisharmonien (…) oder Verhaltensprobleme (…) bzw. Anpassungsprobleme im Übergang (…) einschließlich kindlicher Ängste (…) und als Bewältigungsreaktionen hinsichtlich Transitionen (…) bezeichnet werden." (Griebel & Niesel, 2004, S. 107)

Der Transitionsansatz hat kaum zu unterschätzende bildungspolitische, wissenschaftliche und vermutlich auch praktische Bedeutung: Er liegt z.B. den Bildungs-

und Erziehungsplänen für Kindertagesstätten vor der Schule in Bayern, Hessen, Berlin und Sachsen-Anhalt und in weiteren Bundesländern zugrunde und wird im Zwölften Kinder- und Jugendbericht der Bundesregierung (Bundesministerium für Familie, Senioren, Frauen und Jugend, 2005) zitiert (vgl. Griebel, 2006, S. 36). Die Annahme, dass der Schuleintritt mit Entwicklungskrisen verbunden sein kann, wird davor schon von Knörzer und Grass (1992) vertreten. Zahlreiche Autoren gehen zudem davon aus, dass der Verlauf des Schuleintritts nicht nur die Weichen für den Erfolg in der Grundschule, sondern auch für die Bewältigung von späteren Übergängen stellt (z.B. Fabian, 2007; Margetts, 2002 und 2007; Rimm-Kaufman & Pianta, 2000; Wagner, 2003). Als eine Konsequenz des Transitionsansatzes konzentrieren sich die Kooperationsmaßnahmen der beiden ersten Bildungsinstitutionen bislang auf die Zeit rund um den Schulanfang.

Als Rahmentheorie des Schulanfangs ist der Transitionsansatz ergänzungsbedürftig: Das Konzept der „Übergangsbegleitung" kann (1.) auf verschiedenartigste Übergänge innerhalb und außerhalb des Bildungssystems angewandt werden. Es ist unspezifisch für die Bildungsbedeutung und die curricularen Anforderungen des Übergangs vom Kindergarten in die Grundschule und vernachlässigt dessen kognitive und inhaltliche Dimensionen (vgl. Faust & Roßbach 2004, insb. S. 99ff.). Zu berücksichtigen ist (2.), dass kritische Lebensereignisse von den davon Betroffenen höchst unterschiedlich erlebt werden. Der Schuleintritt kann daher im Einzelfall eine Zeit großer innerer Veränderungen und von negativem Stress begleitet sein und sich vor allem im Rückblick als krisenhafter Übergang verstehen lassen. Es ist aber fraglich, ob sich dieses Rahmenmodell dazu eignet, gruppenbezogene Veränderungen anzunehmen und vorherzusagen. Die Modellvorstellung des Schuleintritts als kritisches Lebensereignis ließe sich nur dann auf gruppenbezogene Veränderungen fruchtbar anwenden, wenn im Umfeld der Einschulung und möglichst in inhaltlichem Zusammenhang damit über Einzelfälle hinaus „Anpassungsprobleme" neu aufträten (Faust, 2008). Dafür gibt es aber weder bei Grotz (2005) noch bei Beelmann (2006) empirische Belege.[2] Im Zusammenhang der BiKS-Einschulungsuntersuchungen waren mögliche Anpassungsprobleme rund um den Schulanfang ein wichtiger Forschungsgegenstand. Ergebnisse dazu werden im Teil IV berichtet.

---

2   Die Unstimmigkeit gegenüber der Veröffentlichung von Beelmann (2000) lässt sich nicht aufklären, da in der frühen Publikation zwar die CBCL („Child Behavior Checklist")-Gesamtrohwerte, nicht aber die T-Werte und deren Zuordnung zum auffälligen bzw. nicht auffälligen oder zum Grenzbereich mitgeteilt werden. Vgl. Arbeitsgruppe Deutsche Child Behavior Checklist, 1993, 1994.

3.4 Der Schulanfang im Rahmen einer allgemeinen Übergangsforschung

Über den Transitionsansatz hinaus könnte der Schuleintritt auch im Rahmen einer allgemeinen Übergangsforschung thematisiert werden (Kutscha, 1991). Kennzeichnend ist dafür die Lebenslaufperspektive, d.h. im Lebenslauf stehen immer wieder Übergänge an (Tippelt, 2004), die in einem bestimmten zeitlichen Rahmen zu bewältigen sind und nicht beliebig hinausgeschoben werden können. Die jeweiligen Schritte werden zum einen durch das Bildungssystem festgelegt. Besonders wichtig und in der Übergangsforschung breit untersucht sind zum anderen die Übergänge in die Ausbildung und in den Beruf. Die Übergangsforschung setzt sowohl strukturell an den Merkmalen der Institutionen und den von ihnen vorgegebenen Übergangsbedingungen an, wodurch die Fragen gesellschaftlicher Ungleichheiten in den Blick kommen. Sie thematisiert aber auch die subjektiven Verarbeitungsweisen der handelnden Akteure. Dadurch wird gesichert, dass der Einfluss der letztlich von den Individuen getroffenen Entscheidungen berücksichtigt wird (vgl. ebd., S. 7). Die ökologische Perspektive mit der Betrachtung verschiedener Systemzusammenhänge, in die die Individuen eingebunden sind, bleiben ebenso in Kraft wie die praktisch-politischen Fragen nach Maßnahmen, die den Individuen die Übergänge erleichtern können. Für das deutsche Bildungssystem mit seinen zahlreichen Übergängen, an denen sich die gesellschaftlichen Disparitäten reproduzieren, ist dieser Ansatz besonders geeignet. Dabei wird davon ausgegangen, dass die frühen Entscheidungen langfristige Auswirkungen haben. Beim Schuleintritt sind zwar keine Verzweigungen im Sinne unterschiedlicher Laufbahnen zu beobachten (wenn von der Wahl zwischen staatlicher und privater Schule abgesehen wird), aber in Deutschland ist ein zeitlich differenzierter Übergang in das Pflichtschulsystem möglich. Dabei sind auch die Fragen danach zu untersuchen, inwiefern der Schulanfang den anderen Bildungsübergängen gleicht und inwiefern er Besonderheiten aufweist.

Der methodischen Anlage der BiKS-Studie wie auch des Nationalen Bildungspanels liegt eine derartige Konzeption zugrunde, die sowohl den Kompetenzerwerb in den Phasen der Bildungslaufbahn als auch die sozial und ethnisch beeinflussten Entscheidungen an den Übergängen als den Weichenstellungen im Bildungsverlauf untersucht und als sich kumulierende Auswirkungen der frühen Entscheidungen versteht (vgl. Blossfeld et al., 2010). Methodisch erfordert dieses Programm Interdisziplinarität und die Kombination von verschiedenen Forschungsmethoden, wobei Längsschnittuntersuchungen mit mehreren Messzeitpunkten angesichts der Prozessstruktur von Übergängen grundlegend sind. Qualitative Analysen und Fallbeispiele untersuchen die Besonderheiten von einzelnen Übergängen, unter biographieanalytischen Fragestellungen werden einzelne Bildungsverläufe untersucht. Zu den Perspektiven dieser Forschungsrichtung hält Kutscha (1991, S. 114) fest: „Übergangsforschung ... ist auf dem Wege, sich als ein system- und handlungstheoretisches, quantitative und qualitative Forschungsmethoden umspannendes, selbstbezüglich und normativ auf die Problematik von Übergangsstrukturen und -prozessen gerichtetes Forschungsprogramm zu profilieren."

4. Modell der Einschulungsentscheidung auf der Grundlage von Wert-Erwartungstheorien

Der Schuleintritt setzt in Deutschland die Anmeldung bei der zuständigen Grundschule und die Schulaufnahme des Kindes voraus. Dabei sind die Eltern in Vertretung für ihr Kind die zentralen Akteure. Sie können eine fristgerechte oder nicht fristgerechte Einschulung anstreben. Die Wahl der staatlichen Grundschule liegt demgegenüber aufgrund der Sprengelregelungen im Allgemeinen fest, es sei denn, die Eltern entscheiden sich für den Besuch einer privaten Grundschule. An den Entscheidungen sind außerdem die ersten beiden Bildungsinstitutionen beteiligt, der Kindergarten als in erster Linie beratende und die Grundschule als vornehmlich – in Abstimmung mit den Eltern – entscheidende Instanz.

Die Analyse dieser Entscheidungsverläufe setzte deshalb ein theoretisches Modell voraus. Die BiKS-Untersuchungen verbinden dazu soziologische und psychologische Wert-Erwartungstheorien. Personen bestimmen demnach in einer Situation ihre Handlungsabsicht, indem sie wertgeleitet ihre Ziele mit den Erfolgswahrscheinlichkeiten der jeweiligen Handlungen abgleichen und gewichten. Sowohl der subjektive Wert als auch die Erfolgserwartung wirken direkt auf die Entscheidung ein (vgl. Entscheidungsmodell, Abb. 1). Eine Entscheidung für einen bestimmten nicht fristgerechten Einschulungszeitpunkt wird von den Eltern also dann getroffen, wenn er sowohl mit ihren einschulungsbezogenen Werten in Einklang steht als auch einen erfolgreichen Schuleintritt verspricht. Die Einschulungsregelungen des jeweiligen Bundeslands und die individuellen Merkmale des Kindes legen fest, welche Entscheidungen überhaupt infrage kommen.

In den soziologischen Theorien steht die Frage im Mittelpunkt, wie es zu sozial ungleichen Entscheidungen kommt. Dazu kommen bildungssoziologisch mehrere Modelle infrage: Rational-Choice-Modelle nehmen ausgehend von Boudon (1974) an, dass die Akteure in Abhängigkeit von ihrer eigenen sozioökonomischen Position rational und abgewogen nach Kosten-Nutzen-Erwägungen entscheiden, wobei langfristige Überlegungen u.a. hinsichtlich des Statuserhalts relevant sind. Von Bourdieu (z.B. 1983) beeinflusst nehmen Ansätze soziokultureller Nähe milieuspezifische Prägungen an. Da Einschulungsentscheidungen von einer Vielzahl von Bedingungen auf Seiten des Kindes und der Schule abhängig sind, die sich zudem vor dem ersten Schultag kaum abschließend klären lassen, könnten auch abgekürzte Entscheidungsprozesse zum Zuge kommen (Gigerenzer & Todd, 1999). In diesem Fall ist mit sozial differenten Argumentationsmustern ("frames", vgl. z.B. Esser,

2001, S. 260ff.) zu rechnen bzw. die Entscheidung fällt aufgrund von Einzelaspekten. Deswegen wird im BiKS-Entscheidungsmodell angenommen, dass auch die soziokulturelle Herkunft des Kindes auf die Entscheidungen einwirkt.

Psychologische Wert-Erwartungstheorien berücksichtigen zusätzlich die inneren Prozesse der handelnden Personen (z. B. Eccles, 2005; vgl. Maaz u.a., 2006). Motive, Attributionen oder Selbstkonzepte könnten zwischen die äußeren Merkmale wie z.B. die sozioökonomische Stellung oder der Bildungshintergrund des Entscheidungsträgers und die Wert- und Erwartungskomponente treten. In Abhängigkeit vom spezifischen Handlungsproblem, hier z.B. den unterschiedlichen Einschulungsentscheidungen der Eltern, sind diese Komponenten, die in der Abbildung 1 offengelassen werden, zu konkretisieren (vgl. dazu die Beiträge des Teils III).

Zu berücksichtigen ist, dass in Abhängigkeit vom sechsten Geburtstag des Kindes und seinem Entwicklungsstand faktisch nur ein Teil der Eltern vor einer echten Wahlsituation steht: Vor allem für Eltern von Kindern mittlerer und hoher Kompetenz, die kurz nach den Stichtagen das sechste Lebensjahr vollenden, stellt sich die Frage, ob ihre Kinder vorzeitig oder fristgerecht eingeschult werden sollen. Vornehmlich in Bezug auf Kinder mit mittlerer und insbesondere niedriger Kompetenz und einem sechsten Geburtstag kurz vor dem Stichtag ist zu entscheiden, ob das Kind fristgerecht eingeschult oder der Schuleintritt um ein Jahr verschoben werden soll. Für alle anderen Eltern steht der Einschulungszeitpunkt im Allgemeinen fest.

Abbildung 1: Entscheidungsmodell zur Einschulung

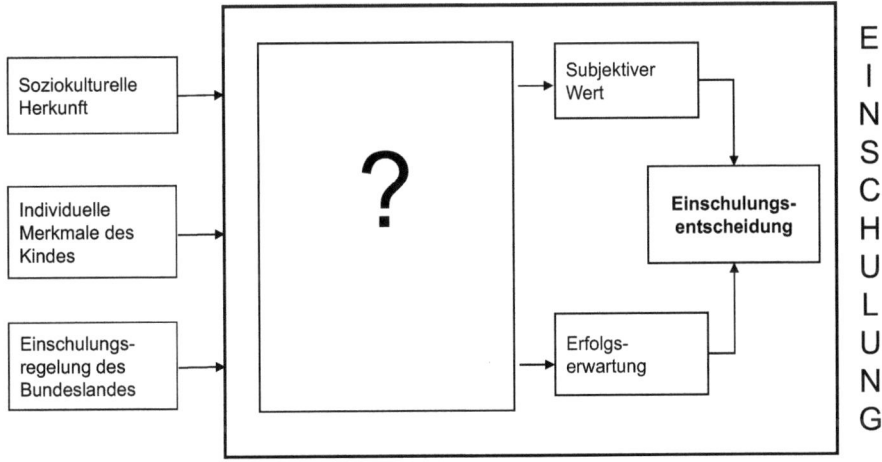

5. Familie, Kindergarten und Grundschule als beteiligte Instanzen und deren Kooperation

Entsprechend dem ökopsychologischen Ansatz sind die Familie und der Kindergarten an der Förderung der Kinder vor der Einschulung beteiligt. Als Makroumwelt wirkt sich die Grundschule auf diese beiden Umwelten aus. Entscheidend ist dabei, wie sie wahrgenommen wird. Der Kindergarten ist sowohl in seiner Rolle als Förderinstanz als auch durch die Beratung der Eltern eingebunden. Formal trifft die Grundschule die Entscheidung über die Einschulung. Familie, Kindergarten und Grundschule sind also in einem komplexen Verhältnis von Förderung, Beratung und Entscheidung miteinander verbunden, und Einschulungsentscheidungen gehen aus dem Zusammenwirken der drei Umwelten hervor. Eine isolierte Betrachtung eines Systems könnte deshalb nur Teileinsichten ermitteln. Nach der Einschulung tritt die Grundschule an die Stelle der Kindertagesstätte. Damit beginnt der Bildungsweg im Pflichtschulsystem. Der vorschulische Bereich verschwindet damit aber nicht, da weiterhin Beziehungen zwischen den Systemen bestehen, z.B. durch Geschwisterkinder, aber auch durch die Kooperation von Kindergarten und Grundschule im Verlauf des ersten Schuljahrs. Eine wichtige Frage ist zudem, wie die Eltern und in längerer Sicht auch die Kinder den jeweiligen Verlauf der gesamten Einschulung und damit auch die Bewährung der Einschulungsentscheidungen beurteilen.

Familie und Kindergarten kommen in den BiKS-Einschulungsuntersuchungen unter einer spezifischen Perspektive in den Blick[3]: In beiden Systemen werden insbesondere die schul- und einschulungsrelevanten Einstellungen und Maßnahmen untersucht. Um die Wahrnehmungen der handelnden Personen zu erfassen und mit der Absicht, Ähnlichkeiten und Unterschiede festzustellen, wurden die gleichen Fragen sowohl den Eltern als auch den pädagogischen Fachkräften vorgelegt. Zum nächstmöglichen Befragungstermin im Frühjahr des ersten Schuljahrs wurden auch die Lehrkräfte einbezogen. Über die Schulvorbereitung in der Familie und die schul- und einschulungsrelevanten Einstellungen von Eltern und pädagogischen Fachkräften war bis zu den BiKS-Untersuchungen relativ wenig bekannt.

Dies gilt insbesondere für die Einschulung von Kindern mit (türkischsprachigem) Migrationshintergrund. Zwar wird der Rückstand in Bezug auf den Kompetenzerwerb und die spätere Bildungsbeteiligung dieser Kinder und Jugendlichen in den Schulvergleichsstudien deutlich (vgl. oben), die Einschulung unterscheidet sich von denen der Kinder ohne Migrationshintergrund (z.B. höhere Raten an Zurückstellungen und Überrepräsentation in schulvorbereitenden Institutionen)

---

3   Die Untersuchungen der Lernumwelten des BiKS-Teilprojekts 2 unter der Leitung von Prof. Dr. Hans-Günther Roßbach waren wesentlich breiter angelegt und werden in diesem Band nur unter der Perspektive der Einschulung herangezogen.

und es liegen Erkenntnisse über Kompetenzrückstände vor allem in der deutschen Sprache schon vor der Einschulung vor (vgl. Kratzmann, 2011, S. 30ff.). Aber es blieb bislang offen, wie sich dies auf die Entscheidungen der Eltern hinsichtlich der Einschulung auswirkt. Migrationsgekoppelte Ungleichheiten bei der Einschulung wurden auf schulische Entscheidungen zurückgeführt („institutionelle Diskriminierung", vgl. Gomolla & Radtke, 2002), ohne den Anteil der Eltern zu untersuchen. Bedeutsam sind auch die Haltungen und Praktiken der Förderung dieser Kinder im Elementarbereich, wird doch vor allem vom Kindergartenbesuch eine effektive schulvorbereitende Förderung dieser Kinder erwartet. Ergebnisse der BiKS-Untersuchungen werden in den Teilen II und III dieses Bandes vorgestellt.

Der elementarpädagogische Forschungsstand zur Schulvorbereitung im Kindergarten zeigt, dass sowohl ihr Stellenwert als Aufgabe des Kindergartens als auch ihre Realisierungsmöglichkeiten umstritten sind. Die Umsetzung erfolgt auf vielfältigen Wegen (Roßbach, 2006). So liegen Konzepte vor, die das Bildungsangebot der Kindertageseinrichtung aus den Bedürfnissen und Möglichkeiten der Kindergartenkinder ableiten und sich von der nachfolgenden Bildungsstufe tendenziell abgrenzen (vgl. z.B. Laewen, 2002; Elschenbroich, 2001). Im Rahmen des Situationsansatzes bildet die Schule ein Feld für die Erkundung durch die angehenden Schulkinder (Arbeitsgruppe Vorschulerziehung, 1980; Naumann, 1998; vgl. dazu auch Zimmer, Preissing, Thiel, Heck & Krappmann, 1997, S. 190ff.). In der Kindergartenpraxis allerdings sind bereichsspezifische Förderangebote im letzten Kindergartenjahr weit verbreitet, z.B. in Form besonderer Vorschulgruppen oder als Programme zur Vorbereitung auf den Anfangsunterricht Mathematik und Schriftsprache. Teilweise wird auf den gesamten pädagogischen Alltag des Kindergartens als Schulvorbereitung verwiesen (vgl. Wolf, 2002, S. 58). Schulvorbereitung wird aber auch als Vermittlung schulischer Inhalte, Leistungsorientierung und Arbeit mit Vorschulmappen verstanden (Wolf, 2002, S. 54ff.; Wolf, 2003; Stuck & Wolf, 2004, S. 52ff.). In den neu eingeführten Bildungsplänen des Elementarbereichs wird die Vorbereitung auf die Schule als Begleitung der Kinder *und* der Eltern beim Übergang aufgefasst. Die Kinder sollen gestärkt werden, damit sie mit möglichen Übergangsschwierigkeiten selbstbewusst umgehen und sich schnell in der Schule zurechtfinden. Die Vorbereitung auf die Schule beginnt – ohne zunächst im Vordergrund zu stehen – bereits mit dem Eintritt in den Kindergarten und umfasst sowohl die Förderung der Basiskompetenzen als auch der schulnahen Vorläuferfähigkeiten in den verschiedenen Bildungsbereichen (Bayerisches Staatsministerium & Staatsinstitut für Frühpädagogik, 2007, S. 121). Von der Schule wird erwartet, dass sie ihr Bildungsangebot individuell auf die Schulanfänger abstimmt (vgl. ebd.; ähnlich Senatsverwaltung für Bildung, Jugend und Sport, 2004, S. 114ff.).

Die grundschulpädagogischen und fachdidaktischen Beiträge zu dieser Diskussion fragen kritisch nach der Anschlussfähigkeit des Bildungsbegriffs (z.B. Selbstbildung vs. Instruktion, vgl. Hacker, 2004) und wollen die Abstimmung der

bereichsspezifischen Lernprozesse durch gezielte vorschulische Förderung der domänenspezifischen Vorläuferfähigkeiten verbessern (z.B. Hasemann, 2004; Kammermeyer, 2001, insb. S. 113ff.; Marx, 2004). Dies soll insbesondere im Interesse
jener Kinder geschehen, die in ihrer Familie unzureichend gefördert werden, um
noch vor Schulbeginn Defizite zu kompensieren. Gerade die ersten beiden Bildungsstufen sollen so ihre „curriculare Anschlussfähigkeit" verbessern (Faust &
Roßbach, 2004). Von der Abstimmung aller Bildungsstufen im Verlauf der lebens-
langen Schul- und Bildungskarriere wird eine gesteigerte Effizienz des Schul- und
Bildungssystems insgesamt erwartet (Bund-Länder-Kommission, 1997).

Diese Auffassungen scheinen allerdings mit den Wahrnehmungen der Professionellen in den beiden Systemen nicht übereinzustimmen. Von Bülow (2011) kommt
zum Fazit, dass sowohl die Auffassungen der Ziele von Bildung als auch die des
Bildungsprozesses füreinander anschlussfähig seien, dass die Erzieherinnen und
Lehrer/-innen sich aber insbesondere über eine Abgrenzung der eigenen Institution
definieren. Der Kindergarten wird als „Spielinstitution mit Freiräumen", die Schule
durch ihren Pflichtcharakter und den Leistungsdruck gekennzeichnet (ebd., S. 233).
Einig ist man sich auch über die Rolle domänenspezifischer Inhalte in den Bereichen Sprache/Schriftsprache und Mathematik: Eine Begegnung und Auseinandersetzung mit Buchstaben und Zahlen im Elementarbereich ist zwar erlaubt, aber
die systematische Einführung bleibt dem Anfangsunterricht vorbehalten. Dass von
Seiten der Lehrkräfte keine Anschlussfähigkeit angestrebt wird, kommt auch darin
zum Ausdruck, dass ein über die Förderung phonologischer Bewusstheit hinaus-
gehender Umgang mit Buchstaben und Zahlen vor der Schule abgelehnt wird. Die
Berücksichtigung individueller Voraussetzungen in diesen Bereichen kollidiert mit
den Homogenitätserwartungen der Lehrkräfte an die Schulanfänger/-innen. Auffallend ist auch, dass Erwartungen an die Förderung in den sozialen Fähigkeiten, der
Selbstständigkeit und der Arbeitshaltung an utilitaristischen Erwägungen orientiert
sind: Erwünscht ist das für das schulische Lernen perfekt vorbereitete Kind, die
Förderung von Kritikfähigkeit z.B. wird von den Professionellen beider Institutionen nicht erwähnt (ebd., S. 231). In diesem widersprüchlichen Verhältnis kommt
zum Ausdruck, dass Kindergarten und Grundschule zwar unmittelbar aufeinander
folgen, aber als Teil des Elementarbereichs bzw. erste Stufe des Pflichtschulsys-
tems doch in einem jeweils anderen Theoriehorizont stehen. Das professionelle
Selbstverständnis spiegelt die unterschiedlichen Paradigmen.

Für die curriculare Abstimmung, die Begleitung von Eltern und Kindern beim
Schuleinstieg und den Ablauf des Einschulungsprozesses ist die Kooperation von
Kindergarten und Grundschule zentral. Die Zusammenarbeit dieser beiden Systeme
unter Einbezug der Eltern ist seit dem Ende der Bildungsreformzeit ein wichtiges
pädagogisches Handlungsfeld beider Institutionen. Nach von Bülow (2011, S. 238)
scheint sich die Kooperation allerdings in der Kenntnis der jeweils anderen Institution kaum niedergeschlagen zu haben. Die Vorstellungen sind auffallend vage

und eher an Erfahrungen als an konkretem Wissen orientiert. Eine Kooperation zwischen den Beteiligten ist also notwendig, sie findet aber unter den Bedingungen dieser grundlegenden Systemdifferenzen statt, die zu beachten sind. In den BiKS-Einschulungsuntersuchungen werden deshalb auch diese Maßnahmen und die darauf bezogenen Einstellungen der pädagogischen Fach- und der Lehrkräfte untersucht (vgl. dazu den Beitrag von Faust, Wehner & Kratzmann, Teil II, in diesem Band).

6. Überblick über den Aufbau des Buchs

In den BiKS-Einschulungsuntersuchungen werden – zusammenfassend – zum einen die strukturellen Bedingungen des Schulanfangs untersucht: Dazu gehören sowohl die Einschulungsregelungen und deren Auswirkungen, ablesbar am Schulerfolg in den Anfangsjahren der Grundschule, die Merkmale der zu unterschiedlichen Zeitpunkten in die Grundschule wechselnden Kinder, ihr Entwicklungsstand und Familienhintergrund, als auch die schulvorbereitenden Maßnahmen in Familie und Kindertageseinrichtungen und die vorgefundene Kooperation von Kindergarten und Grundschule unter Einbezug der Eltern. Diese Perspektive wird zum anderen ergänzt durch Analysen der Wahrnehmungen und Einstellungen der beteiligten Personen, z.B. der Erzieherinnen und Eltern in Bezug auf Kindergarten und Grundschule und deren Kooperation, und den von ihnen bevorzugten Einschulungszeitpunkt, Einschätzungen des Entwicklungsstands der Kinder und die Beurteilung des Schuleintritts unterschiedlicher Kindergruppen. Als Grundlagentheorie wird eine ökopsychologische Betrachtungsweise auf der Grundlage einer allgemeinen Übergangsforschung, die bestimmte Engführungen des Transitionsansatzes vermeidet, herangezogen.

Der Band ist in fünf Teile gegliedert:
* Nach diesem Beitrag wird im Teil I „Allgemeines" die methodische Anlage der BiKS-Einschulungsuntersuchungen beschrieben.
* Im Teil II „Vor der Einschulung" steht die schulrelevante Förderung der Kinder in Kindertagesstätte und Familie und die Kompetenzentwicklung der Kinder bis zur Einschulung im Mittelpunkt. Hinzu kommen Beiträge zu den Fördereinstellungen der Eltern und pädagogischen Fachkräfte und zu den Auswirkungen der Erziehereinstellungen zum Umgang mit Kindern mit Migrationshintergrund im Kindergarten. Schließlich werden in diesem Teil die Ergebnisse zur Kooperation von Kindergarten und Grundschule unter Einbezug der Eltern eingeordnet.
* Im Teil III „Einschulungsentscheidungen" wird zu Beginn des Teils die Sicht von Eltern, pädagogischen Fach- und Lehrkräften auf Schulfähigkeit berichtet. Danach werden die Ergebnisse zur Formation der nicht fristgerechten Schulein-

tritte, quantitative Ergebnisse zur vorzeitigen Einschulung sowie Ergebnisse zur Einschulung in Familien mit Migrationshintergrund zusammengefasst. Neben diesen auf die Eltern bezogenen Auswertungen werden der Beitrag der Erzieherinnen und der der Schulleitungen dargestellt.

- Teil IV zur „Bewährung der Einschulungsentscheidungen" behandelt dieses Thema in der Sicht der Eltern, Erzieherinnen und Lehrkräften sowie anhand objektiver Daten zum Schulerfolg in der Grundschule.
- Das Buch schließt mit „Zusammenfassung und Ausblick" im Teil V.

Literatur

Arbeitsgruppe Deutsche Child Behavior Checklist (1993). *Handbuch. Lehrerfragebogen über das Verhalten von Kindern und Jugendlichen (TRF)* (Arbeitsgemeinschaft Kinder-, Jugendlichen- und Familiendiagnostik, KJFD). Köln: Universität, Klinik für Kinder- und Jugendpsychiatrie.

Arbeitsgruppe Deutsche Child Behavior Checklist (1994). *Handbuch. Elternfragebogen über das Verhalten von Kindern und Jugendlichen (CBCL/4–18)* (Arbeitsgemeinschaft Kinder-, Jugendlichen- und Familiendiagnostik, KJFD). Köln: Universität, Klinik für Kinder- und Jugendpsychiatrie.

Arbeitsgruppe Vorschulerziehung und die Erzieherinnen aus Modellkindergärten der Länder Rheinland-Pfalz und Hessen (1980). *Curriculum Soziales Lernen. Kinder kommen in die Schule.* München: Kösel.

Autorengruppe Bildungsberichterstattung (2012). *Bildung in Deutschland 2012. Ein indikatorengestützter Bericht mit einer Analyse zur kulturellen Bildung im Lebenslauf.* Bielefeld: Bertelsmann.

Bayerisches Staatsministerium für Arbeit und Sozialordnung, Familie und Frauen & Staatsinstitut für Frühpädagogik München (2007). *Der Bayerische Bildungs- und Erziehungsplan für Kinder in Tageseinrichtungen bis zur Einschulung* (2. aktualisierte und erweiterte Aufl.). Berlin: Cornelsen Scriptor.

Beelmann, W. (2000). Entwicklungsrisiken und -chancen bei der Bewältigung normativer sozialer Übergänge im Kindesalter. In Ch. Leyendecker & T. Horstmann (Hrsg.), *Große Pläne für kleine Leute. Grundlagen, Konzepte und Praxis der Frühförderung* (S. 71–77). München: Ernst Reinhardt.

Beelmann, W. (2006). *Normative Übergänge im Kindesalter: Anpassungsprobleme beim Eintritt in den Kindergarten, in die Grundschule und in die weiterführende Schule.* Hamburg: Kovac.

Bos, W., Lankes, E.-M., Prenzel, M., Schwippert, K., Walther, G. & Valtin, R. (Hrsg.). (2003). *Erste Ergebnisse aus IGLU. Schülerleistungen am Ende der vierten Jahrgangsstufe im internationalen Vergleich.* Münster: Waxmann.

Blossfeld, H.-P., Schneider, Th., Faust, G., Roßbach, H.-G., von Maurice, J. & Weinert, S. (2010). Konzeption und Design des Nationalen Bildungspanels – unter besonderer Berücksichtigung des Elementar- und Primarbereichs. *Zeitschrift für Grundschulforschung 3* (2), 124–135.

Boudon, R. (1974). *Education, opportunity, and social inequality. Changing prospects in Western society.* New York: John Wiley & Sons.

Bourdieu, P. (1983). Ökonomisches Kapital, kulturelles Kapital, soziales Kapital. *Soziale Welt. Soziale Ungleichheiten* (Sonderband 2), 183–198.

Bronfenbrenner, U. (1989). *Die Ökologie der menschlichen Entwicklung. Natürliche und geplante Experimente.* Herausgegeben von K. Lüscher. Frankfurt: Fischer.

Bronfenbrenner, U. (1996). Ökologische Sozialisationsforschung. In L. Kruse, C. F. Graumann & E. D. Lantermann (Hrsg.), *Ökologische Psychologie* (S. 76–79). Weinheim: PsychologieVerlagsUnion.

Bundesministerium für Familie, Senioren, Frauen und Jugend (2005). *Zwölfter Kinder- und Jugendbericht. Bericht über die Lebenssituation junger Menschen und die Leistungen der Kinder- und Jugendhilfe in Deutschland.* Verfügbar unter: http://www.bmfsfj.de/ doku/Publikationen/kjb/data/download/kjb_060228_ak3.pdf, [28.8.2012].

Bund-Länder-Kommission für Bildungsplanung und Forschungsförderung (1997). *Gutachten zur Vorbereitung des Programms „Steigerung der Effizienz des mathematisch-naturwissenschaftlichen Unterrichts"* (Materialien zur Bildungsplanung und Forschungsförderung, Heft 60). Bonn: Bund-Länder-Kommission.

Burk, K. & Faust-Siehl, G. (1999). Gesetzliche Grundlagen zum Schulanfang. In H. Brügelmann u.a. (Hrsg.), *Jahrbuch Grundschule. Fragen der Praxis – Befunde der Forschung* (S. 82–84). Seelze: Friedrich.

Deutsches PISA-Konsortium (Hrsg.) (2001). *PISA 2000. Basiskompetenzen von Schülerinnen und Schülern im internationalen Vergleich.* Opladen: Leske + Budrich.

Eccles, J. S. (2005). Subjective task value and the Eccles et al. Model of achievement-related choices. In A. Elliot & C. Dweck (Eds.), *Handbook of competence and motivation* (pp. 105–121). New York: Guilford Press.

Elschenbroich, D. (2001). *Weltwissen der Siebenjährigen. Wie Kinder die Welt entdecken können.* München: Kunstmann.

Esser, H. (2001). *Soziologie: Spezielle Grundlagen. Band 6: Sinn und Kultur.* Frankfurt a.M.: Campus.

Fabian, H. (2007). Informing Transitions. In A.-W. Dunlop & H. Fabian (Eds.), *Informing Transitions in the Early Years. Research, policy and practice* (pp. 3–20). Maidenhead, Berkshire: McGrawHill.

Faust, G. (2006). Zum Stand der Einschulung und der neuen Schuleingangsstufe in Deutschland. *Zeitschrift für Erziehungswissenschaft, 9* (3), 328–347.

Faust, G. (2008). Übergänge gestalten – Übergänge bewältigen. In W. Thole, H.-G. Roßbach, M. Fölling-Albers & R. Tippelt (Hrsg.), *Bildung und Kindheit. Pädagogik der Frühen Kindheit in Wissenschaft und Lehre* (S. 225–240). Opladen & Farmington Hills: Budrich.

Faust, G. & Roßbach, H. G. (2004). Der Übergang vom Kindergarten in die Grundschule. In L. Denner & E. Schumacher (Hrsg.). *Übergänge im Elementar- und Primarbereich reflektieren und gestalten – Beiträge zu einer grundlegenden* Bildung (S. 91–105). Bad Heilbrunn: Klinkhardt.

Fertig, M. & Kluve, J. (2005). *The effect of age at school entry on educational attainment in Germany.* RWI: Discussion Papers, No. 27.

Filipp, S.-H. (1995). *Kritische Lebensereignisse* (3. Aufl.). Weinheim: PsychologieVerlags-Union.

Fredriksson, P. & Öckert, B. (2005). *Is early learning really more productive? The effect of school starting age on school and labor market performance.* IZA Discussion Paper No. 1659.

Geiling, U. (1999). Schulfähigkeit und Einschulungspraxis in der DDR – Ein Rückblick im Spannungsfeld von Förderung und Ausgrenzung. In A. Prengel, unter Mitarbeit von U. Geiling, F. Heinzel & M. Hemme-Kreutter, *Vielfalt durch gute Ordnung im Anfangsunterricht* (S. 161–219). Opladen: Leske + Budrich.

Gigerenzer, G. & Todd, P. M. (1999). *Simple heuristics that make us smart.* New York: Oxford University Press.

Gomolla, M. & Radtke, F.-O. (2002). *Institutionelle Diskriminierung: Die Herstellung ethnischer Differenz in der Schule.* Opladen: Leske + Budrich.

Götz, M. (2011). Das schulreife Kind – historische Rekonstruktionen zur Normierung kindlicher Entwicklung. In W. Einsiedler, M. Götz, Ch. Ritzi & U. Wiegmann (Hrsg.), *Grundschule im historischen Prozess. Zur Entwicklung von Bildungsprogramm, Institution und Disziplin in Deutschland* (S. 97–117). Bad Heilbrunn: Klinkhardt.

Griebel, W. (2006). Übergänge fordern das ganze System. In D. Diskowski, E. Hammes-Di Bernardo, S. Hebenstreit-Müller & A. Speck-Hamdan (Hrsg.), *Übergänge gestalten. Wie Bildungsprozesse anschlussfähig werden* (S. 32–47). Jahrbuch des Pestalozzi-Fröbel-Verbands. Weimar & Berlin: verlag das netz.

Griebel, W. & Niesel, R. (2002). *Abschied vom Kindergarten – Start in die Schule. Grundlagen und Praxishilfen für Erzieherinnen, Lehrkräfte und Eltern.* München: Don Bosco.

Griebel, W. & Niesel, R. (2003). Die Bewältigung des Übergangs vom Kindergarten in die Grundschule. In W. E. Fthenakis (Hrsg.), *Elementarpädagogik nach PISA. Wie aus Kindertagesstätten Bildungseinrichtungen werden können* (S. 136–151). Freiburg: Herder.

Griebel, W. & Niesel, R. (2004). *Transitionen. Fähigkeiten von Kindern in Tageseinrichtungen fördern, Veränderungen erfolgreich zu bewältigen.* Weinheim: Beltz.

Grotz, T. (2005). *Die Bewältigung des Übergangs vom Kindergarten zur Grundschule. Zur Bedeutung kindbezogener, familienbezogener und institutionsbezogener Schutz- und Risikofaktoren im Übergangsprozess.* Hamburg: Kovac.

Hacker, H. (1998). *Vom Kindergarten zur Grundschule. Theorie und Praxis eines kindgerechten Übergangs.* 2. Aufl., Bad Heilbrunn: Klinkhardt.

Hacker, H. (2004). Die Anschlussfähigkeit von vorschulischer und schulischer Bildung. In G. Faust, M. Götz, H. Hacker & H.-G. Roßbach (Hrsg.), *Anschlussfähige Bildungsprozesse im Elementar- und Primarbereich* (S. 273–284). Bad Heilbrunn: Klinkhardt.

Hasemann, K. (2004). Mathematisches Wissen und Verstehen im Vor- und Grundschulalter – Diagnose, Hemmnisse und Entwicklung. In G. Faust, M. Götz, H. Hacker & H.-G. Roßbach (Hrsg.), *Anschlussfähige Bildungsprozesse im Elementar- und Primarbereich* (S. 64–77). Bad Heilbrunn: Klinkhardt.

Hüttenmoser, M. (1981a). *Sozialisation und Einschulung. Ein Beitrag zu einem neuen Verständnis der Schuleintrittsproblematik.* Frankfurt und Aarau: Diesterweg und Sauerländer.

Hüttenmoser, M. (1981b). Probleme des Überganges vom Vorschulbereich in die Grundschule. Vergleichende Analyse der Fallbeispiele. In J.-P. Meylan, (Red.), *Evaluation von Innovationen im Bereich der Primarschule. Bericht über ein OECD/CERI-Seminar, Muttenz, 18. – 22.5.1981* (S. 393–417). Bern und Stuttgart: Haupt.

Jürges, H. & Schneider, K. (2006). Im Frühjahr geborene Kinder haben schlechtere Bildungschancen. *Wochenbericht des Deutschen Instituts für Wirtschaftsforschung e.V. (DIW) Berlin, 73,* Nr. 17.

Kammermeyer, G. (2001). Schulfähigkeit. In G. Faust-Siehl & A. Speck-Hamdan (Hrsg.). *Schulanfang ohne Umwege. Mehr Flexibilität im Bildungswesen* (S. 96–118). Frankfurt: Grundschulverband – Arbeitskreis Grundschule e.V.

Kienig, A. (2002). The importance of social adjustment for future success. In H. Fabian & A. W. Dunlop (Eds.), *Transitions in early years. Debating continuity and progression for children in early education* (pp. 23–37). London: Routledge Falmer.

Knörzer, E. & Grass, K. (1992). *Den Anfang der Schulzeit pädagogisch gestalten. Studien- und Arbeitsbuch für den Anfangsunterricht.* Weinheim: Beltz.

Kratzmann, J. (2011). *Türkische Familien beim Übergang vom Kindergarten in die Grundschule. Einschulungsentscheidungen in der Migrationssituation.* Münster: Waxmann.

Kutscha, G. (1991). Übergangsforschung – Zu einem neuen Forschungsbereich. In K. Beck & A. Kell (Hrsg.), *Bilanz der Bildungsforschung. Stand und Zukunftsperspektiven* (S. 113–151). Weinheim: Deutscher Studien Verlag.

Laewen, H.-J. (2002). Bildung und Erziehung in Kindertageseinrichtungen. In H.-J. Laewen & B. Andres (Hrsg.), *Bildung und Erziehung in der frühen Kindheit. Bausteine zum Bildungsauftrag von Kindertageseinrichtungen* (S. 16–102). Weinheim: Beltz.

Lazarus, R. S. (1995). Stress und Stressbewältigung – ein Paradigma. In S.-H. Filipp (Hrsg.), *Kritische Lebensereignisse* (3. Aufl., S. 198–232). Weinheim: Psychologie Verlags Union.

Maaz, K., Hausen, C., McElvany, N. & Baumert, J. (2006). Stichwort: Übergänge im Bildungssystem. Theoretische Konzepte und ihre Anwendung in der empirischen Forschung beim Übergang in die Sekundarstufe. *Zeitschrift für Erziehungswissenschaft, 9,* 299–327.

Margetts, K. (2002). Transition to School – Complexity and Diversity. *European Early Childhood Education Research Journal, 10* (2), 103–114.

Margetts, K. (2007). Understanding and supporting transitions: shaping transition practices. In A.-W. Dunlop & H. Fabian (Eds.), *Informing Transitions in the Early Years. Research, policy and practice* (pp. 107–119). Maidenhead, Berkshire: McGrawHill.

Marx, H. (2004). Vorhersage von Lese-Rechtschreibschwierigkeiten und Konsequenzen für den Vor- und Grundschulbereich. In G. Faust, M. Götz, H. Hacker & H.-G. Roßbach (Hrsg.), *Anschlussfähige Bildungsprozesse im Elementar- und Primarbereich* (S. 90–104). Bad Heilbrunn: Klinkhardt.

Mühlenweg, A. (o.J.). *Young and innocent. International evidence on age effects within grades on school victimization in elementary school.* ZEW Discussion Paper No. 09–031. Verfügbar unter: http://www.zew.de/de/publikationen/publikation.php3?action=detail&nr=5403 [23.3.2010].

Naumann, S. (1998). *Was heißt hier schulfähig? Übergang in Schule und Hort.* Ravensburg: Ravensburger Schulverlag.

Nickel, H. (1988). Die „Schulreife" – Kriterien und Anhaltspunkte für Schuleingangsdiagnostik und Einschulungsberatung. In R. Portmann (Hrsg.), *Kinder kommen zur Schule.*

Hilfen und Hinweise für eine kindorientierte Einschulungspraxis (S. 44–58). Frankfurt: Arbeitskreis Grundschule e.V.

Oerter, R. (2002). Kultur, Ökologie und Entwicklung. In R. Oerter & L. Montada (Hrsg.), *Entwicklungspsychologie* (5., vollständig überarbeitete Auflage, S. 72–104). Weinheim: PsychologieVerlagsUnion.

Pianta, R. C. & Cox, M. J. (Eds.) (1999). The transition to kindergarten. Baltimore: Paul H. Brookes.

Plake, K. (1974). *Familie und Schulanpassung.* Düsseldorf: Schwann.

Puhani, P. A. & Weber, A. M. (2005). *Does the early bird catch the worm? Instrumental variable estimates of educational effects of age of school entry in Germany.* Verfügbar unter: ftp://ftp.iza.org/dps/dp1827.pdf [7.3.2006].

Rimm-Kaufman, S. E. & Pianta, R. (2000). An ecological perspective on the transition to kindergarten: A theoretical framework to guide empirical research. *Journal of Applied Developmental Psychology, 21,* 491–522.

Roßbach, H.-G. (2006). Institutionelle Übergänge in der Frühpädagogik. In L. Fried & S. Roux (Hrsg.), *Pädagogik der frühen Kindheit: Handbuch und Nachschlagewerk* (S. 281–292). Weinheim: Beltz.

Rüdiger, D., Kormann, A. & Peez, H. (1976). *Schuleintritt und Schulfähigkeit. Zur Theorie und Praxis der Einschulung.* München: Reinhardt.

Schmitt, R. u.a. (Hrsg.). (2001). *Grundlegende Bildung in und für Europa.* Beiträge zur Reform der Grundschule, Nr. 112. Frankfurt: Grundschulverband – Arbeitskreis Grundschule.

Senatsverwaltung für Bildung, Jugend und Sport (Hrsg.). (2004). *Das Berliner Bildungsprogramm für die Bildung, Erziehung und Betreuung von Kindern in Tageseinrichtungen bis zu ihrem Schuleintritt.* Berlin: verlag das netz.

Stuck, A. & Wolf, B. (2004). *Kindertagesstätten in Rheinland-Pfalz. Empirische Ergebnisse aus der Sicht von Eltern und Erzieherinnen* (Berichte aus der Pädagogik). Aachen: Shaker.

Tippelt, R. (2004). Geleitwort. In E. Schumacher (Hrsg.), *Übergänge in Bildung und Ausbildung. Gesellschaftliche, subjektive und pädagogische Relevanzen* (S. 7–18). Bad Heilbrunn: Klinkhardt.

Tomasello, M. (2006). *Die kulturelle Entwicklung des menschlichen Denkens. Zur Evolution der Kognition.* Frankfurt: Suhrkamp.

Von Bülow, K. (2011). *Anschlussfähigkeit von Kindergarten und Grundschule. Rekonstruktion von subjektiven Bildungstheorien von Erzieherinnen und Lehrerinnen.* Bad Heilbrunn: Klinkhardt.

Wagner, J. T. (2003). Introduction: International Perspectives and Nordic Contributions. In S. Broström & J. T. Wagner (Eds.) (2003), *Early Childhood Education in Five Nordic Countries: Perspectives on the Transition from Preschool to School* (pp. 11–25). Arhus: Systime A/S.

Weiß, M. (2008). Stichwort: Bildungsökonomie und Qualität der Schulbildung. *Zeitschrift für Erziehungswissenschaft, 11,* 168–182.

Wolf, B. (2001). Lernumwelt/Ökologische Psychologie. In D. H. Rost (Hrsg.), *Handwörterbuch Pädagogische Psychologie* (S. 429–434). 2. überarbeitete und erweiterte Auflage. Weinheim: Psychologie Verlags Union.

Wolf, B. (2002). *Elternhaus und Kindergarten. Einschätzungen aus zwei Perspektiven (Eltern und Erzieherinnen)* (Berichte aus der Pädagogik). Aachen: Shaker.

Wolf, B. (2003). Schulvorbereitung in Kindertagesstätten. In R. Arnold & H. Günther (Hrsg.), *Innovative Bildungs- und Erziehungsprozesse. Festschrift für H. Petillon* (Pädagogische Materialien der Universität Kaiserslautern, S. 81–88). Kaiserslautern: ZBT.

Zimmer, J., Preissing, Ch., Thiel, Th., Heck, A. & Krappmann, L. (1997). *Kindergärten auf dem Prüfstand. Dem Situationsansatz auf der Spur. Abschlussbericht zum Projekt „Zur Evaluation des Erprobungsprogramms"*. Seelze: Kallmeyer.

Methodische Anlage der BiKS-Einschulungsuntersuchungen

Gabriele Faust, Jens Kratzmann und Franziska Wehner

1. „Mixed Methods" als methodische Grundposition

Die Einschulung wird in den BiKS-Untersuchungen sowohl in ihren strukturellen Bedingungen als auch im Hinblick auf die Wahrnehmungen und Entscheidungen der beteiligten Personen untersucht (vgl. den Beitrag von Faust, Teil I, in diesem Band). Da sowohl die Vorgeschichte und der Verlauf als auch die Auswirkungen analysiert werden sollen, ist grundsätzlich eine längsschnittliche Betrachtungsweise mit einer Serie von Erhebungen über mehrere Jahre hin notwendig. Die strukturbezogenen Forschungsfragen erfordern eine zahlenmäßig große Untersuchungsstichprobe mit ausreichend Varianz, so dass die Einschulung in den relevanten Teilpopulationen mit quantitativ-statistischen Methoden weiter aufgeklärt werden kann. Ziel ist die Überprüfung der herausgearbeiteten Unterschiede auf Signifikanz. Der Erkenntnisgewinn liegt in diesem Teil der Untersuchungen darin, bedeutsame Unterschiede zwischen Gruppen nachzuweisen. Die Untersuchung der Wahrnehmungen und Entscheidungen der beteiligten Personen erfordert demgegenüber die Befragung der handelnden Personen (Eltern, pädagogische Fachkräfte im Kindergarten, Lehrer/-innen und Schulleiter/-innen). Da die Wahrnehmungen nicht unveränderlich sind und die Entscheidungen sich über die Zeit herausbilden, sind auch in diesem Teil der Untersuchungen mehrere Erhebungen notwendig. Hierbei besteht das Ziel darin, die Beweggründe und Entscheidungsheuristiken der beteiligten Personen über die Zeit zu verfolgen und im Detail kennen zu lernen. Die Methode der Wahl für diese Fragestellungen sind Interviews mit ausgewählten Substichproben, die qualitativ ausgewertet werden. Somit sind sowohl quantitative als auch qualitative Forschungsmethodiken einzubeziehen. Wie aber sind die beiden methodischen Orientierungen gekoppelt und welche Folgen hat dies sowohl für die Anlage der Untersuchungen und das Vorgehen in den beiden Untersuchungsrichtungen als auch die Ergebnisse?

Nach der Überwindung der unfruchtbaren Frontstellung quantitativer und qualitativer Verfahren wird die Verbindung beider Methoden in der methodologischen Orientierung der „Mixed Methods" näher diskutiert (Tashakkori & Teddlie, 2003a; Teddlie & Tashakkori, 2009). Die Anlage der BiKS-Einschulungsuntersuchungen lässt sich als „Concurrent Mixed Method Design" einordnen (vgl. Abb.1). Die Fragestellungen bedingen quasi zwei Untersuchungsstränge, die parallel verfolgt werden. Standardisierte und offene Verfahren werden sowohl bei der Bestimmung der Stichproben und der Datenerhebung als auch bei den Auswertungsverfahren eingesetzt. Deshalb werden in den folgenden Abschnitten dieses Beitrags sowohl die quantitativen als auch die qualitativen methodischen Festlegungen beschrieben. Zu den Ergebnissen tragen beide Richtungen gleichermaßen bei. Sie konvergieren schwerpunktmäßig (Erzberger & Kelle, 2003).

Abbildung 1: Concurrent Mixed Method Design (nach Tashakkori & Teddlie, 2003b, S. 688)

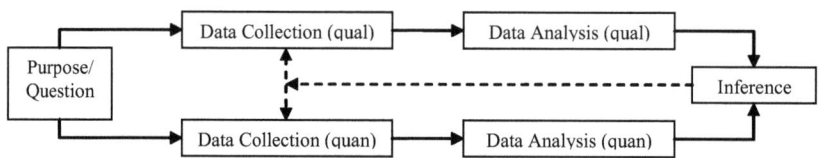

Besonderer Wert wurde in den Untersuchungen darauf gelegt, dass Zwischenergebnisse quantitativer oder qualitativer Art in den jeweils anderen Strang der Datenerhebung und -analyse integriert wurden. So ging z.B. aus den Interviews mit Eltern hervor, dass das elterliche Bild von Schule einen Einfluss auf die Einschulungsentscheidung hat. Daraufhin wurden daraus Items entwickelt und in den quantitativen Erhebungen allen Eltern vorgelegt. Faktorenanalytisch wurden drei Dimensionen gebildet und im Hinblick darauf Unterschiede zwischen den Elterngruppen, die vorzeitig bzw. verspätet einschulten, geprüft. Dabei bestätigten sich die in den qualitativen Interviews gefundenen Aussagen. Ein Beispiel für den umgekehrten Weg ist die Untersuchung der Fördereinstellungen türkischsprachiger Familien. Von Beginn der quantitativen Erhebungen an zeigte sich bei dieser Elterngruppe der starke Wunsch nach gezielter Förderung ihrer Kinder im Kindergarten. Die Interviews belegten nun nicht nur die bereits mehrfach beschriebenen besonders hohen Bildungsaspirationen der türkischsprachigen Eltern, sondern klärten auch den Hintergrund für ihre Erwartungen an den Kindergarten näher auf (vgl. Kratzmann, Wehner & Faust, 2012).

Da die Fallzahlen in den qualitativen Interviewstudien meistens niedrig sind, lassen sich dadurch individuelle Sichtweisen aufdecken. Anhand größerer Stichproben können diese dann wiederum auf ihre Verbreitung und ihre Auswirkungen untersucht werden. So kann geprüft werden, inwieweit die Ergebnisse aus der qualitativen Forschung repräsentativ und generalisierbar sind. Umgekehrt können qualitative Ergebnisse dazu beitragen, quantitative Zusammenhänge vertiefter zu verstehen. Die qualitativen Daten ermöglichen so eine angemessene Interpretation und detaillierte Illustration der quantitativ gefundenen Zusammenhänge. Die Verbindung qualitativer und quantitativer Methoden kann demnach mehr leisten als ein im klassischen Sinne verstandenes exploratives Vorgehen der qualitativen Forschung als Vorbereitung für standardisierte Untersuchungen. Nicht nur die oben aufgezeigten wechselseitigen Ergänzungen hinsichtlich der Ergebnisse sind Wege der Verbindung, sondern durch die Verknüpfung qualitativer und quantitativer Methoden können auch blinde Flecken der jeweils anderen Methode aufgedeckt werden (vgl. ebd., S. 132f.). Wenn sowohl die strukturellen Bedingungen der Einschulung als auch die Wahrnehmungen und Entscheidungen der beteiligten Personen untersucht werden sollen, ist die Verbindung beider Untersuchungsstränge durch sowohl struktur- als auch entscheidungs- und personenbezogene Ergebnisse unabdingbar.

2. Stichprobenbeschreibung

Im Folgenden werden das Verfahren der Stichprobenziehung sowie zentrale Merkmale der Stichprobe beschrieben, auf der die Analysen dieses Buches beruhen. Eine ausführliche Verfahrensbeschreibung findet sich in den beiden BiKS-Methodenberichten (Kurz, Kratzmann & Maurice, 2007; Schmidt, Schmitt & Smidt, 2009).

2.1 Quantitativ

2.1.1 Ziehung der Stichprobe

Die Fragestellungen der BiKS-Forschergruppe werden anhand von zwei Panelstudien untersucht, von denen insbesondere die erste für die Einschulungsuntersuchungen relevant ist. In der BiKS-Stichprobe 3–10 werden die Kinder vom dritten bis zum zehnten Lebensjahr begleitet.

Zur Ziehung der Stichprobe wurde eine regionale Eingrenzung der Grundgesamtheit nach je zwei Stadt- und Landkreisen in den Bundesländern Bayern und Hessen vorgenommen. Die beiden Bundesländer Bayern und Hessen wurden aufgrund ihrer unterschiedlichen Einschulungs- und Übergangsregelungen ausgewählt, wobei aus erhebungstechnischen Gründen 60 % der Teilnehmer/-innen aus Bayern und 40 % aus Hessen kommen sollten. Die weitere Eingrenzung nach Stadt- und Landkreisen sollte – unter Gewährleistung der Vergleichbarkeit zwischen den Bundesländern – Unterschiede in den Gelegenheitsstrukturen abbilden. Die Panelstichprobe BiKS-3–10 wurde als mehrfach geschichtete Zufallsstichprobe auf Kindergartenebene realisiert, wobei die Ziehung in Bayern und Hessen unabhängig voneinander durchgeführt wurde. Schichtungskriterien waren die Bevölkerungsdichte, der Anteil an Kindern mit Migrationshintergrund, die Kindergartengröße und die Zahl der Einmündungsschulen. Da der erste Erhebungszeitpunkt für September 2005 vorgesehen war, wurde jeweils die Kindergartengruppe ausgewählt, in der eine ausreichend große Anzahl an Kindern, die zum Schuljahr 2008/2009 schulpflichtig wurden, gegeben war. Insgesamt konnten 547 Kinder aus 97 Kindergärten für die Ausgangsstichprobe gewonnen werden. Eine Gegenüberstellung der Grundgesamtheit und der realisierten Stichprobe anhand ausgewählter Merkmale lässt nur leichte Abweichungen des Abbildes der Grundgesamtheit erkennen. Systematische Verzerrungen sind deshalb nicht zu erwarten. Im Verlauf der Kindergartenzeit wurden sieben weitere Kinder in den Längsschnitt BiKS-3–10 aufgenommen, die im Jahr 2008/09 schulpflichtig wurden, aber erst später in den Kindergarten eingetreten waren. Damit erhöhte sich die Anzahl der Längsschnittkinder auf 554.

Nach dem Übertritt in die Grundschule sollte die Bedeutung der institutionellen Bedingungen der nachgeordneten Bildungseinrichtung für die weitere Entwicklung der Kinder in die Analysen einbezogen werden. Daher sollten alle aufnehmenden Grundschulen zur Teilnahme an der BiKS-Studie rekrutiert werden. Insgesamt konnte der Grundschulkontext für 327 fristgerecht eingeschulte Kinder, die sich auf 142 Klassen in 87 Grundschulen verteilen, mit einbezogen werden. Zudem wurde die Stichprobe zu diesem Zeitpunkt um die Mitschüler/-innen der BiKS-Kinder erweitert. 528 Kinder, darunter auch nicht fristgerecht eingeschulte, kamen daher nach Schuleintritt zur Stichprobe hinzu. Bei 87 Kindern konnte der Grundschulkontext nicht einbezogen werden, an allen anderen Erhebungsverfahren nahmen diese jedoch weiter teil. Nicht fristgerecht oder in die alte Schuleingangsstufe eingeschulte Kinder ($N = 50$) wurden zudem mit einem reduzierten Erhebungsdesign weiter begleitet. Die Stichprobengröße betrug damit nach dem Schuleintritt insgesamt 992 Kinder (ohne Ausfälle).

2.1.2 Beschreibung der Stichprobe

Tabelle 1 zeigt die realisierte Stichprobe nach strukturellen, familialen und individuellen Merkmalen der Kinder, getrennt nach der Ausgangsstichprobe zum ersten Messzeitpunkt (September 2005) und der erweiterten Stichprobe nach der Einschulung (Messzeitpunkt 7, September 2008). Die Darstellung der erweiterten Stichprobe bezieht sich auf alle 1082 Kinder, die jemals in der BiKS-3–10-Stichprobe waren, unabhängig davon, dass zu diesem Zeitpunkt nur noch 992 Kinder an der Studie teilnahmen.

Die disproportionale Schichtung von bayerischen und hessischen Kindergärten im Verhältnis 60:40 ist weitestgehend gelungen, der Anteil an Kindern aus Bayern ist jedoch etwas höher als erwartet. Knapp 60 % der Kinder wohnen in ländlichen, 40 % in städtischen Regionen. Das Geschlechterverhältnis ist weitestgehend ausgeglichen, wobei Jungen in der Ausgangsstichprobe und Mädchen in der erweiterten Stichprobe den größeren Anteil stellen.

Der Bildungshintergrund der Eltern wurde anhand des Schulabschlusses der Eltern erfasst. Differenziert nach dem höchsten Schulabschluss der Eltern haben rund 18 % der Eltern keinen oder einen niedrigen, 33 % einen mittleren und 49 % einen hohen schulischen Bildungsabschluss. Der Migrationshintergrund wurde anhand der Erstsprachlichkeit und des Geburtslandes der Eltern erfasst. Diese unterschiedliche Konzeptualisierung führt zu unterschiedlichen Verteilungen des Migrationshintergrundes. Nach dem Erstsprachlichkeitskonzept haben sowohl in der Ausgangs- als auch in der erweiterten Stichprobe rund 78 % der Kinder keinen, 10 % einen einseitigen und 12 % einen beidseitigen Migrationshintergrund. Nach dem Generationenkonzept haben in der Ausgangsstichprobe rund 66 % der Kinder keinen Migrationshintergrund, 10 % gehören der dritten Generation an, 14 % haben nur ein im Ausland geborenes Elternteil und 10 % gehören der zweiten Generation an. Kein BiKS-Kind wurde selbst im Ausland geboren. Die erste Generation ist damit nicht in der Stichprobe vertreten. In der erweiterten Stichprobe wurde das Geburtsland der Großeltern nicht mehr erfasst. Die dritte Generation ist dadurch nicht mehr identifizierbar und wird zu den Kindern ohne Migrationshintergrund gezählt.

Zentrale Fragestellungen dieses Buches beziehen sich auf die Einschulungsentscheidung der Eltern und deren Bewährung. Der Anteil an nicht fristgerechten Einschulungen in der BiKS-Stichprobe fiel etwas geringer aus als erwartet. 21 Kinder der Ausgangsstichprobe wurden vorzeitig eingeschult und 24 Kinder vom Schulbesuch zurückgestellt. Dazu kommen drei Zurückstellungen unter den sieben Kindern, die erst im Alter von vier Jahren oder später in den Kindergarten eingetreten waren. Diese sind in der Tabelle nicht aufgelistet, da sie in der Ausgangsstichprobe noch nicht vertreten waren. Zudem wurden sechs Kinder aus einem Kindergarten in die alte Schuleingangsstufe (Klassenstufe 0) eingeschult. Damit wurden jeweils etwa 6 % der Kinder vor dem regulären Einschulungstermin eingeschult und etwa 6 % ein Jahr danach. Mit der Erweiterung der Stichprobe hat sich der Anteil an nicht fristgerecht eingeschulten Kindern leicht erhöht. Grundlage der Analysen bilden dann 61 vorzeitig eingeschulte und 63 vom Schulbesuch zurückgestellte Kinder. Von 149 Kindern ließ sich der Einschulungszeitpunkt nicht klären, da sie die Studie entweder vor der Einschulung verlassen hatten oder die Angaben zum erstmaligen Schulbesuch nicht vollständig waren.

Tabelle 1: Beschreibung der Stichprobe nach strukturellen, familialen und individuellen Merkmalen der Kinder

	Ausgangsstichprobe		Erweiterte Stichprobe	
	N	Anteil	N	Anteil
Bundesland				
Bayern	353	64.5 %	734	67.8 %
Hessen	194	35.5 %	348	32.2 %
Region				
Landkreis	343	62.7 %	647	59.8 %
Stadt	204	37.3 %	435	40.2 %
Geschlecht				
Jungen	284	51.9 %	527	48.7 %
Mädchen	263	48.1 %	555	51.3 %
Höchster Schulabschluss der Eltern				
keinen/ Hauptschule/ 5–8 Bildungsjahre	100	18.5 %	176	17.5 %
Mittlere Reife/ POS/ 9–10 Bildungsjahre	171	31.7 %	335	33.3 %
Abitur/ Fachabitur/ EOS/ >10 Bildungsjahre	269	49.8 %	495	49.2 %
Migration nach Erstsprachlichkeit der Eltern				
ohne Migrationshintergrund	428	78.2 %	806	78.3 %
ein Elternteil Migrationshintergrund	53	9.7 %	100	9.7 %
beide Elternteile Migrationshintergrund	66	12.1 %	123	12.0 %
Migration nach Geburtsland (Generationenkonzept)				
Ohne Migrationshintergrund	360	65.8 %	785	76.2 %
Dritte Generation	56	10.2 %	(nicht erfasst)	
2,5. Generation	76	13.9 %	137	13.3 %
Zweite Generation	55	10.1 %	108	10.5 %
Einschulungszeitpunkt				
Vorzeitig	21	4.5 %	61	6.5 %
Fristgerecht	408	88.9 %	803	86.1 %
Zurückgestellt	24	5.2 %	63	6.8 %
Alte Schuleingangsstufe	6	1.3 %	6	0.6 %
Gesamt	547		1082	

Tabelle 2 zeigt die Einschulungszeitpunkte der erweiterten Stichprobe (ohne Schuleingangsstufe) deskriptiv etwas differenzierter nach strukturellen, familialen und auf das Kind bezogenen Merkmalen. Bereits bekannte Tendenzen spiegeln sich demnach auch in der BiKS-Stichprobe wieder (vgl. dazu Autorengruppe Bildungsberichterstatatung, 2010; Joos, 2006; Kratzmann & Schneider, 2009). In Bayern ist der Anteil an Zurückstellungen höher und der an vorzeitigen Einschulungen niedriger als in Hessen, was vermutlich mit der Verlegung des Stichtages in Bayern zu erklären ist (vgl. den Beitrag von Faust, Teil I, in diesem Band). Durch die Stichtagsverlegung in Bayern werden die Kinder etwas früher schulpflichtig, was die Neigung zur vorzeitigen Einschulung verringert und die zur Zurückstellung erhöht haben dürfte. Keine nennenswerten Unterschiede finden sich bei einer Stadt-Land-Differenzierung. Die Tendenz zur späteren Einschulung von Jungen im Vergleich zu Mädchen lässt sich ebenfalls am Anteil vorzeitiger Einschulungen und Zurückstellungen ablesen. 9.4 % der Jungen werden zurückgestellt, dagegen nur 4.4 % der Mädchen. Umgekehrt werden 7.9 % der Mädchen vorzeitig eingeschult, dagegen nur 5.1 % der Jungen.

Tabelle 2:   Einschulungszeitpunkt nach strukturellen, familialen und auf das Kind bezogenen Merkmalen, Prozentangaben bzw. Mittelwerte mit Standardabweichung

	Vorzeitig	Frist-gerecht	Zurück-gestellt	N
Bundesland				
Bayern	4.7 %	87.2 %	8.1 %	633
Hessen	10.5 %	85.4 %	4.1 %	295
Region				
Landkreis	5.8 %	87.3 %	6.9 %	567
Stadt	7.8 %	85.6 %	6.7 %	360
Geschlecht				
Jungen	5.1 %	85.5 %	9.4 %	447
Mädchen	7.9 %	87.7 %	4.4 %	480
Höchster Schulabschluss der Eltern				
keinen/ Hauptschule/ 5–8 Bildungsjahre	0.6 %	86.5 %	12.9 %	155
Mittlere Reife/ POS/ 9–10 Bildungsjahre	3.7 %	88.8 %	7.5 %	294
Abitur/ Fachabitur/ EOS/ >10 Bildungsjahre	10.6 %	85.7 %	3.7 %	454
Migration nach Erstsprachlichkeit der Eltern				
ohne Migrationshintergrund	6.0 %	87.4 %	6.6 %	729
ein Elternteil Migrationshintergrund	12.1 %	84.6 %	3.3 %	91
beide Elternteile Migrationshintergrund	5.7 %	82.9 %	11.4 %	105
Migration nach Geburtsland (Generationenkonzept)				
Ohne Migrationshintergrund	6.2 %	87.3 %	6.5 %	708
2,5. Generation	9.8 %	87.0 %	3.3 %	123
Zweite Generation	5.4 %	80.6 %	14.0 %	93
HISEI	60 (19.9)	56 (18.9)	52 (22.2)	927
Alter zu Beginn der regulären Schulpflicht	81 (3.2)	77 (3.9)	73 (2.9)	927
Gesamt	6.6 %	86.6 %	6.8 %	927

Ebenso deutlich zu erkennen ist die Abhängigkeit des Einschulungszeitpunktes von der sozialen und kulturellen Herkunft der Kinder. Zum einen werden höhere Anteile an Zurückstellungen bei niedrigerem bzw. an vorzeitigen Einschulungen bei höherem Schulabschluss der Eltern deutlich. Zum anderen zeigen sich auch Unterschiede im höchsten sozioökonomischen Status der Eltern (gemessen durch den HISEI, *H*ighest *I*nternational *S*ocio-*E*conomic *I*ndex of Occupational Status, vgl. Ganzeboom, De Graff & Treiman, 1992). Mit einer früheren Einschulung geht tendenziell auch ein höherer sozioökonomischer Status einher. Unabhängig von der Konzeptualisierung, also nach Sprache oder Geburtsland, finden sich Unterschiede im Einschulungszeitpunkt nach Migrationshintergrund der Eltern. Kinder mit beidseitigem Migrationshintergrund werden überdurchschnittlich häufig vom Schulbesuch zurückgestellt, Kinder mit einseitigem Migrationshintergrund dagegen überdurchschnittlich oft vorzeitig eingeschult. Schließlich zeigen auch die Unterschiede im durchschnittlichen Alter zu Beginn der regulären Schulpflicht, dass besonders die älteren Kinder eines Einschulungsjahrgangs vorzeitig eingeschult und die jüngeren Kinder vom Schulbesuch zurückgestellt werden.

Diese ersten deskriptiven Befunde sind nicht neu und es bedarf keiner Längsschnittstudie, um diese aufzudecken. Durch die längsschnittliche Anlage der BiKS-Stichprobe ist es jedoch möglich, vor der Einschulung ablaufende Prozesse zu identifizieren, die in unterschiedliche Einschulungen münden. Zudem lassen sich durch die weitere Begleitung der Kinder über die Grundschulzeit hinweg die Folgen unterschiedlicher Einschulungsentscheidungen analysieren.

2.2   Qualitativ

Um die Wahrnehmungen und den Beitrag der handelnden Personen bei Einschulungen zu untersuchen, wurden Interviews geführt. Dazu wurden Substichproben aus der BiKS-Gesamtstichprobe gebildet. Drei Interviewstudien klärten die Einschulungsentscheidungen von Eltern auf. Zwei davon stellten autochthone Eltern in den Mittelpunkt, für die eine nicht fristgerechte Einschulung, d.h. vorzeitige Einschulung oder Zurückstellung, infrage kam. Die dritte Interviewstudie konzentrierte sich auf Eltern türkischsprachiger Herkunft.

Um die Wahrscheinlichkeit einer vorzeitigen bzw. verspäteten Einschulung zu maximieren, wurden neben der gleichmäßigen Berücksichtigung der beiden Bundesländer Bayern und Hessen Ziehungskriterien festgelegt, die sich an der Kompetenz der Kinder und an ihrer Position in der zur Einschulung anstehenden Kohorte orientierten:

- Bestimmung der Substichprobe zur Untersuchung der vorzeitigen Einschulung: Vollendung des sechsten Lebensjahrs im Zeitraum Stichtag bis maximal zwei Monate *danach* und mittlere oder hohe Kompetenz des Kindes im Vergleich mit gleichaltrigen Kindern
- Bestimmung der Substichprobe zur Untersuchung der verspäteten Einschulung: Vollendung des sechsten Lebensjahrs im Zeitraum bis zwei Monate vor dem Stichtag und niedrige oder mittlere Kompetenz des Kindes im Vergleich mit gleichaltrigen Kindern.

Damit wird berücksichtigt, dass vorzeitige Einschulungen für die relativ ältesten und am weitesten entwickelten Kinder am wahrscheinlichsten sind. Für Zurückstellungen gilt das Umgekehrte: Dafür kommen am wahrscheinlichsten die Kinder in Betracht, die zu den relativ Jüngsten gehören und deren Entwicklungsstand als relativ gering entwickelt eingeschätzt wird. Aus den auf diese Weise gebildeten Substichproben von Kindern wurden per Zufall jeweils ca. 20 Kinder gezogen, mit deren Eltern die Interviews geführt werden sollten. Geringfügige Abweichungen wurden in Kauf genommen. Die Interviewstudie zur vorzeitigen Einschulung startete mit 23 Eltern, während in die Interviewstudie zur Zurückstellung zu Beginn nur 20 Eltern einbezogen werden konnten. Von den so bestimmten Eltern entschied sich jeweils nur ein Teil für die nicht fristgerechte Einschulung, beträchtliche Anteile schulten ihr Kind zum vorgesehenen Zeitpunkt fristgerecht ein. Die nicht fristgerechten Einschulungen wurden mit dem fristgerechten Schuleintritt verglichen und auf diesem Hintergrund analysiert.

Die Eltern türkischsprachiger Herkunft in der BiKS-3–10-Stichprobe repräsentierten ein breites Spektrum an Bildungsabschlüssen (von keinen bzw. niedrigen bis hohen Abschlüssen, teils in Deutschland, teils im Ausland erworben), Familiensprachen (von ausschließlich Türkisch bis ausschließlich Deutsch) und selbst beurteilten Graden der Integration in die deutsche Gesellschaft (von weitgehender bis fast nicht vorhandener Integration). In diese Interviewstudie wurden alle Eltern aufgenommen, die zu einem Interview bereit waren ($N = 25$).

Außerdem wurden Interviews mit Erzieherinnen und Schulleitungen geführt, um den Beitrag der Institutionen bzw. des pädagogischen Personals zur Einschulungsentscheidung aufzuklären. Die ca. 30 pädagogischen Fachkräfte des Kindergartens wurden in drei Gruppen unterteilt, die analog zu den Elternbefragungen entweder zur vorzeitigen Einschulung, zur Zurückstellung vom Schulbesuch oder zur Einschulung von Kindern mit türkischem Migrationshintergrund befragt wurden. Dabei wurde darauf geachtet, dass die Erzieherinnen kurz zuvor in ihrer Gruppe mit dem jeweiligen Vorgang konfrontiert gewesen waren. Die 16 Schulleiter/-innen wurden in zwei Gruppen unterteilt, sechs wurden zum Vorgehen bei vorzeitiger Einschulung und zehn Schulleiter/-innen zu ihren Entscheidungen bei Zurückstellungen befragt.

3. Untersuchungsplan und Vorgehen bei der Datenerhebung

3.1 Quantitativ

Im Rahmen der BiKS-Studie fanden seit September 2005 in halbjährlichem Abstand umfangreiche quantitative Erhebungen statt. Neben Fragebogenerhebungen und Interviews wurden regelmäßig standardisierte Beobachtungen der verschiedenen pädagogischen Settings und Kompetenztestungen der Kinder durchgeführt und die Eltern und die Erzieherinnen füllten zu spezifischen Fragen Tagebücher aus. Im jährlichen Abstand wurden der sozioökonomische und der kulturelle Hintergrund der Familien und eingetretene Veränderungen erfragt. Eine vollständige Beschreibung aller Instrumente würde an dieser Stelle den Rahmen sprengen. Die eingesetzten Instrumente werden in den jeweiligen Beiträgen dieses Buches kurz beschrieben. Die Vorstellung an dieser Stelle beschränkt sich lediglich auf die Rahmenkonzeption zu spezifischen Fragestellungen des Übergangs zwischen Kindergarten und Grundschule.

Für die Einschulungsuntersuchungen waren in der Kindergartenphase zunächst in erster Linie Fragebogen- und Interviewerhebungen relevant, um – anknüpfend an die Werterwartungstheorie – subjektive Bewertungen rund um die Einschulung zu erfassen. Befragt wurden sowohl die Eltern als auch die Erzieherinnen der Kinder. Dabei kamen zum einen Konstrukte zum Einsatz, die über die Messzeitpunkte in gleicher oder in altersangepasster Weise abgefragt wurden, wie z.B. eine Einschätzung der Fähigkeiten (sprachlich und technisch-mathematisch) der Kinder, Fragen zu allgemeinen und bereichsspezifischen Fördereinstellungen oder zu den langfristigen Bildungsaspirationen der Eltern. Mit diesen Konstrukten lassen sich Entwicklungen über die Zeit und ihre Bedeutung für die Einschulungsentscheidung abbilden. Aufgrund der methodologischen Orientierung am „Mixed Methods"-Ansatz wurden im Laufe der Längsschnittstudie aber auch aus Ergebnissen qualitativer Interviews neue Konstrukte entworfen und in die Befragungen eingebracht, um deren Bedeutsamkeit in quantitativen Verfahren prüfen zu können (vgl. oben Abschnitt 1).

Aus einer ökosystemischen Perspektive wurden bezüglich des Übergangs vom Kindergarten in die Grundschule jeweils zu den Messzeitpunkten kurz vor und kurz nach der Einschulung Fragen zu Kooperationsmaßnahmen zwischen den beteiligen Institutionen in die Befragungen integriert. Dazu kam eine Erfassung der Schulfähigkeitsvorstellungen von Eltern, Erzieherinnen und Grundschullehrkräften. Auf die einzelnen Kinder bezogen schätzten alle Eltern, die Erzieherinnen und nach dem Schuleintritt auch die Lehrkräfte mit der Child Behavior Checklist (CBCL) 4–18 der Arbeitsgruppe CBCL (Döpfner et al., 1998) möglicherweise vorhandene psychosoziale Anpassungsprobleme ein. Dadurch sollte die Bedeutung von Kooperationsmaßnahmen für den Übergang in die Grundschule und das Auftreten von sog. „Schuleintrittskrisen" untersucht werden.

Die Analyse der Bewährung der Einschulungsentscheidung erfolgte aus einer bildungsökonomischen Perspektive. Wie auch vor der Einschulung wurden subjektive Bewertungen in Fragebogen- und Interviewerhebungen erfasst. Befragt wurden nach der Einschulung weiterhin die Eltern, aber auch die Lehrkräfte der Kinder. Neben Fähigkeitseinschätzungen der Kinder wurden nach der Einschulung auch motivationale Faktoren (z.B. Schulfreude, Anstrengungsbereitschaft) erfragt.

Lehrkräfte beantworteten zusätzlich Fragen zu ihren Einstellungen gegenüber nicht fristgerechten Einschulungen. Darüber hinaus wurden auch verstärkt die Ergebnisse von jährlichen Kompetenztestungen mit einbezogen. Ziel war es, den weiteren Entwicklungsverlauf der Kinder in Abhängigkeit vom Einschulungszeitpunkt zu beschreiben (nähere Erläuterungen dazu in Abschnitt 4.2).

Tabelle 3 gibt einen stark vereinfachten Überblick über die Erhebungskonzeption zur Untersuchung der Einschulung. Durchgängig erfasst wurden Fähigkeitseinschätzungen durch Eltern und Erzieherinnen bzw. Lehrkräfte, Bildungsaspirationen der Eltern, Kompetenzen der Kinder und die Qualität der pädagogischen Settings. Vor der Einschulung wurden Fördereinstellungen von Eltern und Pädagoginnen und Pädagogen und allgemeine Haltungen zur Einschulung erfragt. Kurz vor und nach der Einschulung wurden zusätzlich Fragen zu psychosozialen Anpassungsproblemen, subjektiven Theorien zur Schulfähigkeit, der Informiertheit über die Einschulung, Kooperationsmaßnahmen und relevanten Entscheidungsaspekten integriert. Nach der Einschulung wurden verstärkt auch motivationale Faktoren berücksichtigt.

Tabelle 3: Überblick über die Erhebungskonzeption zur Untersuchung der Einschulung

	Studienbeginn bis zur Einschulung		Kurz vor und nach der Einschulung		Nach der Einschulung
	Familie	KiGa	Familie	KiGa/GS	Familie
Fähigkeitseinschätzungen	X	X	X	X	X
Motivation					X
Fördereinstellungen	X	X			
Bildungsaspirationen	X		X		X
Psychosoziale Anpassungsprobleme			X	X	
Subjektive Theorien von Schulfähigkeit			X	X	
Haltung zur Einschulung und Schule	X	X	X	X	
Informiertheit			X	X	
Kooperation			X	X	
Entscheidungsaspekte			X	X	
Kompetenztestungen	X	X	X	X	X
Beobachtungen	X	X	X	X	X

3.2. Qualitativ

Um auch in den qualitativen Erhebungen dem längsschnittlichen Charakter von Einschulungsentscheidungen gerecht zu werden und den Entscheidungsprozess nachzuverfolgen, wurden mit den Eltern der drei Interviewstudien jeweils drei Interviews geführt: das erste in größerem Abstand zur infrage kommenden Einschulung (ca. ein Jahr oder zwei Jahre vor dem Schuleintritt), das zweite kurz davor, d.h. ca. drei oder fünfzehn Monate vor dem Schuleintritt (je nachdem, ob das Kind später vorzeitig oder fristgerecht bzw. fristgerecht oder verspätet eingeschult wurde) und das dritte kurz, d.h. ca. drei Monate, nach der Einschulung. Die Interviews mit den Erzieherinnen fanden im Frühjahr vor der vorzeitigen bzw. fristgerechten Einschulung statt, die Schulleitungsinterviews am Jahresende nach dem vorzeitigen bzw. dem verspäteten Schuleintrittstermin der BiKS-Kinder.

Abbildung 2 gibt einen Überblick über die insgesamt 214 realisierten und ausgewerteten Interviews. Aus der BiKS-Gesamtstichprobe konnten 68 Eltern für diese zusätzlichen Interviewreihen gewonnen werden. Zwölf Familien verließen entweder vollständig die Studie oder waren nach dem ersten oder zweiten Interview nicht mehr zur Teilnahme bereit. In 56 Fällen konnten jedoch alle drei Befragungszeitpunkte realisiert werden. Somit liegen 119 Elterninterviews zur Abklärung nicht fristgerechter Einschulungsentscheidungen und 65 Interviews mit türkischsprachigen Eltern den qualitativen Analysen zugrunde. Hinzu kommen 29 Interviews mit pädagogischen Fachkräften im Kindergarten und 16 Schulleiterinterviews.

Abbildung 2: Überblick über die qualitativen Erhebungen

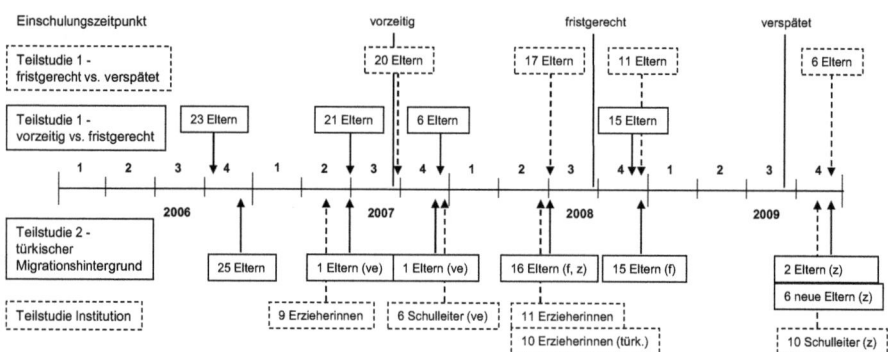

Mit allen Befragten wurden offene Leitfadeninterviews geführt (Friebertshäuser, 2003; Meuser & Nagel, 2003; auch als „problemzentriertes Interview" benannt, Witzel, 1985). Die Leitfäden sollten dafür sorgen, dass alle interessierenden Themenbereiche angesprochen wurden. Obligatorische Fragen, die gestellt werden mussten, wurden durch fakultative Fragen und Nachfragen, über die die Interviewer/-innen in Abhängigkeit vom Gesprächsverlauf entschieden, ergänzt. Durch diese Art der Interviews wurde außerdem gewährleistet, dass die Interviews mit einer Personengruppe (Eltern mit türkischem Migrationshintergrund, Eltern vor der Entscheidung über vorzeitige oder verspätete Einschulung, Erzieherinnen und Schulleiter/-innen mit dem gleichen Interviewschwerpunkt) miteinander verglichen werden können. Offene Leitfadeninterviews sorgen dafür, dass die Befragten genügend Gelegenheit haben, ihre Haltung ausführlich darzustellen. Die Interviewer/-innen waren z.B. dafür sensibilisiert worden, den Leitfaden nicht routinemäßig abzuarbeiten, sondern in den Fällen, in denen die Interviewten ein später vorgesehenes Thema von sich aus anschnitten, flexibel auf die Befragten einzugehen. Alle Interviews begannen mit einem „Türöffner", sahen danach die Exploration mehrerer einschlägiger Fragebereiche vor und schlossen mit der Frage, ob die Interviewten noch etwas ergänzen wollten. Die Leitfäden wiesen vergleichbare Themenblöcke auf, mit Anpassungen an die jeweils untersuchte besondere Situation.

In den *Eltern*interviews zu nicht fristgerechten Einschulungsentscheidungen standen im *ersten Interview* drei Fragebereiche im Mittelpunkt: Tendenz zu einem bestimmten Einschulungszeitpunkt und Gründe dafür; Informationsbeschaffung, Informiertheit und Beratung zum Thema Einschulung; außerdem der Komplex Schulfähigkeit – Anforderungen der Schule und Merkmale des Kindes. In der Studie zu den Einschulungsentscheidungen in türkischen Familien wurden im ersten Interview *zusätzlich* Fragen zu den besonderen Bedingungen dieser Einschulungen, zur Wahrnehmung des deutschen Schulsystems und zu den Bildungserwartungen für das eigene Kind gestellt. Thematisiert wurden Gründe für den frühen bzw. späten Kindergartenbesuch und die Wahl des Kindergartens, die Informiertheit der Eltern über die Sprachstandserhebungen und mögliche Sprachfördermaßnahmen vor der Schule und ihre Beurteilung dieser Maßnahmen sowie ihre Einstellungen gegenüber dem deutschen Schulsystem, u.a. ob sie Vor- oder Nachteile für ihr Kind aufgrund des Migrationshintergrunds voraussahen.

Die jeweils *zweiten Interviews* thematisierten erneut die Entscheidungsfindung und den Stand des Entscheidungsprozesses, wobei diesmal detaillierter die Mitwirkung informierender und beratender Instanzen erhoben wurde. Die Eltern wurden außerdem nach ihrer rückblickenden Bewertung der Zeit im Kindergarten und ihren Erwartungen in Bezug auf den bevorstehenden Schuleintritt gefragt. In den jeweils *dritten Interviews* standen der Verlauf der ersten Schulwochen und die Zufriedenheit der Eltern mit ihrer Einschulungsentscheidung im Mittelpunkt.

Die Interviews mit den *Erzieherinnen* explorierten schwerpunktmäßig deren Einstellung zu den nicht fristgerechten Einschulungszeitpunkten und ihre Beratung der Eltern bei diesen Einschulungen, ihre Vorstellungen von Schulfähigkeit und die erwarteten Anforderungen der Schule an die Schulanfänger. Daneben wurde die Kooperation mit der Grundschule thematisiert. Bei den Erzieherinneninterviews zu Einschulungen mit Migrationshintergrund kamen Fragen zu ihrem Umgang mit Kindern mit türkischem Migrationshintergrund im Kindergarten und zur Einschulung dieser Kinder hinzu. In den *Schulleiter*interviews wurden das Vorgehen bei nicht fristgerechten Einschulungen und Einschulungen mit Migrationshintergrund und die Erfahrungen damit sowie der Umgang mit den Eltern in diesen Angelegenheiten erfragt. Außerdem kam das Verständnis der Schulleiter/-innen von Schulfähigkeit zur Sprache.

Alle Interviews wurden durch geschulte Interviewer/-innen erhoben. In einem Postscript sollten sie besondere Bedingungen festhalten. Die Interviewer/-innen waren auch für die zeitnahe Transkription der Interviews verantwortlich. Sie erfolgte wortgenau und nach den Regeln der Standardorthografie, aber in normalem Schriftdeutsch, da sprachliche Besonderheiten im Verhältnis zum Inhalt nicht im Vordergrund standen (Mayring, 1996, S. 68ff.). Für die Interviews mit den türkischsprachigen Eltern wurden zweisprachige Interviewerinnen eingesetzt, um den Befragten den Wechsel in die türkische Sprache – sofern notwendig – zu ermöglichen. Etwa die Hälfte der Interviews wurde vollständig auf Türkisch geführt, die übrigen teilweise oder ganz auf Deutsch. Die Interviewerinnen übersetzten die türkischen Interviews bzw. die türkischen Passagen und stellten eine deutschsprachige Schriftfassung des Interviews her. Um die Verlässlichkeit der deutschsprachigen Fassung zu sichern, wurden alle Übersetzungen noch einmal von einer weiteren Person kontrolliert.

In der Abbildung nicht enthalten sind drei weitere Interviewzeitpunkte gegen Ende der Projektlaufzeit. Da die dritten Elterninterviews, die ca. drei Monate nach dem Schuleintritt stattfanden, möglicherweise noch zu sehr auf die kurzfristigen Auswirkungen des gewählten Einschulungszeitpunkts und die Einschulung selbst konzentriert waren, wurden am Beginn der vierten Klasse möglichst mit den gleichen Eltern noch einmal Interviews zu den langfristigen Auswirkungen des Schuleintritts geführt. Im Mittelpunkt stand die abschließende Bewertung der Grundschulzeit ihres Kindes vor dem Hintergrund der Einschulungssituation. Nun wurden in den Familien parallel auch die Kinder zu ihrer Sicht und ihren Erfahrungen interviewt. Diese Interviews sind derzeit noch nicht abschließend ausgewertet.

4.   Auswertung

4.1   Quantitativ

Bei der Analyse der quantitativen BiKS-Daten wird in Abhängigkeit von den jeweiligen Fragestellungen ein breites quantitatives Methodenrepertoire eingesetzt: Korrelationen, Regressionsanalysen, Tests auf Gruppenunterschiede, teilweise auch Latent-Change-Modelle und Latente Wachstumskurvenmodelle.

Auf eine Besonderheit der Auswertungen soll noch eingegangen werden. Da Stichproben sehr unterschiedlicher Größen nicht direkt miteinander verglichen werden dürfen, wurden für die nicht fristgerecht eingeschulten Kinder (Vorzeitige und Zurückgestellte) und für die Kinder aus türkischsprachigen Familien drei Parallelgruppendesigns entworfen. Anhand dieser Designs kann geklärt werden, aus welchen Gründen es unter gleichen Voraussetzungen zu nicht fristgerechten Einschulungen kommt bzw. welche Einschulungswege die Kinder genommen hätten, wenn sie keinen Migrationshintergrund gehabt hätten. Durch ein sog. „Propensity-Score-Matching" wurden aus der BiKS-Gesamtstichprobe systematisch vergleichbare Kinder ermittelt (Ho, Imai, King & Stuart, 2007; Stuart, 2010). Dabei wurden kind- und familienbezogene Hintergrundmerkmale berücksichtigt, nämlich Geschlecht, Alter und ausgewählte Kompetenzdaten des Kindes sowie der HISEI, das Bildungsniveau und der Migrationsstatus der Eltern. Ziel dieses Vorgehens war es, die Verteilung der Wahrscheinlichkeiten zur untersuchten Gruppe zu gehören und somit die Verteilungen der Hintergrundmerkmale anzugleichen. Durch einen Vergleich der untersuchten Gruppe mit der Parallelgruppe lassen sich die jeweiligen gruppenspezifischen entscheidungsrelevanten Einflüsse ermitteln bzw. überprüfen. Mit einem solchen Design lässt sich auch quasi „kontrafaktisch" untersuchen, welchen Schulerfolg die nicht fristgerecht eingeschulten Kinder erreicht hätten, wären sie fristgerecht eingeschult worden.

4.2   Qualitativ

Die Interviewtranskripte wurden inhaltsanalytisch ausgewertet (Mayring, 2003). Dabei wurde das Programm MAXqda in der jeweils neuesten Version eingesetzt. Der Auswertung lagen die Leitgedanken der Theorie- und Regelgeleitetheit zugrunde. Theoriegeleitetheit bedeutet, dass die Analysen auf der Grundlage des bisherigen Theoriestands erfolgen und auf dessen Erweiterung ausgerichtet sind. Die Anforderung der Regelgeleitetheit hebt darauf ab, dass das Material nach transparenten Regeln bearbeitet wird, die im Prinzip von anderen Auswertern auf die gleiche Art und Weise angewendet werden könnten, so dass vergleichbare Ergebnisse erreicht würden. Dadurch soll die intersubjektive Vergleichbarkeit der Auswertung gesichert werden. In den qualitativen Analysen der BiKS-Einschulungsuntersuchungen werteten deshalb grundsätzlich zwei Auswerter unabhängig voneinander das Material aus.

Eine zentrale Rolle bei den Analysen der Elterninterviewserien und der Erzieherinnen- und Schulleiterinterviews spielte der jeweilige Codebaum. Die Interviewleitfäden gaben bereits theoriebezogen entwickelte Themenbereiche vor, die in den Interviews exploriert wurden. Der erste Entwurf des Codebaums orientierte sich am Interviewleitfaden, war also deduktiv bestimmt. Die Auswertungen bestanden darin, mit Hilfe von MAXqda Textstellen mit Codes zu belegen und verschiedenen Kategorien des Codebaums zuzuordnen. Dadurch differenzierte sich der Codebaum im Durchgang durch das Material, wurde also induktiv weiterentwickelt. Im weiteren Auswertungsprozess – das Vorgehen unterschied sich bei den einzelnen Analysen teilweise – erstellten die beiden unabhängig voneinander arbeitenden Auswerter einen deduktiv-induktiv erarbeiteten strukturierten Codebaum. Auf dessen Grundlage wurden alle Interviews noch einmal von beiden durchgearbeitet.

Codierregeln sicherten die Zuordnung der Äußerungen zu den Kategorien ab. Das grundsätzliche Vorgehen der Textbearbeitung lässt sich also als zusammenfassend-strukturierend bezeichnen. Teilweise wurden die Äußerungen auch skalierend ausgewertet, d.h. mit mindestens ordinalem Niveau auf ihre Qualität oder Intensität hin eingeschätzt (vgl. Mayring, 2003; Beispiele dazu bei Kratzmann, 2011, z.B. S. 254ff.; in dieser Auswertung wurde zusätzlich die Intercoder- bzw. Interrater-reliabilität kontrolliert und für jeden Code und jede Ausprägung angegeben, vgl. ebd., S. 100ff.).

Das so codierte Material bildete die Grundlage für Vergleiche der Interviews auf Ähnlichkeiten und Unterschiede. Daraus wurden Antworten auf die Fragestellungen der einzelnen Interviewstudien abgeleitet. In einem weiteren Analyseschritt wurden einzelne, sich möglichst stark unterscheidende Fälle vertieft betrachtet (Fallkontrastierung). Wenn zusätzlich quantitative Daten z.B. zu den Befragten oder zu Wahrnehmungen und Einstellungen in der BiKS-Gesamtstichprobe vorlagen, wurden auch diese herangezogen.

5. Zusammenfassung im Hinblick auf die Beiträge des vorliegenden Bands

Die Ergebnisse der BiKS-Einschulungsuntersuchungen werden im Folgenden in drei Abschnitten präsentiert:

- Die Beiträge des Teils II „Vor der Einschulung" stützen sich vornehmlich auf quantitative Ergebnisse auf der Basis der BiKS-Gesamtstichprobe. Die ersten vier Beiträge und der letzte konzentrieren sich auf Fragebogenantworten von Erzieherinnen und Eltern und Beobachtungen in Kindergarten und Familie. Der fünfte Beitrag stellt Ergebnisse der Kompetenztestungen der BiKS-Kinder vor dem Schuleintritt vor.
- Im Teil III „Einschulungsentscheidungen" sind nur die ersten beiden Beiträge vornehmlich bzw. ausschließlich quantitativ angelegt. Die folgenden fünf Beiträge berichten die wichtigsten Ergebnisse der qualitativen Interviewstudien mit Eltern, die nicht fristgerecht einschulten, Erzieherinnen und Schulleitungen (hier sind auch quantitative Ergebnisse eingeschlossen). Der Beitrag zu den Einschulungsentscheidungen in Familien mit türkischem Migrationshintergrund nimmt eine gewisse Sonderstellung ein, weil darin auch quantitative Ergebnisse auf der Grundlage von Parallelgruppendesigns vorgestellt werden.
- Im Teil IV geht es um die „Bewährung der Einschulungsentscheidungen". Während der erste Beitrag ausschließlich quantitative Ergebnisse zur BiKS-Gesamtstichprobe berichtet, stützt sich der zweite u.a. zentral auf Ergebnisse der Parallelgruppendesigns.

Literatur

Autorengruppe Bildungsberichterstattung (2010). *Bildungsbericht 2010: Ein indikatorengestützter Bericht mit einer Analyse zu Perspektiven des Bildungswesens im demografischen Wandel.* Bielefeld: Bertelsmann.

Döpfner, M., Plück, J., Bölte, S., Lenz, K., Melchers, P. & Heim, K. (1998). *Elternfragebogen über das Verhalten von Kindern und Jugendlichen. Deutsche Bearbeitung der Child Behavior Checklist (CBCL 7 4–18). Einführung und Anleitung zur Handauswertung.* (2. Aufl. mit deutschen Normen). Arbeitsgruppe Deutsche CBCL.

Erzberger, Ch. & Kelle, U. (2003). Making inferences in Mixed Methods: The rules of integration. In A. Tashakkori & Ch. Teddlie (Eds.), *Handbook of Mixed Methods in social and behavioral research* (pp. 457–488). Thousand Oaks: Sage.

Friebertshäuser, B. (2003). Interviewtechniken – ein Überblick. In B. Friebertshäuser & A. Prengel (Hrsg.), *Handbuch Qualitative Forschungsmethoden in der Erziehungswissenschaft. Studienausgabe* (S. 371–395). Weinheim und München: Juventa.

Ganzeboom, H. B. G., De Graaf, P. M. & Treiman, D. J. (1992). A Standard International Socio-Economic Index of Occupational Status. *Social Science Research, 21* (1), 1–56.

Ho, D., Imai, K., King, G. & Stuart, E. A. (2007). Matching as Nonparametric Preprocessing for Reducing Model Dependence in Parametric Causal Inference. *Political Analysis*, 15, 199–236.

Joos, M. (2006). Strukturelle Betreuungsverhältnisse von deutschen, türkischen und russlanddeutschen Kindern. In C. Alt (Hrsg.), *Kinderleben Integration durch Sprache? Bedingungen des Aufwachsens von türkischen, russlanddeutschen und deutschen Kindern* (S. 259–289). Wiesbaden: VS Verlag für Sozialwissenschaften.

Kratzmann, J. (2011). *Türkische Familien beim Übergang vom Kindergarten in die Grundschule. Einschulungsentscheidungen in der Migrationssituation.* Münster: Waxmann.

Kratzmann, J. & Schneider, T. (2009). Soziale Ungleichheiten beim Schulstart: Empirische Untersuchungen zur Bedeutung der sozialen Herkunft und des Kindergartenbesuchs auf den Zeitpunkt der Einschulung. *Kölner Zeitschrift für Soziologie und Sozialpsychologie, 61*, 211–234.

Kratzmann, J., Wehner, F. & Faust, G. (2012). Rekonstruktion von Einschulungsentscheidungen mittels eines Mixed Method Designs. In M. Gläser-Zikuda, T. Seidel, C. Rohlfs, A. Gröschner & S. Ziegelbauer (Hrsg.), *Mixed Methods in der empirischen Bildungsforschung* (S. 121–134). Münster: Waxmann.

Kurz, K., Kratzmann, J. & Maurice, J. von. (2007). *Die BiKS-Studie. Methodenbericht zur Stichprobenziehung.* Verfügbar unter: http://psydok.sulb.uni-saarland.de/volltexte/2007/990/pdf/Methodenbericht_2007.pdf [02.09.2008].

Mayring, P. (1996). *Einführung in die qualitative Sozialforschung. Eine Anleitung zu qualitativem Denken* (3., überarbeitete Aufl.). Weinheim: Beltz PVU.

Mayring, P. (2003). *Qualitative Inhaltsanalyse. Grundlagen und Techniken* (8. Aufl.). Weinheim und Basel: Beltz.

Meuser, M. & Nagel, U. (2003). Das Expertinneninterview – Wissenssoziologische Voraussetzungen und methodische Durchführung. In B. Friebertshäuser & A. Prengel (Hrsg.), *Handbuch Qualitative Forschungsmethoden in der Erziehungswissenschaft. Studienausgabe* (S. 481–491). Weinheim und München: Juventa.

49

Schmidt, S., Schmitt, M. & Smidt, W. (2009). *Die BiKS-Studie. Methodenbericht zur zweiten Projektphase*. Verfügbar unter: http://psydok.sulb.uni-saarland.de/volltexte/2009/2534/ [22.03.2012]

Stuart, E. A. (2010). Matching Methods for Causal Inference: A Review and a Look Forward. *Statistical Science, 25* (1), 1–21.

Tashakkori, A. & Teddlie, Ch. (Eds.). (2003a). *Handbook of Mixed Methods in social and behavioral research*. Thousand Oaks: Sage.

Tashakkori, A. & Teddlie, Ch. (2003b). The past and future of Mixed Methods research: From data triangulation to mixed model designs. In A. Tashakkori & Ch. Teddlie (Eds.), *Handbook of Mixed Methods in social and behavioral research* (pp. 671–701). Thousand Oaks: Sage.

Teddlie, Ch. & Tashakkori, A. (2009). *Foundations of Mixed Methods Research. Integrating quantitative and qualitative approaches in the social and behavioral sciences*. Thousand Oaks: Sage.

Witzel, A. (1985). Das problemzentrierte Interview. In G. Jüttemann (Hrsg.), *Qualitative Forschung in der Psychologie* (S. 227–255). Weinheim und Basel: Beltz.

Die häusliche Lernumwelt im Vorschulalter – wie Eltern die kindliche Kompetenzentwicklung unterstützen

Simone Lehrl

1. Einleitung

Wie Eltern ihre Kinder optimal auf die Schule vorbereiten können, ist nicht nur eine Frage, die sich Eltern selbst immer wieder stellen, sondern die auch die pädagogischen Fachkräfte in Kindertagesstätten und Lehrkräfte in Grundschulen interessiert. Dies ist nicht zuletzt deshalb der Fall, weil die Familie die erste Sozialisationsinstanz und Lernumwelt ist, die Kinder erfahren. Sie verbringen hier nicht nur die meiste Zeit, die Beziehungen zwischen den Familienmitgliedern sind auch durch starke affektiv-motivationale Komponenten bestimmt und die Erziehung, Bildung und Sozialisation erfolgt normalerweise nicht professionell, sondern intuitiv (siehe auch Katz, 1980). Zahlreiche Studien belegen, dass die Herkunft der Kinder die Kompetenzentwicklung und Bildungsentscheidungen maßgeblich beeinflusst.

Am bekanntesten sind dabei die international vergleichenden Schulleistungsstudien wie PISA und PIRLS (bzw. in Deutschland: IGLU). Die PISA-Ergebnisse berichten bessere Lese-, mathematische und naturwissenschaftliche Kompetenzen von Jugendlichen im Alter von 15 Jahren aus Familien mit höherem sozioökonomischen Status, einer höheren Anzahl von Büchern im Haushalt und höherer Bildung der Eltern (Baumert & Schümer, 2001). Die IGLU-Ergebnisse deuten in eine ähnliche Richtung: Kinder aus Familien mit mehr als 100 Büchern, Kinder, deren Eltern Akademiker, Techniker oder Führungskräfte sind, sowie Kinder aus Familien mit höherem sozioökonomischen Status weisen einen Leistungsvorsprung im Leseverständnis in der vierten Klasse auf, der bis zu einem Lernjahr ausmacht (Bos, Schwippert & Stubbe, 2007).

Doch schon sehr viel früher finden sich soziale Disparitäten der Kompetenzentwicklung: Ergebnisse der Forschergruppe BiKS konnten zeigen, dass schon dreijährige Kinder in Abhängigkeit ihrer sozialen Herkunft stark in ihren sprachlichen und mathematischen Kompetenzen variieren (Weinert, Ebert & Dubowy, 2010). Demnach weisen Kinder im Alter von drei Jahren aus Elternhäusern mit geringerem sozioökonomischem Status geringere sprachliche und mathematische Kompetenzen auf als ihre Altersgenossen aus privilegierteren Haushalten. Über die Kindergartenzeit scheinen sich diese Disparitäten sogar noch zu verstärken. Als Begründungen für diese Zusammenhänge können zum einen die genetische Ausstattung und zum anderen die häusliche Lernumwelt (HLE) gesehen werden.

Zahlreiche, vor allem internationale, Studien belegen die Bedeutsamkeit der häuslichen Lernumwelt für die kindliche Kompetenzentwicklung, sowohl im kognitiven als auch sozialen Bereich (z.B. Watamura, Phillips, Morrissey, McCartney & Bub, 2011; Sammons et al., 2008; Tietze et al., 1998). Auffällig dabei ist, dass die verschiedenen Studien stark darin variieren, wie die häusliche Lernumwelt erfasst wird. Darüber hinaus wird immer wieder die Frage gestellt, ob Merkmale der häuslichen Lernumwelt tatsächlich die Effekte sozialer Hintergrundmerkmale abschwächen. Das folgende Kapitel soll daher zunächst die Frage klären, was die häusliche Lernumwelt beinhaltet und welche Ergebnisse bislang zu Bedingungen und Bedeutung der häuslichen Lernumwelt vorliegen. Im zweiten Teil des Kapitels werden dann explizit Ergebnisse aus der BiKS-Studie berichtet.

2. Die häusliche Lernumwelt

2.1 Rahmenmodell der häuslichen Lernumwelt

Aufgrund der zahlreichen Konzeptionalisierungen und Operationalisierungen der häuslichen Lernumwelt (HLE) hat die Forschergruppe BiKS ein Rahmenmodell erarbeitet, welches parallel zu den Lernumwelten Kindergarten und Grundschule konzipiert wurde und seine theoretische Fundierung aus einer ökologischen Perspektive bezieht (Bronfenbrenner & Morris, 2006). Demnach wird die HLE als mehrdimensionales Konstrukt bestehend aus Struktur-, Orientierungs- und Prozessmerkmalen gesehen. Abbildung 1 ist eine bildliche Darstellung der Komponenten und ihrer Beziehung untereinander zu entnehmen.

Strukturmerkmale umfassen relativ stabile, überdauernde Merkmale der Familie, wie den Bildungsstand, die Familienstruktur und den sozioökonomischen Status. Orientierungsmerkmale beinhalten sowohl die generellen Werte und Einstellungen bezüglich Bildung als auch die Meinungen und Vorstellungen bezüglich des Kindes und der kindlichen Entwicklung, wie zum Beispiel die Wichtigkeit bestimmter Erziehungsziele und Förderpraktiken. Die Prozessmerkmale umfassen die Interaktionen des Kindes mit seiner sozialen und materiellen Umwelt wie inner- und außerfamiliäre Aktivitäten. Die grundsätzliche Annahme ist, dass Struktur-, Orientierungs- und Prozessmerkmale miteinander in Beziehung stehen, wobei den Prozessen eine zentrale Rolle bei der Vorhersage kindlicher Kompetenzen zukommt: Die Modellannahme geht davon aus, dass sich Strukturen und Orientierungen in den realisierten Prozessen manifestieren und vermittelt über diese die kindliche Kompetenzentwicklung beeinflussen. Daran schließt sich die Frage an: Welche Prozesse fördern die kindliche Kompetenzentwicklung? Dazu ist es hilfreich, weitere Strukturierungen vorzunehmen.

Abbildung 1: Qualitätsmodell der HLE

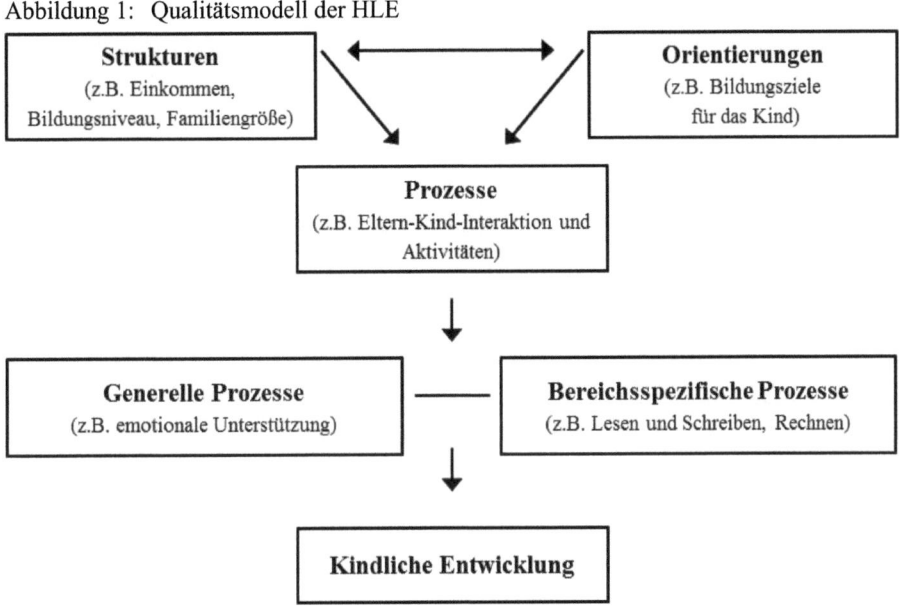

Eine Unterscheidung nach inhaltlichen Aspekten gründet in der Position, dass die Entwicklung verschiedener Kompetenzbereiche domänenspezifisch verläuft (Wellman & Gelman, 1998). Analog dazu wird angenommen, dass auch eine frühe domänenspezifische Förderung die kindliche Entwicklung in diesen Bereichen unterstützt (Roßbach, 2005). Die Forschungsbefunde zur Bedeutsamkeit der familialen Lernumwelt konzentrieren sich dabei insbesondere auf die Förderung schriftsprachlicher Inhalte und etablierten den Begriff der *Home Literacy Environment* – also der schriftsprachlichen Lernumgebung zu Hause. Weniger im Fokus, aber zunehmend bedeutsamer ist die Förderung mathematischer Inhalte, für den sich der Begriff des *Home Numeracy Environment* langsam durchzusetzen scheint (z.B. bei Niklas & Schneider, 2012). Auch gibt es schon Bestrebungen, die Förderung spezifisch naturwissenschaftlicher Inhalte zu untersuchen (Piekny, Grube & Mähler, 2012). Allen Konzepten ist gemein, dass sie davon ausgehen, dass frühe Kompetenzen als Vorläufer späterer Kompetenzen gesehen werden können. Die Kenntnis von Buchstaben z.B. geht dem Lesen voraus, die Kenntnis von Zahlen und eine Vorstellung über Relationen bereitet das Rechnen vor und das Verstehen naturwissenschaftlicher Konzepte wie „Schwimmen und Sinken" bahnt das Verstehen physikalischer Zusammenhänge an.

Neben den verschiedenen Inhalten, die die häusliche Lernumwelt umfassen kann, bestehen auch verschiedene Vermittlungsstrategien. Für die Art der Vermittlung haben Sénéchal, LeFevre, Thomas und Daley (1998) ein Konzept vorgeschlagen, welches sich ursprünglich nur auf die schriftsprachliche Förderung bezog: das sogenannte „Home Literacy Model". Demzufolge können zwei Arten der Instruktion unterschieden werden: eine formelle und eine informelle. Während formelle schriftsprachliche Aktivitäten sich auf das Geschriebene als solches beziehen, z.B. das Einüben des Alphabets, beinhalten informelle Instruktionsformen eher den Inhalt des Geschriebenen, wie das gemeinsame Lesen und das Reden über eine Geschichte. Wird dieses Modell auf den mathematischen Bereich übertragen, können auch hier Aktivitäten unterschieden werden, die sich auf Zahlen und Rechenoperationen als solche beziehen, und solche, die dies eher beiläufig beinhalten, wie das gemeinsame Brettspiel. Schließlich kann noch dahingehend unterschieden werden, ob allein die Häufigkeit bestimmter Aktivitäten im Vordergrund des Interesses steht, z.B. die Häufigkeit des gemeinsamen Lesens, oder aber die Qualität einer bestimmten Aktivität, z.B. wie Eltern ihren Kindern vorlesen. Im Folgenden soll ein kurzer Forschungsüberblick über die verschiedenen Dimensionen gegeben werden.

2.2 Forschungsbefunde zur schriftsprachlichen Lernumgebung – *Home Literacy Environment*

Grundsätzlich zeigen zahlreiche Studien, dass die Häufigkeit des gemeinsamen Lesens von Büchern die sprachlichen Kompetenzen der Kinder positiv beeinflusst (Bus, van Ijzendoorn & Pellegrini, 1995; Scarborough & Dobrich, 1994). Darüber hinaus belegen internationale Studien (Sénéchal 2006; Sénéchal & LeFevre, 2002; Sénéchal et al., 1998), dass sich die verschiedenen Dimensionen der HLE, d.h. je nachdem, ob das direkte Einüben von Buchstaben und Lesen oder die Häufigkeit des gemeinsamen Lesens betrachtet wird, auf unterschiedliche Kompetenzbereiche auswirken: Während die Häufigkeit des gemeinsamen Lesens positiv mit dem Wortschatzerwerb assoziiert ist, erweist sich das direkte Einüben von Buchstaben, Alphabet und Lesen als bedeutsam für die Buchstabenkenntnis des Kindes. Auch aus der Forschung zur Wirksamkeit von Programmen bzw. Interventionen zur Förderung schriftsprachlicher Kompetenzen ist bekannt, dass diejenigen Programme, die darauf gerichtet sind, die Fertigkeiten zum Dekodieren des Alphabets zu erlernen, insbesondere für den Erwerb schriftsprachlicher Fertigkeiten, wie phonologische Bewusstheit und Buchstabenkenntnis, geeignet sind (Shanahan & Lonigan, 2010). Diejenigen Programme hingegen, die das gemeinsame Buchlesen von Eltern und Kind betonen und diese Interaktionsform fördern, erwiesen sich insbesondere für die Entwicklung mündlicher Sprachfertigkeiten und dem Wissen über Geschriebenes als besonders förderlich (ebd.). Darüber hinaus konnte diese Studie zeigen, dass vor allem diejenigen Programme effektiv waren, die eine interaktive Beteiligung des Kindes während des Vorlesens erforderten. Es wird daher angenommen, dass die informellen Erfahrungen, die Kinder mit Büchern machen, die Sprachkompetenzen zum einen über die Reichhaltigkeit der Sprache im Text des Buches und zum anderen über die Interaktionsformen der Eltern während des Lesens, z.B. die interaktive Beteiligung, beeinflussen (Sénéchal & LeFevre, 2002). Eine solche interaktive Beteiligung kann so gestaltet werden, dass dem Kind Fragen zur Geschichte gestellt oder Brücken von der Geschichte zu Ereignissen des täglichen Lebens des Kindes geschlagen werden. Diese Art der Interaktion betrachtet nicht nur die Häufigkeit bestimmter Interaktionsformen, sondern die Qualität und Beschaffenheit der Interaktion. Ein Programm, das zum Ziel hat, die Qualität des gemeinsamen Lesens zu verbessern, stellt das „Dialogic Reading" (dialogisches Lesen) von Whitehurst und Kollegen (1988) dar. Das Programm richtet sich an zweijährige Kinder und regt Eltern dazu an, ihr Kind beim Vorlesen interaktiv zu beteiligen, z.B. durch den Gebrauch offener Fragen und die Verminderung des reinen Vorlesens. Kinder, die Teilnehmer dieses Programmes waren, hatten einen höheren expressiven Wortschatz als Kinder, die nicht in das Programm involviert waren. Dieses Programm scheint insbesondere für zwei- bis dreijährige Kinder effektiv zu sein (Mol, Bus, de Jong & Smeets, 2008). Dennoch konnte z.B. in den Niederlanden festgestellt werden, dass es auch im Alter von vier Jahren wichtig ist, wie den Kindern vorgelesen wird: Wenn Eltern beim Vorlesen erklärende, bewertende und die Geschichte und das Thema erweiternde Äußerungen einbringen, zeigten die Kinder einen größeren Wortschatz und eine bessere Dekodierfähigkeit im Alter von sieben Jahren (Leseman & de Jong, 1998). Zusammenfassend sprechen diese Studien dafür, dass es nicht nur von Bedeutung ist, wie häufig Eltern ihre Kinder in Kontakt zu Geschriebenem bringen, sondern auch, in welcher Art und Weise sie das tun.

2.3 Forschungsbefunde zur mathematischen Lernumgebung – *Home Numeracy Environment*

Bezogen auf die mathematische Förderung finden sich weniger Studien als im schriftsprachlichen Bereich. Die Prävalenz mathematischer Aktivitäten zu Hause ist auch sehr viel geringer als die schriftsprachbezogener Aktivitäten (Blevins-Knabe & Musun-Miller, 1996; LeFevre, Clarke & Stringer, 2002; LeFevre et al., 2009; Skwarchuk, 2009). Dennoch finden auch zu Hause Aktivitäten statt, die die mathematische Kompetenzentwicklung fördern. Diese beinhalten z.B. das Zählen, Kategorisieren, Durchführen einfacher Rechenoperationen und Erkennen von Formen. Skwarchuk (2009) z.B. konnte zeigen, dass Kinder höhere mathematische Fertigkeiten aufweisen, wenn Eltern komplexere mathematische Aktivitäten durchführen, die z.B. Rechenoperationen wie Addition und Subtraktion umfassen. Die Ergebnisse zeigten außerdem, dass einfache Aktivitäten wie das Zählen oder Lesen von Nummern hingegen negativ mit mathematischen Kompetenzen assoziiert sind. Darüber hinaus stellten LeFevre und Kollegen (2009) fest, dass Aktivitäten, die mathematische Inhalte nur indirekt ansprechen, wie das gemeinsame Spielen von Brettspielen, ebenfalls positiv mit den mathematischen Kompetenzen am Ende des Kindergartens und zu Beginn der Schulzeit zusammenhängen. Dieser Befund spiegelt auch Ergebnisse aus experimentellen Studien wider, die feststellen konnten, dass das Spielen von Brettspielen, die Nummern enthalten, numerische Kompetenzen von benachteiligten Kindern verbessert, die auch noch neun Wochen nach der Intervention nachweisbar waren (Ramani & Siegler, 2008). Auch an einer deutschen Stichprobe konnte gezeigt werden, dass die Häufigkeit des Spielens von Würfel- und Zahlenspielen positiv mit den mathematischen Fertigkeiten der Kinder zu Beginn der Schulzeit assoziiert ist (Niklas & Schneider, 2012).

Zusammenfassend kann festgehalten werden, dass Eltern schon früh die Kompetenzen ihrer Kinder fördern können, die auch für die späteren schulischen Leistungen von Bedeutung sind. Die Frage, die sich dabei stellt, ist, wie die Unterschiede zwischen den Familien in ihren unterschiedlichen Praktiken erklärt werden können. Dazu ist es notwendig einen Blick darauf zu werfen, welche Rolle Struktur- und Orientierungsmerkmale für die Herausbildung bestimmter Prozesse aufweisen.

2.4   Die Bedeutung sozialer Hintergrundmerkmale

Ein Thema, welches immer wieder diskutiert wird, ist, ob weniger zählt, wer Eltern sind, als das, was Eltern tun. Die Hoffnung, die insbesondere Pädagogen damit verbinden, ist, dass Kindern, die als sozial benachteiligt gelten, durch eine Anreicherung der häuslichen Lernumwelt ein besserer Schulstart ermöglicht werden kann. Daher wurden Interventionsprogramme entwickelt, die sich speziell an solche Familien richten. Die Ergebnisse sind jedoch meist ernüchternd. Das Hippy-Programm z.B., welches in Israel entwickelt wurde und zum Ziel hat, insbesondere Migrantenfamilien Praktiken beizubringen, die dem Kind einen besseren Schulstart ermöglichen, zeigt in manchen Studien positive Effekte, in anderen nicht (Baker, Piotrkowski, Chay & Brooks-Gunn, 1999). Ein Problem bei solchen Programmen ist die mangelnde Überprüfung der Umsetzung des Programms durch die Familien – werden die Praktiken nicht umgesetzt, kann das Programm nicht wirken. Nichtsdestotrotz verweisen mehrere Studien darauf, dass die HLE die Effekte der sozialen Herkunft zumindest teilweise abschwächt (vgl. Lehrl, Ebert, Roßbach & Weinert, 2012). Dies liegt daran, dass soziale Hintergrundmerkmale mit den Förderpraktiken konfundiert sind. Zentrale Einflussvariablen sind der Bildungsstand der Mutter, der sozioökonomische Status der Familie, das Einkommen der Familie und die zeitlichen Ressourcen aufgrund der berufsbedingten Abwesenheit der Mutter oder die Anzahl der Geschwister (vgl. Tietze et al., 1998; Bradley & Whiteside-Mansell,

1998). Zwar ist schon einiges bekannt dazu, dass diese Faktoren die HLE beeinflussen, nicht jedoch, ob sie alle Praktiken in gleicher Weise beeinflussen, also ob
z.B. die Häufigkeit mathematischer Aktivitäten ebenso vom sozioökonomischen
Hintergrund der Familie beeinflusst wird wie die schriftsprachlichen Aktivitäten.

2.5   Zusammenfassung und Fragestellungen der BiKS-Studie

Zusammenfassend kann festgehalten werden, dass meist theoretische Verortun-
gen der HLE in einer Modellvorstellung und eine systematische Untersuchung
unterschiedlicher Dimensionen fehlen. Zudem stammen die meisten Befunde aus
internationalen Untersuchungen, deren Übertragbarkeit auf die deutsche Situation
fraglich ist.

Die BiKS-Studie verfolgte daher drei zentrale Fragen bezüglich der familialen
Lernumwelt:
• Wie kann die HLE gemessen werden?
• Welchen Zusammenhang gibt es zwischen Strukturen, Orientierungen und Pro-
  zessen?
• Welche Bedeutung hat die HLE für die kindliche Kompetenzentwicklung?

3.   HLE in der BiKS-Studie

Im Rahmen der BiKS-Studie wurden unterschiedliche Instrumente zur Erfassung
unterschiedlicher Konstrukte der HLE eingesetzt, die im Folgenden näher beschrieben werden sollen.

3.1   Instrumente

Zur Messung der HLE wurden in BiKS verschiedene Strategien verfolgt. Es wurden
Daten zum einen aus Befragungen gewonnen und zum anderen durch Beobachtun-
gen erfasst. Zudem wurden je nach Spezifität der Fragestellung unterschiedliche
Dimensionen der HLE gebildet.

• Home Observation for Measurement of the Environment HOME (Caldwell &
  Bradley, 1984)
  Die in zahlreichen Studien eingesetzte HOME umfasst 55 Items, welche zum
  Teil beobachtet und zum Teil über Befragung erhoben werden. Die Items be-
  ziehen sich sowohl auf die räumlich-materiale Ausstattung, wie Buchbesitz, als
  auch auf konkrete Interaktionen, wie die Häufigkeit von Reimspielen.

- Familieneinschätzskala FES (Kuger, Pflieger & Roßbach, 2005)
  Die FES ist ein Ratingverfahren, welches in einer halbstandardisierten Vorlesesituation bei den Eltern zu Hause eingesetzt wurde, um die Qualität der Interaktion zwischen Eltern und Kind einzuschätzen. Die Skala beinhaltet elf Items, die auf einer siebenstufigen Skala (1 = geringe Qualität bis 7 = ausgezeichnete Qualität) von einem geschulten Beobachter eingeschätzt werden. Die Items beziehen sich dabei auf den Gebrauch der Sprache, die Einbindung des Kindes und die Hinweise auf schriftsprachliche und mathematische Inhalte im Buch. Dabei wurde den Eltern ein nicht kommerzielles Buch überreicht und sie wurden gebeten, so zu verfahren, wie sie es immer tun.

- Weitere Aktivitäten
  Aktivitäten, die sich auf die Häufigkeit des gemeinsamen Vorlesens und die Dauer des täglichen Vorlesens beziehen, wurden zusätzlich erfasst. Ebenso wurde auch nach der Häufigkeit innerfamiliärer Aktivitäten wie Museums- und Theaterbesuche und außerfamiliärer Aktivitäten wie Musik- oder Sprachunterricht gefragt.

3.2   Bildung unterschiedlicher Dimensionen der HLE

Die HLE wurde zunächst hinsichtlich des Inhaltes der Förderung differenziert, und zwar hinsichtlich sprachlicher/schriftsprachlicher Förderung, mathematischer Förderung und sozial-emotionaler Unterstützung.

Tabelle 1 sind die Items zu entnehmen, die der jeweiligen Skala zugeordnet wurden. Alle Items wurden jährlich erhoben und die gebildeten Skalen zeigten zufriedenstellende Reliabilitäten für „Literacy" und „Numeracy" zu allen Messzeitpunkten. Für die Dimension „familiäre Unterstützung", die sich eher auf die sozial-emotionale Komponente bezieht, konnten weniger gute Reliabilitäten gefunden werden, was für die Heterogenität des Konstrukts spricht. Wie der Tabelle zu entnehmen ist, beinhaltet die Skala „Literacy" Items, die sich auf Material und Interaktionen beziehen, von denen angenommen wird, sprachliche und schriftsprachliche Inhalte zu fördern. Die Skala „Numeracy" enthält Items, von denen angenommen wird, mathematische Inhalte zu fördern. Beide Skalen korrelieren zu $r = .58$ ($p < .05$). Das bedeutet, dass zwar eine Förderung im Sinne von Literacy auch mit einer mathematischen Förderung einhergeht, beide Komponenten aber auch eigene Bereiche abbilden, die nicht durch die andere Skala erklärt werden können.

Tabelle 1:   Dimensionen der HLE

Familiäre Unterstützung	Literacy	Numeracy
• Elternteil unterhält sich während des Besuches mit dem Kind	• Spielsachen für freien Ausdruck	• Spielsachen Farbe und Form
• Elternteil beantwortet Fragen und Bitten des Kindes verbal	• Anzahl der Kinderbücher	• Puzzles
	• Anzahl der Bücher in der Wohnung	• Spielsachen zum Nummern erlernen
• Elternteil antwortet normalerweise verbal auf dem Sprachniveau des Kindes	• Anregung, Alphabet zu erlernen	• Anregung, Formen zu lernen
• Elternteil lobt die Eigenschaften des Kindes während des Besuches	• Anregung, lesen zu lernen	• Anregung, Farben zu erlernen
	• Gebrauch von Fragen*	
	• Niveau der freien Sprache*	• Anregung, räumliche Relationen zu erlernen
• Elternteil liebkost, küsst oder umarmt das Kind während des Besuches	• Buchstaben*	
	• Phonologische Hinweise*	• Anregung, Zahlen zu erlernen
	• Vorlesehäufigkeit	• Zählen*
• Elternteil hilft dem Kind während des Besuches besondere Leistungen zu demonstrieren		• Ziffern*
		• Form/Muster/Raum*
		• Kategorisieren/Vergleichen*
• nonverbales Verhalten*		
• Gesprächsanteile*		
• Verbale Distanzierung*		

Quelle: Kluczniok, Lehrl, Kuger & Roßbach, in Druck
Anmerkungen: Items der FES sind mit * gekennzeichnet, alle anderen Items entstammen der HOME

4.   Ergebnisse

4.1   Bedingungen der HLE

Die erste Frage, die sich hinsichtlich des Konzeptes der HLE stellt, ist, inwiefern Struktur- und Orientierungsmerkmale mit Prozessmerkmalen in Beziehung stehen. Dazu konnten Kluczniok, Lehrl, Kuger und Roßbach (in Druck) zeigen, dass die Struktur- und Orientierungsmerkmale ganz unterschiedlich mit den Skalen der Prozessmerkmale in Beziehung stehen. Geprüft wurde anhand der BiKS-Daten, welche Bedeutung das Alter und der Migrationshintergrund des Kindes, der sozioökonomische Status der Familie, die mütterliche Bildung, das Alter des Kindes bei Kindergarteneintritt, die Anzahl der Kinder im Haushalt, das Haushaltseinkommen, die Anzahl an außerfamilialen Aktivitäten sowie die Orientierungen der Eltern bezüglich der Förderung ihrer Kinder – elementarpädagogisch versus schulvorbereitend – für die Ausprägung der Skalen Literacy, Numeracy und familiäre

Unterstützung haben. Die familiäre Unterstützung hing lediglich mit den beiden Variablen mütterliche Bildung und Ausgaben für Aktivitäten zusammen. Demnach erlangten Mütter mit höherer Bildung und einer größeren Bereitschaft, ihrem Kind außerfamiliäre Aktivitäten zu ermöglichen, höhere Werte in der familiären Unterstützung. Wie viel Zuneigung und Anerkennung Eltern ihrem Kind schenken, ist daher weitestgehend unabhängig von Merkmalen der sozialen und kulturellen Herkunft. Anders ist es jedoch bei der Betrachtung der Literacy-Skala: Weisen Eltern einen Migrationshintergrund, eine geringere Bildung und einen geringeren sozioökonomischen Status sowie ein geringeres Einkommen und geringere Ausgaben für Aktivitäten auf, erreichen sie auch geringere Werte bei der Förderung von Literacy. Darüber hinaus haben hier auch die Orientierungsmerkmale einen Effekt: Je wichtiger Eltern die elementare und die schulvorbereitende Förderung ist, desto besser ist die Förderung in Literacy. Für das Ausmaß der Förderung mathematischer Inhalte erweisen sich zwar ebenfalls der Migrationshintergrund und der SES als bedeutsam, nicht jedoch die mütterliche Bildung, das Einkommen der Eltern oder die Ausgaben für Aktivitäten. Es zeigt sich somit, dass Eltern ohne Migrationshintergrund und mit höherem SES nicht nur eine bessere schriftsprachliche Anregung, sondern auch eine bessere mathematische Anregung bieten. Die anderen demographischen Merkmale sind jedoch nicht bedeutsam mit dem Ausmaß mathematischer Anregung assoziiert, was dafür spricht, dass eine gewisse Bewusstheit bezüglich der Förderung von Sprache und Lesen in bildungsnahen Elternhäusern besteht, nicht jedoch für die mathematische Förderung. Diese könnte Aspekte betreffen, die Eltern eher dem Kindergarten oder der Schule zuschreiben. Dies wird umso deutlicher, wenn die Ergebnisse bezüglich der Orientierungen betrachtet werden: Je wichtiger den Eltern eine schulvorbereitende Förderung ist, desto häufiger binden sie ihre Kinder in mathematische Aktivitäten ein. Die unterschiedliche Bedeutsamkeit der Struktur- und Orientierungsmerkmale für das Ausmaß der unterschiedlichen Aspekte der HLE macht deutlich, dass eine Unterscheidung der Prozessmerkmale in unterschiedliche Dimensionen wichtige Einblicke in das differentielle Zusammenspiel von Prozessen, Strukturen und Orientierungen bietet.

4.2   Effekte der HLE in BiKS

Die BiKS-Studie untersuchte den Effekt der HLE insbesondere im Hinblick auf die Entwicklung mathematischer und sprachlicher Kompetenzen. Dazu wurden latente Wachstumskurvenmodelle spezifiziert, die zum einen untersuchen, welche Bedeutung die HLE für den Entwicklungsstand der Kinder im Alter von drei Jahren aufweist, und zum anderen, welche Bedeutung die HLE für die Entwicklung der jeweils betrachteten Kompetenz über die gesamte Kindergartenzeit hat (Anders,

Grosse, Roßbach, Ebert & Weinert, 2012a; Anders et al., 2012b; Ebert et al., 2012; Weinert, Ebert, Lockl & Kuger, 2012).

Wird zunächst der Effekt der HLE auf mathematische Kompetenzen betrachtet, zeigen sich positive Beziehungen der Literacy-Skala mit den mathematischen Kompetenzen im Alter von drei Jahren (Anders et al., 2012b). Keine Bedeutung hat das Ausmaß der Literacy-Förderung zu Hause hingegen für den Zuwachs an mathematischen Kompetenzen über die Kindergartenzeit. Die Skala Numeracy weist auch lediglich einen Effekt für die Kompetenzen im Alter von drei Jahren auf, nicht jedoch für den Zuwachs. Darüber hinaus fällt der Effekt auch kleiner aus als der der Literacy-Förderung. Dieser Befund ist insofern überraschend, als die Annahme war, dass eine Anregung in einer spezifischen Domäne auch genau diese Domäne fördere. Zumindest für das verwendete mathematische Maß – welches der Subtest Arithmetik der deutschen Version der Kaufman-Assessment Battery for Children (K-ABC; Melchers & Preuß, 2001) war – konnte diese Hypothese nicht bestätigt werden. Vielmehr ist das Ausmaß an schriftsprachlicher und sprachlicher Förderung ebenso bedeutsam für mathematische Kompetenzen. Ähnlich verweist Whitehead (2004) darauf, dass das gemeinsame Betrachten von Bilderbüchern und das Vorlesen von Büchern nicht nur für schriftsprachliche Kompetenzen, sondern auch für andere schulische Bereiche bedeutsam sind. Die Effekte mathematischer Anregung hingegen sollten sich als viel spezifischer erweisen. Analysen, die sich auf einen längeren Zeitraum beziehen, zeigen darüber hinaus, dass die HLE, gemessen mit einer Skala, die sich aus der Literacy- und Numeracy-Skala zusammensetzt, positiv mit der Entwicklung mathematischer Kompetenzen im Alter zwischen fünf und sieben Jahren in Beziehung steht (Anders et al., 2012a). Bemerkenswert ist, dass diese Effekte bei beiden Studien unter Kontrolle zentraler Kind- und Hintergrundgrundmerkmale sowie von Merkmalen der Lernumwelt Kindergarten zu finden sind.

Bezüglich der Wortschatzentwicklung zeigen Ebert und Kollegen (2012), dass die schriftsprachliche Anregung positiv mit dem Entwicklungsstand der Kinder im Wortschatz im Alter von drei Jahren verbunden ist. Auch hier finden sich keine Effekte bezüglich des Zuwachses im Wortschatz über die gesamte Kindergartenzeit. Zusätzliche Analysen deckten jedoch die sprachlichen Fähigkeiten des Kindes zu Beginn der Kindergartenzeit als möglichen Moderator auf. Bei den Kindern mit eher schlechteren sprachlichen Kompetenzen zu Beginn der Kindergartenzeit konnte ein positiver Effekt für den Zuwachs des Wortschatzes über die Kindergartenzeit nachgewiesen werden – nicht jedoch für die Kinder mit vergleichsweise besseren sprachlichen Kompetenzen (Weinert et al., 2012). Das heißt, dass die Förderung sprachlicher und schriftsprachlicher Inhalte zu Hause, insbesondere für Kinder mit schlechteren sprachlichen Kompetenzen, von großer Bedeutung ist, da sie darüber den Rückstand gegenüber Kindern mit besseren sprachlichen Fähigkeiten aufholen können.

Diese Befunde stützen somit die Annahme der Bedeutsamkeit der häuslichen Lernumwelt sowohl für mathematische als auch sprachliche Kompetenzen, auch für den deutschsprachigen Raum. Vorteilhaft an der BiKS-Studie ist, dass Effekte der HLE nach Anregung in Literacy und Numeracy und darüber hinaus nach Art der Instruktion (formell vs. informell) und Methode der Erfassung (Quantität vs. Qualität) differenziert werden können.

Eine zusätzliche Studie (Lehrl et al., 2012) prüfte daher, ob differentielle Effekte unterschiedlicher Dimensionen der schriftsprachlichen bzw. sprachlichen Förderung zu Hause zu finden sind. Dazu wurde die Skala Literacy in drei Bereiche aufgeteilt: formelle Instruktion in Schriftsprache (Häufigkeit Alphabet lernen und Lesen lernen), Kontakt zu Büchern (Häufigkeit des Vorlesens, Anzahl Erwachsenen- und Kinderbücher) und Qualität der Interaktion (Gesprächsanteile, Gebrauch von Fragen, Niveau der freien Sprache, phonologische Hinweise und Orientierung an der Vorlage). Diese drei Bereiche spiegeln zum einen formelle (formelle Instruktion) und informelle (Kontakt zu Büchern, Qualität der Interaktion) Instruktionsarten wider und zum anderen berücksichtigen sie die Art der Erfassung in Qualität und Quantität. Zentrale Annahme gemäß des „Home Literacy Models" (Sénéchal & LeFevre, 2002) dabei war, dass formelle Aspekte der Instruktion eher mit Kompetenzen des Kindes in Zusammenhang stehen sollten, die sich auf die Schrift als solche beziehen, wie zum Beispiel Buchstabenkenntnis. Informelle Aspekte der Instruktion hingegen sollten mit sprachlichen Kompetenzen, wie Wortschatz und Grammatik, in Verbindung stehen. Lehrl und Kollegen (2012) konnten zeigen, dass unter Kontrolle des muttersprachlichen Hintergrundes sowie des sozioökonomischen Status der Familie die formelle Instruktion im Alter von drei Jahren die Buchstabenkenntnis im Alter von sechs Jahren positiv vorhersagt. Während der Kontakt zu Büchern den Zuwachs an grammatischen Fähigkeiten im Alter zwischen drei und vier Jahren vorhersagt, erweist sich die Qualität der Interaktion als bedeutsam für die Wortschatz- und allgemeine Wissensentwicklung im gleichen Zeitraum. Diese Aspekte, die wichtige Vorläuferkompetenzen des Lesens darstellen, können also schon früh gefördert werden. Dies belegen auch die Ergebnisse von Lehrl, Ebert und Roßbach (eingereicht), die zeigen, dass die drei Dimensionen, vermittelt über die frühen Kompetenzen, positiv mit der Lesefertigkeit und dem Leseverständnis in der zweiten Klasse in Beziehung stehen. Die HLE weist damit nicht nur kurzfristige Effekte im frühen Kindesalter auf, sondern kann das Lernen langfristig beeinflussen.

5.   Zusammenfassung und Fazit

Am Beginn stand die Frage, wie Eltern ihre Kinder optimal auf die Schule vorbereiten können. Auch wenn sie nicht grundsätzlich beantwortet werden kann, trägt die BiKS-Studie dazu einige bedeutsame Befunde bei:

• Kinder machen je nach ihren strukturellen Gegebenheiten und den Orientierungen der Familie ganz unterschiedliche Erfahrungen.
Genauer betrachtet deuten die Befunde der BiKS-Studie darauf hin, dass die unterschiedlichen Bereiche der HLE – schriftsprachliche Förderung, mathematische Förderung, familiäre Unterstützung – durch unterschiedliche Struktur- und Orientierungsmerkmale beeinflusst werden. Während die schriftsprachliche Förderung sehr viel stärker von soziodemographischen Merkmalen abhängt, ist die mathematische Förderung stärker mit den Orientierungen der Eltern assoziiert. Die allgemeine familiäre Unterstützung hingegen hängt kaum mit den Struktur- und Orientierungsmerkmalen zusammen. Es kann also nicht davon ausgegangen werden, dass schon allein über die Erfassung diverser Hintergrundmerkmale der Familie Aussagen darüber getroffen werden können, wie gut die Familie ihre Kinder in den verschiedenen Bereichen fördert. Dennoch zeigen die Ergebnisse auch, dass das Ausmaß der Förderung sowohl im Bereich Schriftsprache als auch im Bereich Mathematik schlechter bei den Eltern ist, die einen niedrigeren sozioökonomischen Status und einen Migrationshintergrund aufweisen. Auch wenn die Effekte vergleichsweise gering sind, können diese beiden Merkmale somit als Risikofaktor gelten. Die schlechteren sprachlichen und mathematischen Kompetenzen von Kindern mit genau diesen Merkmalen könnten zum Teil also darauf zurückzuführen sein, dass diese Eltern eine schlechtere Förderung in diesen Bereichen anbieten.

• Die HLE ist bedeutsam für die kindliche Kompetenzentwicklung.
Unabhängig von Merkmalen der sozialen Herkunft hängt die Förderung schriftsprachlicher Inhalte mit dem Wortschatz und den mathematischen Kompetenzen der Kinder im Alter von drei Jahren zusammen (Anders et al., 2012b; Ebert et al., 2012). Insbesondere Kinder mit vergleichsweise schlechteren sprachlichen Fertigkeiten profitieren zu Beginn der Kindergartenzeit von einer besseren schriftsprachlichen Förderung zu Hause, die in dieser Gruppe von Kindern – anders als bei Kindern mit vergleichsweise besseren sprachlichen Kompetenzen zu Beginn der Kindergartenzeit – mit einem höheren Wortschatzzuwachs über die gesamte Kindergartenzeit einhergeht (Weinert et al., 2012). Zusätzlich konnte die BiKS-Studie zeigen, dass formelle und informelle Förderpraxen zu Hause für die Entwicklung unterschiedlicher Kompetenzbereiche bedeutsam sind (Lehrl et al., 2012): Während die Häufigkeit des direkten Einübens des

Alphabets und des Lesens mit der Buchstabenkenntnis der Kinder assoziiert ist, sagt die Häufigkeit des Kontaktes zu Büchern die grammatische Entwicklung vorher. Die Art und Weise, wie Eltern ihren Kindern vorlesen, steht hingegen mit der Wortschatz- und Wissensentwicklung in Beziehung. Weitere Analysen werden die Wirkung der HLE im mittleren Kindesalter, wenn die Kinder schon zur Schule gehen, die langfristigen Effekte der vorschulischen HLE und die interaktiven Effekte von HLE, Kindergarten und Grundschule untersuchen.

Bevor Kinder eingeschult werden, haben sie schon zahlreiche Erfahrungen mit Inhalten gemacht, die im konventionellen Sinn erst in der Grundschule vorkommen. Zu Hause und im Kindergarten haben sie Erfahrungen mit Buchstaben und Schrift sowie Zahlen und Formen gemacht (vgl. den Beitrag von Smidt, in diesem Band). Insbesondere die Befunde zur Bedeutsamkeit der HLE für die kindliche Kompetenzentwicklung machen deutlich, dass der Familie als Lernumwelt eine große Bedeutung zukommt. Dabei zeigen die Befunde, dass es sich dabei nicht um standardisierte, hochstrukturierte Programme handeln muss. Vielmehr können einfache Aktivitäten, wie das gemeinsame Lesen eines Buches und die interaktive Beteiligung des Kindes beim Lesen, einen wichtigen Beitrag zur sprachlichen Entwicklung des Kindes leisten. Deutlich wurde jedoch auch, dass Kinder ganz unterschiedliche Erfahrungen machen, die zum Teil davon abhängen, aus welchem Elternhaus sie stammen. Der Kindergarten könnte hierbei eine wichtige Instanz zur Unterstützung und Kompensation der häuslichen Lernumwelt sein. Zwar wird in den letzten Jahren durch die Etablierung der Bildungspläne in den einzelnen Bundesländern zunehmend auf die Bildungsfunktion der Kindergärten Bezug genommen, inwiefern diese aber umgesetzt werden, bleibt fraglich (Smidt & Schmidt, 2012). Auch die BiKS-Studie konnte zeigen, dass die Qualität in den untersuchten Einrichtungen insbesondere im Bereich der mathematischen und schriftsprachlichen Förderung nur sehr gering ist (Kuger & Kluczniok, 2008) und Aktivitäten in diesen Bereichen nur selten stattfinden (Lehrl, Smidt, Große & Richter, in Druck). Besonders zum Schulanfang muss daher auf die unterschiedlichen Voraussetzungen der Kinder geachtet werden, damit sich Ungleichheiten des Kompetenzerwerbs, die durch die unterschiedlichen frühen Umwelterfahrungen entstehen, im weiteren Bildungsverlauf nicht manifestieren und sogar verfestigen.

Literatur

Anders, Y., Grosse, C., Roßbach, H.-G., Ebert, S. & Weinert, S. (2012a). Preschool and primary school influences on the development of children's early numeracy skills between the ages of 3 and 7 years in Germany. *School Effectiveness und School Improvement*. DOI: 10.1080/09243453.2012.749794.

Anders, Y., Roßbach, H.-G., Weinert, S., Ebert, S., Kuger, S., Lehrl, S. & von Maurice, J. (2012b). Home and preschool learning environments and their relations to the development of early numeracy skills. *Early Childhood Research Quarterly, 27* (2), 231–244.

Baker, A., Piotrkowski, J. L., Chay, S. & Brooks-Gunn, J. (1999). The Home Instruction Program for Preschool Youngsters (Hippy). *The Future of Children, 9* (1), 116–133.

Baumert, J. & Schümer, G. (2001). Familiäre Lebensverhältnisse, Bildungsbeteiligung und Kompetenzerwerb. In J. Baumert, E. Klieme, M. Neubrand, M. Prenzel, W. Schiefele W. Schneider P. Stanat, K.-J. Tilmann. & M. Weiß (Hrsg.), *PISA 2000. Basiskompetenzen von Schülerinnen und Schülern im internationalen Vergleich* (S. 323–407). Opladen: Leske + Budrich.

Blevins-Knabe, B. & Musun-Miller, L. (1996). Number use at home by children and their parents and its relationship to early mathematical performance. *Early Development and Parenting, 5,* 35–45.

Bos, W., Schwippert K. & Stubbe, T. C. (Hrsg.). (2007). *IGLU 2006. Lesekompetenzen von Grundschulkindern in Deutschland im internationalen Vergleich.* Münster, München: Waxmann.

Bradley, R. H. & Whiteside-Mansell, L. (1998). Home Environment and Children's Development. Age and Demographic Differeneces. In M. Lewis & C. Feiring (Eds.), *Families, Risk, and Competence* (pp. 133–157). Mahwah, New Jersey: Lawrence Erlbaum.

Bronfenbrenner, U. & Morris, P. A. (2006). The biological model of human development. In R. M. Lerner (Hrsg.), *Handbook of Child Psychology. Theoretical Models of Human Development* (6. Ed. pp. 793–828). New Jersey: John Wiley & Sons.

Bus, A. G., van Ijzendoorn, M. H. & Pellegrini, A. D. (1995). Joint book reading makes for success in learning to read: A meta-analysis on intergenerational transmission of literacy. *Review of Educational Research, 65,* 1–21.

Caldwell, B. & Bradley, R. (1984). *Home observation for measurement of the environment.* Little Rock: University of Arkansas at Little Rock.

Ebert, S., Lockl, K., Weinert, S., Anders, Y., Kluczniok, K. & Roßbach, H.-G. (2012). Internal and external influences on vocabulary development in preschool age. *School Effectiveness and School Improvement.* DOI:10.1080/09243453.2012.749791.

Katz, L. G. (1980). Mothering and teaching – Some significant distinctions. In L. G. Katz (Ed.), *Current topics in early childhood education* (Vol. 3, pp. 47–63). Norwood, N.J.: Ablex.

Kluczniok, K., Lehrl, S., Kuger, S. & Roßbach, H.-G. (in press). Quality of the home learning environment during preschool age – Domains and contextual conditions. *European Early Childhood Education Research Journal.*

Kuger, S. & Kluczniok, K. (2008). Prozessqualität im Kindergarten. Konzepte, Umsetzung und Befunde. *Zeitschrift für Erziehungswissenschaft*, Sonderheft 11, 159–178.

Kuger, S., Pflieger, K. & Roßbach, H.-G. (2005). *Familieneinschätzskala (Forschungsversion).* Bamberg: DFG-Forschergruppe BiKS.

LeFevre, J.-A., Clarke, T. & Stringer, A. P. (2002). Influences of language and parental involvement on the development of counting skills: Comparisons of French- and English-speaking Canadian children. *Early Child Development and Care, 172,* 283–300.

LeFevre, J.-A., Skwarchuk, S.-L., Smith-Chant, B. L., Fast, L., Kamawar, D. & Bisanz, J. (2009). Home numeracy experiences and children's math performance in the early school years. *Canadian Journal of Behavioural Science, 41* (2), 55–66.

Lehrl, S., Ebert, S. & Roßbach, H.-G. (eingereicht). Facets of preschoolers' home literacy environments: What contributes to reading literacy in primary school? Manuskript eingereicht zur Publikation.

Lehrl, S., Ebert, S., Roßbach, H.-G. & Weinert, S. (2012). Die Bedeutung der familiären Lernumwelt für Vorläufer schriftsprachlicher Kompetenzen im Vorschulalter. *Zeitschrift für Familienforschung, 24* (2), 115–133.

Lehrl, S., Smidt, W., Große, C. & Richter, D. (in press). Patterns of literacy and numeracy activities in preschool and their relation to structural characteristics and children's home activities. *Research Papers in Education.*

Leseman, P. P. M. & de Jong, P. F. (1998). Home literacy: Opportunity, instruction, cooperation and social-emotional quality predicting early reading achievement. *Reading Research Quarterly, 33*, 294–319.

Melchers, P. & Preuß, U. (2001). *Kaufman-Assessment Batterie for Children (K-ABC), Deutsche Version. Individualtest zur Messung von Intelligenz und Fertigkeiten bei Kindern.* Göttingen: Hogrefe.

Mol, S., Bus, A., de Jong, M., & Smeets, D. (2008). Added value of dialogic parent–child book readings: A meta-analysis. *Early Education and Development, 19*, 7–26.

Niklas, F. & Schneider, W. (2012). Einfluss von „Home Numeracy Environment" auf die mathematische Kompetenzentwicklung vom Vorschulalter bis Ende des 1. Schuljahres. *Zeitschrift für Familienforschung, 24*, 134–147.

Piekny, J., Grube, D. & Mähler, C. (2012, September). *Die Vorhersage des Verständnisses für Experimente zum Schuleintritt aus vorschulischen kognitiven Kompetenzen und häuslichen Einflussfaktoren.* Vortrag beim 48. Kongress der Deutschen Gesellschaft für Psychologie, Bielefeld.

Ramani, G. & Siegler, R. S. (2008). Promoting broad and stable improvements in low-income children's numerical knowledge through playing number board games. *Child Development, 29*, 375–394.

Roßbach, H.-G. (2005). Die Bedeutung der frühen Förderung für den domänspezifischen Kompetenzaufbau. *Sache, Wort, Zahl, 73*, 4–7.

Sammons, P., Anders, Y., Sylva, K., Melhuish, E. C., Siraj-Blatchford, I., Taggart, B. & Barreau, S. (2008). Children's cognitive attainment and progress in English primary schools during key stage 2: Investigating the potential continuing influences of pre-school education. *Zeitschrift für Erziehungswissenschaft*, Sonderheft 11, 179–198.

Scarborough, H. & Dobrich, W. (1994). On the efficacy of reading to preschoolers. *Developmental Review, 14*, 245–302.

Sénéchal, M. (2006). Testing the home literacy model: Parent involvement in kindergarten is differentially related to grade 4 reading comprehension, fluency, spelling, and reading for pleasure. *Scientific Study of Reading, 10*, 59–87.

Sénéchal, M. & LeFevre, J. (2002). Parental involvement in the development of children's reading skill: A 5-year longitudinal study. *Child Development, 73*, 445–460.

Sénéchal, M., LeFevre, J.-A., Thomas, E. & Daley, K. (1998). Differential effects of home literacy experiences on the development of oral and written language. *Reading Research Quarterly, 33*, 96–116.

Shanahan, T. & Lonigan, C. J. (2010). The National Early Literacy Panel: A summary of the process and the report. *Educational Researcher, 39* (4), 279–285.

Skwarchuk, S.-L. (2009). How do parents support preschoolers' numeracy learning experiences at home? *Early Childhood Education Journal, 37*, 189–197.

Smidt, W. & Schmidt, T. (2012). Die Umsetzung frühpädagogischer Bildungspläne: eine Übersicht über empirische Studien. *Zeitschrift für Sozialpädagogik, 10* (3), 244–256.

Tietze, W., Meischner, T., Gänsfuß, R., Grenner, K., Schuster, K.-M., Völker, P. & Roßbach, H.-G. (1998). *Wie gut sind unsere Kindergärten? Eine Untersuchung zur pädagogischen Qualität in Kindergärten.* Neuwied: Luchterhand.

Watamura, S. E., Phillips, D. A., Morrissey, T. W., McCartney, K., & Bub, K. (2011). Double jeopardy: Poorer social-emotional outcomes for children in the NICHD SECCYD experiencing home and child-care environments that confer risk. *Child Development, 82*, 48–65.

Weinert, S., Ebert, S. & Dubowy, M. (2010). Kompetenzen und soziale Disparitäten im Vorschulalter. *Zeitschrift für Grundschulforschung, 3* (1), 32–45.

Weinert, S., Ebert, S., Lockl, K. & Kuger, S. (2012). Disparitäten im Wortschatzerwerb: Zum Einfluss des Arbeitsgedächtnisses und der Anregungsqualität in Kindergarten und Familie auf den Erwerb lexikalischen Wissens. *Unterrichtswissenschaft, 40*, 4–25.

Wellman, H. M. & Gelman, S. A. (1998). Knowledge acquisition in foundational domains. In D. Kuhn & R. S. Siegler (Eds.), *Handbook of child psychology: Cognition, perception, and language* (pp. 523–573). New York: John Wiley & Sons.

Whitehead, M. (2004). Sprachliche Bildung und Schriftsprachkompetenz (Literacy) in der frühen Kindheit. In W. E. Fthenakis & P. Oberhuemer (Hrsg.), *Frühpädagogik international – Bildungsqualität im Blickpunkt* (S. 295–311). Wiesbaden: VS Verlag für Sozialwissenschaften.

Whitehurst, G. J., Falco, F. L., Lonigan, C. J., Fischel, J. E., DeBaryshe, B. D., Valdez-Menchaca, M. C. & Caulfield, M. (1988). Accelerating language development through book reading. *Developmental Psychology, 24*, 552–559.

Vorschulische Förderung im Kindergartenalltag

Wilfried Smidt

1.   Einleitung

Wenn Fragen der vorschulischen Förderung im Kontext grundschulbezogener Themen beleuchtet werden, ist damit zugleich das bisweilen konfliktbehaftete und bis heute „nicht geklärte Verhältnis" (Reyer, 2006, S. 206) zwischen Kindergarten und Grundschule angesprochen. Bevor die Fragestellung dieses Beitrags konkretisiert wird, soll zunächst kurz auf das Verhältnis zwischen Elementar- und Primarbereich, und in diesem Zusammenhang insbesondere auf die programmatische Verortung des Kindergartens in Deutschland, eingegangen werden. Dieses Vorgehen scheint wichtig für die Bildung einer realistischen Erwartung an vorschulische Förderung, die übertriebene Ansprüche beispielsweise im Hinblick auf eine schulvorbereitende Funktion des Kindergartens vermeidet. Im Rahmen des Bildungssystems in Deutschland weisen Kindergärten und Grundschulen mit ihrer administrativen Zuordnung zur Kinder- und Jugendhilfe bzw. zum Schulbereich jeweils spezifische Bildungsaufträge und curriculare Ausrichtungen auf (Roßbach, 2008). Im Vergleich zu einer Reihe anderer europäischer Staaten, die curricular und personell eine deutlich engere Abstimmung zwischen Kindergarten und Grundschule vorsehen und zum Teil eine Integration des Elementarbereichs in das Grundschulwesen realisiert haben (Oberhuemer & Schreyer, 2010), ist das Verhältnis von Kindergarten und Grundschule in Deutschland bis heute von einer vergleichsweise großen Distanz geprägt. Mit Blick auf die programmatische Verortung des Kindergartens sprechen Scheiwe und Willekens (2009, S. 13) idealtypisch von einem „work-care-reconciliation model", das insbesondere Betreuungs- und Versorgungsaspekte als Hauptaufgabengebiete des Vorschulsystems hervorhebt. Im Unterschied dazu fokussieren die eher dem „educational model" (ebd., S. 9) zuzuordnenden vorschulischen Bildungssysteme in Ländern wie Frankreich oder Spanien stärker auf kognitive Förderung und auf das Erreichen entsprechender Lernziele. In didaktischer Hinsicht hat sich in deutschen Kindergärten der Situationsansatz in der Variante der Arbeitsgruppe Vorschulerziehung des Deutschen Jugendinstituts (Zimmer, 1985) zum dominierenden Ansatz entwickelt. Wesentliche Kennzeichen dieses didaktischen Ansatzes bilden neben dem Situationsbezug u.a. das Primat sozialen Lernens (Einbettung sachorientierten Lernens in soziale Lernanlässe), die Arbeit in altersgemischten Gruppen, die Beteiligung von Eltern, anderen Erwachsenen und Kindern an der Gestaltung der pädagogischen Arbeit sowie die Öffnung des Kindergartens. In klarer Abgrenzung zur Grundschule wird die Eigenständigkeit des elementarpädagogischen Bildungsauftrags hervorgehoben und einer schulvorbereitenden Funktion des Kindergartens innerhalb der frühpädagogischen mit Skepsis begegnet (Roßbach, 2008). Im Zuge einer zunehmend kritischen Auseinandersetzung mit den Schwachstellen des Situationsansatzes (z.B. Tietze & Roßbach, 1997), der ab Mitte der 1990er Jahre einsetzenden Diskussion um die nur mittelmäßige Qualität der pädagogischen Arbeit in Kindergärten (z.B. Tietze et al., 1998) und den bescheidenen Ergebnissen internationaler Schulleistungsstudien (z.B. Deutsches PISA-Konsortium, 2001) wurde besonders das kognitive Förderpotenzial von Kindergärten kritisch hinterfragt und eine angemessene Vorbereitung auf die anschließende Grundschule in Frage gestellt. Als Folge dieser Entwicklung wurden in neuerer Zeit in allen Bundesländern Bildungspläne mit dem Ziel der Steuerung der pädagogischen Arbeit in Kindergärten eingeführt (Diskowski, 2008).[1] In unterschiedlicher Deutlichkeit an die Grundschule anknüpfend weisen alle 16 Bildungspläne bestimmte Themenschwerpunkte auf, in denen Kinder im Kindergarten gefördert werden sollen. Die inhaltlichen Förderschwerpunkte gehen dabei im Wesentlichen zurück auf die im Gemeinsamen Rahmen der Länder für die frühe Bildung in Kindertageseinrichtungen (Jugendministerkonferenz und Kultusministerkonferenz, 2004) getroffene Differenzierung in sechs Bildungsbereiche, in denen Kinder in Kindergärten gefördert werden sollen:

1. Sprache, Schrift, Kommunikation
2. Personale und soziale Entwicklung, Werteerziehung, religiöse Bildung
3. Mathematik, Naturwissenschaft, (Informations-)Technik
4. Musische Bildung, Umgang mit Medien
5. Körper, Bewegung, Gesundheit
6. Natur, kulturelle Umwelten

Im vorliegenden Beitrag werden die vorgenannten Bereiche, die den Bildungsauftrag des Kindergartens inhaltlich konkretisieren und ihre bildungsbiografische Fortsetzung in der Grundschule finden sollen, pragmatisch zur Strukturierung vorschulischer Förderung verwendet. Gefragt wird nach dem beobachteten Ausmaß und der eingeschätzten pädagogischen Qualität vorschulischer Förderung im Kindergarten, wobei neben querschnittlichen Befunden auch längsschnittliche Informationen zur Entwicklung über die Kindergartenzeit erläutert und diskutiert werden. Mit diesem Vorgehen sind zwei größere Einschränkungen verbunden: Erstens soll der Fokus auf alltagsbezogene vorschulische Fördermaßnahmen liegen. Das bedeutet, dass Programme und Trainings zur Förderung spezifischer Kompetenzen

---

1 Die Einführung von Bildungsplänen ist kein neues Phänomen. Bereits in den 1970er Jahren wurden in einigen Bundesländern Pläne, Richtlinien und Empfehlungen veröffentlicht, die den Bildungsauftrag von Vor(schul)klassen und Kindergärten konkretisieren sollten (Twellmann, 1978). Bildungspläne für den Kindergartenbereich gab es zudem in der DDR (Boeckmann, 1993).

(z.B. „Hören, Lauschen, Lernen“: Küspert & Schneider, 2008) unberücksichtigt bleiben. Zweitens richtet sich der Beitrag auf die Erfahrungen einzelner Kinder in Kindergartengruppen, so dass Ergebnisse, die sich auf die Gruppe als Ganzes richten und dadurch von individuellen kindlichen Erfahrungen abstrahieren (z.B. Kuger & Kluczniok, 2008), nicht herangezogen werden.

2. Ergebnisse aus älteren Untersuchungen

Abgesehen von frühen Studien, die im Kontext der ersten Bildungsreform ab Ende der 1960er Jahre durchgeführt wurden (z.B. Westermann & de Wall, 1972) und die mangels Aktualität im Folgenden unberücksichtigt bleiben, sind in Deutschland nur wenige systematisch gewonnene empirische Befunde zur Frage nach der vorschulischen Förderung im Kindergartenalltag verfügbar, während die Forschungslage insbesondere im Hinblick auf Studien aus dem anglo-amerikanischen Raum etwas besser ist (siehe Smidt, 2012, für eine Übersicht). Eine Ausnahme bilden die Untersuchungsergebnisse von Wolfgang Tietze und Kollegen (Tietze et al., 1998; ECCE Study Group, 1997), die einige Erkenntnisse zu Art und Umfang vorschulischer Förderung liefern können, wie sie sich zu Beginn der Qualitätsdiskussion Anfang/ Mitte der 1990er Jahre darstellte. Im Rahmen der in vier Ländern (Deutschland, Österreich, Portugal und Spanien) durchgeführten „European Child Care and Education“ (ECCE)-Study untersuchten Tietze et al. (1998) die Beschaffenheit des Kindergartenalltags in deutschen Kindergärten anhand von standardisierten Time-Sampling-Beobachtungen von 206 Kindern aus 103 Kindergartengruppen, die sich auf fünf Bundesländer (Baden-Württemberg, Berlin, Brandenburg, Nordrhein-Westfalen, Rheinland-Pfalz) verteilten. Die 4 bis 4;5 Jahre alten Kinder befanden sich zum Zeitpunkt der Beobachtung (1993/1994) in der Mitte ihres ersten Kindergartenjahres. Als Erhebungsinstrument wurde eine modifizierte Form der „Observation of Activities in Preschool“ (OAP; Palacios & Lera, 1995) eingesetzt, ein Time-Sampling-Instrument, mit dem das Ausmaß spezifischer Aktivitäten einzelner Kinder (pro Gruppe wurden zwei Kinder beobachtet) erfasst werden kann. Werden die von Tietze und Kollegen erhobenen Aktivitäten inhaltlich den sechs Bereichen des Gemeinsamen Rahmens der Länder für die frühe Bildung in Kindertageseinrichtungen zugeordnet, ergibt sich ein Bild, das zumindest vorsichtige Aussagen über inhaltliche Schwerpunktsetzungen erlaubt (Tab. 1).

Tabelle 1:   Vorschulische Förderung im Kindergartenalltag – Aktivitäten (Tietze et al., 1998)

Bildungsbereiche	Aktivitäten	Anteil in Prozent
Sprache, Schrift, Kommunikation	Sprache	6
Personale und soziale Entwicklung, Werteerziehung, religiöse Bildung	-	
Mathematik, Naturwissenschaft, (Informations-)Technik	Bau- und Konstruktionsspiele	7
	Gesellschaftsspiele	5
Musische Bildung, Umgang mit Medien	Rollenspiele	13
	Lieder/Musik	3
Körper, Bewegung, Gesundheit	Pflegeroutinen	14
	Feinmotorik	12
	Grobmotorik	12
Natur und kulturelle Umwelten	-	
	Sonstiges (nicht zuzuordnen)	29

Im beobachteten Kindergartenalltag in quantitativer Hinsicht relativ gut vertreten ist danach mit 38 % der Beobachtungszeit der Bildungsbereich „Körper, Bewegung, Gesundheit" mit der Einbindung der Kinder in pflegerische Routinen (z.B. Zähneputzen, Toilettengänge) sowie grob- und feinmotorischen Aktivitäten. Dieses gilt abgeschwächt auch für den Bereich „Musische Bildung, Umgang mit Medien", dem hier kindliche Rollenspiele (13 % der Beobachtungszeit) und die Aktivitätskategorie „Lieder/Musik" (3 %) zugeordnet wurden. Etwas seltener ist der Bildungsbereich „Mathematik, Naturwissenschaft, (Informations-)Technik" vertreten, wobei ergänzt werden muss, dass mathematik-affine Aktivitätskategorien wie „Zählen" oder „Erfahrungen mit Zahlen" im Rahmen der ECCE-Studie nicht erhoben wurden. Explizit sprachbezogene und sprachfördernde Aktivitäten der Kinder (Bildungsbereich „Sprache, Schrift, Kommunikation") wurden lediglich während 6 % der Beobachtungszeit kodiert. Einschränkend zu beachten ist eine quantitativ relativ große Restkategorie „Sonstiges" (29 % der Beobachtungszeit), die sich auf nicht näher spezifizierbare Beschäftigungen der Kinder bezieht, die mit dem Kategoriensystem der OAP nicht erfasst werden konnten. Vor diesem Hintergrund kann nicht geklärt werden, ob und inwieweit zumindest ein Teil der Restkategorie den nicht berücksichtigten Bildungsbereichen „personale und soziale Entwicklung" und „Natur und kulturelle Umwelten" zugeordnet werden muss. Insgesamt betrachtet deuten die Verteilungen auf eine stärkere vorschulische Förderung in den Bereichen „musische Bildung" und „Körper, Bewegung, Gesundheit" sowie auf eine geringere Förderung in den Bildungsbereichen „Sprache, Schrift, Kommunikation" und „Mathematik, Naturwissenschaft, (Informations-)Technik" hin. Aufgrund der limitierten Passung zwischen den erhobenen Aktivitäten und den sechs Bereichen des Gemeinsamen Rahmens der Länder sind die Befunde jedoch mit Vorsicht zu interpretieren.

3. Ergebnisse aus der Forschergruppe BiKS

Eine relativ aktuelle Untersuchung zu Art, Ausmaß und pädagogischer Qualität vorschulischer Förderung wurde von Smidt (2012) im Rahmen der Forschergruppe BiKS realisiert. Eine Ausgangsstichprobe von 102 Kindern aus 51 Kindergartengruppen aus Bayern und Hessen wurde im ersten, zweiten und dritten Kindergartenjahr mit einem standardisierten Time-Sampling-Verfahren „Zielkindbeobachtung" (ZiKiB, Kuger, Pflieger & Roßbach, 2006) beobachtet. Im Anschluss an die Beobachtungen wurde die pädagogische Qualität der vorschulischen Förderung auf einer siebenstufigen Skala (1 = *unzureichend*, 3 = *minimal*, 5 = *gut*, 7 = *ausgezeichnet*) eingeschätzt. Die Kinder waren zu Beginn der Untersuchung im Mittel 3;10 Jahre alt, im dritten Kindergartenjahr betrug das Durchschnittsalter 5;10 Jahre. Die nachfolgend berichteten Befunde beziehen sich auf Längsschnittanalysen von 65 Kindern (reduzierte Fallzahl durch fehlende Werte aufgrund von Stichprobenmortalität), die im ersten (2005/2006, nachfolgend: MZP 1), zweiten (2006/2007, MZP 2) und dritten Kindergartenjahr (2007/2008, MZP 3) beobachtet wurden (vgl. den Beitrag von Faust, Kratzmann & Wehner, Teil I, in diesem Band, für weitere Informationen zur methodischen Anlage der BiKS-Studie). Die statistische Berechnung von Mittelwertunterschieden erfolgte durch Varianzanalysen mit Messwiederholung. Wie schon bei der Studie von Tietze et al. wird auch hier pragmatisch eine Zuordnung zu den sechs Bildungsbereichen des Rahmenplans vorgenommen und es werden die Prozentanteile der jeweiligen Aktivitäten an der Gesamtbeobachtungszeit berechnet (Tab. 2).

Analog zur Studie von Tietze und Kollegen fallen die Aktivitäten im Bildungsbereich „Körper, Bewegung, Gesundheit" mit insgesamt 22 % bis 25 % der Beobachtungszeit relativ umfangreich aus. Über die Kindergartenzeit gibt es keine statistisch bedeutsamen Veränderungen. Einen relativ großen Umfang nehmen auch Aktivitäten mit Bezug zu musischer Bildung und zu Erfahrungen mit Medien ein, wobei künstlerische Aktivitäten zu allen drei Messzeitpunkten relativ häufig vertreten sind. Auffällig ist der im Vergleich zum dritten Kindergartenjahr signifikant höhere Rollenspielanteil im zweiten Kindergartenjahr. Die dem Bildungsbereich „Mathematik, Naturwissenschaft, (Informations-)Technik" zugeordneten Aktivitäten weisen sehr unterschiedliche Häufigkeiten auf. Während Bau- und Konstruktionsspiele sowie Gesellschafts- und Brettspiele ein mit den Befunden von Tietze und Kollegen vergleichbares Ausmaß erreichen, spielen Experimente und Naturerfahrungen sowie Puzzlespiele und insbesondere technik-bezogene Aktivitäten im ersten, zweiten und dritten Kindergartenjahr keine große Rolle. Im Bildungsbereich „Sprache, Schrift, Kommunikation" bestehen große Unterschiede zwischen sprachbezogenen Aktivitäten, die von 11 % der Beobachtungszeit im ersten Kindergartenjahr auf 17 % im letzten Kindergartenjahr ansteigen, und der

Tabelle 2: Vorschulische Förderung im Kindergartenalltag – Aktivitäten im ersten, zweiten und dritten Kindergartenjahr (Smidt, 2012)

Bildungsbereiche	Aktivitäten	Anteil in % MZP 1	Anteil in % MZP 2	Anteil in % MZP 3	Differenz
Sprache, Schrift, Kommunikation	Sprache	11	13	17	MZP 3> MZP 1
	Nutzung von Printmedien	2	3	2	n.s.
Personale und soziale Entwicklung, Werteerziehung, religiöse Bildung	-				
Mathematik, Naturwissenschaft, (Informations-)Technik	Bau-/Konstruktionsspiel	7	5	7	n.s.
	Gesellschafts-/Brettspiel	6	4	4	n.s.
	Experimente/ Naturerfahrungen	2	1	2	n.s.
	Puzzeln	1	3	1	n.s.
	Technik	0.2	1	1	n.s.
Musische Bildung, Umgang mit Medien	künstlerisches Gestalten	11	10	7	n.s.
	Rollenspiel	5	10	5	MZP 2> MZP 3
	Musizieren/Singen	3	3	2	n.s.
	Sand, Wasser	2	4	1	n.s.
Körper, Bewegung, Gesundheit	Pflegerische Aktivitäten	14	12	12	n.s.
	Bewegungsspiel	8	7	8	n.s.
	Tanz- und Kreisspiel	2	3	4	n.s.
	Ruhephasen, Kuscheln	1	0.2	0.3	n.s.
Natur und kulturelle Umwelten	Experimente/Naturerfahrungen (s.o.)				
	Übergang, Leerlauf (nicht zuordenbar)	23	18	19	MZP 1> MZP 2
	Schulvorbereitung (nicht zuordenbar)	0.3	2	6	MZP 3> MZP 1 u. 2

Anmerkungen: MZP 1 = 1. Kindergartenjahr, MZP 2 = 2. Kindergartenjahr, MZP 3 = 3. Kindergartenjahr, Differenz: paarweise Mehrfachvergleiche mit Bonferroni-Korrektur, n.s. = keine signifikante Veränderung über die Kindergartenzeit

nur geringen Nutzung von Printmedien (Umgang der Kinder mit Büchern und Zeitschriften, Vorgelesen bekommen, Lesen und Vorläuferformen von Lesen). Schließlich gibt es mit „Übergang, Leerlauf" (u.a. Wartezeiten zwischen Aktivitäten, zielloses Umherwandern) sowie „Schulvorbereitung" (explizit schulvorbereitende Übungen und Trainings, z.B. Küspert & Schneider, 2008) zwei Kategorien, die inhaltlich nicht per se einem Bildungsbereich zugeordnet werden konnten. Während das Ausmaß an Übergängen, Leerläufen und Wartezeiten zu allen Messzeitpunkten relativ hoch ist, gewinnen Übungen und Trainings mit einem dezidiert schulvorbereitenden Charakter erst im letzten Kindergartenjahr an Bedeutung. Aktivitäten, die dem Bereich „Personale und soziale Entwicklung, Werteerziehung, religiöse Bildung" zuzuordnen sind, wurden im Rahmen der Erhebungen nicht berücksichtigt. Wie schon bei Tietze und Kollegen (Tab. 1) deuten die Befunde insgesamt auf eine vergleichsweise intensive Beschäftigung der Kinder mit „musischer Bildung" und „Körper, Bewegung, Gesundheit" hin. Der Hinweis auf eine eher geringere Auseinandersetzung mit den Bildungsbereichen „Sprache, Schrift, Kommunikation" sowie „Mathematik, Naturwissenschaft, (Informations-)Technik" wird teilweise untermauert. Die fehlende Berücksichtigung von Aktivitätskategorien, die dem Bildungsbereich „Personale und soziale Entwicklung, Werteerziehung/religiöse Bildung" zugeordnet werden können, schränkt die Aussagekraft der Ergebnisse allerdings ein.

Über die Beobachtung kindlicher Aktivitäten hinaus kann das Potenzial des Kindergartens zur Förderung kindlicher Bildungsprozesse auch anhand von sogenannten Förderbereichen untersucht werden (Bredekamp & Copple, 2002; siehe auch Kammermeyer, 2007). Förderbereiche beziehen sich dabei auf das den kindlichen Aktivitäten innewohnende Förderpotenzial: Beispielsweise verweisen Bredekamp und Copple (2002) auf das mit Rollenspielen verbundene Potenzial der Förderung sprachlicher Kompetenzen. In Tabelle 3 werden die Ergebnisse systematischer Beobachtungen zu Art und Umfang bestimmter Förderbereiche aufgeführt, die zur inhaltlichen Strukturierung wiederum den Bildungsbereichen des Gemeinsamen Rahmens zugeordnet wurden. Aufgrund von Mehrfachnennungen übersteigt die Summe aller Prozentanteile die 100 %-Marke. Die Ergebnisse verdeutlichen, dass Förderbereiche, die inhaltlich dem Bildungsbereich „Personale und soziale Entwicklung, Werteerziehung/religiöse Bildung" zugeordnet werden können, eine quantitativ große Bedeutung haben. Dies gilt besonders für die Förderung des kindlichen Sozialverhaltens (u.a. Konfliktlösungsstrategien und Umgang mit Regeln) und zumindest zu Beginn der Kindergartenzeit auch für die Förderung der Aufmerksamkeits- und Konzentrationsfähigkeit mit einem Ausmaß von 41 % der Beobachtungszeit. Die Befunde verdeutlichen allerdings auch einen starken Rückgang dieses Förderbereichs im dritten Kindergartenjahr. Dieses Phänomen ist in abgeschwächter Form auch für den Förderbereich „Allgemeinwissen" zu beobachten. Der Bereich „Sprache, Schrift, Kommunikation" wird vor allem von der Förderung sprachlicher Fähigkeiten mit einem Anteil von 60 – 70 % der Beobachtungszeit dominiert, während beispielsweise die Förderung von (Vorläufer-) Formen des Lesens und Schreibens im ersten, zweiten und dritten Kindergartenjahr eine untergeordnete Rolle spielt. Etwas ausgeglichener ist die Verteilung der Förderbereiche, die dem Bildungsbereich „Körper, Bewegung, Gesundheit" zugeordnet wurden. Einen relativ großen Raum nimmt hier die Förderung fein- und grobmotorischer Fähigkeiten von Kindern ein, wobei ein signifikanter Rückgang im dritten Kindergartenjahr zu konstatieren ist.

Tabelle 3:　Vorschulische Förderung im Kindergartenalltag – Förderbereiche im ersten, zweiten und dritten Kindergartenjahr (Smidt, 2012)

Bildungsbereiche	Förderbereiche	Anteil in % MZP 1	Anteil in % MZP 2	Anteil in % MZP 3	Differenz
Sprache, Schrift, Kommunikation	mündliche Sprache	70	66	60	n.s.
	Vorgelesen bekommen	2	2	1	n.s.
	Buchstaben-Lautzuordnung	0.5	0.1	3	MZP 3> MZP 1 u. 2
	Selbstlesen und Vorläufer	0.3	0.5	0.3	n.s.
	Schreiben und Vorläufer	0.05	0.3	0.6	n.s.
Personale und soziale Entwicklung, Werteerziehung, religiöse Bildung	Sozialverhalten	59	50	46	n.s.
	Konzentration, Aufmerksamkeit, Fokussierung	41	17	6	MZP 1> MZP 2 u. 3 MZP 2>MZP 3
	Allgemeinwissen	15	17	8	MZP 1>MZP 3 MZP 2>MZP 3
Mathematik, Naturwissenschaft, (Informations-) Technik	Kategorisieren, Vergleichen, Zuordnen	6	9	6	n.s.
	Form, Muster, Raum	4	5	3	n.s.
	Logik, Problemlösen, Schlussfolgern	4	6	6	n.s.
	Naturwissenschaft	2	2	3	n.s.
	Zählen	1	3	4[1]	MZP 2>MZP 1
	Zahlensymbole	0.3	2	3	MZP 3>MZP 1
Musische Bildung, Umgang mit Medien	Phantasie	20	20	8	MZP 1>MZP 3 MZP 2>MZP 3
	gestaltend-bildnerische Förderung	10	9	6	n.s.
	kinästhetische Förderung, Sinneswahrnehmung	5	2	2	n.s.
	musische Förderung	5	5	4	n.s.
Körper, Bewegung, Gesundheit	Feinmotorik	23	20	13	MZP 1>MZP 3 MZP 2>MZP 3
	Grobmotorik	13	13	11	n.s.
	Hygiene	5	4	3	n.s.
	Ruhe und Entspannung	5	4	1	MZP 1>MZP 3
Natur und kulturelle Umwelten	-				

Anmerkungen: MZP 1 = 1. Kindergartenjahr, MZP 2 = 2. Kindergartenjahr, MZP 3 = 3. Kindergartenjahr, Differenz: paarweise Mehrfachvergleiche mit Bonferroni-Korrektur, n.s. = keine signifikante Veränderung über die Kindergartenzeit, [1]aufgrund großer Streuung gegenüber MZP 1 nicht signifikant höher

Tabelle 4: Vorschulische Förderung im Kindergartenalltag – eingeschätzte Qualität im ersten, zweiten und dritten Kindergartenjahr (Smidt, 2012)

Bildungs-bereiche	eingeschätzte Merkmale	MZP 1		MZP 2		MZP 3		Differenz
		M	SD	M	SD	M	SD	
Sprache, Schrift, Kommunikation	Lesen und Vorläufer	1.20	0.31	1.21	0.40	1.38	0.53	n.s.
	Buchstaben	1.18	0.29	1.22	0.28	1.52	0.59	MZP 3>MZP 1, MZP 2
Personale und soziale Entwicklung, Werteerziehung, religiöse Bildung	Klima	4.70	0.88	4.74	0.79	4.99	1.05	n.s.
	Umgang mit Gruppenregeln	4.39	0.93	3.93	1.12	4.43	1.08	MZP 1>MZP 2 MZP 3>MZP 2
	Gruppenverhalten	4.85	1.24	4.35	1.07	4.66	1.30	MZP 1>MZP 2
	Allgemeinwissen	2.27	0.69	2.44	0.88	2.25	1.01	n.s.
Mathematik, Naturwissenschaft, (Informations-)Technik	Logik, Problemlösen, Schlussfolgern	1.59	0.72	1.91	0.58	1.82	0.95	MZP 2>MZP 1
	Kategorisieren, Vergleichen, Zuordnen	1.69	0.62	2.04	0.59	1.82	0.69	MZP 2>MZP 1
	Zählen	1.49	0.47	1.37	0.43	1.60	0.87	n.s.
	Zahlen	1.66	0.58	1.83	0.57	1.71	0.88	n.s.
Musische Bildung, Umgang mit Medien	-							
Körper, Bewegung, Gesundheit	-							
Natur und kulturelle Umwelten	-							

Anmerkungen: MZP 1 = 1. Kindergartenjahr, MZP 2 = 2. Kindergartenjahr, MZP 3 = 3. Kindergartenjahr, M = arithmetischer Mittelwert, SD = Standardabweichung, Differenz: paarweise Mehrfachvergleiche mit Bonferroni-Korrektur, n.s. = keine signifikante Veränderung über die Kindergartenzeit

Bei dem Bildungsbereich „Musische Bildung, Umgang mit Medien" fällt das vergleichsweise große Ausmaß der Förderung von Phantasie und Kreativität in den ersten beiden Kindergartenjahren auf. Einen relativ geringen Förderumfang erfährt der Bildungsbereich „Mathematik, Naturwissenschaft, (Informations-)Technik". Besonders gering ist dabei der Anteil an Förderung, die sich auf die Bereiche „Zählen" (u.a. Eins-zu-Eins-Zuordnungen, Bildung von auf- und absteigenden Reihungen) und „Zahlensymbole" (Einführung von und Umgang mit Ziffern) bezieht, allerdings ist in beiden Förderbereichen über die Kindergartenzeit ein Anstieg zu beobachten. Insgesamt liefern die Ergebnisse zur Bedeutung sogenannter Förderbereiche ein heterogenes Bild. Bis auf den Bereich „Mathematik, Naturwissenschaft, (Informations-)Technik", der, korrespondierend mit den Aktivitäten der Kinder (siehe Tab. 2), durchgehend weniger umfangreich gefördert wird, lässt sich eine stärkere oder schwächere Förderung ganzer Bildungsbereiche nicht ausmachen. Auffällig sind jedoch eine herausgehoben zeitintensive Förderung der mündlichen Kommunikation und des Sozialverhaltens und eine sehr geringe Förderung schriftsprachlicher Fähigkeiten.

Wird in einem nächsten Schritt die eingeschätzte pädagogische Qualität der beobachteten Aktivitäten und Fördermaßnahmen betrachtet, zeigt sich ein eher ernüchterndes Bild, das teilweise die schon erläuterten Förderprofile widerspiegeln kann. In Tabelle 4 sind die Mittelwerte und Standardabweichungen für das erste, zweite und dritte Kindergartenjahr abgetragen.

Auch hier wurde wieder versucht, die eingeschätzten Merkmale inhaltlich den Bildungsbereichen des Gemeinsamen Rahmens der Länder zuzuordnen, wobei allerdings die Anzahl der Einschätzmerkmale relativ gering ist, so dass die Bereiche „Musische Bildung, Umgang mit Medien", „Körper, Bewegung, Gesundheit" und „Natur, kulturelle Umwelten" unberücksichtigt bleiben müssen. Die Ergebnisse verdeutlichen, dass die pädagogische Qualität im Bildungsbereich „Sprache, Schrift, Kommunikation" mit den zugeordneten Merkmalen „Lesen und Vorläufer" und „Buchstaben" zu allen Messzeitpunkten als unzureichend eingeschätzt wird. Bei dem Merkmal „Buchstaben" ist bis zum Ende der Kindergartenzeit ein leichter Anstieg festzustellen, der jedoch nichts an der unzureichenden Einschätzung ändert. Die Befunde implizieren, dass die Kinder nur selten und nicht in der nötigen Qualität von dem pädagogischen Kindergartenpersonal darin unterstützt werden, sich mit Buchstaben und Schrift auseinanderzusetzen und lese-affine Erfahrungen zu machen. Trotz einiger signifikanter Veränderungen zwischen den Messzeitpunkten weist die eingeschätzte pädagogische Qualität auch bei den Merkmalen, die dem Bereich „Mathematik, Naturwissenschaft, (Informations-)Technik" zugeordnet wurden, ein geringes Niveau auf. Die im ersten, zweiten und dritten Kindergartenjahr stabil unzureichend eingeschätzte pädagogische Qualität steht für ein geringes Ausmaß an Ermutigung der Kinder durch die Erzieherinnen, Objekte zu zählen oder sich mit Zahlen zu beschäftigen, ebenso wie für ein seltenes Miterleben solcher Aktivitäten durch die Kinder. Gleiches gilt im Grunde auch für die Entwicklung schlussfolgernden Denkens sowie für das Vergleichen, Kategorisieren und Zuordnen von Objekten, auch wenn hier die eingeschätzte pädagogische Qualität etwas höher ausfällt. Ein teilweise anderes Bild zeigt sich allerdings, wenn der Bereich „Personale und soziale Entwicklung, Werteerziehung, religiöse Bildung" mit den ihm zugeordneten Merkmalen betrachtet wird. Während die Förderung von „Allgemeinwissen" ebenfalls ein deutliches Verbesserungspotenzial aufweist, werden die Merkmale „Klima", „Umgang mit Gruppenregeln" und „Gruppenverhalten" als wenigstens „minimal", zum Teil sogar als annähernd „gut" beurteilt. Diese Ergebnisse können nahelegen, dass die Interaktionen zwischen Erzieherinnen und Kindern im ersten, zweiten und dritten Kindergartenjahr durch gegenseitigen Respekt und durch Freude geprägt sind, das Gruppenverhalten der Kinder relativ harmonisch ist und der Umgang mit Regeln in der Kindergartengruppe häufig durch ein reflektiertes Erarbeiten von gruppenbezogenen Normen erfolgt. Mit Blick auf die Qualitätseinschätzungen implizieren die Befunde insgesamt, dass der Kindergartenalltag sowohl durch Stärken im Bereich der Förderung der personalen und sozialen Entwicklung als auch durch Schwächen in der Förderung von schriftsprachlichen und mathematischen Fähigkeiten gekennzeichnet ist.

4. Diskussion

Im Rahmen dieses Beitrags wurde versucht, ein Bild von der vorschulischen Förderung im Kindergartenalltag in Deutschland zu vermitteln. Mit den Einschränkungen, (1.) keine abgegrenzten Programme und Trainings zur Förderung spezifischer Kompetenzen zu berücksichtigen und (2.) ausschließlich auf individuelle Erfahrungen einzelner Kinder in Kindergartengruppen Bezug zu nehmen, konnte dabei auf zwei Untersuchungen zurückgegriffen werden. Für die inhaltliche Strukturierung dessen, was in dem Beitrag unter vorschulischer Förderung verstanden werden soll, wurde ein pragmatisches Vorgehen gewählt, indem die sechs Bildungsbereiche des Gemeinsamen Rahmens der Länder für die frühe Bildung in Kindertageseinrichtungen (Jugendministerkonferenz und Kultusministerkonferenz, 2004) als Hintergrundfolie herangezogen wurden.

Im Hinblick auf Art und Umfang von Aktivitäten und Förderbereichen, die als Indikatoren für vorschulische Fördermaßnahmen im Kindergartenalltag verwendet wurden, deuten die Studien von Tietze et al. (1998) und Smidt (2012) auf bestimmte Schwerpunkte und Engführungen hin (vgl. auch Smidt, 2012, für eine ausführliche Diskussion der Befundmuster). Ein deutlicher Schwerpunkt liegt nach den Ergebnissen von Smidt im ersten, zweiten und dritten Kindergartenjahr auf der Förderung des kindlichen Sozialverhaltens. Konsistent ist in beiden Studien zudem eine vergleichsweise intensive Auseinandersetzung der Kinder mit den Bildungsbereichen „musische Bildung" und „Körper, Bewegung, Gesundheit". Bei den Befunden zum Ausmaß von sprach- und schriftsprachlichen Aktivitäten und Förderbereichen fallen bei Smidt deutliche quantitative Unterschiede zugunsten sprachbezogener Erfahrungen auf. Schriftsprachliche Aktivitäten und Förderbereiche spielen im ersten, zweiten und dritten Kindergartenjahr hingegen eine nur untergeordnete Rolle. Das vorgenannte Ergebnismuster dürfte vor dem Hintergrund von Erkenntnissen zu geringen schriftsprachlichen Fähigkeiten von Kindern am Schulbeginn (Martschinke, Kammermeyer, Frank & Mahrhofer, 2003) nicht unproblematisch sein. Nicht zuletzt zeigen die im Rahmen der Forschergruppe BiKS erhobenen Befunde ein relativ hohes Ausmaß an Übergängen und Leerläufen, die – so wird aus Studien aus dem anglo-amerikanischen Raum deutlich – eher negativ mit der pädagogischen Qualität in den Kindergartengruppen assoziiert sind.

Die sich bei den Aktivitäten und Förderbereichen abzeichnenden Schwerpunkte und Engführungen spiegeln sich auch in der eingeschätzten pädagogischen Qualität wider. Während die pädagogische Qualität von Merkmalen, die dem Bereich „personale und soziale Entwicklung, Werteerziehung, religiöse Bildung" zugeordnet wurden, in der Regel relativ hohen Ansprüchen gerecht wird (eine Ausnahme bildet allerdings das Merkmal „Allgemeinwissen"), implizieren die Befunde auch, dass eine kognitiv ausgerichtete vorschulische Förderung im Kindergartenalltag nicht nur am Anfang und in der Mitte, sondern auch am Ende der Kindergartenzeit offenkundig eine eher randständige Rolle zu spielen scheint. Dieses Befundmuster mag durchaus den von Scheiwe und Willekens (2009, S. 13) postulierten Idealtypus des „work-care-reconciliation model" widerspiegeln. Wird die konkrete Interaktionsebene zwischen pädagogischem Personal und den Kindergartenkindern betrachtet, könnte eine Ursache für die teilweise niedrige Qualität der vorschulischen Förderung auch in einem Phänomen liegen, das Bredekamp und Rosegrant (1992, S. 3) als „early childhood error" bezeichnen. Damit ist die Annahme verbunden, dass Erzieherinnen und Erzieher zwar auf gute Rahmenbedingungen zur Förderung der Kinder achten (z.B. auf eine gute Materialausstattung Wert legen), sich aber bei der Unterstützung der Kinder im Umgang mit diesen Ressourcen zu stark zurückhalten.

Wenngleich das gewählte methodische Vorgehen mit Limitationen verbunden ist und hier nur ansatzweise auf mögliche Diskussionsstränge eingegangen werden kann, legen die Ergebnismuster doch nahe, über eine stärkere Integration kognitiver und insbesondere auch schriftsprachlicher Förderung in den Kindergartenalltag nachzudenken. Referenzpunkte für eine gelingende Förderung von Kindern im Kindergarten können dabei wissenschaftlich fundierte Standards guter pädagogischer Praxis (z.B. Tietze & Viernickel, 2007) bilden: Sie bieten wertvolle Hilfestellungen für die Implementierung entsprechender Fördermaßnahmen in den Kindergartenalltag.

Literatur

Boeckmann, B. (1993). Das Früherziehungssystem in der ehemaligen DDR. In W. Tietze & H.-G. Roßbach (Hrsg.), *Erfahrungsfelder in der frühen Kindheit: Bestandsaufnahme, Perspektiven* (S. 168–212). Freiburg i. B.: Lambertus.

Bredekamp, S. & Copple, C. (Eds.) (2002). *Developmentally appropriate practice in early childhood programs: Revised edition.* Washington, DC: National Association for the Education of Young Children.

Bredekamp, S. & Rosegrant, T. (1992). *Reaching potentials: Appropriate curriculum and assessment for young children.* Washington, DC: National Association for the Education of Young Children.

Deutsches PISA-Konsortium (Hrsg.) (2001). *PISA 2000: Basiskompetenzen von Schülerinnen und Schülern im internationalen Vergleich.* Opladen: Leske+Budrich.

Diskowski, D. (2008). Bildungspläne für Kindertagesstätten – ein neues und noch unbegriffenes Steuerungsinstrument. *Zeitschrift für Erziehungswissenschaft, 10* (Sonderheft 11), 47–61.

European Child Care and Education (ECCE) Study Group (1997). *Cross national analysis of the quality and effects of early childhood programmes on children's development. Final report.* Unveröffentlichtes Dokument.

Jugendministerkonferenz & Kultusministerkonferenz (2004). *Gemeinsamer Rahmen der Länder für die frühe Bildung in Kindertageseinrichtungen.* Verfügbar unter: http://www.mbjs.brandenburg.de/media/lbm1.a.1222.de/rahmen_052004.pdf [02.05.2007].

Kammermeyer, G. (2007). Mit Kindern Schriftsprache entdecken: Entwicklung, Diagnose und Förderung (schrift-)sprachlicher Fähigkeiten in Kindertagesstätte und Anfangsunterricht. In Stiftung Bildungspakt Bayern (Hrsg.), *Das KIDZ-Handbuch: Grundlagen, Konzepte und Praxisbeispiele aus dem Modellversuch „KIDZ – Kindergarten der Zukunft in Bayern"* (1. Aufl., S. 205–263). Köln: Wolters Kluwer.

Kuger, S. & Kluczniok, K. (2008). Prozessqualität im Kindergarten – Konzept, Umsetzung, Befunde. *Zeitschrift für Erziehungswissenschaft, 10* (Sonderheft 11), 159–177.

Kuger, S., Pflieger, K., Roßbach, H.-G.(2006). *Einschätzskalen und Handbuch der Zielkindbeobachtung. Otto-Friedrich-Universität Bamberg.* Unveröffentlichtes Dokument.

Küspert, P. & Schneider, W. (2008). *Hören, lauschen, lernen. Sprachspiele für Kinder im Vorschulalter. Würzburger Trainingsprogramm zur Vorbereitung auf den Erwerb der Schriftsprache* (6. Aufl.). Göttingen: Vandenhoeck & Ruprecht.

Martschinke, S., Kammermeyer, G., Frank, A. & Mahrhofer, C. (2003). *Heterogenität im Anfangsunterricht – Welche Lernvoraussetzungen bringen Schulanfänger mit und wie gehen Lehrer damit um?* Berichte und Arbeiten aus dem Institut für Grundschulforschung. Nr. 101. Nürnberg: Universität Erlangen-Nürnberg.

Oberhuemer, P. & Schreyer, I. (2010). *Kita-Fachpersonal in Europa. Ausbildungen und Professionsprofile.* Opladen: Barbara Budrich.

Palacios, J. & Lera, M.-J. (1995). *Observation of Activities in Preschool (OAP).* Unveröffentlichtes Dokument.

Reyer, J. (2006). *Einführung in die Geschichte des Kindergartens.* Bad Heilbrunn: Klinkhardt.

Roßbach, H.-G. (2008). Vorschulische Erziehung. In K. S. Cortina, J. Baumert, A. Leschinsky, K. U. Mayer & L. Trommer (Hrsg.), *Das Bildungswesen in der Bundesrepublik Deutschland. Strukturen und Entwicklungen im Überblick* (S. 283–323). Reinbek bei Hamburg: Rowohlt.

Scheiwe, K. & Willekens, H. (2009). Introduction: Path-dependencies and change in childcare and preschool institutions in Europe – historical and institutional perspectives. In K. Scheiwe & H. Willekens (Eds.), *Child care and preschool development in Europe: Institutional perspectives* (pp. 1–22). Hampshire: Palgrave Macmillan.

Smidt, W. (2012). *Zielkindbezogene pädagogische Qualität im Kindergarten. Eine empirisch-quantitative Studie.* Münster: Waxmann.

Tietze, W., Meischner, T., Gänsfuß, R., Grenner, K., Schuster, K.-M., Völkel, P., et al. (1998). *Wie gut sind unsere Kindergärten? Eine Untersuchung zur pädagogischen Qualität in Kindergärten.* Neuwied: Luchterhand.

Tietze, W. & Roßbach, H.-G. (1997). Der Situationsansatz: Von der pädagogischen Kampagne zum überprüfbaren pädagogischen Konzept? In H.-J. Laewen, K. Neumann & J. Zimmer (Hrsg.), *Der Situationsansatz – Vergangenheit und Zukunft: Theoretische Grundlagen und praktische Relevanz* (S. 199–207). Seelze-Velber: Kallmeyer.

Tietze, W. & Viernickel, S. (Hrsg.) (2007). *Pädagogische Qualität in Tageseinrichtungen für Kinder: Ein nationaler Kriterienkatalog.* Berlin: Cornelsen.

Twellmann, W. (1978). Bildungspläne und Lernziele der vorschulischen Erziehung in der Bundesrepublik. In R. Dollase (Hrsg.), *Handbuch der Früh- und Vorschulpädagogik.* (Band 1, S. 215–242). Düsseldorf: Schwann.

Westermann, A. & de Wall, N. (1972). Teilergebnisse aus der Hamburger Kindergartenuntersuchung 1969. In E. Schmahlohr & K. Schüttler-Janikulla (Hrsg.), *Bildungsförderung im Vorschulalter: Zur Reform der Vorschulerziehung. Bericht der Tagung im Unesco-Institut für Pädagogik vom 22. bis 26. Juni 1970 in Hamburg.* Internationale Pädagogische Studien 30 (S. 52–84). Oberursel im Taunus: Finken.

Zimmer, J. (1985). Der Situationsansatz als Bezugsrahmen der Kindergartenreform. In J. Zimmer (Hrsg.), *Enzyklopädie Erziehungswissenschaft. Erziehung in früher Kindheit* (S. 21–38). Stuttgart: Klett-Cotta.

Einstellungen von Eltern und Erzieherinnen zur Förderung von Kindern im Alter von drei bis sechs Jahren

Franziska Wehner und Jens Kratzmann

1. Bedeutung der Förderung in der Kindertagesstätte

Die frühzeitige Förderung von kindlichen Fähigkeiten wird derzeit in zahlreichen wissenschaftlichen und bildungspolitischen Programmen hervorgehoben, diskutiert und gefordert. Dies zeigt sich vor allem an der Neugestaltung der elementarpädagogischen Bildungspläne. Auftrag der Kindergärten ist es laut Kinder- und Jugendhilfegesetz (KJHG) „… die Entwicklung des Kindes zu einer eigenverantwortlichen und gemeinschaftsfähigen Persönlichkeit …" durch Betreuung, Bildung und Erziehung zu fördern (KJHG, § 22). Die genauen Auslegungen bzw. Bereiche der Förderung werden dabei allerdings den Ländern überlassen. Grundlegend werden in den Bildungsplänen die Förderbereiche mit Leitgedanken und Zielen ausführlich beschrieben, darüber hinaus lassen sich auch Anregungen zur Umsetzung von Aktivitäten und speziellen Fördermaßnahmen finden. Die frühzeitige Förderung der Kinder könnte zu einer Verbesserung der Lernausgangslagen beim Schuleintritt führen. Bereits im Vorschulbereich finden sich Leistungsunterschiede bei Dreijährigen, diese stehen im Zusammenhang mit dem Bildungsniveau, sozioökonomischen Status und dem Migrationshintergrund der Familie sowie der Dauer des Kindergartenbesuches (vgl. Niklas, Schmiedeler & Schneider, 2010; Weinert, Ebert & Dubowy, 2010). Eine fehlende frühzeitige Förderung, vor allem von eher schwächeren und benachteiligten Kindern, kann dazu beitragen, dass sich zu Beginn der Kindergartenzeit bestehende Leistungsunterschiede auch in der weiteren Bildungslaufbahn fortsetzen, wenn nicht sogar größer werden.

Die Förderung von schulrelevanten Fähigkeiten wirkt sich positiv auf die Kompetenzen zu Beginn der Grundschule und auf den weiteren Entwicklungsverlauf aus. Vor allem lassen sich Zusammenhänge zwischen bereichsspezifischen Vorläuferfähigkeiten und den späteren Fachleistungen in der Grundschule aufzeigen. Insbesondere mathematische und schriftsprachliche Vorläuferfähigkeiten wurden in verschiedenen Studien als ein sehr guter Prädiktor für spätere schulische Leistungen nachgewiesen (vgl. u.a. Aunola, Leskinen, Lerkkanen & Nurmi, 2004; Duncan et al., 2007; Krajewski, 2005; Krajewski, Renner, Nieding & Schneider, 2009). Jedoch sind nicht zwangsläufig Förderprogramme notwendig, vielmehr steht die Qualität der Förderung im Kindergarten in einem positiven Zusammenhang mit der Entwicklung von Vorläuferfähigkeiten (für den mathematischen Bereich vgl. Anders et al., 2012).

2. Einstellungen zur Förderung bei Eltern und Erzieherinnen

Entscheidend für das Gelingen früher Förderung im Kindergarten sind die Einstellungen des pädagogischen Personals sowie die Umsetzung der Fördermaßnahmen, also das ‚Können' der Erzieherinnen (vgl. Fried, 2003; Rank, 2008). Auch bei den Eltern lässt sich vermuten, dass ihre subjektiven Orientierungen die Wahrnehmung der Förderung im Kindergartenalter beeinflussen. Der Großteil der bisherigen Forschung zur Thematik Fördereinstellungen im Kindergartenalter beschränkt sich auf die institutionelle Ebene, also den Kindergarten selbst, hauptsächlich erfolgt hier eine Auseinandersetzung mit der Frage der Schulvorbereitung. Die Einstellungen zur Förderung im Kindergarten wurden zudem vorwiegend querschnittlich betrachtet. Generell wird die Aufgabe des Kindergartens in einer „ganzheitlichen" Förderung gesehen, und dies sowohl von den Eltern als auch von den Erzieherinnen (vgl. Dippelhofer-Stiem, 1999; Tietze, 1998; Tietze, Roßbach & Grenner, 2005). Die Bedeutung spezifischer Aufgabenbereiche des Kindergartens wurde in der Studie von Tietze et al. (2005) erfragt. Für Eltern und Erzieherinnen ließ sich feststellen, dass die Förderung der Persönlichkeitsentwicklung (im Sinne von Förderung des Selbstwertgefühls, der Kreativität und Phantasie) als die wichtigste Aufgabe angesehen wurde. Als eher unwichtig wurden hingegen schulvorbereitende Aufgaben eingeschätzt. Unterschiede zwischen Eltern und Erzieherinnen zeigten sich bei der Bewertung der Förderung des Selbstwertgefühls sowie bei der Intention, Anfänge des Lesens und Schreibens zu vermitteln. Die Erzieherinnen messen der Förderung des Selbstwertgefühls eine höhere Bedeutung zu als die Eltern, während die Eltern wiederum die Förderung der schriftsprachlichen Fähigkeiten als wichtiger erachten (vgl. Tietze et al., 2005).

Zwar wird die Schulvorbereitung generell nicht als die wichtigste Förderaufgabe im Kindergarten angesehen, jedoch wird sie im letzten Kindergartenjahr und im Zusammenhang mit der Schulfähigkeit von Kindern (vgl. dazu die Beiträge von Pohlmann-Rother, Kratzmann und Faust, Teil III, und von Faust, Teil V, in diesem Band) als zunehmend wichtiger wahrgenommen. Vor allem im letzten Kindergartenjahr wird eine spezifisch auf die Schule vorbereitende Förderung angestrebt, welche ausschließlich für die Vorschulkinder gestaltet wird und sich vom sonstigen Kindergartenalltag unterscheidet (vgl. Griebel & Niesel, 2002).

In der Studie von Stuck und Wolf (2004) favorisierten sowohl Eltern als auch Erzieherinnen eine ganzheitliche Förderung, welche über die gesamte Kindergartenzeit hinweg besteht. Trotz dieser grundsätzlich umfassenden Einstellung zeigte sich bei den Eltern im letzten Kindergartenjahr ein zunehmender Wunsch nach der gezielten Förderung von schulrelevanten Inhalten (vgl. ebd.). Dies zeigte sich auch in den Befragungen von Griebel und Niesel (2002): Die Mehrheit der Eltern wünschte sich einen vermehrten Einsatz von Vorschulmappen, gleichzeitig lehnten sie aber eine stark leistungsorientierte Förderarbeit ab. Einstellungsunterschiede unter den Eltern zeigten sich in der Evaluationsstudie von Wolf, Becker und Conrad (1999). Unterschieden wurde zwischen Eltern, die sich viel, mittel oder wenig Schulvorbereitung wünschten. Für die Gruppen ließen sich darüber hinaus negative Zusammenhänge mit dem Intelligenzquotienten des Kindes und der elterlichen Ausbildung nachweisen. Eltern von Kindern mit einem niedrigeren Intelligenzquotienten hatten eher den Wunsch nach viel Schulvorbereitung. Hingegen wünschten sich Eltern mit einer höheren Ausbildung eher weniger Schulvorbereitung im Kindergarten als Eltern mit einer niedrigen Ausbildung.

Wie schon beschrieben, sehen Erzieherinnen die Aufgabe des Kindergartens eher in der Förderung und Stärkung der Kreativität sowie der Selbst- und Lebenskompetenz (vor allem im sozialen Bereich), aber auch des Wissenserwerbs (vgl. von Bülow, 2011; Fried, 2003; Stamm & Viehausen, 2009; Tietze et al., 2005). Im Gegensatz zu den Eltern zeigt sich bei den Erzieherinnen eine eher ablehnende Haltung gegenüber spezifischen schulvorbereitenden Maßnahmen. Der Bearbeitung von Vorschulmappen oder gezielten praktischen Schreibübungen stehen sie eher kritisch gegenüber. Für sie wird Schulvorbereitung durch die tägliche Arbeit und nicht aufgrund von spezifischen Programmen geleistet (vgl. Griebel & Niesel, 2002; Rank, 2008; Virnkaes, 2003; Wolf, 2002). Von Bülow spricht diesbezüglich aktuell von einer „große[n] Ambivalenz der Erzieherinnen" (2011, S. 138). Einerseits bestehe eine Offenheit bezüglich der Auseinandersetzung mit sprachlichen und mathematischen Vorläuferfähigkeiten, andererseits werde die Vermittlung von Kulturtechniken explizit abgelehnt. Sie vermutet, dass sich die Abneigung nicht gegen den Inhalt, sondern vielmehr gegen den verpflichtenden Vermittlungsdruck richtet.

Einstellungsunterschiede zwischen Eltern und Erzieherinnen bestehen nicht nur in der Gewichtung einzelner Aufgaben des Kindergartens, sondern auch im Verhältnis zwischen dem Wunsch nach Schulvorbereitung und der wahrgenommenen Durchführung. In der gewünschten Schulvorbereitung unterscheiden sich beide Gruppen kaum, beide sehen diese als wichtig an. Allerdings wünschen sich die Eltern mehr Schulvorbereitung als in ihrer Sicht vorhanden. Die Erzieherinnen hingegen geben an, viel mehr schulvorbereitende Maßnahmen durchzuführen, als sie sich eigentlich für den Kindergarten wünschen (vgl. Röbe, 2008; Stuck & Wolf, 2004). Diese Ergebnisse verdeutlichen die Diskrepanz zwischen den, durch die Eltern, wahrgenommenen und den tatsächlich durchgeführten Fördermaßnahmen in den Kindergärten. Möglicherweise besteht hier ein erhöhter Bedarf an Austausch zwischen beiden Gruppen.

3. Fragestellungen

- Bisherige Studien zu Fördereinstellungen von Erzieherinnen und Eltern waren größtenteils querschnittlich angelegt oder auf das letzte Kindergartenjahr fokussiert. Durch die längsschnittliche Anlage der BiKS-Studie können die Fördereinstellungen über die gesamte Kindergartenzeit hinweg in den Blick genommen werden. Dieser Beitrag kennzeichnet die Entwicklung der Fördereinstellungen über die Zeit im Zusammenhang mit der Haltung zur Einschulung und verfolgt folgende Fragestellungen:Welche Fördereinstellungen haben Eltern und Erzieherinnen bei Kindern im Kindergartenalter? Inwieweit verändert sich die Bedeutung der jeweiligen Förderbereiche mit Näherrücken der Einschulung?
- Wen sehen Eltern und Erzieherinnen in der Verantwortung bestimmte Fähigkeiten im Kindergartenalter zu fördern?
- Bestehen Zusammenhänge zwischen den Fördereinstellungen und der Haltung zur Einschulung?

4. Methode

Die Fragen zu den *Einstellungen der Eltern und Erzieherinnen zur Förderung* von Kindern im Vorschulalter wurden auf der Basis theoretischer Erwägungen und Befunden aus Pretests selbst entwickelt. Dabei wurde besonders auf die Parallelität der Instrumente für Eltern und pädagogische Fachkräfte geachtet. Es wird zwischen allgemeinen und bereichsspezifischen Fördereinstellungen unterschieden. Eltern und Erzieherinnen wurden jährlich zu Beginn des Kindergartenjahres um eine Bewertung von Aussagen zur allgemeinen und bereichsspezifischen Förderung gebeten. Da es sich um eine längsschnittliche Erhebung von Kindern eines Einschulungsjahrgangs handelt, wurde die Frage bezogen auf das jeweilige Alter der Kinder gestellt. Die Fragestellungen lauteten: *„Wie wichtig schätzen Sie persönlich die Förderung der nachfolgenden Fähigkeiten und Fertigkeiten im Alter von drei- bis vierjährigen (im zweiten Kindergartenjahr: vier- bis fünfjährigen; im dritten Kindergartenjahr: fünf- bis sechsjährigen) Kindern ein? Kreuzen Sie bitte an. Außerdem möchten wir von Ihnen wissen, wer diese Fähigkeiten fördern sollte."* Die Aussagen wurden additiv Dimensionen zugeordnet und nach der Anzahl gemittelt. Durch die Mittelung besteht die Möglichkeit, die eingeschätzte Wichtigkeit sowohl zwischen den Dimensionen als auch über die Zeit zu vergleichen.

Unter *allgemeinen Fördereinstellungen* verstehen wir Auffassungen über die Förderbarkeit von Entwicklungsprozessen im vorschulischen Alter und deren Bedeutung für den weiteren Bildungsverlauf. Diese wurden anhand von zwölf Aussagen operationalisiert, die befürwortet oder abgelehnt werden konnten. Anhand der Daten der ersten Welle des Längsschnitts BiKS-3–10 wurde die faktorielle Struktur geprüft. Neun der zwölf Items ließen sich zwei Dimensionen zuordnen und wurden deshalb in den folgenden Wellen weiter erhoben. Aufgrund der faktoriellen Lösung wird zwischen ‚Gezielter Anregung' und ‚Kindheit als Spielzeit' als zentralen Dimensionen allgemeiner Fördereinstellungen unterschieden:

- *Gezielte Anregung* erfasst die Einstellung zu frühen und gezielten Entwicklungsanregungen für das Kind durch Erwachsene. Hohe Werte auf dieser Dimension stehen für eine Sichtweise auf die frühe Kindheit als eine Phase, in der Grundlagen für den weiteren Entwicklungsverlauf gelegt werden, die gezielt gefördert werden sollten. Eltern mit niedrigen Werten auf dieser Dimension lehnen dies ab. Beispielitem: *„Je früher Kinder sich mit Wissensinhalten auseinandersetzen, desto leichter fällt ihnen der künftige Bildungsweg."*
- *Kindheit als Spielzeit* erfasst die Einstellung zur Auseinandersetzung mit schulischen Inhalten in der frühen Kindheit. Hier ist die Skala so konstruiert, dass hohe Werte für eine Sichtweise auf Kindheit stehen, die frei von schulischen Inhalten sein sollte. Schulanfang wird in dieser Sichtweise als eine „Stunde Null" interpretiert und die frühe Kindheit wird als eine Phase des „Sich-Ausspielen-Dürfens" begriffen. Niedrige Werte stehen dagegen für die Befürwortung einer frühen Auseinandersetzung mit schulischen Inhalten. Beispielitem: *„ Wenn man Kinder früh an schulische Inhalte heranführt, verdirbt man vielen den Spaß am Lernen. "*

Beide Dimensionen sind inhaltlich ähnlich und daher auch nicht vollständig unabhängig voneinander. Dennoch haben sowohl explorative als auch konfirmatorische Faktorenanalysen belegt, dass diese Einstellungen nicht eindimensional zu betrachten sind. Offenbar gibt es Personen, die eine allgemeine gezielte Förderung für wichtig halten, aber die Auseinandersetzung mit schulischen Inhalten ablehnen. Auf der anderen Seite gibt es Personen, die allgemeine gezielte Anregungen ablehnen, sich aber dennoch für eine frühe Auseinandersetzung mit schulischen Inhalten aussprechen.

Zur Formulierung der Items zu *bereichsspezifischen Fördereinstellungen* dienten Anregungen aus nationalen und internationalen Bildungsplänen für den Elementarbereich (z.B. Planning for learning in the foundation stage, Qualifications and Curriculum Authority, 2000; Te Whāriki, Ministry of Education, 1996; Bayerischer Bildungs- und Erziehungsplan für Kinder in Tageseinrichtungen bis zur Einschulung, Bayerisches Staatsministerium & Staatsinstitut für Frühpädagogik, 2006). Insgesamt wurden 20 Items formuliert, die auf unterschiedliche Förderbereiche wie mathematische oder sprachliche Förderung oder das Sozialverhalten zielen. Gefragt wurde sowohl nach der Wichtigkeit der Förderung dieser Bereiche (4-stufige Skala) als auch nach der Zuständigkeit für die Förderung (Kindergarten oder Familie, 4-stufig). Auf Grundlage einer faktorenanalytischen Prüfung wurde eine vierdimensionale Struktur der Fördereinstellungen angenommen, die sich in folgende Bereiche gliedert:

- *Förderung der allgemeinen Ausdrucksfähigkeit*: Bezieht sich auf Förderung des gestalterischen Umgangs mit verschiedenen Materialien, aber auch mit Sprache und dem eigenen Körper. Beispielitem: *„Das Kind zum freien Malen anregen. "*
- *Förderung von mathematischen und schriftsprachlichen Vorläuferfähigkeiten*: Bezieht sich auf die Förderung des Erwerbs von schriftsprachlichen und mathematischen Fähigkeiten. Beispielitem: *„Dafür Sorge tragen, dass das Kind Buchstaben kennen lernt und in die Anfänge des Lesens und Schreibens eingeführt wird. "*
- *Förderung der Selbständigkeit*: Bezieht sich auf die Förderung des selbstgesteuerten Handelns im Alltag, insbesondere auch im Umgang mit anderen Kindern. Beispielitem: *„Das Kind anleiten, selbst Lösungswege für Fragen und Probleme zu finden. "*
- *Förderung des Wissensaufbaus*: Bezieht sich auf die Förderung wissensbezogener Elemente. Beispielitem: *„Das Kind dazu anregen, sich mit Naturphänomenen zu beschäftigen. "*

Im Hinblick auf die *Zuständigkeit für die Förderung* wurde ein Anteilswert berechnet, der den Anteil an Nennungen innerhalb einer Dimension wiedergibt, die auf den Kindergarten fielen. Er dient als Indikator für die Bewertung der Zuständigkeit des jeweiligen Förderbereichs. Zu dieser Fragestellung werden lediglich die Ergebnisse des zweiten und dritten Messzeitpunktes berichtet, da die Skalierung zum zweiten Messzeitpunkt verändert wurde.

Anhand von Varianzanalysen mit Messwiederholung wird geprüft, inwieweit sich die allgemeinen schul- und einschulungsrelevanten Bildungseinstellungen, die bereichsspezifischen Fördereinstellungen sowie die Bewertung der Zuständigkeit für die einzelnen Förderbereiche mit dem Näherrücken der Einschulung in der Sicht von Eltern und Erzieherinnen verändern. Aufgrund von möglichen Verfälschungen durch Erzieherinnenwechsel im Verlauf des Längsschnitts werden die Analysen auf Einrichtungen beschränkt, in denen die Erzieherin im Laufe der drei Jahre nicht gewechselt hat. Dies ist in 57 der 97 Einrichtungen der Fall.

Ebenso wie die Fördereinstellungen wurde jährlich zu Beginn des Kindergartenjahres auch die grundsätzliche *Haltung von Eltern und Erzieherinnen zur Einschulung* erfragt. Es wurde gefragt, ob Kinder eher früh, wenn sie schulpflichtig sind oder eher spät eingeschult werden sollten. Für jeden Messzeitpunkt werden Zusammenhänge zwischen Fördereinstellungen und Haltung zur Einschulung geprüft.

5. Ergebnisse

5.1 Fördereinstellungen von Eltern und Erzieherinnen

Die *allgemeinen Fördereinstellungen der Eltern* ($n = 230$) zeigen, dass einer ge-zielten Förderung eher zugestimmt wird, Kindheit als reine Spielzeit wird dagegen eher abgelehnt. Dieser Unterschied bleibt über die Kindergartenzeit hinweg stabil. Beide Dimensionen der allgemeinen Fördereinstellungen verringern sich mit dem Älterwerden der Kinder leicht. Sowohl für die Dimension ‚Gezielte Förderung' ($p < .001$; $\eta^2 = .052$) als auch für die Dimension ‚Kindheit als Spielzeit' ($p < .001$; $\eta^2 = .074$) ergeben sich signifikante Verringerungen über die Zeit (vgl. Abb. 1).

Die allgemeinen Fördereinstellungen der *Erzieherinnen* ($n = 57$) spiegeln ein ähnliches Bild wie bei den Eltern wieder. Einer gezielten Förderung wird zuge-stimmt, Kindheit wird dagegen kaum als reine Spielzeit gesehen. Die Einstellungen sind über die Zeit hinweg relativ stabil und zeigen keinerlei signifikante Verände-rungen bezogen auf das Alter der Kinder (vgl. Abb. 1).

Abbildung 1: Allgemeine Fördereinstellungen der Eltern und der Erzieherinnen

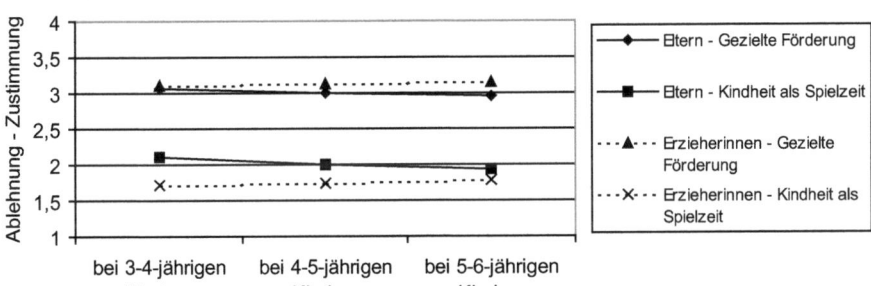

Bei den *bereichsspezifischen Fördereinstellungen der Eltern* ($n = 230$) werden die Förderung der Selbstständigkeit und der Ausdrucksfähigkeit von Anfang an als wichtigste Förderbereiche gesehen. Die eingeschätzte Wichtigkeit dieser Bereiche verändert sich über die Zeit hinweg kaum (Selbstständigkeit: $p < .01$; $\eta^2 = .012$; Ausdrucksfähigkeit: $p < .001$, $\eta^2 = .029$). Es lassen sich in diesen Förderberei-chen kaum Varianzen finden, weshalb hier von einer einheitlichen Meinung al-ler Eltern ausgegangen werden kann. Weniger wichtig, aber dennoch im oberen Bereich der Skala werden die Förderung mathematischer und schriftsprachlicher Vorläuferfähigkeiten und des Wissenserwerbs gesehen. Beide Bereiche werden mit zunehmendem Alter der Kinder als wichtiger eingeschätzt. Der Erwerb von Vor-läuferfähigkeiten weist hier den stärksten Zuwachs auf ($p < .001$; $\eta^2 = .162$). Bei der Dimension Wissenserwerb ist lediglich ein geringer Zuwachs zu verzeichnen ($p < .05$; $\eta^2 = .015$). In diesen Bereichen gibt es stärkere Meinungsunterschiede bei den Eltern, was an der größeren Streuung der Dimensionswerte abgelesen werden kann (vgl. Abb. 2).

Abbildung 2: Bereichsspezifische Fördereinstellungen der Eltern

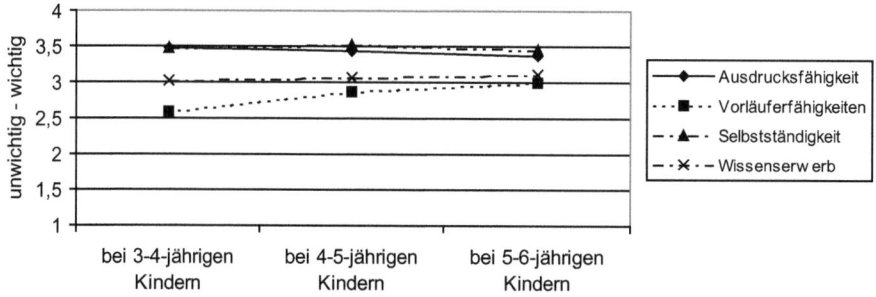

Die Analysen der *spezifischen Förderbereiche bei den Erzieherinnen* ($n = 57$) zeigen, dass auch hier Ausdrucksfähigkeit und Selbstständigkeit als die wichtigsten zu fördernden Bereiche angesehen werden. Beide Förderbereiche werden von Anfang an als wichtig eingestuft. Bei der Förderung der Ausdrucksfähigkeit zeigen sich über die Zeit keine signifikanten Veränderungen. Bei der Förderung von Selbstständigkeit besteht ein signifikanter Bedeutungszuwachs, der sich vor allem vom ersten zum zweiten Erhebungszeitpunkt bemerkbar macht ($p < .01$; $\eta^2 = .099$). Als ebenso wichtig sehen die Erzieherinnen den Erwerb von Wissen an. Auch hier lässt sich bezogen auf die Zeit ein signifikanter Bedeutungszuwachs feststellen ($p < .05$; $\eta^2 = .08$). Die Förderung von mathematischen und schriftsprachlichen Vorläuferfähigkeiten wird als deutlich weniger wichtig erachtet, allerdings ist hier nach dem ersten Kindergartenjahr ein signifikanter Zuwachs zu verzeichnen ($p < .001$; $\eta^2 = .264$). Ebenso wie bei den Eltern gibt es auch bei den Erzieherinnen nur geringe Varianzen in den Dimensionen Ausdrucksfähigkeit und Selbstständigkeit, eine stärkere Streuung dagegen bei den Dimensionen Wissenserwerb und Kulturtechniken (vgl. Abb. 3).

Abbildung 3: Bereichsspezifische Fördereinstellungen der Erzieherinnen

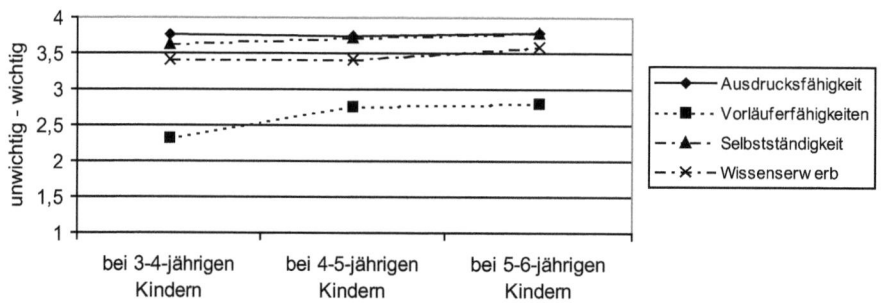

Vergleicht man die Einstellungen der Eltern und Erzieherinnen miteinander, so lässt sich für die allgemeinen Fördereinstellungen festhalten, dass beide Gruppen eine gezielte Förderung von Kindern im Kindergartenalter für wichtig halten, Kindheit wird dagegen weniger als reine Spielzeit angesehen. Unterschiede lassen sich hinsichtlich des Grads der Befürwortung bzw. Ablehnung feststellen. Erzieherinnen stimmen der gezielten Förderung etwas mehr zu als Eltern und lehnen gleichzeitig die Kindheit als Spielzeit mehr ab.

Bei den spezifischen Fördereinstellungen steht die Förderung von Selbstständigkeit und Ausdrucksfähigkeit sowohl bei den Eltern als auch den Erzieherinnen an der Spitze. Diese Einstellung bleibt auch in beiden Gruppen über die Zeit stabil. Eher weniger wichtig sehen beide die Förderung von mathematischen und schriftsprachlichen Vorläuferfähigkeiten, wobei deren Bedeutung mit Näherrücken des Schuleintritts bei Eltern und Erzieherinnen zunimmt. Unterschiede ergaben sich in der Wichtigkeit der einzelnen Bereiche. So sehen Erzieherinnen die Förderung von Selbstständigkeit, Ausdrucksfähigkeit und den Erwerb von Wissen als wichtiger an als die Eltern. Vor allem die Bedeutung des Wissenserwerbs unterscheidet sich deutlich. Im Gegensatz dazu schreiben die Eltern der Förderung von Vorläuferfähigkeiten eine höhere Bedeutung zu als die Erzieherinnen.

5.2   Verantwortung für die Förderbereiche

Bei den *Eltern* wird die Zuständigkeit für die Bereiche Kulturtechniken, Wissenserwerb und Selbstständigkeit vorrangig auf Seiten der Familie gesehen. Lediglich etwa 30 % der erfragten Förderaktivitäten aus diesen Bereichen werden eher oder eindeutig als Aufgabe des Kindergartens gesehen. Hingegen wird die Förderung der Ausdrucksfähigkeit als eine eindeutige Aufgabe des Kindergartens angesehen. 70 % der Förderaktivitäten, die sich diesem Bereich zuordnen lassen, werden eher oder eindeutig als Aufgabe des Kindergartens angesehen. Veränderungen hinsichtlich der Verantwortungsbereiche über die beiden Messzeitpunkte zeigen sich nicht (vgl. Abb. 4).

Abbildung 4: Zuständigkeit des Kindergartens für die Förderbereiche aus Elternsicht

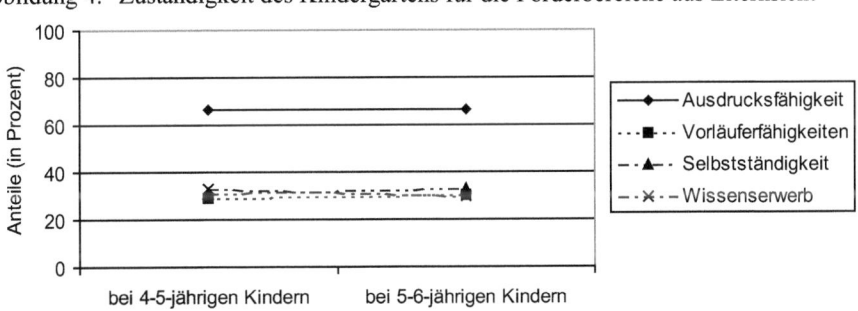

Auch die Erzieherinnen wurden danach gefragt, wen sie vorrangig in der Verantwortung der Förderung sehen. Ähnlich wie bei den Eltern werden die Förderung von mathematischen und schriftsprachlichen Vorläuferfähigkeiten und des Wissenserwerbs eher als Aufgabe der Familie und die Förderung der Ausdrucksfähigkeit eher als Aufgabe des Kindergartens angesehen. Die Zuschreibung der Zuständigkeit für die Förderung von Ausdrucksfähigkeit auf Seiten des Kindergartens fällt dabei deutlicher aus als in der Sicht der Eltern. Etwa 85 % der Förderaktivitäten aus diesem Bereich werden eher oder eindeutig dem Kindergarten zugeschrieben. Im Unterschied zu den Eltern sehen sich die Erzieherinnen darüber hinaus deutlich stärker für die Förderung von Selbstständigkeit zuständig. Etwa 70 % der Förderaktivitäten, die sich dem Bereich der Förderung von Selbstständigkeit zuordnen lassen, werden eher oder eindeutig als Aufgabe des Kindergartens angesehen (vgl. Abb. 5).

Abbildung 5: Zuständigkeit des Kindergartens für die einzelnen Förderbereiche in Erzieherinnensicht

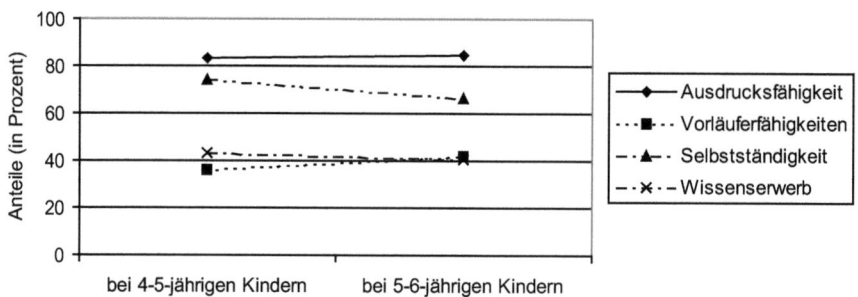

Vergleicht man auch hier wieder die beiden befragten Gruppen, so zeigt sich, dass die Verantwortung für die Förderung von Ausdrucksfähigkeit nach Ansicht von Eltern und Erzieherinnen beim Kindergarten liegt. Während in der Sicht der Eltern die drei anderen Förderbereiche eher in der Verantwortung der Familie liegen, sehen die Erzieherinnen auch die Förderung der Selbstständigkeit eher in ihrer Verantwortung. Die Förderung von Vorläuferfähigkeiten und die Förderung des Wissenserwerbs werden übereinstimmend eher nicht dem Kindergarten zugeordnet.

5.3 Zusammenhänge mit der Haltung zur Einschulung

Zum ersten Messzeitpunkt gaben rund 10 % der Eltern an, Kinder sollten möglichst früh eingeschult werden, rund 79 %, Kinder sollten eingeschult werden, wenn sie schulpflichtig sind, und rund 11 % plädierten für eine möglichst späte Einschulung. Veränderungen über die Messzeitpunkte gab es kaum, allenfalls eine leicht stärkere Präferenz für eine späte und eine leicht geringere Präferenz für eine frühe Einschulung. Bei den Erzieherinnen fällt die skeptische Haltung gegenüber der frühen Einschulung auf. Nur eine Erzieherin gab an, Kinder sollten möglichst früh eingeschult werden. 42 Erzieherinnen sprachen sich für eine Einschulung entsprechend der Schulpflicht aus, zehn würden Kinder generell möglichst spät einschulen (vier der 57 Erzieherinnen beantworteten die Frage nicht). Auch bei den Erzieherinnen zeigt sich im Zeitverlauf eine leicht stärkere Präferenz für die späte Einschulung.

Analysen zu Gruppenunterschieden der Fördereinstellungen nach Einschulungspräferenzen ergaben in erster Linie Unterschiede im Bereich der allgemeinen Fördereinstellungen. Über die Messzeitpunkte stabile signifikante Gruppenunterschiede ergeben sich bei den Eltern. Demnach sprechen sich Eltern, die für eine frühe Einschulung präferieren, im Vergleich zu allen anderen Eltern stärker für gezielte Anregungen und gegen Kindheit als reine Spielzeit aus. Umgekehrt lehnen Eltern, die eine späte Einschulung präferieren, im Vergleich zu allen anderen Eltern gezielte Anregungen stärker ab und sehen Kindheit deutlicher als reine Spielzeit und frei von schulischen Inhalten. Bei Erzieherinnen lassen sich diese Zusammenhänge nicht nachweisen.

Zwischen bereichsspezifischen Fördereinstellungen und Einschulungspräferenzen lassen sich demgegenüber keine bzw. kaum Zusammenhänge finden. Lediglich vereinzelt findet sich eine stärkere Zustimmung zur Förderung von mathematischen und schriftsprachlichen Vorläuferfähigkeiten und des Wissenserwerbs bei Eltern, die eine frühe Einschulung bevorzugen. Für Erzieherinnen lassen sich keine Zusammenhänge feststellen.

6.   Fazit

Die Bedeutung früher schulbezogener Förderung in der Kindertagesstätte ist nach wie vor ein Thema, das sowohl von Erzieherinnen als auch von Eltern unterschiedlich gesehen wird. Zwar zeigt sich in einer allgemeinen Betrachtungsweise eine hohe Zustimmung zu frühen gezielten Entwicklungsanregungen und Auseinandersetzungen mit schulischen Inhalten, eine Unterscheidung nach bereichsspezifischen Förderbereichen macht jedoch unterschiedliche Haltungen sichtbar. Während sowohl Eltern als auch Erzieherinnen übereinstimmend der Förderung der Ausdrucksfähigkeit und der Förderung der Selbstständigkeit sowie des Sozialverhaltens im vorschulischen Alter eine hohe Bedeutung beimessen, lassen sich deutliche Differenzen bezüglich der Förderung schriftsprachlicher und mathematischer Fähigkeiten sowie der Förderung des Wissenserwerbs feststellen.

Diese Unterschiede spiegeln sich teilweise auch in der Zuständigkeit für die Förderung wider. Die Förderung von Ausdrucksfähigkeit schreiben sowohl die Eltern als auch die Erzieherinnen eher dem Kindergarten zu. In der Verantwortung der Familie sehen beide Gruppen hingegen die Förderung von Vorläuferfähigkeiten und die Förderung des Wissenserwerbs. Lediglich bei der Zuständigkeit der Förderung von Selbstständigkeit scheinen sich Eltern und Erzieherinnen zu unterscheiden. Während die Eltern hier eher die Familie als Förderer angeben, sehen die Erzieherinnen dies eher in ihrer Verantwortung. Die Zuschreibung der Förderbereiche bleibt über die Kindergartenzeit relativ konstant.

Die Ergebnisse deuten insgesamt darauf hin, dass der Kindergarten nach wie vor von Eltern und Erzieherinnen als kreativitäts- und persönlichkeitsfördernde Einrichtung gesehen wird. Diese Bereiche werden immer noch als die wichtigsten Entwicklungsbereiche angesehen. Der Förderung des Wissenserwerbs und mathmatischen und schriftsprachlichen Vorläuferfähigkeiten wird eine geringere Bedeutung beigemessen.

Zusammenhänge zwischen der Haltung zur Einschulung und den Fördereinstellungen zeigten sich nur vereinzelt bei den Eltern. Bezüglich der allgemeinen Fördereinstellungen befürworten Eltern mit einer Präferenz zur frühen Einschulung eher gezielte Anregungen und Integration schulischer Inhalte. Hingegen hatten Eltern, die eine späte Einschulung präferieren, eher die Einstellung Kindheit als Spielzeit aufzufassen. Bei den bereichsspezifischen Fördereinstellungen zeigte sich nur bei Eltern mit Tendenz zur früheren Einschulung eine stärkere Zustimmung zur Förderung von Vorläuferfähigkeiten und Wissenserwerb. Demnach scheinen sich zumindest bei den Eltern zwei grundlegende Haltungen unterscheiden zu lassen. Zum einen gibt es Eltern, die Kindheit vor der Einschulung als eine Lebensphase begreifen, in der grundlegende Entwicklungsprozesse stattfinden, die sich beeinflussen lassen und für den weiteren Bildungserfolg der Kinder eine entscheidende Rolle spielen. Diese Eltern stehen der Schule aufgeschlossen gegenüber und halten die Schulvorbereitung vor der Einschulung für wichtig. Zum anderen gibt es Eltern, die Kindheit in erster Linie als „Spielzeit" betrachten, die frei von gezielten Anregungen sein sollte, insbesondere in Bezug auf die Schule. Diese Eltern wollen den Kindern möglichst lange ihre Kindheit bewahren und sprechen sich demnach eher für eine späte Einschulung aus. Im Schulanfang wird von diesen Eltern ein Bruch gesehen, der für die Kinder eine neue Lebensphase darstellt, die relativ unabhängig von der vorherigen Phase ist.

Die hohe Bedeutung von Entwicklungsprozessen in der frühen Kindheit für den weiteren Bildungsverlauf der Kinder kann mittlerweile als unbestritten angesehen werden. Gleichwohl gibt es unterschiedliche Auffassungen darüber, welche Konsequenzen dies für die vorschulische Förderung hat, insbesondere welche Bereiche auf welche Weise gefördert werden sollten. Da eine gezielte Förderung und schulvorbereitende Maßnahmen teilweise explizit abgelehnt werden, lässt sich vermuten, dass die Diskussion um die Bedeutung früher Fördermaßnahmen bisher nicht vollständig bei den Beteiligten „angekommen" ist. Vielleicht benötigt die Umsetzung der neuen Bildungspläne noch etwas Zeit, es wäre aber auch vorstellbar, dass gezielte Fördermaßnahmen bewusst abgelehnt werden, wie von anderen Studien aufgezeigt (vgl. Rank, 2008; Wolf, 2002).

Offen bleibt an dieser Stelle, wie sich die Einstellung auf das Handeln und die Interaktionen mit den Kindern auswirkt. Nach Fried (2003) lässt sich vermuten, dass die Förderaktivitäten stärker von individuellen Einstellungen als von Programmen bestimmt werden. Die Bedeutung der Fördereinstellungen für die pädagogischen Interaktionen und die Entwicklung der Kinder sollten deshalb noch genauer erforscht werden.

Literatur

Anders, Y., Roßbach, H.-G., Weinert, S., Ebert, S., Kuger, S., Lehrl, S. et al. (2012). Home and preschool learning environments and their relations to the development of early numeracy skills. *Early Childhood Research Quarterly, 27*, 231–244.

Aunola, K., Leskinen, E., Lerkkanen, M.-K. & Nurmi, J.-E. (2004). Developmental dynamics of math performance from preschool to grade 2. *Journal of Educational Psychology, 96*, 699–713.

Bayerisches Staatsministerium für Arbeit und Sozialordnung, Familie und Frauen & Staatsinstitut für Frühpädagogik München (2006). *Der Bayerische Bildungs- und Erziehungsplan für Kinder in Tageseinrichtungen bis zur Einschulung.* Verfügbar unter: http://www.ifp.bayern.de/imperia/md/content/stmas/ifp/bildungsplan_endfassung.pdf [28.05.2010]

Bülow, K. von (2011). *Anschlussfähigkeit von Kindergarten und Grundschule. Rekonstruktion von subjektiven Bildungstheorien von Erzieherinnen und Lehrerinnen.* Bad Heilbrunn: Klinkhardt.

Dippelhofer-Stiem, B. (1999). Schulvorbereitung? Was Erzieherinnen und Eltern meinen. *Theorie und Praxis der Sozialpädagogik, 1,* 34–38.

Duncan, G. J., Dowsett, C. J., Claessens, A., Magnuson, K., Huston, A. C., Klebanov, P. et al. (2007). School readiness and later achievement. *Developmental Psychology, 43*, 1428–1446.

Fried, L. (2003). Pädagogische Programme und subjektive Orientierungen. In L. Fried, B. Dippelhofer-Stiem, M. S. Honig & L. Liegle (Hrsg.), *Einführung in die Pädagogik der frühen Kindheit* (S. 54–85). Weinheim: Beltz.

Griebel, W. & Niesel, R. (2002). *Abschied vom Kindergarten – Start in die Schule. Grundlagen und Praxishilfen für Erzieherinnen, Lehrkräfte und Eltern.* München: Don-Bosco-Verlag.

Kammermeyer, G. (2000). *Schulfähigkeit. Kriterien und diagnostische/prognostische Kompetenz von Lehrerinnen, Lehrern und Erzieherinnen.* Bad Heilbrunn: Klinkhardt.

Kammermeyer, G. (2001). Schulfähigkeit. In G. Faust-Siehl & A. Speck-Hamdan (Hrsg.), *Schulanfang ohne Umwege. Mehr Flexibilität im Bildungswesen* (S. 96–118) Frankfurt am Main: Grundschulverband – Arbeitskreis Grundschule e.V.

Krajewski, K. (2005). Vorläuferfertigkeiten mathematischen Verständnisses und ihre Bedeutung für die Früherkennung von Risikofaktoren und den Umgang damit. In T. Guldiman & B. Hauser (Hrsg.), *Bildung 4- bis 8-jähriger Kinder* (S. 89–102). Münster: Waxmann.

Krajewski, K., Renner, A., Nieding, G. & Schneider, W. (2009). Frühe Förderung von mathematischen Kompetenzen im Vorschulalter. In H.-G. Rossbach & H.-P. Blossfeld (Hrsg.), Frühpädagogische Förderung in Institutionen. *Zeitschrift für Erziehungswissenschaft*, Sonderheft 11, 91–103.

Ministry of Education (1996). *Te Whāriki. Early childhood curriculum.* Wellington: Learning Media.

Niklas, F., Schmiedeler, S. & Schneider, W. (2010). Heterogenität in den Lernvoraussetzungen von Vorschulkindern. *Zeitschrift für Grundschulforschung, 3* (1), 18–31.

Qualifications and Curriculum Authority (2001). *Planning for learning in the foundation stage.* London: Qualifications and Curriculum Authority.

Rank, A. (2008). *Subjektive Theorien von Erzieherinnen zu vorschulischem Lernen und Schriftspracherwerb.* Berlin: wvb Wissenschaftlicher Verlag Berlin.

Röbe, E. (2008). Frühpädagogische Förderung als grundlegende Bildung. *Lehren und Lernen 34* (10), 9–14.

Stamm, M. & Viehausen, M. (2009). Frühkindliche Bildung und soziale Ungleichheit. Analysen und Perspektiven zum chancenausgleichenden Charakter frühkindlicher Bildungsangebote. *Zeitschrift für Soziologie der Erziehung und Sozialisation, 4*, 403–418.

Stuck, A. & Wolf, B. (2004). *Kindertagesstätten in Rheinland-Pfalz. Empirische Ergebnisse aus der Sicht von Eltern und Erzieherinnen.* Aachen: Shaker.

Tietze, W., Meischner, T., Gänsfuß, R., Grenner, K., Schuster, K.-M., Völkel, P. et al. (1998). *Wie gut sind unsere Kindergärten? Eine Untersuchung zur pädagogischen Qualität in deutschen Kindergärten.* Neuwied: Luchterhand.

Tietze, W., Roßbach, H.-G. & Grenner, K. (2005). *Kinder von 4 bis 8 Jahren. Zur Qualität der Erziehung und Bildung in Kindergarten, Grundschule und Familie.* Weinheim, Basel: Beltz.

Virnkaes, G. (2003). Die Angst der Eltern vor der Schule. ... und wie Erzieherinnen damit umgehen können. *Theorie und Praxis der Sozialpädagogik, 4*, 13–15.

Weinert, S., Ebert, S. & Dubowy, M. (2010). Kompetenzen und soziale Disparitäten im Vorschulalter. *Zeitschrift für Grundschulforschung 3* (1), 32–45.

Wolf, B. (2002). *Elternhaus und Kindergarten. Einschätzungen aus zwei Perspektiven (Eltern und Erzieherinnen).* Aachen: Shaker.

Wolf, B., Becker, P. & Conrad, S. (1999). *Der Situationsansatz in der Evaluation. Ergebnisse der Externen Empirischen Evaluation des Modellvorhabens „Kindersituationen".* Landau: Verlag Empirische Pädagogik.

Interkulturelle Orientierungen und pädagogische Prozesse im Kindergarten

Jens Kratzmann, Wilfried Smidt, Sanna Pohlmann-Rother und Susanne Kuger

1. Zur Bedeutung von Interkulturalität in Bildungsinstitutionen

Deutschland ist seit langem ein Zuwanderungsland. Ein Blick auf die demographische Entwicklung zeigt, dass heute etwa jedes dritte Kind im vorschulischen Alter einen Migrationshintergrund hat (Statistisches Bundesamt, 2010). Die Integrationsbemühungen sind jedoch immer noch nicht so weit fortgeschritten, dass migrationsgekoppelte Ungleichheiten beseitigt werden konnten, wobei dies insbesondere für die Kinder der Zuwanderer aus der Türkei gilt (Segeritz et al., 2010). In den letzten Jahren wurde hierzu verstärkt die Bedeutung des Kindergartens in den Blick genommen. In diesem spiegelt sich die interkulturelle Vielfalt der Kinder unterschiedlich wider. Während es auf der einen Seite Kindergärten gibt, in denen Kinder mit Migrationshintergrund eher die Ausnahme darstellen, finden sich auf der anderen Seite Kindergärten mit einem sehr hohen Anteil an Kindern mit Migrationshintergrund unterschiedlichster Herkunft, der bis zu 100 % reichen kann (Leu, 2008). Uneinigkeit besteht im Umgang des pädagogischen Personals mit dieser kulturellen Vielfalt. Die Positionen bewegen sich dabei zwischen Integration und Ausschluss der Herkunftskultur in Kindertageseinrichtungen. Wir greifen diese Diskussion auf und fragen, inwieweit sich die Diskussion um den Umgang mit kultureller Vielfalt in den Einstellungen der Erzieherinnen widerspiegelt und welche Auswirkungen diese pädagogischen Einstellungen auf die im Kindergarten ablaufenden pädagogischen Prozesse haben.

Bildung wird heute als Schlüssel zur Verbesserung der Integration von Kindern mit Migrationshintergrund gesehen. Forschungsarbeiten haben jedoch immer wieder aufgezeigt, dass Kinder mit Migrationshintergrund auf den verschiedenen Stufen des deutschen Bildungssystems im Vergleich zu autochthonen Kindern schlechtere Bildungschancen haben (Konsortium Bildungsberichterstattung, 2006). Insbesondere für die Gruppe der Kinder türkischer und italienischer Herkunft werden dabei geringere Bildungserfolge berichtet, wohingegen diese Bildungsnachteile für Aussiedlerkinder nicht bestehen (Söhn, 2008). Gründe hierfür werden oft bei den Zuwanderfamilien selbst gesucht. Verwiesen wird dabei u.a. auf den engen Zusammenhang zwischen Migration und sozialem Status, auf mangelnde Kompetenzen in der Schulsprache oder auf Unterschiede in den Erziehungsvorstellungen der Eltern. Doch auch unter Berücksichtigung dieser Faktoren bleiben für die erste Generation und für Zuwanderer aus der Türkei migrationsgekoppelte Ungleichheiten bestehen (Stanat, Rauch & Segeritz, 2010).

Wenige empirische Ergebnisse liegen in Deutschland zur Rolle der Bildungsinstitutionen – insbesondere im Hinblick auf den Kindergartenbereich – vor. In den letzten Jahren wurde verstärkt die Bedeutung des Migrantenanteils in einer Schulklasse bzw. Kindergartengruppe in den Blick genommen und gefragt, inwieweit ein hoher Anteil an Kindern mit Migrationshintergrund zu einer Verstärkung migrationsgekoppelter Ungleichheiten führt. Die Ergebnisse hierzu sind jedoch nicht ganz eindeutig. Zum einen werden in Klassen bzw. Gruppen mit hohem Anteil an Kindern mit Migrationshintergrund ein höheres Risiko eines diagnostizierten Förderbedarfs in Deutsch, schlechtere Leseleistungen und eine verstärkte Zuweisung auf niedrigere Bildungsstufen festgestellt. Jedoch steht diesen Ergebnissen wiederum der enge Zusammenhang zwischen Migration und sozialem Status entgegen. Unter Berücksichtigung des sozialen Status der Kinder werden die negativen Folgen eines hohen Anteils an Kindern mit Migrationshintergrund verringert oder lassen sich nicht mehr feststellen. Demnach scheint weniger der Migrantenanteil verantwortlich für die in den Bildungsinstitutionen ablaufenden pädagogischen Prozesse zu sein, sondern vielmehr ein hoher Anteil an Kindern mit niedrigem sozialem Status (vgl. dazu Stanat, 2006).

Ein weiterer Punkt in Bezug auf die Rolle der Bildungsinstitutionen bei der Entstehung migrationsgekoppelter Ungleichheiten besteht in möglichen Ungleichbehandlungen bei Übergangsempfehlungen, aber auch im Verhalten des pädagogischen Personals gegenüber Kindern mit Migrationshintergrund. Hierzu gibt es zum einen die These, dass für Kinder mit Migrationshintergrund zusätzliche Hürden im deutschen Bildungssystem vorhanden sind, da im Bildungssystem die Tendenz besteht möglichst homogene Leistungsgruppen zu schaffen; somit wären Kinder mit Migrationshintergrund strukturell benachteiligt (Gomolla & Radtke, 2009). Zum anderen wird vermutet, Erzieherinnen und Lehrkräfte würden Kinder mit Migrationshintergrund ungleich behandeln, indem sie geringere Erwartungen an sie stellen und diese bei Übergangsempfehlungen nicht entsprechend ihren Fähigkeiten beurteilen würden. Diese These wurde in verschiedenen Studien überprüft und es konnte hierfür keine Bestätigung gefunden werden (z. B. Kristen & Dollmann, 2010).

Es gibt jedoch kaum Studien, die die pädagogischen Interaktionen zwischen Erzieherinnen und Kindern mit Migrationshintergrund in den Blick nehmen. Da es in Deutschland einen hohen Anteil an Kindern mit Migrationshintergrund gibt und Bildungsnachteile für diese Kinder mehrfach aufgezeigt wurden, muss die Frage gestellt werden, wie die pädagogischen Prozesse gestaltet sein sollen, um Chancengleichheit zu ermöglichen. Hierbei gibt es eine Diskussion um den Umgang mit Kulturalität in Bildungsinstitutionen. Eine zentrale Rolle spielt dabei der Umgang mit der Herkunftskultur, insbesondere mit der Erstsprache. Obgleich Einigkeit über die Bedeutung der Deutschkenntnisse für den Erfolg im Bildungssystem besteht, gibt es unterschiedliche Auffassungen darüber, welche Konsequenzen das für den Umgang mit der Erstsprache in den Bildungsinstitutionen hat. Zum einen werden die Förderung der Erstsprache und die Förderung der deutschen Sprache als sich gegenseitig ausschließende Faktoren angesehen, weshalb die Förderung der deutschen Sprache im Vordergrund stehen solle (Esser, 2009). Auf der anderen Seite wird mit verschiedenen Begründungen, wie beispielsweise der Förderung einer metasprachlichen Kompetenz, eine Anerkennung und Förderung der Mehrsprachigkeit gefordert (Gogolin, 2008). Kritisiert wird ebenso eine Verengung des Diskurses um die Bildungsbeteiligung und den Bildungserfolg von Migrantenkindern auf die deutschen Sprachkenntnisse. Migranten sollten nicht lediglich als Problemfaktor behandelt, sondern ihre kulturellen Ressourcen beachtet werden. Die kulturelle Pluralität unserer heutigen Gesellschaft mache den selbstverständlichen Einbezug kultureller Vielfalt im Bildungssystem notwendig, was in einer „Pädagogik der Vielfalt" (Prengel, 2006) verwirklicht werden solle.

Trotz dieser Forderungen spielt die kulturelle Vielfalt in Kindertageseinrichtungen eine eher untergeordnete Rolle. In der Regel beschränkt sich die Integration kultureller Elemente auf das Erzählen von anderen Kulturen und die Förderung der Deutschkenntnisse. Auch hier zeigt sich die Bedeutung des Migrantenanteils. In Gruppen mit hohem Migrantenanteil werden vermehrt Deutschkenntnisse gefördert, die Erzieherinnen informieren sich stärker über die kulturelle Herkunft der Kinder und sie erzählen mehr über andere Völker und Kulturen (Joos & Betz, 2004).

2.   Anliegen des Beitrags

Aus der pädagogischen Diskussion lässt sich festhalten, dass es unterschiedliche Auffassungen darüber gibt, wie mit der vorhandenen kulturellen Vielfalt in Bildungsinstitutionen umgegangen werden soll. Auf dieser Grundlage wurde im BiKS-Projekt unter anderem der Frage nachgegangen, ob sich die unterschiedlichen Auffassungen hinsichtlich des Umgangs mit Multikulturalität auch in den Einstellungen des pädagogischen Personals in Kindertagesstätten zeigen. Darüber hinaus interessierte uns, ob sich diese Einstellungen auf die in der Institution ablaufenden pädagogischen Prozesse auswirken.

Wir knüpfen mit diesen Fragen an die Bedeutung der pädagogischen Erzieherin-Kind-Interaktionen an, indem wir den Einfluss der Einstellungen der Erzieherinnen hinsichtlich der Integration von Kindern mit Migrationshintergrund auf die Qualität der Interaktionsprozesse thematisieren. Die Qualität von Erzieherinnen-Kind-Interaktionen wird dabei in einem strukturell-prozessualen Qualitätsparadigma (z.B. Tietze u.a., 1998) verortet. Im Zentrum dieses empirisch gut abgesicherten

Ansatzes stehen die Qualität pädagogischer Prozesse (Prozessqualität: kindliche Interaktionen mit der sozialen und räumlich-materialen Umwelt), die Qualität struktureller Rahmenbedingungen (Strukturqualität: z.B. die Anzahl der Kinder pro Erzieherin) und die Qualität von Einstellungen des pädagogischen Personals zu erziehungsrelevanten Themen (Orientierungsqualität). In Übereinstimmung mit international üblichen Empfehlungen und Standards impliziert eine gute pädagogische Qualität eine sichere, gesundheitsförderliche, entwicklungsangemessene und stimulierende Betreuung von Kindern in einer vertrauensvollen und positiven Atmosphäre. Zahlreiche Studien belegen die prädiktive Bedeutung pädagogischer Qualität für kognitive und soziale Maße kindlicher Entwicklung (Roßbach, 2005).

Die Bedeutung persönlicher Einstellungen für die Bereitstellung von Lerngelegenheiten durch das pädagogische Personal kann anhand der „theory of reasoned action" von Fishbein und Ajzen (1975) verdeutlicht werden. Demnach ist das Verhalten von Personen in verschiedenen Situationen das Resultat aus Verhaltensintentionen. Die Verhaltensintention geht wiederum aus zwei Komponenten hervor: der grundlegenden Einstellung gegenüber dem Verhalten, die befürwortend oder ablehnend sein kann, und einer subjektiven Norm, die aus dem Glauben entsteht, wie andere dieses Verhalten beurteilen. Ausgehend von dieser Theorie lässt sich ein Einfluss der Einstellungen von Erzieherinnen, vermittelt über die Handlungsintentionen, auf deren Verhalten vermuten.

Zur Beantwortung der Fragestellungen greifen wir auf mehrere der in BiKS erhobenen Instrumente zurück (vgl. den Beitrag von Faust, Kratzmann & Wehner, Teil I, in diesem Band). Um die Unterschiedlichkeit der Einstellungen der Erzieherinnen hinsichtlich des Umgangs mit Kulturalität im Kindergarten aufzeigen zu können, wurden mit zehn Erzieherinnen offene Leitfadeninterviews zu diesem Thema geführt. Weiterhin wurden in einer Fragebogenerhebung Einstellungen zum Umgang mit Mehrsprachigkeit und zum Umgang mit Kulturalität im Kindergarten ermittelt.

Die pädagogische Prozessqualität in Interaktionssituationen zwischen Kind und pädagogischem Personal wurde anhand von Beobachtungen im Kindergartenalltag erfasst. Hierbei wurde die Rolle der Erzieherin im Verhalten zum Zielkind festgehalten sowie die pädagogische Qualität der vorausgegangenen Beobachtungen eingeschätzt. Für diesen Beitrag greifen wir auf die Funktion der Erzieherin in der jeweiligen Situation und auf die Einschätzung des Niveaus des Sprachverhaltens der Erzieherin zurück. Die Auftretenshäufigkeit neun verschiedener Funktionen der Erzieherin konnte kodiert werden: beobachtend, informierend, unterstützend/ helfend/korrigierend, ermutigend/aufmunternd, kontrollierend/zurechtweisend, strafend, spielerischer Austausch mit dem Kind, andere pädagogische Tätigkeiten, weitere nicht pädagogische Tätigkeiten. Das Sprachverhalten bezieht sich inhaltlich auf fünf Aspekte: Sprachniveau, Grammatik, Sprachgeschwindigkeit, Fremdwörtergebrauch und Aussprache der Erzieherin.

3. Ergebnisse

3.1 Einstellungen gegenüber Interkulturalität und Mehrsprachigkeit

Im Rahmen der qualitativen Analyse der Interviews mit den Erzieherinnen wird deutlich, dass sie die Erstsprache von Kindern mit türkischem Migrationshintergrund im Gruppenalltag unterschiedlich aufgreifen und thematisieren. Obwohl die Erzieherinnen das Erlernen der deutschen Sprache als überaus wichtig und notwendig erachten, tolerieren sie teilweise auch das Sprechen der fremden Sprache im Kindergartenalltag:

> „Es wird bei uns nicht vorkommen, dass man sagt, wir sprechen deutsch, es darf nicht türkisch gesprochen werden. Es ist ihre Sprache und wichtig ist natürlich, dass sie deutsch sprechen lernen, weil sie ohne die deutsche Sprache bei uns keine Chance haben. Aber ihre Muttersprache wird bei uns nicht unterdrückt." (Interview 1)

Einzelne Erzieherinnen betonen, die Erstsprache der Kinder in Vorlesesituationen explizit aufzugreifen. Dies soll auch die deutschen Kinder für die andere Sprache sensibilisieren:

> „Die Sprache gehört zu dem Kind und deshalb soll es sie auch sprechen. Es soll nicht das Gefühl haben: ‚Auf keinen Fall darfst du sie sprechen.' Denn sie gehört zu dem Kind und zu der Familie. (…) Wir haben auch Bilderbücher, wo türkische Begriffe z.B. unter der Tomate stehen. Einfach, dass auch die deutschsprachigen Kinder dafür sensibel werden, was die Kinder da vollbringen. Den ganzen Tag eine andere Sprache zu sprechen. Es soll ein wenig sensibel machen. (…) Es soll auch deutlich machen: ‚Es hat seine Berechtigung, dass du türkisch sprichst, und es ist in Ordnung. Es gehört zu dir und so, wie du bist, so wollen wir dich da haben.'" (Interview 5)

Während einige Erzieherinnen die Sprache z.B. durch Bilderbücher, im Rahmen eines Begrüßungsrituals, in Gesprächskreisen oder beim Singen von Geburtstagsliedern explizit aufgreifen, erachten andere es als wichtig, die Erstsprache der Kinder in der Einrichtung möglichst zu unterbinden. Auch diese Erzieherinnen möchten die Kinder bestmöglich in die Gruppe integrieren. Dies gelingt ihrer Ansicht nach jedoch nicht durch das Thematisieren, sondern durch das Unterbinden der türkischen Sprache. Diese Erzieherinnen vertreten den Standpunkt, dass auf diese Weise eine „Grüppchenbildung" vermieden wird, was sich positiv auf die Integration der türkischen Kinder auswirkt:

> „Es wird Wert darauf gelegt, dass die Sprache nicht gesprochen wird. Auch wenn wir mehrere Kinder haben, die sich untereinander sehr wohl in Türkisch unterhalten können, legen wir Wert darauf, dass sie das nicht tun. Weil wir es zum einen nicht verstehen und wir auch nicht wollen, dass diese Grüppchenbildung (…) stattfindet." (Interview 3)

Die Bedeutung der Deutschkenntnisse für das Gruppengeschehen wird bei Kreis-
gesprächen besonders deutlich. Wenn die Kinder in solchen Gesprächsrunden einem Thema sprachlich nicht folgen können, beginnen sie unruhig zu werden und
andere Kinder abzulenken:

> „Mir fällt es manchmal negativ auf, dass sie sich – wenn ich Bilderbuchbetrachtun-
> gen mache oder im Kreis irgendwas erzähle – sehr schwer tun. Beim Bilderbuch ist es
> zum Beispiel dann so, dass sie nichts verstehen und es ihnen langweilig wird. Und was
> machen sie, wenn ihnen langweilig wird? Sie stören (…) und behindern andere beim
> Zuhören. Das sind so diese Schwierigkeiten, die ich dann habe." (Interview 9)

Darüber hinaus betont die Erzieherin, dass sich diese Kinder aufgrund ihrer Sprach-
probleme meist in Gruppen mit anderen türkischen Kindern zusammenfinden, sodass sie sich untereinander in ihrer Herkunftssprache verständigen können. Dies
führt aber auch zu einer Abgrenzung von deutschen Kindern:

> „Sie grenzen sich lieber aus. Sie werden nicht von den anderen abgegrenzt, sondern das
> machen sie von sich aus, ja. Sie versuchen immer die Möglichkeit zu finden, unter sich
> zu sein. Besonders merke ich es – wo ich sie dann aber auch lasse – draußen im Garten.
> Wenn wir rausgehen und die Kinder frei spielen können, da sieht man es deutlich, dass
> sie sich in ihren Gruppen treffen." (Interview 9)

Die meisten Erzieherinnen sind bemüht, neben der Sprache verschiedene andere
Aspekte der türkischen Kultur in ihrer Gruppe aufzugreifen. Dies geschieht jedoch
weniger im Alltag integriert als vielmehr in zeitlich begrenzten Projekten. Mehrere
Erzieherinnen berichten z.B. von Projekten, im Rahmen derer türkisch gekocht
oder gebacken wird. Auch das Kennenlernen türkischer Feiertage oder Feste wird
von den Erzieherinnen als Bereicherung empfunden. Einzelne Erzieherinnen berichten diesbezüglich von einer guten Kooperation mit türkischen Eltern, die im
Rahmen von Kochprojekten mithelfen oder eine Vorlesephase mit türkischen Büchern gestalten:

> „Wir sprechen manchmal über das Brauchtum oder backen mal etwas Türkisches. Es
> kommt auch mal eine Mama rein und macht etwas mit den Kindern. Das ist dann schon
> eine interkulturelle Erziehung ein Stück weit. Immer mal wieder als Projekt. Aber das
> geht nicht das ganze Jahr durch. Es ist eher eine Insel im Jahresablauf." (Interview 5)

Hierbei wird deutlich, dass Kulturalität zwar gelegentlich in der Kindertagesstätte
aufgegriffen wird, sie jedoch kein durchgängiges Prinzip ist, das sich in der alltäglichen Arbeit der Erzieherinnen niederschlägt. Vielmehr beschränkt sie sich auf
einzelne Kochprojekte und die Thematisierung einzelner Feste und Feiertage.

Auch die Auswertungen der Fragebogen zeigen deutliche Unterschiede in den
Einstellungen von Erzieherinnen gegenüber dem Einbezug der Herkunftskultur

und der Herkunftssprache der Kinder auf. Sowohl in Bezug auf die Einbindung der Herkunftskultur als auch der Erstsprachen finden sich sowohl klar einbindende als auch ausschließende Einstellungen.

Abbildung 1 zeigt zunächst Einstellungen zur Einbindung der Herkunftskultur. Am stärksten abgelehnt wird die Aussage, in jedem Kindergarten müsse Personal aus anderen Kulturen sein. Etwa 85 % der Erzieherinnen stimmen dieser Aussage nicht oder eher nicht zu. Jeweils die Hälfte der Erzieherinnen stimmt der Aussage zu, der Kindergarten müsse bei kulturellen Besonderheiten Erziehungsvorstellungen akzeptieren, die andere Hälfte lehnt diese ab. Überwiegend Zustimmung (etwas über 50 %) besteht zu den Aussagen, die kulturellen Begebenheiten der Migrantenkinder müssten bei der Planung im Kindergarten berücksichtigt werden und Feste aus anderen Kulturen müssten im Alltag integriert werden. Die größte Zustimmung besteht in Bezug auf die Aussage, der Kindergarten müsse den Kindern eine multikulturelle Gesellschaft vorleben. Etwa 75 % der Erzieherinnen stimmen dieser Aussage zu oder eher zu.

Abbildung 1: Einstellungen zur Einbindung der Herkunftskultur

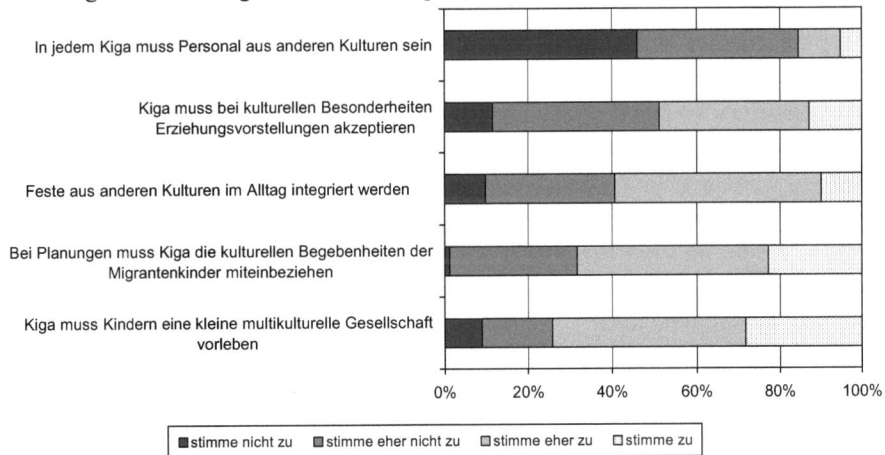

Abbildung 2 zeigt die Einstellungen der Erzieherinnen zur Einbindung der Erstsprache. Überwiegend abgelehnt werden die Aussagen, es solle in jedem Kindergarten zweisprachige Angebote für Migrantenkinder geben (ca. 80 %) und der Kindergarten solle akzeptieren, dass Migrantenkinder in ihrer Muttersprache reden (ca. 70 %). In Bezug auf die Frage, ob Kinder zuerst in der Muttersprache und danach in Deutsch gefördert werden, halten sich die Auffassungen in etwa die Waage. Je ca. 50 % der Erzieherinnen lehnen diese Aussage ab bzw. stimmen ihr zu. Sehr starke Zustimmung findet die Aussage, im Kindergarten solle darauf geachtet werden, dass Migrantenkinder nur Deutsch sprechen. Etwa 75 % der Erzieherinnen stimmen dieser Aussage zu oder eher zu.

Abbildung 2: Einstellungen zur Einbindung der Erstsprache

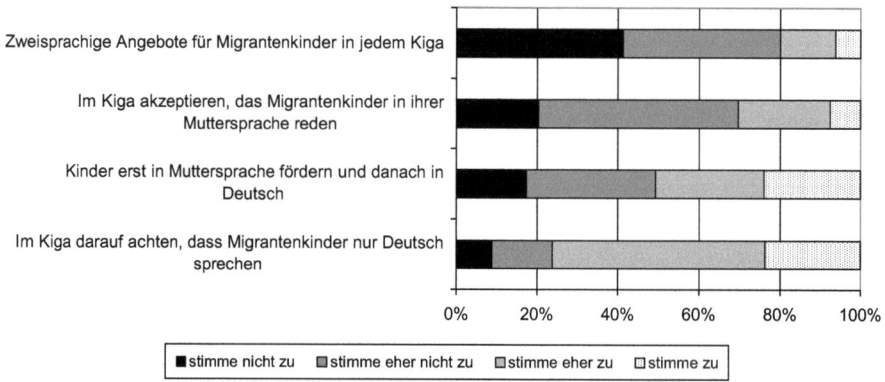

Untersucht man das Antwortverhalten der einzelnen Erzieherinnen zu diesen Aussagen gemeinsam, so lässt sich feststellen, dass es in sich sehr konsistent ist. Das heißt, eine Erzieherin, die beispielsweise angibt, Migrantenkinder sollten im Kindergarten nur Deutsch sprechen, gibt in Übereinstimmung damit auch an, die Muttersprache der Kinder solle im Kindergarten nicht akzeptiert werden. In gleicher Weise äußert sich eine Erzieherin, die sich für die Akzeptanz von kulturellen Besonderheiten in den Erziehungsvorstellungen der zugewanderten Eltern ausspricht, auch dahingehend, dass Feste aus anderen Kulturen im Kindergartenalltag integriert werden sollten. Da sich dies auch statistisch absichern lässt, können diese Einzelaussagen zu zwei Gesamtskalen zusammengefasst werden, die Aufschluss darüber geben, ob eine Erzieherin eher eine kulturintegrierende oder kulturausschließende Einstellung hat und ob ihre Einstellung zur Erstsprache eher integrierend oder ausschließend ist.

3.2   Einstellungen und Erzieherinnen-Kind-Interaktionen

Anhand der in Abschnitt 3.1 beschriebenen Skalen zur Einbindung der Herkunftskultur und der Erstsprache der Kinder in den Kindergartenalltag lässt sich in einem weiteren Schritt eine Verbindung der Einstellungen mit den pädagogischen Erzieherin-Kind-Interaktionen sowie dem Anteil an Kindern mit Migrationshintergrund herstellen.

Hinsichtlich der Bedeutungszumessung der Erstsprache zeigt sich zunächst ein tendenziell negativer Zusammenhang mit der Qualität des Sprachverhaltens der Erzieherin: Wird der Erstsprache der Migrantenkinder eine höhere Bedeutung zugesprochen, geht dies einher mit einem tendenziell einfacheren, weniger elaborierten und weniger kindgerechten Sprachverhalten der Erzieherin.

Auch in Bezug auf die Bedeutung des Anteils der Kinder mit Migrationshintergrund konnten wir einen negativen Zusammenhang feststellen: Mit zunehmendem Anteil an Kindern mit Migrationshintergrund sinkt die Qualität der sprachlichen Interaktionen. Andere Studien legen jedoch die These eines nicht linearen Verlaufes nahe. So wird beispielsweise von schlechteren Leseleistungen bei einem Anteil an Kindern mit Migrationshintergrund von mehr als 40 % in der Schulklasse berichtet. Deshalb wurde die Bedeutung des Migrantenanteils anhand einer quadratischen Modellierung geprüft und ein Schwellenwert bestimmt, ab dem die Qualität des Sprachverhaltens der Erzieherin sinkt. Die Berechnung ergibt einen Wert von 37 % und deckt sich damit mit Ergebnissen anderer Studien. Demnach wird der Migrantenanteil erst dann relevant für die Qualität der sprachlichen Interaktionen, wenn ein Anteil von etwa 37 % der Kinder erreicht wird. Dieser Wert scheint für die Qualität pädagogischer Interaktionen tatsächlich ein kritischer Wert zu sein, denn ab diesem Anteil zeigt sich eine Verringerung der Qualität des Sprachverhaltens. In einer Gruppe von etwa 25 Kindern entspricht das etwa neun Kindern mit Migrationshintergrund. Abbildung 3 verdeutlicht diesen Zusammenhang. Allerdings gibt es einen Fall, der nicht in das Schema passt, denn die Qualität des Sprachverhaltens bewegt sich hier auf sehr hohem Niveau, obwohl 80 % der Kinder in dieser Einrichtung einen Migrationshintergrund aufweisen. Die Bedeutung, die der Erstsprache beigemessen wird, könnte hierfür eine Erklärung sein, denn in komplexeren Modellen hat sich gezeigt, dass auch bei Kontrolle des Migrantenanteils eine integrierende Einstellung zur Erstsprache in einem *negativen* Zusammenhang mit der Qualität des Sprachverhaltens der Erzieherin steht. Für die Qualität des Sprachverhaltens scheint es demnach besser zu sein, wenn die Erzieherin die Erstsprache der Kinder nicht in den Kindergarten einbeziehen möchte.

Auffällige Zusammenhänge ergeben sich weiter zwischen der Orientierung an Multikulturalität und einigen Funktionen der Erzieherin: Eine stärkere multikulturelle Orientierung der Erzieherin geht einher mit weniger Vermittlung von Informationen, Faktenwissen und Erklärungen jeglicher Art. Außerdem zeigen sich positive Zusammenhänge mit einer ermutigenden und aufmunternden, aber auch einer kontrollierenden und zurechtweisenden Funktion. Dass heißt, eine multikulturell orientierte Erzieherin verbringt mehr Zeit mit der Motivation und Aufmunterung der Kinder, kontrolliert aber auch häufiger Regelverstöße und mahnt die Einhaltung von Regeln ein. Keine Zusammenhänge ergeben sich mit den Funktionen: beobachtend, unterstützend/helfend/korrigierend, strafend, spielerischer Austausch mit Kind, andere pädagogische Tätigkeiten und weitere nicht pädagogische Tätigkeiten. Der Anteil an Kindern mit Migrationshintergrund steht ebenso nicht im Zusammenhang mit der Funktion der Erzieherin.

Abbildung 3: Modellierung der Bedeutung des Anteils an Kindern mit Migrationshintergrund für die Qualität des Sprachverhaltens der Erzieherin

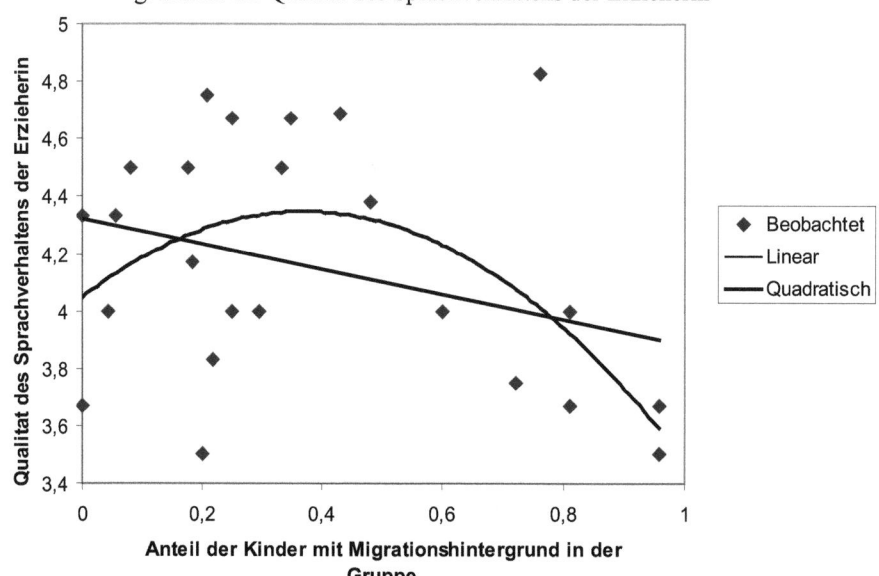

3.3 Unterschiede im Verhalten gegenüber Kindern mit und ohne Migrationshintergrund?

Da in den Kindergartengruppen jeweils die pädagogischen Erzieherin-Kind-Interaktionen gegenüber zwei Kindern beobachtet wurden, lässt sich in einem letzten Schritt auch prüfen, ob sich die gleiche Erzieherin gegenüber einem Kind mit Migrationshintergrund anders verhält als gegenüber einem Kind ohne Migrationshintergrund. Hierzu konnten wir auf Beobachtungen von 15 Erzieherinnen in Interaktion mit 30 Kindern (jeweils einem Kind mit und einem Kind ohne Migrationshintergrund) zurückgreifen. Die Tests ergeben, dass sich weder die Qualität des Sprachverhaltens der Erzieherin ($t_{(.95, 14)}$ = -1.73, n.s.) noch die Funktion der Erzieherin (informierend: ($t_{(.95, 14)}$ = 1.57, n.s.); ermutigend und aufmunternd: (t$_{(.95, 14)}$ = .12, n.s.); kontrollierend und zurechtweisend: ($t_{(.95, 14)}$ = -1.73, n.s.)) statistisch bedeutsam unterscheiden, wenn die Erzieherin mit einem Kind mit bzw. ohne Migrationshintergrund interagiert. Demnach machen Erzieherinnen hier keine Unterschiede zwischen den Kindern.

4.   Diskussion und Implikationen

Dieser Beitrag ging der Frage nach, welche Einstellungen sich beim pädagogischen Personal hinsichtlich der Integration der Herkunftskulturen und der Erstsprachen der Kinder finden lassen und wie diese mit den im Kindergarten ablaufenden pädagogischen Prozessen in Zusammenhang stehen.

Sowohl die offenen als auch die standardisierten Verfahren konnten deutliche Unterschiede in den Einstellungen des pädagogischen Personals aufzeigen. Die Einstellungen variieren zwischen Einschluss und Ausschluss der Herkunftskultur und der Erstsprache in der Kindertagesstätte. Weiterhin konnten Unterschiede im Verhalten der Erzieherinnen festgestellt werden, die sich allerdings nicht daran festmachen lassen, ob es sich um ein Kind mit oder ohne Migrationshintergrund handelt. Vielmehr sind es die Einstellungen gegenüber kulturintegrierenden Elementen in der Kindertagesstätte, die mit Unterschieden im Verhalten einhergehen. Es deutet sich eine Verringerung der Qualität der sprachlichen Anregungen in Interaktionssituationen an, wenn die Einstellungen des pädagogischen Personals eher kulturintegrierend sind. Zudem zeigte sich ein Einfluss des Anteils an Kindern mit Migrationshintergrund in der Gruppe. Ein hoher Anteil an Kindern mit Migrationshintergrund geht mit einer Verringerung der Qualität der sprachlichen Interaktionen einher. Allerdings gilt dieser Zusammenhang erst ab einem Migrantenanteil von ca. 40 %. Was ihre eigene Funktion betrifft, beziehen sich Erzieherinnen mit einer stärkeren Orientierung an Kulturalität häufiger auf die Korrektur und Ahndung von Regelverstößen sowie auf die Motivation und Aufmunterung der Kinder und seltener auf die Vermittlung von Informationen/Faktenwissen und Erklärungen.

Die Einstellungen als ein Aspekt der Erzieherinnenpersönlichkeit scheinen sich auf die pädagogischen Interaktionen und damit auf die Qualität der pädagogischen Prozesse auszuwirken. Sowohl die Passung und Adaptivität der Sprache als auch der Umfang von Erklärungen und Informationen nehmen einen wichtigen Stellenwert im pädagogischen Geschehen des Kindergartens ein. Eine klares, angemessenes Sprachverhalten der Erzieherin sowie Erklärungen, Hilfestellungen und die Vermittlung relevanter Informationen sind bedeutsam für die Anregung von Lernaktivitäten, die den Aufbau von Kompetenzen bewirken und den Lernerfolg beeinflussen. Möglicherweise sind Erzieherinnen, die eine Integration der Herkunftskultur und Erstsprache befürworten, vor allem darum bemüht, die unterschiedliche kulturelle Herkunft der Kinder in ihrer Gruppe und deren sprachliche Kompetenzen zu berücksichtigen. Diese Haltung der Erzieherinnen könnte jedoch ungewollt und kontraproduktiv zu einem niedrigeren Anregungsniveau und zu einer geringeren Qualität der pädagogischen Prozesse führen, wenn sich die Integrationsbemühungen zu stark auf vermeintliche kulturelle Unterschiede beziehen und das individuelle Unterstützungsbedürfnis nicht angemessen erkannt wird.

Bei der Interpretation der Ergebnisse muss jedoch bedacht werden, dass sich die Analysen mit lediglich 25 Fällen auf eine recht geringe Fallzahl stützen, die eine weitere Differenzierung nicht möglich macht. Weitere Analysen mit größerer Fallzahl wären wünschenswert. Zudem handelt es sich hier lediglich um korrelative Analysen. Möglicherweise haben andere, hier nicht berücksichtigte, Einflussfaktoren diese Zusammenhänge beeinflusst. Weiterhin wurden lediglich Einstellungen gemessen, nicht aber der tatsächliche Umgang mit der Herkunftskultur – hier wäre eine Einschätzung in der Beobachtungssituation möglicherweise sinnvoller gewesen. Unklar bleibt weiter, wie sich die unterschiedlichen Einstellungen gegenüber der Herkunftskultur und Erstsprache auf die Kinder selbst auswirken.

Die Erziehung, Betreuung und Bildung von Kindern unterschiedlicher kultureller Herkunft ist heute alltägliche Realität in Kindertageseinrichtungen. Mit Blick auf die Ergebnisse dieses Beitrags lassen sich einige Empfehlungen für die Praxis formulieren.

Zunächst ist festzustellen, dass ein hoher Anteil an Kindern mit Migrationshintergrund das Handeln in der Praxis beeinflusst und mit einer Verringerung der Qualität der sprachlichen Interaktionen einhergeht. Da diese jedoch von hoher Bedeutung für die Entwicklung sprachlicher Kompetenzen und damit auch mitentscheidend für die weitere Bildungslaufbahn der Kinder sind, müssen dringend Maßnahmen ergriffen werden, die es Fachkräften in Einrichtungen mit besonders vielen Kindern mit Migrationshintergrund ermöglichen, bessere Qualität anzubieten. Eine Verringerung des Erzieher-Kind-Schlüssels kann hier nur der Anfang sein. Wie unsere Ergebnisse zeigen, liegt es auch an Einstellungen und Verhaltensweisen der Fachkräfte. In der Praxis sollten diese daher regelmäßig hinterfragt und kritisch reflektiert werden.

Die Integration kultureller Elemente wird bereits seit längerem infrage gestellt, unter anderem aufgrund der Konnotation des Begriffs „Kultur" mit Andersartigkeit. Die Ergebnisse dieses Beitrags legen es nahe, dass mit einem Einbezug kultureller Elemente nicht intendierte Folgen einhergehen. Erzieherinnen mit einer ausgeprägten kulturintegrierenden Orientierung scheinen sich in einem Dilemma zu befinden: Während sie auf der einen Seite darum bemüht sind, Kinder mit Migrationshintergrund durch aufmunterndes und motivierendes Verhalten in den Gruppenalltag zu integrieren, sehen sie sich auf der anderen Seite immer wieder gezwungen, Zurechtweisungen auszusprechen. Die Unterstützung der Kinder mit sachbezogenen Informationen und hilfreichen Erklärungen gerät dabei in den Hintergrund. Möglicherweise ist eine starke Orientierung an Kulturalität und der Versuch, diese in geplanten „interkulturellen Angeboten" zu vermitteln, nicht der richtige Weg, um Kinder mit Migrationshintergrund in der Einrichtung zu integrieren, zumal der Begriff der Kultur umstritten ist. Vielmehr scheint es wichtig zu sein, Kulturalität nicht zu sehr in den Mittelpunkt zu stellen, sondern vielmehr den individuellen Entwicklungsstand der Kinder unabhängig von deren kultureller

Herkunft im Blick zu haben und entsprechend entwicklungsangemessen zu handeln. Mögliche kulturelle Unterschiede sollten eher in Alltagssituationen, bezogen auf ein bestimmtes Kind, thematisiert werden und nicht fälschlicherweise auf eine ganze Gruppe von Zuwanderern.

Die Anerkennung, der Einbezug und die Förderung der Erstsprache der Kinder in der Kindertagesstätte sind schon seit langem Gegenstand wissenschaftlicher Diskussionen. Obwohl eine erstsprachintegrierende Einstellung mit einer Verringerung der Qualität der sprachlichen Interaktionen einhergeht, soll hier nicht grundsätzlich die Bedeutung der Erstsprache infrage gestellt werden. Dennoch kann konstatiert werden, dass auch bei Einbezug der Erstsprache ein hohes Qualitätsniveau der deutschsprachigen sprachlichen Interaktionen zwischen Erzieherin und Kind gewährleistet sein sollte, um zweisprachig aufwachsende Kinder nicht zu unterfordern und auf diese Weise (unbewusst) die Sprachentwicklung zu hemmen. Dies könnte sich nicht nur auf die zweisprachig aufwachsenden Kinder, sondern auch auf die ganze Gruppe auswirken. Es gilt zukünftig darauf zu achten und Wege zu finden, wie ein hohes Qualitätsniveau auch bei Einbezug der Erstsprache in den Kindergartenalltag erreicht werden kann. Unbedingt muss hierzu Wissen über die Sprachentwicklung sowohl in einsprachigen als auch in mehrsprachigen Kontexten in der Aus- und Weiterbildung vermittelt werden.

Zu betonen ist abschließend, dass hier keinesfalls die Bedeutung einer wertschätzenden Haltung gegenüber Zuwanderern und deren Kinder infrage gestellt werden soll. Es muss jedoch gefragt werden, wie eine solche wertschätzende Haltung verwirklicht werden kann, ohne damit eine Verringerung der Qualität der Förderbedingungen zu erzeugen. Dies bleibt eine Frage, auf die zukünftig Antworten gefunden werden müssen.

Literatur

Esser, H. (2009). Pluralisierung oder Assimilation: Effekte der multiplen Inklusion auf die Integration von Migranten. *Zeitschrift für Soziologie*, 38 (5), 358–378.

Fishbein, M. & Ajzen, I. (1975). *Belief, attitude, intention and behavior. An introduction to theory and research.* Reading, Mass.: Addison-Wesley.

Gogolin, I. (2003). Chancen und Risiken nach PISA über die Bildungsbeteiligung von Mirantenkindern und Reformvorschläge. In G. Auernheimer (Hrsg.), *Schieflagen im Bildungssystem.* (Bd. 16, S. 33–50). Opladen: Leske und Budrich.

Gomolla, M. & Radtke, F.-O. (2009). *Institutionelle Diskriminierung: Die Herstellung ethnischer Differenz in der Schule* (3. Aufl.). Wiesbaden: VS Verlag für Sozialwissenschaften.

Joos, M. & Betz, T. (2004). Gleiche Qualität für alle?: Ethnische Diversität als Determinante der Perspektivität von Qualitätsurteilen und -praktiken. In M.-S. Honig, M. Joos & N. Schreiber (Hrsg.), *Was ist ein guter Kindergarten? Theoretische und empirische*

Analysen zum Qualitätsbegriff in der Pädagogik (S. 69–100). Weinheim und München: Juventa.

Leu, H. R. (2008). Kinder mit Migrationshintergrund in Kindertageseinrichtungen. In Forschungsverbund Deutsches Jugendinstitut/Universität Dortmund (Hrsg.), *Zahlenspiegel 2007. Kindertagesbetreuung im Spiegel der Statistik* (S. 159–169). München: Deutsches Jugendinstitut.

Konsortium Bildungsberichterstattung (2006). *Bildung in Deutschland. Ein indikatorengestützter Bericht mit einer Analyse zu Bildung und Migration.* Bielefeld: Bertelsmann.

Kristen, C. & Dollmann, J. (2010). Sekundäre Effekte der ethnischen Herkunft: Kinder aus türkischen Familien am ersten Bildungsübergang. In B. Becker & D. Reimer (Hrsg.), *Vom Kindergarten bis zur Hochschule. Die Generierung von ethnischen und sozialen Disparitäten in der Bildungsbiographie* (S. 117–144). Wiesbaden: VS Verlag für Sozialwissenschaften.

Prengel, A. (2006). *Pädagogik der Vielfalt. Verschiedenheit und Gleichberechtigung in Interkultureller, Feministischer und Integrativer Pädagogik* (3. Aufl.). Wiesbaden: VS Verlag für Sozialwissenschaften.

Roßbach, H.-G. (2005): Effekte qualitativ guter Betreuung, Bildung und Erziehung im frühen Kindesalter auf Kinder und ihre Familien. In: Sachverständigenkommission Zwölfter Kinder- und Jugendbericht (Hrsg.), *Materialien zum Zwölften Kinder- und Jugendbericht* (S. 55–174). München: Verlag Deutsches Jugendinstitut,.

Söhn, J. (2008). Bildungsunterschiede zwischen Migrantengruppen in Deutschland: Schulabschlüsse von Aussiedlern und anderen Migranten der ersten Generation im Vergleich. *Berliner Journal für Soziologie,* 18 (3), 401–431.

Statistisches Bundesamt (2010). *Bevölkerung und Erwerbstätigkeit. Bevölkerung mit Migrationshintergrund – Ergebnisse des Mikrozensus 2010* (Fachserie 1 Reihe 2.2). Wiesbaden: Statistisches Bundesamt.

Stanat, P. (2006). Schulleistungen von Jugendlichen mit Migrationshintergrund: Die Rolle der Zusammensetzung der Schülerschaft. In J. Baumert, P. Stanat & R. Watermann (Hrsg.), *Herkunftsbedingte Disparitäten im Bildungswesen. Differenzielle Bildungsprozesse und Probleme der Verteilungsgerechtigkeit. Vertiefende Analysen im Rahmen von PISA 2000* (S. 189–219). Wiesbaden: VS Verlag für Sozialwissenschaften.

Stanat, P., Rauch, D. & Segeritz, M. (2010). Schülerinnen und Schüler mit Migrationshintergrund. In E. Klieme (Hrsg.), *PISA 2009. Bilanz nach einem Jahrzehnt* (S. 200–230). Münster: Waxmann.

Tietze, W. (Hrsg.), Meischner, T., Gänsfuß, R., Grenner, K., Schuster, K.-M., Völkel, P., Roßbach, H.-G. et al. (1998). *Wie gut sind unsere Kindergärten? Eine Untersuchung zur pädagogischen Qualität in Kindergärten.* Neuwied: Luchterhand.

Sprachlich-kognitive Kompetenzunterschiede bei Schulanfängern und deren Auswirkungen bis Ende der Klassenstufe 2

Marei Kotzerke, Vanessa Röhricht, Sabine Weinert und Susanne Ebert

1. Einleitung

Wichtige bildungsrelevante Entwicklungen und kindliches Lernen beginnen nicht erst, wenn Kinder in die Grundschule und damit erstmalig in eine obligatorische Bildungsinstitution eintreten, sondern bereits lange vor Schulbeginn. Gerade in der Vorschulzeit vollziehen sich verschiedenste schul- und bildungsrelevante Entwicklungs- und Lernprozesse, die in vielfältiger Weise durch Umweltanregungen, Lerngelegenheiten und soziale Interaktionen in unterschiedlichen Kontexten beeinflusst werden. Insbesondere bioökologische Theorien der Entwicklung (z.B. Bronfenbrenner & Morris, 2006) betonen die Bedeutung der Interaktion des aktiven Kindes, ausgestattet mit seinen sich entwickelnden Fähigkeiten, Fertigkeiten, Vorlieben und Interessen, mit den materiellen und sozialen Angeboten in verschiedenen ökologischen Kontexten. Der Familie und den frühkindlichen Betreuungseinrichtungen, in denen die Kinder ihre meiste Zeit verbringen, sowie den Wechselwirkungen zwischen diesen Systemen wird dabei in den ersten Lebensjahren besondere Bedeutung beigemessen. Obgleich es nicht verpflichtend ist, besuchen in Deutschland ca. 94 % der Kinder ab einem Alter von etwa drei Jahren einen Kindergarten (Autorengruppe Bildungsberichterstattung, 2012) und erhalten damit vielfältige Gelegenheiten, mit Erzieherinnen und Erziehern sowie anderen Kindern zu spielen, zu basteln, Geschichten zu hören und noch vieles andere zu tun. Dies bietet ihnen eine Fülle an emotionalen, sozialen und kognitiven Lernmöglichkeiten. Unter anderem erfahren die Kinder in ihrer Gruppe, welche Bedeutung Regeln und deren Einhaltung für ein gutes Auskommen miteinander haben. Darüber hinaus werden beim Spielen, Turnen und Basteln, durch den Umgang mit Malkreide und Stiften Motorik und Feinmotorik geübt und zunehmend routinierter. Schon im Vorschul- bzw. Kindergartenalter lernen die Kinder auch eine Vielzahl an Alltagsdingen einschließlich physikalischer, biologischer und psychologischer Phänomene kennen, die ihnen auf spielerische Weise nahegebracht oder explizit erklärt werden. Viele der Anregungen werden mit Neugierde von Kindern aufgenommen und in ihr Weltbild, Wissen und Können integriert. Die so im Laufe der Vorschulzeit erworbenen sozioemotionalen, motorischen, kognitiven und sprachlichen Fähigkeiten und Fertigkeiten bringen die Kinder in die Schule, in ihre Klasse, den Unterricht und die spezifische Lernsituation mit. Verschiedene Untersuchungen konnten zeigen, dass gerade die frühen kognitiven Fähigkeiten und Fertigkeiten, die Kinder im Kindergarten- und Vorschulalter erwerben, mit ihren späteren schulischen Leistungen in Zusammenhang stehen. Dies gilt insbesondere für sogenannte schulische Vorläuferkompetenzen wie frühes numerisches Wissen (z.B. Dornheim, 2008) oder frühe (schrift-)sprachliche Kenntnisse (z.B. Shanahan & Lonigan, 2010). Die Kindergarten- bzw. Vorschulzeit wird damit zu einer wichtigen Phase der Entwicklung und Bildung, die auch noch in späteren Jahren von Bedeutung ist.

2.   Unterschiede in schulischen Vorläuferkompetenzen

Bereits sehr früh sind Unterschiede zwischen Kindern in den schulrelevanten Vorläuferkompetenzen beobachtbar. So zeigen die Ergebnisse der BiKS-Studie, dass sich Kinder schon im Alter von nur drei Jahren bei Eintritt in den Kindergarten sehr deutlich in ihren Fähigkeiten und Fertigkeiten unterscheiden. Die beobachtbaren Unterschiede zwischen den Kindern stehen dabei in Zusammenhang mit verschiedenen familialen Variablen, wie etwa dem familiären sprachlichen Hintergrund der Kinder (vgl. Dubowy, Ebert, von Maurice & Weinert, 2008), dem sozialen und bildungsbezogenen Hintergrund der Familie (vgl. Weinert, Ebert & Dubowy, 2010) und der beobachteten Anregungsqualität in den Familien (Anders et al., 2012; Ebert et al., 2012; Weinert & Ebert, 2013). In der BiKS-3–10-Studie erwiesen sich dabei – sowohl bei Kindern aus Familien, in denen die Eltern eine andere Muttersprache als Deutsch sprechen, als auch bei Kindern, deren Eltern eine eher niedrige Bildung aufweisen – die Differenzen in den sprachlichen Fähigkeiten und Fertigkeiten der Kinder als besonders ausgeprägt. Kinder aus nicht deutschsprachigen Elternhäusern weisen erwartungsgemäß in den ihnen verfügbaren Kompetenzen im Deutschen besondere Einschränkungen auf, da sie in den ersten Lebensjahren oftmals kaum mit der Mehrheitssprache Deutsch in Kontakt kommen und eine andere Muttersprache als Erstsprache erwerben. Aber auch Kinder aus eher bildungsfernen, monolingual deutschsprachigen Familien und/oder solchen mit einem vergleichsweise niedrigen sozioökonomischen Status zeigten in der BiKS-3-10-Studie eingeschränkte sprachliche Fähigkeiten und Fertigkeiten beim Eintritt in den Kindergarten. Neben Einschränkungen in den sprachlichen Kompetenzen finden sich in der BiKS-Studie auch im Bereich vorwissensabhängiger Fertigkeiten wie z.B. beim frühen Zahlen- oder Faktenwissen interindividuelle Unterschiede zwischen den Kindern, die in Zusammenhang mit familialen Hintergrundvariablen (sozioökonomischer Status (SES), Bildungshintergrund) und entsprechenden Anregungsunterschieden im Elternhaus stehen.

Ab dem Zeitpunkt des Eintritts in den Kindergarten ist das Kind neben der Familie einem zusätzlichen Einfluss ausgesetzt, der nun einen wichtigen Beitrag in der Entwicklung leisten kann. Auch die Sprachentwicklung derjenigen Kinder, die zu Hause bisher kaum deutschsprachige Anregungen erhalten haben, kann davon profitieren. Entsprechend stellt sich die Frage, ob die Unterschiede, die gerade im sprachlichen Bereich vorherrschen, bis zum Ende der Kindergartenzeit kleiner werden oder sogar verschwinden. Die Ergebnisse der BiKS-3–10-Studie zeigen in diesem Zusammenhang in Übereinstimmung mit vielen anderen nationalen und internationalen Studien, dass alle Kinder über die Kindergartenzeit hinweg viel dazulernen und ihre Fähigkeiten und Fertigkeiten in unterschiedlichen Entwicklungsbereichen deutlich verbessern. Zugleich aber erweisen sich die Leistungsunterschiede zwischen den Kindern im Alter von drei bis fünf Jahren in sprachlichen und vorwissensabhängigen Bereichen als sehr stabil, in den kognitiven Grundfunktionen immerhin noch als relativ stabil. Darüber hinaus ist im sprachlichen Bereich über zwei Jahre hinweg eine Zunahme in der Leistungsvarianz zu beobachten (Weinert, Ebert & Dubowy, 2010). Das lässt darauf schließen, dass die Unterschiede zwischen den Kindern im Laufe des Kindergartens eher noch größer werden. Auch andere Studien fanden zum Beispiel mit Blick auf den Wortschatzumfang von Kindern im Vorschulalter ähnliche Ergebnisse. Beispielsweise berichten Vasilyeva und Waterfall (2011) von Leistungsunterschieden, die zunächst tendenziell größer wurden, sich nach Eintritt in die Bildungsinstitution aber stabilisierten, indem nunmehr ähnliche Zuwächse beobachtbar waren. Dies ist möglicherweise auf den zunehmenden Einfluss von Merkmalen der Bildungsinstitutionen zurückzuführen.

3. Bedeutung interindividueller Unterschiede in bildungsrelevanten Fähigkeiten

Ähnlich wie die BiKS-Studie die Bedeutung der sozialen Schicht und des Bildungshintergrundes der Eltern schon für Kinder zu Beginn des Kindergartens aufzeigt, verweisen international vergleichende Schulleistungsstudien wie IGLU („Internationale Grundschul-Lese-Untersuchung") und PISA („Programme for International Student Assessment") bezogen auf Deutschland darauf, dass SES und Bildungshintergrund der Eltern hoch assoziiert mit verschiedenen schulischen Leistungsbereichen und den jeweils feststellbaren Leistungsunterschieden zwischen den Kindern sind (Baumert & Schümer, 2001; Bos et al., 2003). Im vorliegenden Kapitel soll nun dargestellt werden, inwiefern auch am Ende der Kindergartenzeit, also nach drei Jahren Kindergartenbesuch, der soziale Hintergrund in Form des Bildungsstatus der Bezugsperson in Zusammenhang mit den kindlichen Leistungen steht. Mit Blick auf die bevorstehende Schulzeit stehen hierbei zentrale schulische Vorläuferkompetenzen (Rechnen, Buchstabenkenntnis, Sprachverstehen) sowie grundlegende Problemlösefähigkeiten im Mittelpunkt. Im ersten Schritt (Studie 1) sollen soziale Unterschiede in diesen Bereichen kurz vor Eintritt in die Schule analysiert und im zweiten Schritt (Studie 2) mit Blick auf ihre Bedeutung für spätere Leistungen im Schulalter betrachtet werden.

Neben Sozialschichtunterschieden ist es insbesondere der Migrationsstatus der Familie, der in Deutschland – wie viele Studien zeigen – in einem signifikanten Zusammenhang mit den Kompetenzen des Schulkindes und seiner Bildungskarriere steht (Baumert & Schümer, 2001; Bos et al., 2003; Prenzel et al., 2008). Im Vordergrund der Untersuchungen im Schulbereich steht dabei meist die Frage nach der Bedeutung der „Herkunftssprache", also welche Sprache die Muttersprache der Eltern ist. Die Bedeutung der Forschung in diesem Gebiet wird schnell klar, wenn die Zahlen des Statistischen Bundesamtes für 2011 herangezogen werden. Danach hat in Deutschland über ein Drittel der Kinder unter fünf Jahren und knapp ein Drittel der Kinder von fünf bis zehn Jahren einen „Migrationshintergrund im engeren Sinne". Vor diesem Hintergrund erlangen Befunde, wie sie von Schöler und Kollegen (Schöler et al., 2002) vorgelegt wurden, eine generelle Wichtigkeit. Sie kamen zu dem Schluss, dass Kinder mit Migrationshintergrund bei der Einschulung im Schnitt über deutlich schlechtere Ausgangsbedingungen verfügen als Kinder aus Familien ohne Migrationshintergrund. So beherrschten 40 % der Kinder mit Migrationshintergrund die deutsche Sprache nur eingeschränkt und die Einstufung als „Risikokind" im Hinblick auf den Schriftspracherwerb erfolgte bei diesen Kindern sehr viel häufiger als bei gleichaltrigen Kindern ohne Migrationshintergrund. Dabei gelten Unterschiede in der Mehrheits- und Schulsprache heute in der Bildungsforschung als einer der zentralen Faktoren für die Aufrechterhaltung und Erklärung sozialer Disparitäten im Bildungssystem.

Wie bereits angesprochen, zeigen die Ergebnisse der BiKS-3–10-Studie zu Beginn des Kindergartens insbesondere bezogen auf die Mehrheitssprache Deutsch klare soziale und migrationskorrelierte Unterschiede zwischen den Kindern. Vor allem Kinder aus nicht deutschsprachigen Elternhäusern weisen zu Beginn des Kindergartens sehr eingeschränkte Deutschkenntnisse sowohl in der Grammatik als auch beim Wortschatz auf (Dubowy et al., 2008; Weinert & Ebert, 2013). Inwiefern diese Unterschiede auch noch nach drei Jahren, in denen die Kinder miteinander Deutsch üben konnten und von deutschsprachigen Erzieherinnen betreut wurden, vorliegen, soll im vorliegenden Beitrag ebenfalls analysiert werden (Studie 1). Dabei interessiert auch, ob diese Kinder neben sprachlichen Einschränkungen auch in den stärker schriftsprachbezogenen Fertigkeiten, wie der Buchstabenkenntnis, am Ende der Kindergartenzeit benachteiligt sind.

4. Studie 1: Leistungen, Leistungszusammenhänge und soziale Disparitäten vor Eintritt in die Grundschule

In Studie 1 stehen Leistungsunterschiede in schulischen Vorläuferkompetenzen in Abhängigkeit vom sozialen und migrationsbezogenen familiären Hintergrund der Kinder im Mittelpunkt. Als wichtige Vorläuferkompetenzen werden frühe numerische Kompetenzen, sprachliche Fähigkeiten sowie schriftsprachliche Kenntnisse berücksichtigt, die als zentrale Prädiktoren schulischer Kompetenzen gelten.

Im Folgenden sollen sowohl die Stichprobe als auch die eingesetzten Testverfahren beschrieben werden. Im Weiteren wird über die verschiedenen Leistungsbereiche sowie deren Zusammenhänge untereinander berichtet und eine Analyse hinsichtlich sozialer Disparitäten in den Leistungen dargestellt.

4.1 Beschreibung der Stichprobe

In der beschriebenen Teilstudie wurden 436 Kinder im Frühjahr 2009 – kurz vor der Einschulung – noch einmal hinsichtlich ihrer kognitiven und sprachlichen Kompetenzen getestet. Im Vergleich zur Ausgangsstichprobe haben sich die meisten Stichproben-Kennwerte kaum geändert (vgl. den Beitrag von Faust, Kratzmann & Wehner, Teil I, in diesem Band). Lediglich das Geschlechterverhältnis ist in dieser Stichprobe mit 50 % Mädchen exakt ausgeglichen und auch die Verteilung der Kinder über die beiden Bundesländer hat sich geringfügig zugunsten der bayerischen Kinder verschoben, wobei nun nur noch 33.5 % der getesteten Kinder aus Hessen kommen. Das Durchschnittsalter beträgt zum hier relevanten Erhebungszeitpunkt 6;1 Jahre (*SD* = 4 Monate). Wird der Migrationsstatus im Sinne des Erstsprachlichkeitskonzeptes der Eltern, d.h. anhand des familiären Sprachhintergrunds der Kinder erfasst (Dubowy et al., 2008; vgl. auch Faust et al., Teil I, in diesem Band), haben 80.3 % der Kinder keinen Migrationshintergrund; bei 9.2 % der Kinder weist ein Elternteil, bei 10.6 % weisen beide Elternteile eine andere Muttersprache als Deutsch auf. Hinsichtlich des höchsten Bildungsabschlusses der Eltern liegt ebenfalls eine vergleichbare Verteilung zur Anfangsstichprobe vor (Weinert et al., 2010; vgl. Faust et al., Teil I, in diesem Band). Ein selektiver Ausfall von Kindern aus bildungsferneren Haushalten ist daher nicht anzunehmen.

In diesem Kapitel wird – bezogen auf den sozialen Familienhintergrund der Kinder – der Bildungsstand, gemessen über den Schulabschluss der Mutter des Kindes, herangezogen. In über 95 % der Fälle stellt diese die Hauptbetreuungsperson des Kindes dar. In Tabelle 1 ist die Verteilung der Schulabschlüsse der Mütter dargestellt, wobei nach Migrationshintergrund (Muttersprache) unterschieden wird.

Tabelle 1:   Schulbildung der Mutter in Abhängigkeit vom Migrationshintergrund
              (deutschlandweit)

Migrations-hintergrund	Max. Hauptschule	Realschule/ POS	Abitur/EOS	Ausländischer Abschluss
Mit (N = 75)	22.7 %	21.3 %	28.0 %	28.0 %
Ohne (N = 318)	24.8 %	39.6 %	35.5 %	/
Gesamt (N = 393)	24.4 % (40.5 %)	36.1 % (20.8 %)	34.1 % (23.4 %)	5.3 %

Anmerkungen: POS = Polytechnische Oberschule, EOS = Erweiterte Oberschule; in der untersten Zeile sind in Klammern die für Deutschland insgesamt gültigen Zahlen dargestellt (Statistisches Bundesamt, 2008).

Viele Schulabschlüsse sind bei den Kindern mit Migrationshintergrund nicht zuzuordnen, sodass der mütterliche Bildungshintergrund unklar bleibt. Jedoch ist erkennbar, dass diejenigen, die einzugruppieren sind, sich in etwa gleichmäßig über alle drei Schulformen verteilen. Bei den Kindern ohne Migrationshintergrund hat hingegen deutlich weniger als ein Drittel der Mütter maximal einen Hauptschulabschluss.

4.2   Eingesetzte Testverfahren und Leistungen der Kinder

Um die Leistungen der Kinder in den verschiedenen Kompetenzbereichen adäquat erfassen zu können, wurden geeignete, bereits bewährte Erhebungsinstrumente eingesetzt, die im Folgenden kurz vorgestellt werden.

Numerische Kompetenzen

Für den Erfolg im mathematischen Bereich gilt das Zahlen- und Mengenvorwissen als sehr zuverlässiger Prädiktor (z.B. Dornheim, 2008; Krajewski, 2003). Deshalb wurden in der BiKS-3–10-Studie frühe numerische Kompetenzen mit dem Subtest „Rechnen" der „Kaufman-Assessment Battery for Children" (K-ABC, deutsche Version; Melchers & Preuß, 2005) erfasst. Dieser Test ist für Kinder von drei bis zwölf Jahren geeignet und wird in Einzeltestungen durchgeführt. Er prüft unter anderem Zählfertigkeiten, Zahlenkenntnis und frühe Rechenfertigkeiten. Bei diesem Testverfahren wird dem Kind mit Unterstützung von Bildern die Geschichte einer Familie bei einem Zoobesuch erzählt, wobei verschiedene Fragen und Aufgaben gestellt werden (z.B. *„Zähle alle Robben!"*). Es können maximal 28 Aufgaben, zusammengefasst in sechs Sets, bearbeitet werden. Zur Lösung der verschiedenen Aufgaben müssen die Kinder z.B. zählen, addieren, subtrahieren oder multiplizieren. Der Test wird abgebrochen, wenn ein Kind alle Aufgaben eines Sets nicht korrekt beantwortet. Im Durchschnitt wurden 17 (SD = 3.5) Aufgaben richtig gelöst, wobei sich die Spanne von 4 bis 25 richtigen Antworten erstreckte. Damit sind die

Kinder mit der Normstichprobe der Altersgruppe 6;0 bis 6;2 Jahre vergleichbar, welche im Mittel 16 Aufgaben richtig gelöst haben. Es gab nur sehr wenige Kinder, die weniger als 12 Aufgaben richtig beantworteten. Gut ein Viertel der Kinder wusste zu 20 oder mehr Aufgaben die korrekte Lösung.

Schriftsprachliche Kompetenzen: Buchstabenkenntnis

Im Bereich der Schriftsprache sind die Erfahrungen mit der geschriebenen Sprache von zentraler Bedeutung. Dabei gilt die Kenntnis von Buchstaben als wichtiger Prädiktor späterer Lesekompetenz (z.B. Ennemoser, Marx, Weber & Schneider, 2012; Neuenschwander, Röthlisberger, Michel & Roebers, 2011). Um zu prüfen, welche Buchstaben die Kinder schon kennen, wurden ihnen die 26 Buchstaben des Alphabets in Fünfer- bzw. Sechser-Gruppen auf Bildkarten in großer, gut lesbarer Schrift vorgelegt. Die Anordnung auf diesen Bildkarten war für alle Kinder gleich, wobei darauf geachtet wurde, dass keine Buchstaben, die im Alphabet hintereinander kommen, nebeneinander stehen. Die Aufgabe der Kinder bestand darin, die ihnen bekannten Buchstaben zu benennen. Als korrekt wurden dabei die lautgetreue sowie die formal korrekte Aussprache der Buchstaben gewertet. Dabei zeigte sich, dass die Kinder am Ende der Kindergartenzeit über sehr unterschiedliche Buchstabenkenntnisse verfügten. Der Mittelwert lag bei etwa 13 bekannten Buchstaben ($SD = 8$). Es gab aber sowohl Kinder, die keinen Buchstaben kannten, als auch Kinder, die das ganze Alphabet beherrschten. Die Buchstaben, die von den Kindern am häufigsten richtig benannt wurden, sind „A" (86.4 % der Kinder kennen diesen Buchstaben), „O" (77.7 %) und „S" (76.5 %); während „G" (29.1 %), „Y" (28.6 %) und „Q" (26.1 %) am seltensten richtig benannt wurden.

Sprachliche Fähigkeiten und Fertigkeiten im Deutschen

Frühe sprachliche Fähigkeiten und Fertigkeiten haben sich als zentral für die Vorhersage des Schriftspracherwerbs und des späteren Leseverständnisses erwiesen (z.B. Ennemoser et al., 2012; Ebert & Weinert, eingereicht). Daher wurde auch ein Verfahren zur Erfassung sprachlicher Kompetenzen, speziell des Verständnisses von Sätzen mit unterschiedlichen grammatikalischen Strukturen, eingesetzt (gekürzte Version des TROG-D; Fox, 2006). Hierbei handelt es sich um ein Maß zur Erfassung des Satzverstehens, bei dem einem Kind Sätze mit unterschiedlicher grammatikalischer Komplexität vorgegeben werden. Das Aufgabenformat sieht vor, dass dem Kind zu jedem vorgegebenen Satz jeweils vier Bilder vorgelegt werden, aus denen es das passende Bild auswählen soll. Die Items sind in Sets à 4 bzw. 2 Items (gekürzte Version) gruppiert und der Schwierigkeit nach gestaffelt. Bei fünf falsch beantworteten Sets in Folge wird der Test unabhängig von der Anzahl der korrekt beantworteten Einzelitems abgebrochen. Insgesamt können bis zu 48 Punkte erreicht werden. Die tatsächlich erreichten Werte lagen bei den Sechsjährigen zwischen 15 und 47 Punkten, wobei im Mittel 38 Punkte ($SD = 4.8$) erzielt wurden. Die meisten Sätze wurden demnach bereits ziemlich gut verstanden und auch anspruchsvollere Sätze stellten für viele Kinder kein Problem dar. Bei Betrachtung einzelner Satzkonstruktionen lässt sich feststellen, dass z.B. Sätze mit Pluralformen, Negationen oder einem Verb im Perfekt für die meisten Kinder gut lösbar waren, während Satzkonstruktionen mit disjunktiver Konjunktion („weder – noch"), Relativsätze mit Akkusativ-/Dativ-Pronomen oder Subordinationen mit „dass" nur von wenigen Kindern korrekt verstanden wurden. Dabei gab es einige Kinder, die mit weniger als 25 verstandenen Sätzen weit unter dem Durchschnitt lagen.

Schlussfolgerndes Denken (Reasoning)

Eine weitere schulfachübergreifende schulrelevante Fähigkeit ist das schlussfolgernde Denken (*Reasoning*). Hierbei handelt es sich um einen grundlegenden Teilbereich der kognitiven Grundfähigkeiten im Sinne der nonverbalen Intelligenz, der generell als guter Indikator schulischen Erfolgs gilt (Geary, 2005). Daher ist dessen Erfassung und Berücksichtigung im Zusammenhang mit schulischen Fähigkeiten bedeutsam. Die Grundfähigkeit zu abstraktem schlussfolgernden Denken und Problemlösen, also die Fähigkeit, Muster, Regeln und Zusammenhänge zu erkennen und zu beachten, gilt als vorwiegend kulturunabhängig und kann weitestgehend sprachfrei erfasst werden. In der BiKS-3–10-Studie wurde dieser Fähigkeitsbereich im Kindergarten mittels eines Subtests aus dem „Snijders-Oomen-Nonverbaler Intelligenztest" (SON-R 2½-7, Tellegen, Winkel, Wijnberg-Williams & Laros, 2005) gemessen, bei dem die Kinder anhand von abstraktem Material (Spielsteine unterschiedlicher Farbe, Form und Größe) Kategorisierungsprinzipien erkennen müssen und zum einen vorgegebene Spielsteine entsprechend einsortieren, zum anderen Veränderungsprinzipien ableiten sollen. Im Durchschnitt konnten die Sechsjährigen 12 ($SD = 3$) von 17 Objekten korrekt zuordnen, wobei auch hier wieder eine weite Leistungsspanne mit einem Minimum von 2 und einem Maximum von 17 Punkten zu verzeichnen war. Ein Rohwert von 12 richtigen Einordnungen entspricht laut Testmanual in dieser Altersgruppe einem Normwert von 11 Punkten. Da der durchschnittliche Altersnormwert bei 10 ($SD = 3$) Punkten liegt, kann die hier vorliegende Stichprobe als leicht überdurchschnittlich eingeordnet werden. Dies spiegelt sich auch darin wieder, dass nur eine geringe Anzahl von Kindern weniger als 8 Objekte richtig einordnen konnte, und könnte auf die Erfahrung im Umgang mit entsprechenden Testaufgaben zurückgehen.

4.3 Leistungszusammenhänge und soziale Disparitäten

Im Folgenden sollen nach einer Betrachtung der Zusammenhänge zwischen den Leistungen in den einzelnen Testverfahren Unterschiede in den Kompetenzen am Ende des Kindergartens in Abhängigkeit vom sozialen, bildungsbezogenen familiären Hintergrund dargestellt werden (Bildung der Mutter als Hauptbetreuungsperson). Anschließend wird der Migrationshintergrund nach dem Erstsprachlichkeitskonzept in seinem Zusammenhang mit den verschiedenen schulisch relevanten Kompetenzbereichen betrachtet.

Die Interkorrelationen der Testleistungen am Ende des Kindergartens zeigen, dass diese Kompetenzbereiche in einem moderaten Zusammenhang miteinander stehen (vgl. Tab. 2). Das bedeutet, dass Kinder, die in einem Fähigkeits- bzw. Fertigkeitsbereich vergleichsweise gute Leistungen erbringen, auch in Tests zu anderen Fähigkeiten vergleichsweise viele Aufgaben richtig lösen. Gleiches gilt umgekehrt: Kinder, die in einem Bereich eher wenige Aufgaben lösen, tun dies auch eher in einem anderen Bereich. Am höchsten korrelieren hierbei die Buchstabenkenntnis und die numerischen Fertigkeiten (Rechnen) miteinander, die beide Vorläufer konkreter schulischer Kompetenzen sind und als bildungsabhängige Fertigkeiten gelten.

Tabelle 2:   Interkorrelationen der Vorschultests – ohne und mit Kontrolle des Alters (in Klammer) (Gesamtstichprobe)

N = 436	Korrelation		
	Satzverstehen	Analogien	Rechnen
Analogien	.41** (.39**)		
Rechnen	.43** (.42**)	.35** (.30**)	
Buchstaben	.23** (.22**)	.21** (.19**)	.54** (.53**)

Anmerkungen: Signifikanzniveau: $*p < .05$, $**p < .01$ (zweiseitig).

Der geringste Zusammenhang findet sich zwischen den grundlegenden kognitiven Fähigkeiten des schlussfolgernden Denkens (Analogien) und der stark anregungsabhängigen Buchstabenkenntnis. Auch der Zusammenhang zwischen dem Satzverstehen und der Buchstabenkenntnis fällt gering aus. Demgegenüber korrelieren das schlussfolgernde Denken und die ebenfalls anregungsabhängigen numerischen Fähigkeiten – in Übereinstimmung mit vielen anderen Studien – deutlich höher miteinander (z.B. Dornheim, 2008).

4.3.1. Leistungen in Abhängigkeit vom mütterlichen Bildungsabschluss

Im Folgenden werden nur die Leistungen von Kindern muttersprachlich deutscher Eltern berücksichtigt. Die Kinder mit nicht monolingual deutschsprachigem

Hintergrund wurden aus den Analysen ausgeschlossen, weil der Migrations- bzw. Sprachhintergrund der Kinder an späterer Stelle dieses Beitrags separat als Varianzquelle für deren Leistungen betrachtet wird. Dies erscheint bei deutschsprachigen Testverfahren sinnvoll, um eine Konfundierung von familiärem Migrations- bzw. Sprachhintergrund und sozialem Hintergrund zu vermeiden. Die Kategorie „ausländischer Schulabschluss" entfällt damit ebenfalls für die vorliegenden Analysen. Die Leistungen der Kinder aus monolingual deutschsprachigen Elternhäusern in den verschiedenen Testverfahren sind in Abbildung 1 dargestellt. Es ist zu erkennen, dass abgesehen vom *schlussfolgernden Denken* (Analogien) in allen Testverfahren statistisch bedeutsame Unterschiede in Abhängigkeit von der Schulbildung der Mutter zu beobachten sind. In den *numerischen Kompetenzen* (Rechnen) erzielte die Gruppe der Kinder, deren Mütter maximal einen Hauptschulabschluss erreicht haben, ein signifikant schlechteres Ergebnis als die Kinder anderer Gruppen (Haupt- vs. Realschule $p < .01$; Hauptschule vs. Abitur $p < .05$; $\eta^2 = .03$). Hier zeigt sich also ein Zusammenhang zwischen niedriger Schulbildung der Mütter und den Leistungen ihrer Kinder dahingehend, dass deren Rechenleistungen hinter jenen der anderen Kinder zurückbleiben. Die Kinder der Mütter mit Realschulabschluss oder Abitur unterscheiden sich in ihren Rechenleistungen dagegen nicht signifikant voneinander. Auch bei der *Schriftsprache* (Buchstabenkenntnis) zeigt sich für Kinder aus Familien mit eher niedrigem Bildungshintergrund ein Nachteil. Kinder, deren Mütter maximal einen Hauptschulabschluss aufweisen, kennen durchschnittlich drei Buchstaben weniger als Kinder, deren Mütter das Abitur erworben haben ($p < .05$). Demgegenüber unterscheidet sich die Gruppe der Kinder mit Müttern, die einen Realschulabschluss besitzen, in ihren Leistungen nicht statistisch bedeutsam von den anderen Kindergruppen ($\eta^2 = .02$).

Hinsichtlich der *sprachlichen Fähigkeiten und Fertigkeiten* (Satzverständnis, TROG) unterscheiden sich die Leistungen aller drei Gruppen signifikant voneinander ($\eta^2 = .08$). Die Kinder der Gruppe, in der die Mütter maximal einen Hauptschulabschluss besitzen, liegen mit ihren Leistungen deutlich hinter jenen, die der Gruppe mit Müttern mit Realschulabschluss angehören ($p < .01$). Im Vergleich zu den Kindern, deren Mütter das Abitur haben, vergrößert sich der Abstand sogar noch um zusätzliche 1,5 Punkte ($p < .01$). Hier ist auch der Leistungsunterschied der beiden Gruppen „Realschulabschluss" und „Abitur" überzufällig ($p < .05$). Das Satz- bzw. Grammatikverständnis ist also einer der Fähigkeitsbereiche, der stark mit der Schulbildung der Mutter kovariiert und möglicherweise von dieser beeinflusst wird.

Abbildung 1: Vorschulische Leistungen (Mittelwert mit Standardabweichung) in Abhängigkeit vom Bildungsstand der Mutter (nur monolingual deutschsprachige Kinder)

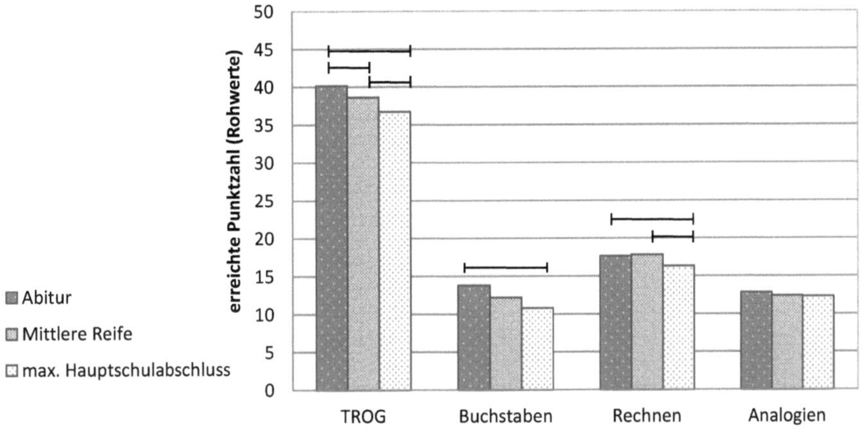

	TROG	Buchstaben	Rechnen	Analogien
Abitur (N=113)	40.1 (3.7)	13.8 (2.3)	17.6 (8.3)	12.8 (4.2)
Mittlere Reife (N=126)	38.6 (3.2)	12.2 (2.9)	17.8 (8.0)	12.4 (4.2)
max. Hauptschulabschluss (N=81)	36.7 (3.9)	10.8 (2.6)	16.3 (7.8)	12.3 (4.7)

Anmerkung: Gekennzeichnet sind signifikante Unterschiede ($p < .05$).

4.3.2 Leistungen der Kinder in Abhängigkeit vom Migrationshintergrund (Sprachhintergrund)

Mit Blick auf Leistungsunterschiede in Abhängigkeit vom Migrationshintergrund der Kinder soll besonders der (schrift-)sprachliche Bereich genauer analysiert werden, da hier die größten Unterschiede zu erwarten sind. Die Einteilung nach Migrationshintergrund des Kindes wurde in den drei oben beschriebenen Kategorien vorgenommen. Für die statistischen Analysen wurde zusätzlich der ISEI (das internationale sozioökonomische Maß des beruflichen Status; Ganzeboom, De Graaf & Treiman, 1992) der Mutter zum Ende des Kindergartens kontrolliert, um eine mögliche Konfundierung von Migrationshintergrund und sozioökonomischem Status zu kontrollieren und SES-Unterschiede statistisch konstant zu halten (auszupartialisieren).

In Abbildung 2 ist zu sehen, dass bei Kontrolle des ISEIs in der *Schriftsprachlichkeit* (Buchstabenkenntnis) kein Unterschied zwischen den drei Gruppen besteht. Die Differenzen in den Ergebnissen zur *Sprachkompetenz* im Deutschen (Satzverständnis) hingegen sind hoch signifikant ($\eta^2 = .12$). Kinder der Gruppe mit nicht deutschsprachigem Elternhaus („beidseitiger Migrationshintergrund") weisen eine bedeutsam geringere Sprachkompetenz im Deutschen auf als Kinder mit nur einem nicht muttersprachlich deutschen Elternteil („einseitiger Migrationshintergrund")

121

($p < .01$). Dazu zeigen sie mit einer Leistung, die durchschnittlich fast fünfeinhalb Punkte unter der liegt, die die Kinder „ohne Migrationshintergrund" erzielen, ein vergleichsweise eingeschränktes Satzverständnis ($p < .01$). Es lässt sich feststellen, dass der Sprachhintergrund in einem deutlichen Zusammenhang mit dem vorschulischen Verständnis grammatikalischer Strukturen auf Seiten des Kindes steht, wenn beide Eltern nicht muttersprachlich deutsch sind. Dies gilt jedoch nicht für die Buchstabenkenntnisse des Kindes.

Abbildung 2: Vorschulische Leistungen (Mittelwerte mit Standardabweichung) in Abhängigkeit vom Migrationsstatus (Sprachhintergrund)

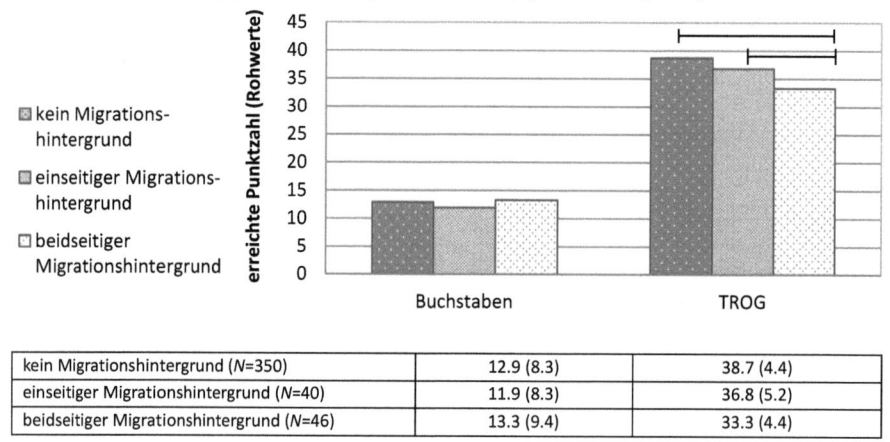

	Buchstaben	TROG
kein Migrationshintergrund (N=350)	12.9 (8.3)	38.7 (4.4)
einseitiger Migrationshintergrund (N=40)	11.9 (8.3)	36.8 (5.2)
beidseitiger Migrationshintergrund (N=46)	13.3 (9.4)	33.3 (4.4)

Anmerkung: Gekennzeichnet sind signifikante Unterschiede ($p < .05$).

4.4 Zusammenfassung Studie 1

Für die vorliegende Stichprobe zeigen sich über alle erhobenen Leistungsbereiche hinweg im Durchschnitt gute Leistungen, wobei allerdings auch große Unterschiede zwischen den Kindern festzustellen sind. Bei den schulnahen Fähigkeiten Rechnen und Buchstabenkenntnis sind mit Blick auf den Bildungshintergrund der Mutter substantielle soziale Disparitäten zu erkennen. Darüber hinaus finden sich insbesondere bei den sprachlichen Leistungen deutliche Unterschiede im Zusammenhang mit dem Schulabschluss der Mütter. Hier, nicht aber bei der Buchstabenkenntnis, weisen vor allem auch Kinder mit nicht muttersprachlich deutschem Sprach- bzw. Migrationshintergrund – unter Kontrolle des SES – besondere Nachteile auf.

Kurz vor dem Übertritt in die Schule finden sich folglich vielfältige soziale Disparitäten. Bezogen auf sprachliche Kompetenzen sind diese besonders ausgeprägt, wobei Kinder mit Migrationshintergrund, speziell wenn beide Eltern nicht muttersprachlich deutsch sind, besondere Einschränkungen aufweisen. Vor diesem

Hintergrund stellt sich die Frage, welche Effekte diese Unterschiede zwischen den Kindern nach dem Übergang in die Grundschule haben. Bringen bessere frühe Fähigkeiten im sprachlichen Bereich tatsächlich einen Vorteil im späteren – bildungssprachlichen – Sprachverständnis mit sich? Und hängt ein besseres (bildungssprachliches) Sprachverständnis mit den schulischen Leistungen zusammen? Diesen Fragen wird in Studie 2 nachgegangen.

5. Studie 2: Vorhersage der bildungssprachlichen Kompetenz und Zusammenhang mit schulischen Leistungen

Ein gutes Sprachverständnis ist keinesfalls nur im Zusammenhang mit dem Lesen- und Schreiben-Lernen, sondern auch allgemein zur Bewältigung des Schulalltags unabdingbar. Die Schüler bekommen ihre Instruktionen und Erläuterungen zu Unterrichtsthemen meist sprachlich vorgetragen. Um die zunehmend abstrakten Inhalte genau zu verstehen, brauchen die Kinder gute Sprachkompetenzen. Notwendig ist z.B. das Verstehen grammatischer Feinheiten, die bei der Konstruktion komplexerer Sätze eingesetzt werden. Ergänzend dazu ist die Kenntnis eines mit der Klassenstufe zunehmend anspruchsvollen Vokabulars und der Möglichkeiten zur Bedeutungsverdichtung im Deutschen (z.B. Nominalisierungen, Komposita) grundlegend. Im Folgenden wird deshalb untersucht, wie ein solches Sprachverständnis durch die frühen sprachlichen Fähigkeiten und Fertigkeiten im Kindergarten vorhergesagt wird.

5.1 Bildungssprachliche Kompetenzen und Anforderungen in der Schule

Insgesamt erscheint es aufschlussreich, die kognitiven und sprachlichen Fähigkeiten von Kindern kurz vor der Einschulung zu betrachten, da diese die Grundlagen für die schulische Laufbahn und damit eine neue Umwelt mit neuen Anregungen und Anforderungen darstellen. Eine besondere Herausforderung, mit der sich die Forschung aktuell beschäftigt, sind die (bildungs-)sprachlichen Anforderungen der Schule. Insbesondere wird derzeit viel diskutiert, inwiefern bildungssprachliche Kompetenzen eine Voraussetzung dafür sind, dem Unterricht überhaupt folgen und somit von ihm profitieren zu können (z.B. Bailey, Butler, Stevens & Lord, 2007; Gogolin, Neumann & Roth, 2003). Vermutet wird, dass in der Schule eine eher anspruchsvolle Sprachform, die sogenannte „Bildungssprache", zum Einsatz kommt. Ihre Kennzeichen sind eine starke Dekontextualisierung, ein anspruchsvoller Wortschatz und eine gegenüber der interpersonell-kommunikativen Umgangssprache komplexere Grammatik. Dieses Sprachregister dient vorwiegend dem Sprechen über eher abstrakte Sachverhalte und Themen. Um dem jeweiligen inhaltlichen Anspruchsniveau gerecht zu werden, kommen zum Beispiel vermehrt Passiv-Konstruktionen und Konjunktive oder mehrfach verschachtelte Nebensätze zum Einsatz. Außerdem erfordern die verschiedenen Sachthemen ein spezifisches Vokabular, das unter anderem auch Fachwörter mit einschließt. Dies sind alles Merkmale, die ein einfacher Alltagsdialog eher selten aufweist. Zwar ist bislang noch vergleichsweise wenig darüber bekannt, welche Merkmale und Varianz die Sprache der Lehrer im Unterricht in deutschen Grundschulen tatsächlich im Einzelnen aufweist. Jedoch wird angenommen, dass bildungssprachliche Kompetenzen bedeutsam für ein erfolgreiches Abschneiden im Unterricht sind. Inwiefern sich das Verstehen von Bildungssprache durch sprachliche Kompetenzen im Kindergarten vorhersagen lässt und welche Bedeutung bildungssprachliche Kompetenzen für die Leistungen in zentralen Grundschulfächern haben, ist eine weitere Fragestellung (Studie 2), der im Folgenden nachgegangen wird.

5.2   Stichprobenbeschreibung

In dieser Teilstudie wurden 256 Kinder (53 % Mädchen) einbezogen, die zu 72 % in Bayern zur Schule gehen. Ferner wurden nur Kinder eingeschlossen, die fristgerecht eingeschult worden sind und von denen sowohl Daten am Ende des Kindergartens als auch in der zweiten Klasse vorliegen. Die geringeren Fallzahlen im Vergleich zu Studie 1 sind vor allen Dingen auf Ausfälle im Längsschnitt beim Übergang vom Kindergarten in die Grundschule zurückzuführen (z.B. weil die Grundschule nicht an der Studie teilnahm oder weil die Kinder eine besondere Schulform besuchten). Der Anteil der Kinder mit Migrationshintergrund nach dem Erstsprachlichkeitskonzept (familiärer Sprachhintergrund) ist vergleichbar zu dem der Kindergarten-Stichprobe. So liegt bei 82 % der Kinder kein Migrationshintergrund vor; bei 8.6 % ist ein Elternteil, bei 9.4 % sind beide Elternteile nicht muttersprachlich deutsch. Für den Bildungshintergrund der Mutter als Hauptbetreuungsperson ergeben sich ebenfalls ähnliche Werte wie in der Kindergarten-Stichprobe, weshalb sich die Kennwerte auch hier von der deutschlandweiten Verteilung unterscheiden. So liegt in 22.8 % der Fälle maximal ein Hauptschulabschluss, in 38.4 % ein Realschul- oder ein vergleichbarer Abschluss und in 33.8 % der Fälle das Abitur vor. 3.8 % der Schulabschlüsse konnten nicht eingeordnet werden, da sie im Ausland erworben wurden und nicht eindeutig zugewiesen werden können. Das Durchschnittsalter der Analysegruppe in der zweiten Klasse, in der die bildungssprachlichen Kompetenzen erfasst wurden, beträgt 8;3 Jahre (*SD* = 4 Monate).

5.3 Erfasste Kompetenzen und Leistungen

Bildungssprachliche Kompetenzen

Ab der ersten Grundschulklasse wurde die bildungssprachliche Kompetenz mithilfe eines in der BiKS-3–10-Studie selbstkonstruierten Tests erhoben. Es handelt sich hierbei um einen Hörverstehenstest, bei dem den Kindern kurze Geschichten von einer CD vorgespielt werden. Zu jeder Geschichte gibt es ein Set von drei Aussagen, die jeweils auf Basis der gehörten Geschichte hinsichtlich ihres Wahrheitsgehaltes beurteilt werden sollen (s. Abb. 3). Die zehn kleinen Geschichten fügen sich zu einer Erzählung über eine Klassenfahrt in ein Naturkundemuseum zusammen.

Abbildung 3: Beispielaufgabe zum bildungssprachlichen Kompetenztest

„Danach bekommen die Kinder einen sehr großen Tannenzapfen zu sehen. Es wird ihnen erklärt, dass die Tannen ihre Zapfen, in denen die Samen liegen, wenn es regnet, schließen. Dadurch bleiben die Samen trocken. " Was passiert, wenn die Zapfen der Tanne nass werden?		
x	√	Die Samen werden nicht nass.
x	√	Die Zapfen schließen sich.
x	√	Die Zapfen werden größer.

Da für die korrekte Beantwortung aller drei Antwortmöglichkeiten einer Frage ein Punkt vergeben wird, können die Kinder in diesem Test insgesamt maximal 10 Punkte erreichen. Im Durchschnitt erzielte die hier analysierte Substichprobe aus der zweiten Klasse 6,5 Punkte (SD = 2.3). Dabei wurde das ganze Spektrum von 0 bis 10 Punkten ausgeschöpft.

Schulleistungen

Neben den in Studie 1 erfassten kognitiven und sprachlichen Kompetenzen wurden auch die schulischen Leistungen der Kinder berücksichtigt. Da es in den ersten beiden Klassen der Grundschule noch keine Noten gibt, wurden die Lehrer der Kinder gebeten, eine entsprechende Leistungseinschätzung in den drei Kernfächern Mathematik, Deutsch und Heimat- und Sachunterricht (hier HSU abgekürzt, wobei das Fach in Hessen „Sachunterricht" heißt) abzugeben. Es sollten, wie in der Schule üblich, Noten von 1 bis 6 vergeben werden. Im Mittel bekamen die Kinder eine gute Beurteilung in allen drei Fächern Mathematik, Deutsch und HSU. Die Note 6 wurde von keinem der Lehrer vergeben. Auch eine 5 kam als Leistungsbeurteilung nur in den Fächern Deutsch und Mathematik und dort auch lediglich sehr selten vor.

5.4 Vorschulische Sprachkompetenz als Prädiktor für bildungssprachliches Hörverstehen und späteren Schulerfolg

Bildungssprachliche Kompetenzen bauen auf grundlegenden Sprachstrukturen auf, indem komplexere Satzstrukturen und ein zunehmend anspruchsvolleres Vokabular erworben werden. Es kann demnach angenommen werden, dass es einem Kind, das zu einem frühen Zeitpunkt wie dem Ende des Kindergartens schon über gute Sprachkompetenzen verfügt, später leichter fällt, bildungssprachliche Texte zu verstehen. Um zu überprüfen, ob frühe Kompetenzen im Satzverständnis tatsächlich prädiktiv für spätere bildungssprachliche Kompetenzen sind, wurden diese Variablen in einer Regressionsanalyse berücksichtigt. Auch die Leistungen im Subtest zum schlussfolgernden Denken (Analogien) sind hierbei beachtet worden, um den Effekt grundlegender logischer Fähigkeiten zu prüfen und zu kontrollieren. Es wurden dabei die Leistungen im Test zur Bildungssprache in der zweiten Klasse verwendet, um nicht kurzfristige Effekte, sondern die Relevanz über eine größere Zeitdauer hinweg überprüfen zu können.

Das Ergebnis zeigt, dass die Leistungen im schlussfolgernden Denken (Analogien) einen Anteil von sieben Prozent der Varianz in den bildungssprachlichen Kompetenzen aufklären können (Modell 1). Die Kinder, die im Kindergarten vergleichsweise höhere Leistungen in den Analogien gezeigt haben, haben auch im Test zur Bildungssprache in der zweiten Klasse besser abgeschnitten. Auf der anderen Seite zeigten Kinder mit geringem Anteil korrekter Lösungen in den Analogien schlechtere Leistungen im späteren Bildungssprachtest. Dass dieser durch das schlussfolgernde Denken aufgeklärte Varianzanteil aber vergleichsweise gering ausfällt, wird deutlich, wenn der Einfluss der sprachlichen Fähigkeiten und Fertigkeiten (Satzverständnis) am Ende des Kindergartens betrachtet wird (Modell 2). Diese können zusätzlich 18 Prozent der Unterschiede in den bildungssprachlichen Leistungen der Kinder am Ende der zweiten Klasse aufklären (vgl. Tab. 3).

Tabelle 3: Regressionsanalysen mit Satzverständnis am Ende des Kindergartens als Prädiktor für die bildungssprachlichen Kompetenzen in der 2. Klasse für alle Kinder

AV = Bildungssprache (2. Klasse)	β	R2	ΔR2
1. Modell: Analogien (Ende KiGa)	.27**	.07**	
2. Modell: Analogien (Ende KiGa)	.10		
Satzverständnis (Ende KiGa)	.46**	.25**	.18**

Anmerkungen: AV = Abhängige Variable; *N* = 256; Signifikanzniveau: **p* < .05, ***p* < .01 (zweiseitig).

Je leichter es den Kindern im Kindergartenalter fällt, die grammatikalisch unterschiedlich anspruchsvollen Sätze zu verstehen bzw. über je mehr Strukturformen sie bereits rezeptiv verfügen, desto besser können sie in der zweiten Klasse bildungssprachliche, mündlich vorgegebene Texte verstehen. Bei gleichzeitiger Berücksichtigung beider Fähigkeitsbereiche kommt den sprachlichen Kompetenzen also eine größere Bedeutung für das Verständnis der Textinhalte zu als der grundlegenden Fähigkeit des schlussfolgernden Denkens, deren Beitrag bei gemeinsamer Betrachtung beider Variablen nicht mehr signifikant ist.

Über die Bedeutung der frühen Sprachkompetenz hinaus stellt sich weiterhin die Frage, inwiefern die Bildungssprache mit dem Schulerfolg zusammenhängt. In der Literatur wird angenommen, dass Schüler mit höheren bildungssprachlichen Kompetenzen die Aufgabenstellungen und Erklärungen im Unterricht besser verstehen und ihnen in der Konsequenz besser folgen können und daher auch bessere Leistungen erbringen. In Tabelle 4 sind die entsprechenden Zusammenhänge mit den Leistungen in den jeweiligen Fächern, wie sie vom Lehrer eingeschätzt worden sind, dargestellt. Wie zu sehen ist, hängen bildungssprachliche Fähigkeiten tatsächlich überzufällig mit den Leistungen in den drei Kernfächern der Grundschule (Deutsch, Mathematik, HSU) zusammen. Mit dem Heimat- und Sachunterricht ist die Kovariation am höchsten; aber auch die Deutsch- und Mathematikleistungen kovariieren substanziell mit den bildungssprachlichen Kompetenzen der Kinder.

Tabelle 4:   Zusammenhang von bildungssprachlicher Kompetenz und schulischer Leistung in der zweiten Klasse (ohne Kinder aus nicht deutschsprachigen Familien)

Bildungssprache (2. Kl. ohne Migranten)	Deutsch	Mathematik	HSU
Einfache Korrelation (N = 208)	-.41**	-.36**	-.52**
Alterskontrolliert (N = 200)	-.39**	-.33**	-.50**
nonverbale kognitive Grundfähigkeiten kontrolliert (N = 205)	-.33**	-.29**	-.46**
Alter & nonverbale Grundfähigkeiten kontrolliert (N = 199)	-.31**	-.27**	-.45**

Anmerkungen: Signifikanzniveau: **p < .01 (zweiseitig), negative Zusammenhänge ergeben sich aus der schulnotentypischen Verteilung; nonverbale kognitive Grundfähigkeiten: CFT-1 (Cattell, Weiß & Osterland, 1997).

Je besser die Kinder in der zweiten Klasse also im Test zur bildungssprachlichen Kompetenz abgeschnitten haben, desto besser wurden ihre Leistungen in den jeweiligen Schulfächern durch die Lehrer bewertet. Dies galt auch dann, wenn Altersunterschiede und Unterschiede in den nicht sprachlichen kognitiven Grundfähigkeiten statistisch kontrolliert wurden.

5.5   Zusammenfassung Studie 2

Das Satzverständnis am Ende des Kindergartens erweist sich als bedeutsamer Prädiktor für die bildungssprachliche Kompetenz am Ende der zweiten Klasse in der Grundschule. Es leistet hierbei einen bedeutsamen zusätzlichen Erklärungsbeitrag über die nicht sprachlichen kognitiven Grundfähigkeiten des Kindes, gemessen über das schlussfolgernde Denken vor Schuleintritt, hinaus. Hinzukommend stehen die bildungssprachlichen Kompetenzen der Kinder mit ihren schulischen Leistungen, eingeschätzt durch die Lehrer/-innen, in Zusammenhang. Am deutlichsten ist hierbei der Zusammenhang mit den Leistungen im Heimat- und Sachunterricht.

6.   Zusammenfassende Betrachtungen

In Studie 1 hat sich gezeigt, dass die Kindergartenstichprobe als Ganzes über alle erhobenen Leistungsbereiche hinweg durchschnittliche bis überdurchschnittliche Ergebnisse erzielt hat. Die im Vergleich zu der jeweiligen Normstichprobe teilweise etwas besseren Leistungen können entweder auf die Erfahrungen der Kinder der BiKS-Stichprobe mit entsprechenden Aufgaben im Rahmen der längsschnittlichen Erhebungen, auf populationsbezogene Leistungsveränderungen gegenüber dem Normierungszeitpunkt oder auf eine leichte Selektivität der Ausgangsstichprobe bzw. der Ausfälle zurückgehen. Da die Testwerte jedoch überwiegend innerhalb und teilweise nur leicht über der Norm liegen, ist von keinen gravierenden Selektions- oder Testungseffekten auszugehen.

Insgesamt zeigen die berichteten Befunde, dass sich – trotz der im Mittel guten Leistungen der Gesamtstichprobe – in jedem einzelnen Test eine recht breite Streuung der individuellen Kompetenzen zeigt. Dies veranschaulicht, dass in der BiKS-3–10-Studie sowohl Kinder mit vergleichsweise geringen als auch solche mit sehr guten Leistungen kurz vor Schuleintritt beobachtbar sind. Gleichzeitig ist es eine Bestätigung für eine erhebliche Leistungsheterogenität gegen Ende des Kindergartens und kurz vor Schuleintritt, mit der die Lehrer im Unterricht konfrontiert sind und mit der sie umgehen müssen.

Bei Betrachtung der Zusammenhänge zwischen den Leistungen in den einzelnen getesteten Bereichen fällt auf, dass sich der höchste Zusammenhang zwischen den schulnahen Fertigkeiten ‚Rechnen‘ und ‚Buchstabenkenntnis‘ zeigt. Kinder mit besseren Rechenleistungen verfügen über vergleichsweise bessere Buchstabenkenntnisse, während schlechtere Rechenleistungen mit geringeren Buchstabenkenntnissen einhergehen. Die Zusammenhänge dieser bildungsabhängigen Fertigkeitsbereiche mit den kognitiven Grundfähigkeiten der Kinder fallen dagegen geringer aus. Da es sich bei der Kenntnis von Buchstaben und numerischen Fertigkeiten zunächst um voneinander unabhängige, bildungsbezogene Fertigkeiten und

Kenntnisse handelt, liegt die Annahme nahe, dass die beobachteten Leistungszusammenhänge auf eine gemeinsame Varianzquelle, nämlich die Förderung und Anregung in der Familie und/ oder im Kindergarten, zurückzuführen sind. Der jeweils substanzielle Zusammenhang von bereichsspezifischen Förderqualitäten sowohl im Elternhaus als auch im Kindergarten (vgl. Kuger & Kluczniok, 2008; Lehrl, in diesem Band) unterstützt diese Annahme. Dass sich Familien darin unterscheiden, in wieweit sie entsprechende schulnahe Fertigkeiten fördern, wird auch durch die feststellbaren sozialen Disparitäten in den entsprechenden Leistungen nahe gelegt (vgl. auch Anders et al., 2012; Lehrl, Ebert, Roßbach & Weinert, 2012).

Trotz der insgesamt guten mittleren Leistungen und der Tatsache, dass alle Kinder durch die Wiederholungsmessungen mit entsprechenden Aufgaben im Grundsatz vertraut sind, weisen Kinder von Müttern mit vergleichsweise höherem Bildungsabschluss auch relativ bessere Kompetenzen und Vorläuferfähigkeiten in schulnahen Bereichen auf. Dasselbe gilt umgekehrt: So erzielten zum Beispiel die Kinder von Müttern mit niedriger Schulbildung beim Rechnen deutlich geringere Leistungen als die anderen Kinder. Dies könnte unter anderem auf seltenere Gelegenheiten zum Üben des Umgangs mit Zahlen zurückzuführen sein. Allerdings zeigen die Analysen von Anders und Kollegen (2012), dass Unterschiede im Rechnen bei Dreijährigen, die mit dem sozioökonomischen Status in Zusammenhang stehen, nur wenig reduziert werden, wenn die Qualität der numerischen Förderung zu Hause, wie sie in der BiKS-Studie gemessen wurde, berücksichtigt wird. Zwar zeigte die numerische Förderung signifikante Effekte auf die numerischen Kompetenzen der Kinder; ein noch größerer Beitrag war aber für die allgemeine literacy-Förderung in der Familie zu verzeichnen. Dies könnte auf den immer wieder belegten Zusammenhang zwischen sprachlichen Fähigkeiten und Rechenleistungen, wie er auch in der vorliegenden Studie dokumentiert wurde, zurückgehen. Zudem könnten sprachliche Anregungen und Interaktionen, das gemeinsame Lesen von Büchern und Ähnliches die kindliche Entwicklung in verschiedenen Bereichen und den Erwerb unterschiedlicher Wissensbestände begünstigen. Eine Vielzahl von Studien konnte zeigen, dass Sprach- und Denkentwicklung zwar separierbare Entwicklungsbereiche darstellen, dass es zugleich aber bedeutsame Entwicklungsbeziehungen zwischen Sprache und Denken gibt und sich beide in der Entwicklung wechselseitig beeinflussen (z.B. Weinert, 2000; 2008). Dies ist in solchen Bereichen nicht ungewöhnlich, in denen die Darstellung eines Problems hauptsächlich durch Sprache erfolgt. So kann die Sprache auch das schlussfolgernde Denken und die Lösung von mathematischen Aufgaben, aber auch die Fähigkeit, hieraus zu lernen, unterstützen, z.B. indem Probleme sprachlich oder unterstützt durch sprachliche Selbststeuerung gelöst werden (z.B. Weinert, 2008). Es ist denkbar, dass ein Kind, das schon in frühen Jahren angehalten wird, sich bei der Lösung eines Problems der Sprache zu bedienen, auch später leichter mit Aufgabenstellungen zurechtkommt, denen eine komplexe sprachliche Differenzierung zugrunde liegt. In diesem Fall würden bereichsspezifische Förderung und allgemein-kognitive Entwicklung Hand in Hand gehen.

Neben den frühen numerischen Kompetenzen sind es vor allem auch die sprachlichen Kompetenzen, die stark mit der Schulbildung der Mutter in Zusammenhang stehen. Gerade hier zeigen sich deutliche Unterschiede in den Leistungen der Kinder in Abhängigkeit von der Schulbildung der Mutter. Vorliegende Studien deuten darauf hin, dass speziell das Angebot an komplexen Satzstrukturen bedeutsam für die Entwicklung anspruchsvoller Sprachformen ist (Bailey et al., 2007; Huttenlocher, Vasilyeva, Cymerman & Levine, 2002). Es kann vermutet werden, dass das schulische Bildungs- und Sprachangebot, welches die Mutter erhalten hat, in Verbindung mit den Lesegewohnheiten, die je nach Ausbildung der Mutter variieren können, deren eigene bildungssprachliche Kompetenzen beeinflussen und fördern und damit auch das mütterliche Sprachrepertoire kennzeichnen. Verschiedene Studien konnten belegen, dass das Sprachangebot, welches das Kind erhält, sich entsprechend abhängig von der mütterlichen Bildung hinsichtlich der Komplexität und Variationsbreite unterscheidet (Vasilyeva & Waterfall, 2011). So geben Mütter mit höherer Bildung dem Kind auch mehr Möglichkeiten, komplexe Sätze verstehen zu lernen.

Bezogen auf den Kindergarten ist festzuhalten, dass dieser die beobachtbaren Unterschiede zwischen Kindern aus bildungsbezogen unterschiedlichen Elternhäusern in sprachlichen und schulnahen Fertigkeiten derzeit nicht aufhebt. Trotz vergleichbarer nonverbaler kognitiver Grundfähigkeiten der Kinder waren – wie bereits diskutiert – am Ende der Kindergartenzeit substanzielle Unterschiede sowohl in sprachlichen Kompetenzen als auch in schulnahen, leichter durch die Umwelt formbaren, bildungsabhängigen Fertigkeiten und Wissensbeständen (Buchstabenkenntnis, Rechnen) in Abhängigkeit von sozial-bildungsbezogenen familiären Hintergrundvariablen nachweisbar. In diesem Zusammenhang sind weitere Befunde der BiKS-Studie interessant (Anders et al., 2012), die zum einen zeigen, dass sich Effekte der mathematikbezogenen Förderqualität im Kindergarten nur dann nachweisen lassen, wenn auch ein Minimum an Förderqualität im Elternhaus vorliegt, und dass sich zum anderen die entsprechenden Förderqualitäten im Kindergarten noch deutlich steigern lassen. Letzteres gilt auch für die Literacy-Anregung und Sprachförderung im Kindergarten (Weinert, Ebert, Lockl & Kuger, 2012; Weinert & Ebert, 2013), deren Effekte in den vorliegenden Studien oftmals weit hinter den erwarteten Möglichkeiten zurückbleiben.

Dass sich die Förderqualität steigern lässt, ist insbesondere auch mit Blick auf Kinder mit Migrationshintergrund, die im deutschen Bildungssystem als besonders benachteiligt gelten, bedeutsam. In diesem Zusammenhang ist es interessant, dass sich die erwartungsgemäßen Nachteile von Kindern mit Migrationshintergrund bzw. nicht deutschem Sprachhintergrund nicht in der schriftsprachlichen Vorläuferkompetenz der Buchstabenkenntnis finden lassen. Inwieweit diese im Kindergarten erworben oder explizit von den Eltern vermittelt wurde (Lehrl et al., 2012), muss an dieser Stelle offen bleiben. Befunde der BiKS-Studie zeigen aber, dass gerade auch Eltern von Kindern mit Migrationshintergrund vergleichsweise hohe Bildungsaspirationen und den Wunsch haben, ihre Kinder möglichst gut auf den Schulanfang und die damit verbundenen Anforderungen vorzubereiten (vgl. Kratzmann, 2011).

Hinsichtlich des Satzverständnisses sind dagegen deutliche Kompetenzunterschiede in Abhängigkeit von der Herkunftssprache der Eltern festzustellen. Ein Kind, dessen Eltern beide nicht muttersprachlich deutsch sind, erwirbt Deutsch gegebenenfalls erst als Zweitsprache im Kindergarten oder es wächst bilingual mit potenziell eingeschränktem deutschen Sprachangebot auf. Das Sprachangebot im Kindergarten ist hier offenbar nicht ausreichend, um den Erwerb der Sprachkompetenz im Deutschen so zu beschleunigen, dass die Kinder am Ende des Kindergartens über vergleichbare Sprachkompetenzen im Deutschen verfügen wie ihre monolingualen peers. Inwieweit die Kinder aus nicht monolingual-deutschsprachigen Elternhäusern gute Sprachkompetenzen in der/den familiären Muttersprache/n besitzen und wie dies mit den Sprachkompetenzen im Deutschen interagiert, kann auf Basis der BiKS-Daten nicht abschließend beantwortet werden. Weitere Analysen werden zumindest zeigen können, wie die Eltern die entsprechenden Sprachkenntnisse ihrer Kinder einschätzen. Interessanterweise zeigen die Kinder mit nur einem nicht muttersprachlich deutschen Elternteil – unter Kontrolle des SES – nur vergleichsweise geringe zusätzliche Spracheinschränkungen gegenüber monolingual deutschen Kindern. Beherrschen jedoch beide Elternteile die deutsche Sprache nicht muttersprachlich, so dürfte insbesondere der Kindergarten in der Pflicht sein, den Erwerb des Deutschen zusätzlich zu der Sprache der Eltern zu fördern. Weitere Analysen werden zeigen müssen, welche Einflussvariablen und Bedingungen den Spracherwerb der Kinder besonders begünstigen und sie in eine gute Ausgangsposition für die Grundschule versetzen. Dass Merkmalen des Sprachangebots (vielfältige, auch komplexe Satzstrukturen) hier eine besonders wichtige Rolle zukommen dürfte, wurde bereits erwähnt und gilt nicht nur für die Sprache der Eltern, sondern auch für jene der Erzieherinnen und Erzieher (Huttenlocher et al., 2002).

Nicht nur für Kinder aus nicht deutschsprachigen Elternhäusern, sondern auch für deutschsprachige Kinder aus niedrigen sozialen Schichten ist es von Bedeutung, dass der Kindergarten den Erwerb der deutschen Sprache fördert, damit sich Leistungsnachteile aufgrund des sozialen Hintergrundes und hiermit verbundene sprachliche Einschränkungen nicht bis ins Schulalter aufrechterhalten. Sprachförderprogramme zeigen dabei jedoch bislang national wie international teilweise deutlich geringere Erfolge, als aufgrund wissenschaftlicher Befunde zu erwarten wäre (z.B. Kiziak, Kreuter & Klingholz, 2012; Wolf, Stanat & Wendt, 2011). Eine genaue Analyse der Wirkfaktoren ist hier von besonderer Bedeutung.

Studie 2 hat gezeigt, dass nicht nur im Kindergarten, sondern auch in der Schule eine große Variation in den sprachlichen Fähigkeiten der Kinder vorliegt. Entsprechend ist bei den Kindern der BiKS-Stichprobe am Ende der zweiten Klasse ein weites Leistungsspektrum in den verfügbaren bildungssprachlichen Kompetenzen zu beobachten. Auch deshalb ist der Befund, dass das Satzverständnis im Deutschen am Ende des Kindergartens einen bedeutenden Prädiktor für die bildungssprachlichen Kompetenzen in der zweiten Klasse darstellt, von großer Relevanz. Es zeigt sich, dass das frühe Sprachverständnis im Deutschen eine größere Bedeutung für die bildungssprachliche Kompetenz in der Grundschule hat als die Fähigkeit zu schlussfolgerndem Denken und darüber hinaus einen großen zusätzlichen Beitrag zur Aufklärung der Kompetenzunterschiede leistet. Das schlussfolgernde Denken bringt unter Berücksichtigung des frühen Satzverständnisses im Deutschen keine weitere signifikante Varianzaufklärung. Dies belegt, dass der Erwerb bildungssprachlichen Textverständnisses insbesondere über frühe Sprachkompetenzen vorhersagbar ist, und verdeutlicht zudem, dass der Förderung der sprachlichen Fertigkeiten im Kindergartenalter eine zentrale Rolle zukommt. Daher ist speziell darauf zu achten, die Kinder nachhaltig beim Spracherwerb zu unterstützen, da hier bereits der Grundstein für einen späteren Schulerfolg gelegt werden kann: Bildungssprachliche Kompetenzen, so zeigen die berichteten Analysen, stehen im Zusammenhang mit der durch die Lehrer eingeschätzten schulischen Leistung. Dabei muss allerdings offen bleiben, ob die elaborierteren sprachlichen Kompetenzen tatsächlich zu besseren schulischen Leistungen führen oder ob diese lediglich veranlassen, dass die Kinder von ihren Lehrern als kompetenter wahrgenommen werden. Die Leistungseinschätzung durch die Lehrer könnte beispielsweise auch davon beeinflusst werden, dass sich Schüler mit höherer bildungssprachlicher Kompetenz besser ausdrücken können und dadurch präzisere Antworten geben. Generell ist aber anzunehmen, dass ein besseres Sprachverständnis die Informationsaufnahme und -verarbeitung im Unterricht erleichtert. Daher ist es naheliegend, dass sich sprachlich kompetente Kinder leichter tun, gute Leistungen im Unterricht zu zeigen. Sprache hat sich in vielen relevanten Bereichen als hilfreich erwiesen, um Wissenszusammenhänge zu strukturieren und zu vernetzen (vgl. Berk, 2011).

Im Rahmen des entwicklungspsychologischen Teilprojektes der BiKS-3–10-Studie wird derzeit untersucht, ob und inwieweit die Annahme zutrifft, dass sich bereits in der Sprache von Grundschullehrern bildungssprachliche Merkmale finden lassen, und welchen Einfluss dies einerseits auf die Sprachfortschritte der Kinder und andererseits auf ihre Leistungsentwicklung hat. Diese Analysen werden einen Beitrag zur Beantwortung der Frage liefern, wie eine höhere Kompetenz in der Bildungssprache erworben wird und welchen Vorteil sie im Verständnis für die Schüler mit sich bringt. Das kann Aufschluss darüber bringen, inwieweit es ihnen in der Konsequenz möglich ist, dem Unterricht besser zu folgen, und welche Rolle allgemeine Merkmale der Lehrersprache für die Sprachfortschritte der Kinder und die Wissensvermittlung im Unterricht spielen. Einstweilen kann nur davon ausgegangen werden, dass sich der Erwerb von bildungssprachlichen Kompetenzen auch in Hinsicht auf den späteren Schulerfolg als lohnenswert darstellt und daher schon früh gefördert werden sollte.

Literatur

Anders, Y., Roßbach, H.-G., Weinert, S., Ebert, S., Kuger, S., Schmidt, S. & von Maurice, J. (2012). Home and preschool learning environments and their relations to the development of early numeracy skills. *Early Childhood Research Quarterly, 27*, 231–244.

Autorengruppe Bildungsberichterstattung (Hrsg.) (2012). *Bildung in Deutschland 2012. Ein indikatorengestützter Bericht mit einer Analyse zur kulturellen Bildung im Lebenslauf.* Bielefeld: W. Bertelsmann Verlag.

Bailey, A. L., Butler, F. A., Stevens, R. & Lord, C. (2007). Further specifying the language demands of school. In A. L. Bailey (Ed.), *The language demands of school. Putting academic English to the test* (Chapter 5). New Haven, London: Yale University Press.

Baumert, J. & Schümer, G. (2001). Familiäre Lebensverhältnisse, Bildungsbeteiligung und Kompetenzerwerb. In J. Baumert, C. Artelt, E. Klieme, M. Neubrand, M. Prenzel, U. Schiefele, W. Schneider, K.-J. Tillmann & M. Weiß (Hrsg.), *PISA 2000. Basiskompetenzen von Schülerinnen und Schülern im internationalen Vergleich* (S. 323–407*)*. Opladen: Leske + Budrich.

Berk, L. E. (2011). *Entwicklungspsychologie*. 5., aktual. Auflage. München: Pearson.

Bos, W., Lankes, E.-M., Prenzel, M., Schwippert, K., Walther, G. & Valtin, R. (Hrsg.). (2003). *Erste Ergebnisse aus IGLU. Schülerleistungen am Ende der vierten Jahrgangsstufe im internationalen Vergleich.* Münster: Waxmann.

Bronfenbrenner, U. & Morris, P. (2006). The bioecological model of human development. In R. M. Lerner & W. Damon (Eds.), *Handbook of child psychology (Vol. 1): Theoretical models of human development* (5th ed.). New York: Wiley.

Cattell, R. B., Weiß, R. H. & Osterland, J. (1997). *CFT-1 – Grundintelligenztest Skala 1* (5. rev. Aufl.). Göttingen: Hogrefe.

Dornheim, D. (2008). *Prädiktion von Rechenleistung und Rechenschwäche: Der Beitrag von Zahlen-Vorwissen und allgemein-kognitiven Fähigkeiten.* Berlin: Logos.

Dubowy, M., Ebert, S., Maurice, J. von & Weinert, S. (2008). Sprachlich-kognitive Kompetenzen beim Eintritt in den Kindergarten. Ein Vergleich von Kindern mit und ohne Migrationshintergrund. *Zeitschrift für Entwicklungspsychologie und Pädagogische Psychologie, 40*, 124–134.

Ebert, S., Lockl, K., Weinert, S., Anders, Y., Kluczniok, K. & Roßbach, H.-G. (2012). Internal and external influences on vocabulary development in preschool children. *School Effectiveness and School Improvement: An International Journal of Research, Policy and Practice*, DOI: 10.1080/09243453.2012.749791.

Ebert, S. & Weinert, S. (submitted). Predicting reading literacy in primary school: The contribution of various language indicators in preschool.

Ennemoser, M., Marx, P., Weber, J. & Schneider, W. (2012). Spezifische Vorläuferfertigkeiten der Lesegeschwindigkeit, des Leseverständnisses und des Rechtschreibens. Evidenz aus zwei Längsschnittstudien vom Kindergarten bis zur 4. Klasse. *Zeitschrift für Entwicklungspsychologie und Pädagogische Psychologie, 44*, 53–67.

Fox, A. (2006). *Test zur Überprüfung des Grammatikverständnisses (TROG-D).* Idstein: Schulz-Kirchner.

Ganzeboom, H. B. G., De Graaf, P. M. & Treiman, D. J. (1992). A standard international socio-economic index of occupational status. *Social Science Research, 21* (1), 1–56.

Geary, D. C. (2005). *The origin of mind: Evolution of brain, cognition, and general intelligence.* Washington, D.C.: American Psychological Association.

Gogolin, I., Neumann, U. & Roth, H.-J. (2003). *Förderung von Kindern und Jugendlichen mit Migrationshintergrund.* Bonn: Bund-Länder-Kommission (BLK) für Bildungsplanung und Forschungsförderung.

Huttenlocher, J., Vasilyeva, M., Cymerman, E. & Levine, S. (2002). Language input and child syntax. *Cognitive Psychology, 45,* 337–374.

Kiziak, T., Kreuter, V. & Klingholz, R. (2012). *Dem Nachwuchs eine Sprache geben. Was frühkindliche Sprachförderung leisten kann.* Discussion Paper des Berlin-Instituts für Bevölkerung und Entwicklung. Verfügbar unter: http://www.berlin-institut.org/fileadmin/user_upload/Veroeffentlichungen/DP_Sprachfoerderung/Sprachfoerderung_online.pdf [27.02.2013].

Krajewski, K. (2003). *Vorhersage von Rechenschwäche in der Grundschule.* Hamburg: Kovac.

Kratzmann, J. (2011). *Türkische Familien beim Übergang vom Kindergarten in die Grundschule. Einschulungsentscheidungen in der Migrationssituation.* Münster: Waxmann.

Kuger, S. & Kluczniok, K. (2008). Prozessqualität im Kindergarten – Konzept, Umsetzung und Befunde [Sonderheft 11]. *Zeitschrift für Erziehungswissenschaft, 10*, 159–178.

Lehrl, S., Ebert, S., Roßbach, H.-G. & Weinert, S. (2012). Die Bedeutung der familiären Lernumwelt für Vorläufer schriftsprachlicher Kompetenzen im Vorschulalter. *Zeitschrift für Familienforschung, 24*, 115–133.

Melchers, P. & Preuß, U. (2005). *Kaufman Assessment Batterie for Children. Individualtest zur Messung von Intelligenz und Fertigkeiten bei Kindern.* Deutschsprachige Fassung des Tests von A. S. Kaufman & N. L. Kaufman. Göttingen: Hogrefe.

Neuenschwander, R., Röthlisberger, M., Michel, E. & Roebers, C. M. (2011). Unterschiede in ausgewählten Bereichen der Schulfähigkeit: ein Vergleich von Kindergarten und einem neuen Schuleingangsmodell in der Schweiz. *Psychologie in Erziehung und Unterricht, 58*, 30–40.

Prenzel, M., Artelt, C., Baumert, J., Blum, W., Hammann, M., Klieme, E. & Pekrun, R. (2008). *PISA 2006 in Deutschland. Die Kompetenzen der Jugendlichen im dritten Ländervergleich.* Münster: Waxmann.

Schöler, H., Roos, J., Schäfer, P., Dreßler, A., Grün-Nolz, P. & Engler-Thümmel, H. (2002). *Einschulungsuntersuchungen 2002 in Mannheim.* Arbeitsberichte aus dem Forschungsprojekt „Differenzialdiagnostik" Nr. 13. Heidelberg: Pädagogische Hochschule, Erziehungs- und Sozialwissenschaftliche Fakultät.

Shanahan, T. & Lonigan, C. (2010). The National Early Literacy Panel: A summary of the process and the report. *Educational Researcher, 39,* 279–287.

Statistisches Bundesamt (2008). *Bildungsstand der Bevölkerung*. Wiesbaden: Statistisches Bundesamt. Verfügbar unter: https://www.destatis.de/DE/Publikationen/Thematisch/ BildungForschungKultur/ Bildungsstand/Bildungs-standBevoelkerung5210002087004. pdf?__blob=publicationFile [27.02.2013].

Tellegen, P. J., Winkel, M., Wijnberg-Williams, B. J. & Laros, J. A. (2005). *Snijders-Oomen Non-verbaler Intelligenztest für 2 ½ – 7jährige*. Lisse: Swets & Zeitlinger.

Vasilyeva, M. & Waterfall, H. (2011). Variability in language development: Relation to socioeconomic status and environmental input. In S. B. Neumann & D. K. Dickson (Eds.), *Handbook of early literacy research* (Vol. 3, pp. 36–48). New York: The Guilford Press.

Weinert, S. (2000). Beziehungen zwischen Sprach- und Denkentwicklung. In H. Grimm (Hrsg.), *Sprachentwicklung* (Enzyklopädie der Psychologie C/III/3, S. 311–361). Göttingen: Hogrefe.

Weinert, S. (2008). Wie Sprache das Denken, Lernen und Wissen von Kindern beeinflusst. In H. Rieder-Aigner (Hrsg.), *Zukunftshandbuch Kindertageseinrichtungen/Bildungsarbeit im Mittelpunkt* (59. Aufl., Kap. 4/19, S. 1–16). Regensburg: Walhalla Fachverlag.

Weinert, S. & Ebert, S. (2013, angenommen). Spracherwerb im Vorschulalter: Soziale Disparitäten und Einflussvariablen auf den Grammatikerwerb. *Zeitschrift für Erziehungswissenschaft*.

Weinert, S., Ebert, S. & Dubowy, M. (2010). Kompetenzen und soziale Disparitäten im Vorschulalter. *Zeitschrift für Grundschulforschung, 3* (1), 32–45.

Weinert, S., Ebert, S., Lockl, K. & Kuger, S. (2012). Disparitäten im Wortschatzerwerb: Zum Einfluss des Arbeitsgedächtnisses und der Anregungsqualität in Kindergarten und Familie auf den Erwerb lexikalischen Wissens. *Unterrichtswissenschaft, 40* (1), 4–25.

Wolf, K. M., Stanat, P. & Wendt, W. (2011). *Evaluation der kompensatorischen Sprachförderung. Abschlussbericht*. Verfügbar unter: http://www.isq-bb.de/uploads/media/ekos-bericht-3-110216.pdf [28.02.2013].

Kooperation von Kindergarten und Grundschule[1]

Gabriele Faust, Franziska Wehner und Jens Kratzmann

1. Theoretischer Hintergrund und Fragestellungen

Im deutschen Bildungssystem sind Kindergarten und Grundschule aufgrund unterschiedlicher historischer Entwicklungen strukturell wenig aufeinander abgestimmt. Allzu große Unterschiede in den Rahmenbedingungen, Zielen und Methoden und in den Orientierungen des pädagogischen Personals könnten sich jedoch nicht nur für die Schulanfänger als Erschwernis auf ihrem Bildungsweg erweisen, sondern sie werden auch als Organisationsnachteil des deutschen Bildungswesens im Hinblick auf den Kompetenzerwerb der Heranwachsenden betrachtet (Vereinigung der Bayerischen Wirtschaft, 2011). Seit dem Aufbau der vorschulischen Kindertageseinrichtungen in Deutschland vor fast 200 Jahren wurden bereits mehrfach Versuche unternommen, eine bessere Abstimmung beider Bildungsstufen zu erreichen (sog. „Verdichtungszonen", Reyer, 2006).

In den Projekten zu einer „verbindlicheren Kooperation" des letzten Jahrzehnts, die als jüngste „Verdichtungszone" eingeordnet werden (Reyer, 2006), steht die Abstimmung von Kindergarten und Grundschule im Bildungsbegriff („Bild vom Kind"), in den Inhalten und Lernmethoden im Vordergrund. Kennzeichnend sind die Entwürfe für gemeinsame Bildungspläne und die Ansätze zu einer Verbindung von Elementar- und Primarpädagogik in Versuchseinrichtungen wie Bildungshäusern und – hinsichtlich Kindergarten und Klassenstufe 1 – im KIDZ-Projekt („KIDZ – Kindergarten der Zukunft in Bayern", Geschäftsstelle der Stiftung Bildungspakt Bayern, 2007; Strätz, Solbach & Holst-Solbach, o.J.). Weitere Initiativen dieser Phase sind TransKiGs, ein länderübergreifendes Projekt der Bund-Länder-Kommission in Berlin, Brandenburg, Bremen, Nordrhein-Westfalen und Thüringen (Lenkungsgruppe TransKiGs, 2009), das Bremer Projekt „Frühes Lernen, Kindergarten und Grundschule kooperieren" (Carle & Samuel, 2007) sowie „PONTE, Kindergärten und Grundschulen auf neuen Wegen" (Ramseger & Hoffsommer, 2008). In den meisten nach 2000 verabschiedeten gesetzlichen Grundlagen für Kindertagesstätten und vorschulischen Erziehungs- und Bildungsplänen der Länder ist die Kooperation von Kindergarten und Grundschule verankert, ebenso in den meisten Schulgesetzen und Bildungsplänen für die Grundschule (Strätz et al., o.J.,

1 Dieser Beitrag erschien 2011 unter dem Titel „Zum Stand der Kooperation von Kindergarten und Grundschule. Maßnahmen und Einstellungen der Beteiligten" im Journal für Bildungsforschung Online, 3 (2), S. 38–61. Wir danken dem Verlag für die Genehmigung zum aktualisierten Wiederabdruck.

Stand 2007). Die Zusammenarbeit soll sich auf drei Feldern entfalten: (1.) Gezielte Vorhaben für Kindergarten- und Schulkinder, z.B. wechselseitige Besuche, (2.) Austausch und Zusammenarbeit von pädagogischen Fach- und Grundschullehrkräften einschließlich gemeinsamer Fortbildungen und (3.) gemeinsame Elternarbeit durch Einzelberatungen und Elternabende. Um Veranstaltungen für Kinder und Eltern vorzubereiten, durchzuführen sowie auszuwerten und für den fachlichen Austausch der beiden Berufsgruppen sind regelmäßige Treffen zwischen den jeweils beteiligten Kindergärten und Schulen unabdingbare Voraussetzung.

Bislang ist wenig bekannt, wie Kindergärten und Grundschulen in der Fläche zeitlich, organisatorisch und inhaltlich kooperieren. Die Literatur ist überwiegend programmatisch orientiert (z.B. Niesel, Griebel & Netta, 2008) oder konzentriert sich auf konkrete Beispiele (etwa Netta & Weigl, 2006). Vereinzelt wird berichtet, dass die Zusammenarbeit nicht alle Institutionen einbindet oder nicht so regelmäßig wie gewünscht ist (für Bayern, Hessen und Baden-Württemberg Huppertz & Rumpf, 1983; für Nordrhein-Westfalen Mader & Roßbach, 1984; neuere Daten Griebel & Niesel, 2004; Tietze, Roßbach & Grenner, 2005). Weitere Informationen, die vor allem auf erhebliche Unterschiede in der Häufigkeit und den Formen der Kooperation hindeuten, sind mehreren aktuellen Umfragen zu entnehmen: Im Rahmen von „TransKIGs" fanden in Brandenburg und Nordrhein-Westfalen im Frühjahr 2006 Bestandsaufnahmen der Kooperation von Kindergarten und Grundschule in der Fläche statt. In der Brandenburger Befragung (Liebers & Kowalski, 2007) wurde die Kooperation auf einer vierstufigen Skala von beiden Leitungen als sehr wichtig bis wichtig eingeschätzt. Jedoch kooperieren etwa ein Viertel der befragten Schulen und knapp die Hälfte der Kindertageseinrichtungen nur einmal jährlich oder nie. Die häufigste gemeinsame Aktivität war der Schulbesuch der zukünftigen Erstklässler (in 98 % der Schulen bzw. 88 % der Kindertagesstätten). Praktiziert wurden die Maßnahmen, für die es eine gewisse Tradition gibt, wie die Schulbesuche der Kindergartenkinder, und Aktivitäten, die einen unmittelbaren Nutzen versprechen, wie gemeinsame Treffen oder Veranstaltungen (so auch Akgün, 2006). In Brandenburg waren die Leitungen der Kindertagesstätten mit der Gestaltung der Kooperation unzufriedener als die Schulleitungen, was auf höhere Erwartungen an die Kooperation zurückgeführt wurde (vgl. Liebers & Kowalski, 2007; ältere Literaturbelege zum unterschiedlichen Interesse von pädagogischen Fach- und Lehrkräften bei Faust & Roßbach, 2004). In der nordrhein-westfälischen Umfrage (Akgün, 2006) aus der ersten Phase des Landesprojekts TransKiGs trafen sich 74 % der Grundschulen und 61 % der Kindertagesstätten regelmäßig oder mehrmals im Jahr, die anderen einmal im Jahr oder die Angaben fehlten. Die häufigste Aktivität war die gemeinsame Beratung der Eltern der Vierjährigen im Kontext der Sprachstandsfeststellungen zwei Jahre vor dem Schuleintritt. Nach der Befragung von Hanke, Merkelbach, Rathmer und Zensen (2009, S. 44) zur Veränderung der Kooperationspraxis im Kontext von Delfin 4 erreichen der Besuch von

Kindergartenkindern in der Grundschule und die gemeinsame Informationsveranstaltung für die Eltern der Vierjährigen die größte Verbreitung. Diese Formen sind allerdings vorwiegend auf den Austausch von Informationen konzentriert. Intensivere Formen der Zusammenarbeit werden nur von einem Drittel der Einrichtungen oder weniger angegeben. Auf der Basis dieser Umfrage legt Rathmer (2012) ein Evaluations- und Funktionsmodell zur Kooperation vor. Kalicki (2007) evaluierte die landesweite gemeinsame Fortbildung von pädagogischen Fachkräften und Grundschullehrern in Bayern. Obwohl die Teilnehmer/-innen ein Kooperationsprojekt initiieren sollten, gelang dies nur in ca. zwei Drittel der Fälle. Etwa die Hälfte der durchgeführten Maßnahmen verteilte sich jeweils auf Aktivitäten mit Kindern und Treffen von Erzieherinnen und Lehrern.

Zwar wird die Kooperation von Kindertageseinrichtung und Grundschule seit ca. 40 Jahren diskutiert und gefordert, aber die Zusammenarbeit scheint nach wie vor nicht flächendeckend zu bestehen und nicht überall gleichermaßen Kinder, Eltern und pädagogische Fachkräfte einzubeziehen. Es stellt sich deshalb die Frage, was die Kooperation fördert bzw. behindert. Schon in den 1980er Jahren wurden vor allem der Zeit- bzw. Personalmangel, also Arbeitsüberlastung, und organisatorische Probleme durch zu viele Kooperationspartner und Unabkömmlichkeit während des Vormittags, was z.B. die gegenseitigen Hospitationen erschwert, als Hindernisse für eine intensivere und flächendeckende Kooperation genannt (Huppertz & Rumpf, 1983). Eine Analyse der Kooperation im Schulamtsbezirk Darmstadt belegte, dass die Kindergärten mit relativ wenigen Grundschulen kooperieren müssen, aber die Grundschulen aus mehreren bis vielen Kindergärten Schulanfänger aufnehmen. Je größer die Zahlen der „gemeinsamen Schulanfänger", desto eher findet Zusammenarbeit statt, ebenso wenn die Kooperationsstrukturen gewachsenen Stadtteilstrukturen entsprechen. In dieser Fallstudie wurden als günstige Bedingungen zur Unterstützung der Kooperation u.a. Kooperationsbeauftragte in den einzelnen Einrichtungen und Konferenzbeschlüsse herausgearbeitet (Gernand & Hüttenberger, 1989).

Über eine Bestandsaufnahme hinaus geht die Frage, ob die Kooperationsaktivitäten bewirken, was sie leisten sollen, nämlich den Kindern und Eltern den Übergang in die Grundschule zu erleichtern. Dazu liegen zwei aktuelle Untersuchungen aus Finnland und den USA vor. Der amerikanische Beitrag untersuchte als Teil der National Center for Early Development and Learning's (NCEDL) Multi-State Pre-kindergarten Study den Einfluss der Übergangsvorbereitung in der Vorschule auf die sozialen, selbstregulatorischen und leistungsbezogenen Fähigkeitseinschätzungen der Kinder durch ihre neuen Lehrkräfte im „kindergarten", der in den USA vor der ersten Klasse besucht wird und den Einstieg in das Schulsystem darstellt (LoCasale-Crouch, Mashburn, Downer & Pianta, 2008). Die 214 teilnehmenden Vorschuleinrichtungen praktizierten ähnliche Maßnahmen, wie sie auch in Deutschland beim Schuleinstieg verbreitet sind: z.B. Besuche der Vorschulkinder

139

bzw. ihrer Vorschullehrerin in der zukünftigen Klasse oder umgekehrt, allgemeine Informationen für die übergehenden Kinder oder ihre Eltern, individuelle Beratungen der Eltern oder Einladungen in die Schule, ähnlich einem „Tag der offenen Tür" mit Aktivitätsangeboten. Hinzu kamen enger auf die Lern- und Persönlichkeitsentwicklung der Kinder bezogene Aktivitäten wie der stufenübergreifende Austausch zwischen den Lehrkräften anhand der Entwicklungsdokumentationen einzelner Kinder oder über die Curricula in den beiden Bildungsstufen. Auch in dieser Studie war die Bandbreite der praktizierten Maßnahmen groß. Im Mittel wurden sechs der insgesamt neun erfragten Maßnahmen praktiziert. Eine größere Anzahl von Übergangsbegleitmaßnahmen hing positiv mit einer höheren Fähigkeitseinschätzung der Kindergartenschüler durch ihre Lehrkräfte zu Beginn des Kindergartenjahres zusammen. Dies galt insbesondere für die Diskussion der Entwicklungsverläufe von konkreten Kindern durch die Vorschul- und Kindergartenlehrkräfte und den Austausch über die Curricula.

In der finnischen Studie standen nicht die Fähigkeitseinschätzungen der neuen Schüler/-innen im Kindergarten durch ihre neuen Lehrer/-innen zu Schuljahresbeginn im Mittelpunkt, sondern die schriftsprachlichen und mathematischen Fähigkeiten, die die Kinder im Frühjahr der ersten Klassenstufe in Testverfahren zeigten. Die Längsschnittuntersuchung bezog 398 Kinder ein, die in zwei finnischen Städten aus 36 Vorschulen in 22 Grundschulen übergingen (Ahtola et al., 2011). Die Einteilung der neun Kooperationsmaßnahmen orientierte sich an der Studie von LoCasale-Crouch et al. (2008). Bei insgesamt geringer Häufigkeit wurden durchschnittlich vier verschiedene Kooperationsformen durchgeführt. Erneut zeigten sich positive Auswirkungen der Breite der Kooperationsmaßnahmen im Jahr vor dem Schuleintritt, nun auf die schriftsprachlichen und mathematischen Fähigkeiten der Erstklässler/-innen im Frühjahr der ersten Klasse. Auch hier waren die Maßnahmen am wirksamsten, die sich möglichst eng auf die Lern- und Persönlichkeitsentwicklung der Kinder bezogen, nämlich die gemeinsame Konkretisierung der Curricula von Vor- und Grundschule (kam an 19 % der Einrichtungen vor) und die Weitergabe von Unterlagen zur Lernentwicklung einzelner Kinder von den Vorschul- an die Grundschullehrkräfte (an 28 % der Einrichtungen). Aktivitäten, die den Vorschulkindern oder ihren Eltern die Schule vorstellten oder auf ein erstes Vertraut-Werden damit abzielten, z.B. Besuche der Vorschulkinder in der Grundschule bzw. der Grundschullehrkraft oder von Schulkindern in der Vorschule oder die Organisation einer Veranstaltung für die Eltern zu Schulbeginn, waren zwar deutlich häufiger bzw. sogar fast überall vorhanden, wirkten sich aber nicht nachweislich positiv aus (vgl. Faust, 2012).

Zusammenfassend ist festzuhalten, dass die im Interesse der Kinder und Eltern und aus Systemgründen geforderte bessere Anschlussfähigkeit der ersten beiden Bildungsstufen in Deutschland möglicherweise durch die Überwindung der Schwierigkeiten bei der Kooperation verbessert werden kann. Dies setzt vor allem die Zusammenarbeit der Beteiligten voraus. Es liegen wenig systematische Erkenntnisse aus einzelnen Bundesländern dazu vor, wie diese zeitlich und inhaltlich organisiert wird und welche Personenkreise einbezogen werden. Vor allem ist nur lückenhaft bekannt, wie dies in der Fläche umgesetzt wird und gegebenenfalls besser etabliert werden könnte. Der vorliegende Beitrag erweitert die bisherigen Bestandsaufnahmen und untersucht folgende Fragen:

- Welche Kooperationsaktivitäten werden von den Kindergärten und Schulen mit welcher Häufigkeit durchgeführt?
- Welche Einstellungen haben Erzieherinnen und Lehrkräfte gegenüber der Kooperation? Unterscheiden sich die Berufsgruppen?
- Wovon wird die Breite der Kooperationsmaßnahmen beeinflusst, und was erschwert die Zusammenarbeit von Kindergarten und Grundschule aus Sicht der beteiligten Erzieherinnen und Lehrkräfte?
- Welche Wirkungen haben die Kooperationsmaßnahmen auf den erfolgreichen Schuleinstieg der Kinder?

2. Methodische Umsetzung

2.1 Stichprobe und Erhebungsdesign

Von den 547 Kindern aus 97 Kindergärten aus Bayern und Hessen in Alter von drei Jahren und deren Familien konnten nach dem Übertritt in die Grundschule 327 Kinder weiter begleitet werden. Sie verteilten sich auf 142 erste Klassen in 87 Schulen (vgl. den Beitrag von Faust, Kratzmann und Wehner, Teil I, in diesem Band).

Die Erhebungsinstrumente wurden den pädagogischen Fachkräften im Kindergarten (n = 96, ein hessischer Kindergarten hatte zu diesem Zeitpunkt bereits alle BiKS-Kinder in die „alte" Schuleingangsstufe eingeschult) im letzten Kindergartenjahr der an der Studie teilnehmenden Kinder (2007/08) sowie den Lehrkräften (*n* = 142 aus 87 Schulen) am Ende der ersten Grundschulklasse der BiKS-Kinder (2009) vorgelegt. Aus den Kindergärten liegen Angaben von 77 pädagogischen Fachkräften vor (50 aus Bayern, 27 aus Hessen). Etwa ein Drittel der Kindergärten befand sich in einer städtischen Region (33.8 %, 66.2 % aus ländlicher Region), der Anteil der Kindergärten in kirchlicher Trägerschaft betrug ca. 58 %, bei knapp einem weiteren Drittel war der Träger die Gemeinde. Da sich die BiKS-Kinder teilweise auf mehrere Klassen einer Schule verteilten, antworteten 97 Grundschullehrkräfte aus 68 Schulen. Für die Analysen wurden pro Schule nur die Angaben einer Lehrkraft ausgewählt. Wären alle Grundschullehrkräfte in die Analysen einbezogen worden, hätte dies zu einer Überrepräsentation einzelner Schulen geführt.

Eine direkte Zuordnung eines Kindergartens zu einer Kooperationsschule ist anhand der vorliegenden Daten nicht möglich. Einerseits verteilen sich die Kinder aus dem gleichen Kindergarten auf unterschiedliche Grundschulen und andererseits stammen die Schulanfänger der ersten Klassen aus unterschiedlichen Kindergärten. In der vorliegenden Stichprobe kommen die Kinder nach Angaben der Lehrkräfte am häufigsten aus vier Kindergärten (27 Klassen), nur in zwei Klassen besuchten alle Erstklässler den gleichen Kindergarten, in elf Klassen zwei und in acht Klassen drei Kindergärten. Zwar geben acht Grundschulen, in die alle BiKS-Längsschnittkinder eines Kindergartens geschlossen als Gruppe gewechselt waren, an nur mit einem Kindergarten zu kooperieren. Aber auch diese Schulen nehmen Kinder aus mehr als einem Kindergarten auf. Aus datenschutzrechtlichen Gründen konnte nicht direkt gefragt werden, welcher Kindergarten mit welcher Grundschule kooperiert. Somit können die Erzieherinnen- und Lehreraussagen nicht direkt miteinander in Beziehung gesetzt werden.

2.2   Instrumente und Datenaufbereitung

Fragebogen

Die Erzieherinnen und die Lehrkräfte gaben u.a. zu Listen mit zehn unterschiedlichen Kooperationsaktivitäten (in Anlehnung an Huppertz & Rumpf, 1983) an, ob sie in ihrer Einrichtung vorhanden waren oder nicht, weitere Maßnahmen konnten sie ergänzen. Daraus wurde ein Summenwert der unterschiedlichen Kooperationsmaßnahmen gebildet, der als Indikator für die Breite der Kooperation dient. Beide Befragtengruppen sollten darüber hinaus die Wichtigkeit der einzelnen Maßnahmen auf einer vierstufigen Skala (*1 = unwichtig, 4 = wichtig*) beurteilen. Um mögliche Einstellungsänderungen über die Zeit zu überprüfen, nahmen sie Stellung zu fünf Aussagen über Kooperation, u.a. aus den 1980er Jahren (vgl. Huppertz & Rumpf, 1983). Hierbei ging es um mögliche Probleme bei der Kooperation (Beispiel: *Falls ich als Erzieher/in bzw. Lehrer/in regelmäßig stundenweise in einer ersten Klasse bzw. Kindergartengruppe anwesend wäre, wüsste ich nicht genau, was meine Funktion dabei sein sollte*). Im Gegensatz zum Original (dreistufig) wurde allerdings vierstufig gefragt und somit sind nur eingeschränkt Vergleiche möglich. Bei den Erzieherinnen kamen Einzelfragen zum Informationsstand bezüglich der Kooperation hinzu: *Haben Sie in Ihrer Ausbildung etwas über Kooperation von Kindergarten und Grundschule gelernt? Haben Sie eine Fortbildung zum Thema „Kooperation" besucht? Sind Ihnen gesetzliche Grundlagen zur Kooperation zwischen Kindergarten und Grundschule bekannt?* Diese drei Items wurden additiv zum „Index der Informiertheit" der Erzieherinnen zusammengefasst. Die Lehrkräfte wurden zum Institutionalisierungsgrad der Kooperation an ihrer Schule befragt (*Vorhandensein einer Kooperationskraft, Beschluss der Lehrerkonferenz zur Kooperation, Schule hat in letzter Zeit an einem Modellversuch zur Kooperation teilgenommen*). Daraus wurde additiv ein „Index des Institutionalisierungsgrades" gebildet. Die aus den 1980er Jahren stammenden Aussagen zur Kooperation wurden um einige aktuellere selbst entwickelte Aussagen, z.B. zu einem gemeinsamen stufenübergreifenden Bildungsplan, ergänzt. Zusätzlich sollten die Lehrkräfte sich in offenen Fragen zu möglichen Kooperationshindernissen äußern.

Kindbezogene Einschätzbogen für Eltern und Lehrkräfte

Die bislang in deutschen Untersuchungen weitgehend vernachlässigten Wirkungen der Kooperationsmaßnahmen wurden durch Eltern- und Lehrerangaben erhoben. Die abhängige Variable war die erfolgreiche Bewältigung des Schuleinstiegs durch das einzelne Kind in der Sicht beider Befragtengruppen, und zwar sowohl im Hinblick auf persönliche und soziale Aspekte (z.B. Anstrengungsbereitschaft, Freude an der Schule und soziale Integration) als auch auf Leistungen (Einschätzungen der Leistungen in der Schriftsprache und in den technisch-mathematischen Fähigkeiten). Als unabhängige Variable wurden u.a. die Teilnahme an schulvorbereitenden Maßnahmen im Kindergarten und an den Kooperationsaktivitäten von Kindergarten und Grundschule herangezogen. Dazu wurden den Eltern und den Lehrkräften neun Monate nach der Einschulung auf das einzelne Kind bezogene Einschätzbogen vorgelegt. Von den Eltern erbaten wir außerdem drei Monate nach dem Schuleintritt Angaben, an welchen schulvorbereitenden Maßnahmen im Kindergarten und an welchen Kooperationsaktivitäten von Kindergarten und Grundschule ihr Kind teilgenommen hatte (vgl. dazu den Beitrag von Faust, Kratzmann & Wehner, Teil IV, in diesem Band).

2.3 Datenauswertung

Die Auswertung erfolgte vornehmlich in Form von deskriptiven Darstellungen der Durchführung von Kooperationsmaßnahmen und der Einstellungen gegenüber der Kooperation. Die Bewertung der Wichtigkeit einzelner Kooperationsmaßnahmen wurde anhand von *t*-Tests auf signifikante Unterschiede zwischen Erzieherinnen und Lehrkräften geprüft. Zur dritten Fragestellung wurde mit linearen Regressionen geprüft, wovon die Breite der Kooperationsmaßnahmen abhängig war. Für die Kindergärten waren dies die folgenden Prädiktoren: die bewertete Wichtigkeit der Kooperationsmaßnahmen, die Trägerschaft, das Bundesland, die Region und die Informiertheit der Erzieherinnen über Kooperation. Bei den Grundschulen gingen folgende Prädiktoren ein: die bewertete Wichtigkeit der Kooperationsmaßnahmen, das Bundesland, die Region, der Institutionalisierungsgrad, die Anzahl der Kindergärten, aus denen die Kinder stammten, und die Anzahl der Kindergärten, mit denen kooperiert wurde. Abschließend werden in einer deskriptiven Darstellung mögliche Hinderungsgründe aus Sicht der Lehrkräfte wiedergegeben.

Zur Untersuchung der Auswirkungen auf die Kinder, der vierten Fragestellung, bildeten wir anhand einer konfirmatorischen Faktorenanalyse latente Faktoren des „erfolgreichen Schuleinstiegs" und prüften regressionsanalytisch, in welchem Maß die institutionellen Prädiktoren, also die Teilnahme der Kinder an den schulvorbereitenden Maßnahmen im Kindergarten und an den Kooperationsaktivitäten sowie die Zusammenarbeit der pädagogischen Fach- und der Lehrkräfte, den Schuleinstieg der Kinder voraussagen konnten.

3.   Ergebnisse

3.1   Kooperationsmaßnahmen

Anhand des Summenwerts für die Breite der Kooperationsmaßnahmen wurde festgestellt, wie viele unterschiedliche Maßnahmen in der jeweiligen Einrichtung vorkommen. Die Angebotsbreite in den einzelnen Einrichtungen schwankte erheblich. Bei den Kindergärten wurden zwischen einer und zehn verschiedenen Maßnahmen angeboten (Modalwert 5). Fünf bis zehn unterschiedliche Kooperationsmaßnahmen waren immerhin in 42 % der Kindergärten vorhanden. Für die Grundschulen schwankte die Anzahl der Kooperationsmaßnahmen zwischen null und zehn (Modalwert 6), wobei nur eine Schule keine Kooperationen angab. In fast 60 % der Fälle waren es hingegen sechs bis zehn Maßnahmen.

Sowohl bei den Erzieherinnen als auch bei den Lehrkräften waren die zwei am häufigsten genannten Kooperationsmaßnahmen der Besuch einer Gruppe von Kindergartenkindern in der Schule und der allgemeine Informationsaustausch zwischen Erzieherin und Lehrkräften (vgl. Abb. 1). Bei den Erzieherinnen waren gemeinsame Fortbildungen sowie die Zusammenarbeit aus Anlass von Festen und Feiern die seltensten Kooperationsmaßnahmen, bei den Lehrkräften die gemeinsame Beratung der Eltern und der Besuch einer Schulklasse im Kindergarten.

Neben den verschiedenen Kooperationsmaßnahmen wurden auch der Informationsstand der Erzieherinnen und der Grad der Institutionalisierung von Kooperation an den Grundschulen erfragt. 55 % der Erzieherinnen gaben an, das Thema Kooperation schon in der Ausbildung behandelt und 49 % eine Fortbildung dazu besucht zu haben. Darüber hinaus waren 74 % der Erzieherinnen die gesetzlichen Grundlagen zur Kooperation bekannt. Die Fragen zur Institutionalisierung zeigten, dass an nahezu 91 % der Schulen eine Lehrkraft eigens beauftragt ist, mit dem Kindergarten Kontakt zu halten. An fast 61 % der Schulen existierte ein Beschluss der

Abbildung 1: Vorhandensein der Kooperationsmaßnahmen aus Sicht der Erzieherinnen und Lehrkräfte (Prozentangaben)

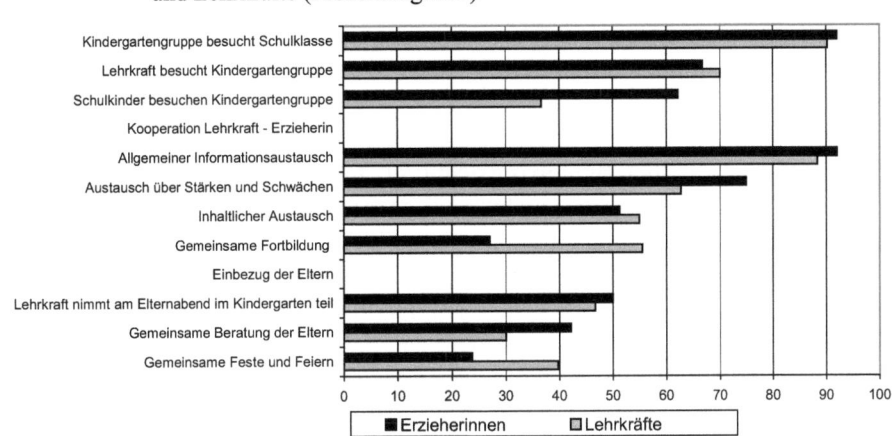

Lehrerkonferenz zur Kooperation und 28 % der Lehrkräfte gaben an, in letzter Zeit an Modellversuchen zur Kooperation von Kindergarten und Grundschule beteiligt gewesen zu sein.

3.2 Einstellungen gegenüber Kooperation

Die Erzieherinnen und die Lehrkräfte hielten die Kooperation insgesamt für wichtig (vgl. Abb. 2). Fast alle Maßnahmen wurden als eher wichtig bzw. wichtig an-

Abbildung 2: Wichtigkeit der Kooperationsmaßnahmen aus Sicht der Erzieherinnen und Lehrkräfte auf Itemebene

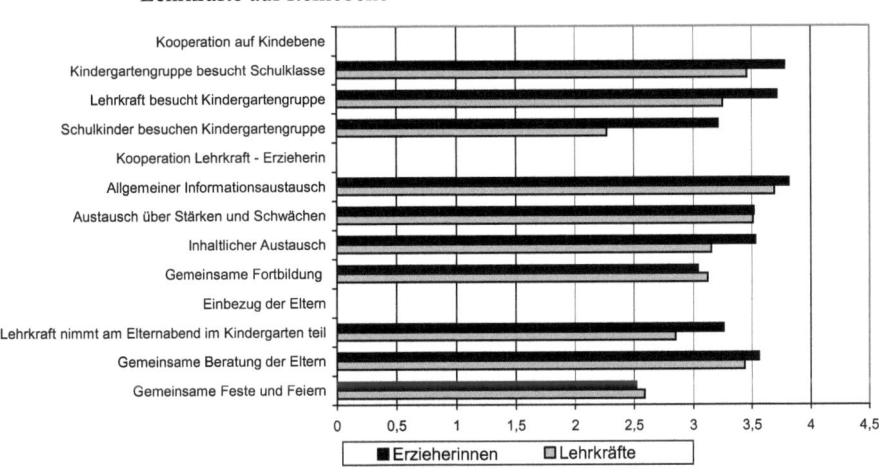

Antwortformat: 1=unwichtig, 2=eher unwichtig, 3=eher wichtig, 4=wichtig

gesehen, wobei die Erzieherinnen die Kooperation etwas höher gewichteten als die Lehrkräfte. Die wichtigste spezifische Kooperationsform war für beide der allgemeine Informationsaustausch.

Die Wichtigkeit der einzelnen Maßnahmen wird weitgehend übereinstimmend eingeschätzt.

Um mögliche Einstellungsänderungen aufzudecken, wurden Aussagen zur Kooperation aus den 1980er Jahren vorgelegt (vgl. Tab. 1). Beide Gruppen stimmten sämtlichen Aussagen zwischen „nicht" und „eher nicht" zu. Demnach waren beide an einer Kooperation zwischen Kindergarten und Grundschule interessiert. Die Erzieherinnen lehnten fast alle Aussagen jedoch statistisch signifikant deutlicher ab als die Lehrkräfte, was auch in dieser Studie für ein größeres Interesse an Kooperation auf Seiten der Erzieherinnen spricht.

Die Lehrkräfte nahmen zusätzlich zu weiteren, aktuelleren Fragen Stellung. Am deutlichsten fällt die Aussage für einen gemeinsamen Bildungsplan für Kindergarten und Grundschule aus (AM = 3.06). Einer gemeinsamen Ausbildung zu-

Tabelle1: Einstellungen zur Kooperation

	Erzieherinnen			Lehrkräfte			T-Statistik		
	M	SD	N	M	SD	N	T	Df	p
Fortbildung zu Kooperation würde ich machen.	3.22	.837	73	2.77	0.925	66	2.99	137	.003
Keine Vorstellung über eigene Funktion in der anderen Institution.	1.81	.967	73	2.12	0.962	67	-1.91	138	n. s.
„Zusammenarbeit" hat zu große Bedeutung.	1.46	.686	74	2.13	1.086	67	-4.46	139	.000
Keine Vorstellung über regelmäßige Zusammenarbeit.	1.42	.744	73	1.89	0.947	66	-3.27	137	.001
Unsicherheit darüber, ob Kooperation hilft.	1.41	.792	74	1.72	0.966	67	-2.10	139	.038
Gemeinsamer Bildungsplan wäre sinnvoll.				3.06	0.903	67			
Lehrer müssen in ihrer Ausbildung besser auf Kooperation vorbereitet werden.				2.66	0.88	67			
Erzieherinnen sind nicht genügend vorbereitet auf Zusammenarbeit.				2.10	0.855	67			
Gemeinsame Ausbildung wäre sinnvoll.				2.01	0.896	67			

Antwortformat: 1=*stimme nicht zu*, 2=*stimme eher nicht zu*, 3=*stimme eher zu*, 4=*stimme zu*

sammen mit den Erzieherinnen stimmen die Lehrkräfte hingegen „eher nicht" zu (*AM* = 2.01).

3.3   Breite der Kooperation

Mit linearen Regressionen wurde berechnet, welchen Einfluss die verschiedenen Merkmale auf die Breite der Kooperationsmaßnahmen in den jeweiligen Institutionen haben. In den Kindergärten beeinflusst die Bewertung der Wichtigkeit der Kooperationsmaßnahmen den Gesamtindex signifikant (ß = .274; *p* < .05): Je wichtiger die Kooperationsmaßnahmen angesehen werden, desto mehr finden sie auch statt. Außerdem wirkt sich das Bundesland tendenziell signifikant aus (ß = -.228, *p* < .1). Bayerische Kindergärten kooperieren demnach häufiger als hessische. Keine signifikanten Einflüsse hingegen haben die Träger, die Region und die Informiertheit der Erzieherinnen. Bei den Lehrkräften war nur die Bewertung der Wichtigkeit der Kooperationsmaßnahmen ein einflussreicher Prädiktor (ß = .356; *p* < .05). Alle weiteren Variablen (Bundesland, Region, Institutionalisierungsgrad der Kooperation, Anzahl der Kindergärten, mit denen kooperiert wird, und Anzahl der Kindergärten, aus denen die Kinder stammen) waren ohne statistisch bedeutsamen Einfluss. Bei beiden Befragtengruppen wird die Kooperationspraxis demnach am stärksten von den Einstellungen beeinflusst.

Die Fragen zu Hindernissen bei der Kooperation ergaben bei den Lehrkräften, dass die Schweigepflicht eine große Hürde darstellt. In einer korrelativen Betrachtung zwischen den Hinderungsgründen für eine Kooperation mit dem Gesamtindex der Breite an Kooperationsmaßnahmen stellte sich als wichtigster Grund die Ansicht heraus, dass Vorinformationen des Kindergartens über die Kinder die Sicht auf das Kind beeinflussen würden (*r* = -.344; *p* < .01). Bei der Beantwortung der offenen Frage, worin die Hauptschwierigkeit für eine gute Zusammenarbeit mit dem Kindergarten gesehen wird, erschien am häufigsten das „Zeitproblem" (23 Nennungen), gefolgt von „Sprengel zu groß" (8 Nennungen) und „Eltern" (7 Nennungen). Ebenfalls genannt werden u.a. die „unterschiedlichen Konzepte von Kindergarten und Grundschule" sowie erneut die „Schweigepflicht". Während die linearen Regressionen keinen Einfluss der Anzahl der Kooperationspartner auf die Breite der Kooperationsmaßnahmen belegten, werden sie nun also im Kontext der subjektiven Sichtweisen benannt.

3.4   Auswirkungen der Kooperation

Entgegen den Erwartungen waren die institutionellen Prädiktoren nahezu ohne
Einfluss auf den Schuleinstieg der Kinder (vgl. Tab. 2 im Beitrag von Faust, Kratzmann & Wehner, Teil IV, in diesem Band).

4.   Zusammenfassung und Diskussion

Die Auswertung zur Kooperation der Kindergärten und Grundschulen in der BiKS-
3–10-Stichprobe ordnet sich in die aktuellen Erkenntnisse zur Praxis der Kooperation und zu den Einstellungen der Beteiligten ein. Fast alle Kooperationsaktivitäten
– Ausnahmen sind gemeinsame Feste und Feiern und die Kindergartenbesuche von
Schulkindern aus Lehrersicht – werden von den Befragten aus Kindergarten und
Grundschule als eher wichtig bis wichtig eingestuft. Kooperationsaktivitäten unter Einbezug der Eltern folgen für beide Befragtengruppen in der Wichtigkeit erst
danach. Mit Ausnahme der gemeinsamen Fortbildung und gemeinsamer Feste und
Feiern beurteilen die Erzieherinnen die Aktivitäten jeweils als etwas wichtiger als
die Lehrkräfte.

Zwischen den Beurteilungen der Wichtigkeit und dem Vorhandensein der
Kooperationsaktivitäten zeigen sich Parallelen. Die beiden am wichtigsten einge-
stuften einzelnen Maßnahmen, nämlich der Schulbesuch der angehenden Schulanfänger und der allgemeine Informationsaustausch, sind auch die am häufigsten
vorkommenden. Die Aktivitäten unter Einschluss der Eltern wie auch die gemeinsamen Feste und Feiern sind seltener. Dies widerspricht der im Grundgesetz und im
Kinder- und Jugendhilfegesetz (KJHG) verankerten Erziehungspartnerschaft von
Schulen bzw. Kindertagesstätten und Eltern und wird vor allem in ökopsychologischer Sicht der Bedeutung der Familie beim Übergang vom Kindergarten zur
Grundschule kaum gerecht.

Die BiKS-Daten erweitern die Bestandsaufnahme zur Kooperation um ein
weiteres Bundesland und um Informationen dazu, was die Kooperationspraxis der
Kindergärten und Schulen beeinflusst und inwiefern sich die Praxis und die Einstellungen zwischen den zwei „Verdichtungszonen" im unmittelbaren Anschluss an
die Bildungsreform und heute geändert haben. Verglichen mit den Zahlen aus den
1970er/1980er Jahren deutet die vorliegende Erhebung auf eine erhöhte Verbreitung von Kooperation. Dennoch spiegeln die Ergebnisse auch wider, dass die Kooperationspraxis noch nicht voll ausgebaut ist. Die Häufigkeit und Regelmäßigkeit
schwankt erheblich. Die Spanne reicht von der punktuellen Durchführung einer
spezifischen Kooperationsaktivität bis zu mehreren verschiedenen Maßnahmen,
die sich in Einzelfällen zu beträchtlichen Gesamtzahlen addieren. Dahinter könnte eine kontinuierliche Zusammenarbeit über das Jahr stehen, wie sie in den sog.

„Kooperationskalendern" (z.B. bei Hacker, 2008) vorgeschlagen wird. Obwohl die Kooperation von Kindergarten und Grundschule in allen Bildungsplänen vorgesehen ist, wird sie demnach unterschiedlich an den einzelnen Institutionen umgesetzt. Mit Ausnahme einer Schule sind zumindest alle Kindergärten und Grundschulen der BiKS-Stichprobe in Kooperationsaktivitäten eingebunden.

Daran schließt sich die Frage an, was die Kooperation zwischen den beiden Bildungsstufen verhindert. In der Umfrage von Huppertz und Rumpf stimmten zwischen einem Viertel und einem Zehntel der Erstklasslehrer den kooperations-kritischen Aussagen zu (Huppertz & Rumpf, 1983). In den BiKS-Daten lehnt die Mehrheit der Befragten aus Grundschule und Kindergarten diese Kritikpunkte eher ab. Auch wenn das Antwortformat der beiden Studien nicht direkt vergleichbar ist, lässt sich vermuten, dass sich die Einstellungen seit den 1970er/1980er Jahren in einem positiven Sinne gewandelt haben. Die Erzieherinnen lehnen alle Aussagen stärker ab als die Lehrkräfte. Zusammen mit den Wichtigkeitseinschätzungen belegt dies die insgesamt etwas positivere Einstellung der Erzieherinnen gegenüber der Kooperation. Es wird vermutet, dass sich darin ihr Interesse niederschlägt, am Einschulungsprozess als Partnerin „auf Augenhöhe" beteiligt zu werden, was gleichwohl aber noch nicht verwirklicht sei (vgl. z.B. Liebers & Kowalski, 2007, S. 39; vgl. auch Emmerl, 2008).

Sowohl in den beteiligten Kindergärten – die Erzieherinnen gaben hinsichtlich ihrer Informiertheit und ihrer bisherigen Erfahrungen einen hohen Stand an – als auch in den Schulen scheinen die individuellen und institutionellen Voraussetzungen in der Stichprobe ungewöhnlich günstig zu sein. Bedeutsam ist, dass weder gemeinsame Fortbildungen noch die Bestellung eines Kooperationsbeauftragten oder der Kollegiumsbeschluss mit einer breiten und regelmäßigen Kooperation in Verbindung stehen. Sowohl für die Erzieherinnen als auch die Lehrkräfte wird demgegenüber der Einfluss der Einstellungen auf die Kooperationspraxis belegt: Je weniger wichtig die Kooperation eingeschätzt wird, desto weniger Kooperationsmaßnahmen finden statt. Wenn demzufolge die Kooperation unterstützt werden soll, sollten die positiven Einstellungen der Beteiligten gegenüber der Kooperation noch stärker gefördert werden.

Vor dem Hintergrund der beiden internationalen Studien zeigt sich allerdings, dass die weit überwiegende Anzahl der Kooperationsmaßnahmen, die beim Übergang vom Kindergarten in die Grundschule in Deutschland praktiziert werden, auf das Vertraut-Werden von Kindern und Eltern mit der Schule abzielen. Die berichteten internationalen Untersuchungen weisen für diese Maßnahmen keine nachweislich positiven Wirkungen auf die Fähigkeitseinschätzungen durch die neuen Lehrkräfte oder die tatsächlichen Fähigkeiten der Kinder nach dem Schuleinstieg nach. Im Gegensatz dazu beeinflussen die Abstimmung der Curricula in den beiden Bildungsstufen und der Austausch über den individuellen Stand einzelner Kinder anhand einer Entwicklungsdokumentation die weitere Kompetenzentwicklung der

Kinder nach dem Übergang positiv. Dies lässt sich dadurch erklären, dass beide Maßnahmen „proximal" auf das Lernen und die Entwicklung der Kinder und deren koordinierte Förderung über den Übergang hinaus ausgerichtet sind: Während sich die Abstimmung der Curricula auf die Lernangebote für alle bezieht, konkretisiert die Zusammenarbeit auf der Grundlage der Entwicklungsdokumentationen die Förderung für das einzelne Kind. Die Einsichtnahme in die Entwicklungsdokumentationen durch die Schule muss von den Eltern genehmigt werden. Nicht wenige Eltern verweigern wohl aus Sorge vor einer Voreingenommenheit der Lehrkräfte ihre Zustimmung: Im FiS-Projekt werden nur 38 % der Entwicklungsdokumentationen an die Schule weitergegeben (Eckerth, Hanke & Hein, 2012, S. 67). In der BiKS-Studie schlagen sich derartige Erfahrungen darin nieder, dass in der Sicht der Lehrkräfte das größte Hindernis für die Kooperation gegenwärtig die Schweigepflicht ist.

In den offenen Antworten der Lehrkräfte werden die organisatorischen Verhältnisse als starke Erschwernis der Kooperation genannt, d.h. die Zuordnung einer Schule zu mehreren Kindergärten, deren Schulanfänger in den Klassen zusammenkommen. In der vorliegenden Stichprobe sind es im Durchschnitt vier abgebende Kindergärten (zum Vergleich: In Brandenburg beträgt die Anzahl der Kooperationskindergärten einer einzelnen Schule durchschnittlich fünf bis zu zehn Kindergärten und mehr in einzelnen größeren Orten, Liebers & Kowalski, 2007, S. 21). Nicht mit allen Kindergärten wird kooperiert. Dies könnte dadurch zustande kommen, dass die Kindergärten jeweils mit den Grundschulen kooperieren, an die sie die größten Schulanfängergruppen abgeben.

Bei der Betrachtung der Ergebnisse sollten die Besonderheiten der BiKS-Stichprobe berücksichtigt werden: Die Auswahl der Kindergartengruppen, mit denen der Längsschnitt startete, bevorzugte Kindergärten, die ihre Schulanfänger an wenige Grundschulen abgaben (Kurz, Kratzmann & Maurice, 2007). Hier könnte eine unbeabsichtigte Selektivität hinsichtlich der Kooperationspraxis eingeflossen sein, da die Kindergärten mit weniger Einmündungsschulen möglicherweise enger und regelmäßiger mit diesen Grundschulen kooperieren. Weiterhin ist einschränkend hervorzuheben, dass sich die Daten nicht ausschließlich auf miteinander kooperierende Kindergärten und Grundschulen beziehen. Zudem beschränken sich die Erhebungen auf die Bundesländer Bayern und Hessen, was angesichts des landesspezifischen Einflusses auf die Kooperationsmaßnahmen zu berücksichtigen ist. Breitere Daten zur Kooperation, Informiertheit und zum Grad der Institutionalisierung und detailliertere und weitergehende Untersuchungen zur Gestaltung von einzelnen Kooperationsmaßnahmen wären wünschenswert, vor allem Fragen zu spezifischen Inhalten, zur Qualität, Dauer und Intensität der Kooperation, da dies ein noch weitgehend unbearbeitetes Forschungsfeld ist. Darüber hinaus fehlen vor allem aktuelle deutsche Untersuchungen zu den Auswirkungen der Kooperation auf den Schuleinstieg der Kinder.

Literatur

Ahtola, A., Silinskas, G., Poikonen, P.-L., Kontoniemi, M., Niemi, P. & Normi, J.-E. (2011). Transition to formal schooling: Do transition practices matter for academic performance? *Early Childhood Research Quarterly, 26,* 295–302.

Akgün, M. (2006). *Praxis der Kooperation zwischen Kindertageseinrichtungen und Grundschulen in Nordrhein-Westfalen. Ergebnisse einer Erhebung im Rahmen des Projektes TransKIGs NRW.* Verfügbar unter: http://www.transkigs.nrw.de/projekt/erhebung.html. [06.03.2010]

Carle, U. & Samuel, A. (2007). *Frühes Lernen – Kindergarten und Grundschule.* Baltmannsweiler: Schneider Hohengehren.

Eckerth, M., Hanke, P. & Hein, A.-K. (2012). Schutzfaktoren zur Unterstützung der Übergangsbewältigung von der Kindertageseinrichtung in die Grundschule – Ergebnisse aus dem FIS-Projekt. In S. Pohlmann-Rother & U. Franz (Hrsg.), *Kooperation von KiTa und Grundschule. Eine Herausforderung für das pädagogische Personal* (S. 57–70). Köln: Carl Link.

Emmerl, D. (2008). Kooperation zwischen Kindertageseinrichtungen und Grundschulen im Wandel. In K. Fröhlich-Gildhoff, I. Nentwig-Gesemann & K. Haderlein (Hrsg.), *Forschung in der Frühpädagogik. Materialien zur Frühpädagogik, Band 1* (S. 37–64). Freiburg i. Br.: FEL.

Faust, G. (2012). Zur Bedeutung des Schuleintritts für die Kinder – für eine wirkungsvolle Kooperation von Kindergarten und Grundschule. In S. Pohlmann-Rother & U. Franz (Hrsg.), *Kooperation von KiTa und Grundschule. Eine Herausforderung für das pädagogische Personal* (S. 11–21). Köln: Carl Link.

Faust, G. & Roßbach, H.-G. (2004). Der Übergang vom Kindergarten in die Grundschule. In L. Denner & E. Schumacher (Hrsg.), *Übergänge im Elementar- und Primarbereich reflektieren und gestalten. Beiträge zu einer grundlegenden Bildung* (S. 91–105). Bad Heilbrunn: Klinkhardt.

Gernand, B. & Hüttenberger, M. (1989). *Die Zusammenarbeit von Kindergarten und Grundschule im Bedingungsgefüge ihrer sozialgeschichtlichen Entwicklung, dargestellt am Beispiel des Schulamtsbezirks Darmstadt* (Inauguraldissertation). Frankfurt/M: J. W. Goethe-Universität.

Geschäftsstelle der Stiftung Bildungspakt Bayern (Hrsg.). (2007). *Das KIDZ-Handbuch. Grundlagen, Konzepte und Praxisbeispiele aus dem Modellversuch „KIDZ – Kindergarten der Zukunft in Bayern".* Köln: Wolters Kluwer.

Griebel, W. & Niesel, R. (2004). *Transitionen. Fähigkeiten von Kindern in Tageseinrichtungen fördern, Veränderungen erfolgreich zu bewältigen.* Weinheim: Beltz.

Hacker, H. (2008). *Bildungswege vom Kindergarten zur Grundschule* (Studientexte zur Grundschulpädagogik und -didaktik, 3. neubearbeitete Aufl.). Bad Heilbrunn: Klinkhardt.

Hanke, P., Merkelbach, I., Rathmer, B. & Zensen, I. (2009). Evaluation der Kooperationspraxis. In Lenkungsgruppe TransKIGs in Zusammenarbeit mit der Koordinierungsstelle TransKIGs am Landesinstitut für Schule und Medien Berlin-Brandenburg, *Übergang Kita – Schule zwischen Kontinuität und Herausforderung. Materialien, Instrumente und Ergebnisse des TransKIGs-Verbundprojekts* (S. 40–47). Weimar: verlag das netz.

Huppertz, N. & Rumpf, J. (1983). *Kooperation zwischen Kindergarten und Schule. Beiträge zur Theoriebildung.* München: Bardtenschlager.

Kalicki, B. (2007). „Übergang als Chance". *Theorie und Praxis der Sozialpädagogik, 3,* 42–43.

Kurz, K., Kratzmann, J. & Maurice, J. von (2007). *Die BiKS-Studie. Methodenbericht zur Stichprobenziehung. Verfügbar unter:* http://psydok.sulb.uni-saarland.de/volltexte/2007/990/pdf/Methodenbericht_2007.pdf [28.5.2009].

Lenkungsgruppe TransKiGs in Zusammenarbeit mit der Koordinierungsstelle TransKIGs am Landesinstitut für Schule und Medien Berlin-Brandenburg (2009). *Übergang Kita – Schule zwischen Kontinuität und Herausforderung. Materialien, Instrumente und Ergebnisse des TransKiGs-Verbundprojekts.* Weimar: verlag das netz.

Liebers, K. & Kowalski, D. et al. (2007). *Kooperation von Kindertageseinrichtungen und Grundschulen beim Übergang. Ergebnisse einer repräsentativen Befragung im Land Brandenburg zur Umsetzung des § 15 der Grundschulverordnung zur Kooperation von Kita und Schule beim Übergang. Landesinstitut für Schule und Medien Berlin-Brandenburg (LISUM).* Verfügbar unter: http://www.transkigs.de/fileadmin/user/redakteur/Brandenburg/Befragung_bergang_BB.pdf [06.03.2010].

LoCasale-Crouch, J., Mashburn, A. J., Downer, J. T. & Pianta, R. C. (2008). Pre-kindergarten teachers' use of transition practices and children's adjustment to kindergarten. *Early Childhood Research Quarterly, 23,* 124–139.

Mader, J. & Roßbach, H.-G. (1984). Zusammenarbeit von Kindergarten und Grundschule – Ergebnisse einer Befragung von Schulleitern und Klassenlehrern in Anfangsklassen. *Schule heute, 24* (2), 12–14.

Netta, B. & Weigl, M. (2006). *Hand in Hand. Das Amberger Modell – ein Kooperationsprojekt für Kindertagesstätten und Grundschulen. Planungshilfen – Kooperationskalender – Projekte – Kopiervorlagen.* Oberursel: Finken.

Niesel, R., Griebel, W. & Netta, B. (2008). *Nach der Kita kommt die Schule. Mit Kindern den Übergang schaffen.* Freiburg: Herder.

Ramseger, J. & Hoffsommer, J. (Hrsg.). (2008). *ponte. Kindergärten und Grundschulen auf neuen Wegen. Erfahrungen und Ergebnisse aus einem Entwicklungsprogramm.* Weimar: Verlag das netz.

Rathmer, B. A. (2012). *Kita und Grundschule: Kooperation und Übergangsgestaltung. Konzeptionen – Empirische Bestandsaufnahme – Perspektiven.* Münster: Waxmann.

Reyer, J. (2006). *Einführung in die Geschichte des Kindergartens und der Grundschule.* Bad Heilbrunn: Klinkhardt.

Staatsinstitut für Frühpädagogik (1985). *Vom Kindergarten zur Schule. Erprobte Wege der Zusammenarbeit von Erziehern und Lehrern.* Freiburg: Herder.

Strätz, R., Solbach, R. & Holst-Solbach, F. (o. J.). *Bildungshäuser für Kinder von drei bis zehn Jahren.* Expertise. Bonn: Bundesministerium für Bildung und Forschung.

Tietze, W., Roßbach, H. G. & Grenner, K. (2005). *Kinder von 4 bis 8 Jahren. Zur Qualität der Erziehung und Bildung in Kindergarten, Grundschule und Familie.* Weinheim: Beltz.

vbw – Vereinigung der Bayerischen Wirtschaft e.V. (Hrsg.) (2011). *Bildungsreform 2000 – 2010 – 2020. Jahresgutachten 2011.* Wiesbaden: VS Verlag.

Schulfähigkeit in der Sicht von Eltern, Erzieherinnen und Lehrkräften[2]

Sanna Pohlmann-Rother, Jens Kratzmann und Gabriele Faust

1.   Einleitung

Eltern können in Deutschland in begrenztem Maß den Einschulungszeitpunkt ihres Kindes mitbestimmen und ihre Kinder mit Zustimmung der Grundschule „vorzeitig" oder „verspätet" einschulen. Als Voraussetzung für die Einschulung sieht die Mehrzahl der Bundesländer nach wie vor neben dem Alter die Schulfähigkeit des Kindes vor (vgl. den Beitrag von Faust, Teil I, in diesem Band), d.h., es wird ein zu den schulischen Anforderungen „passender" Entwicklungsstand vorausgesetzt. Bei der Abwägung der Voraussetzungen auf Seiten des Kindes und der schulischen Bedingungen werden die Eltern von den Erzieherinnen in den Kindertagesstätten beraten. Deren Beratungsaufgabe ist im SGB VIII (KJHG 1990, § 16 Abs. 2 Nr. 2), den entsprechenden länderspezifischen Ausführungsgesetzen (z.B. BayKiBiG 2005) und in den Erziehungs- und Bildungsplänen der Kindertageseinrichtungen vor der Schule verankert (vgl. dazu den Beitrag von Plehn, in diesem Band). Die Entscheidungen über nicht fristgerechte Einschulungen liegen auf Seiten der Schule.

Nicht nur für die Einschulungsentscheidung der Eltern, sondern auch für die Beratung der Erzieherinnen ist wesentlich, welche Auffassung beide Gruppen von Schulfähigkeit haben. Zwar ist – nun schon einige Jahre zurückliegend – das Verständnis von Erzieherinnen und Lehrkräften untersucht und verglichen worden (vgl. Kammermeyer, 2000). Wenig bekannt ist jedoch, wie Eltern Schulfähigkeit verstehen. Im Folgenden werden Befunde aus standardisierten Eltern-, Erzieherinnen- und Lehrerbefragungen und Ergebnisse aus leitfadengestützten Elterninterviews vorgestellt. Dabei liegt der Schwerpunkt auf den bisher selten untersuchten Ansichten der Eltern.

2   Diese Ergebnisse wurden erstmals publiziert in Diskurs Kindheits- und Jugendforschung, 2011, 6 (1), S. 59–75. Wir danken dem Verlag für die Genehmigung zum gekürzten und aktualisierten Wiederabdruck.

2. Schulfähigkeit in der pädagogisch-psychologischen Diskussion

Das Verständnis von Schulfähigkeit hat sich in den letzten 60 Jahren grundlegend gewandelt. Sowohl das reifungstheoretische Konzept, in Deutschland in Anschluss an Artur Kern, als auch die eigenschaftstheoretische Vorstellung sind überholt. Bereits in den 1960er Jahren wurde erkannt, dass Schulfähigkeit in Relation zu den schulischen Anforderungen zu sehen ist. Nach aktuellem Verständnis sind in ökosystemischer Sicht neben dem Kind und seinem Entwicklungsstand die Anforderungen der Schule, die vorschulische und familiäre Umwelt des Kindes und die gesamtgesellschaftlichen Anforderungen zu berücksichtigen (vgl. den Beitrag von Faust, Teil I, in diesem Band). Schulfähigkeit kann auch als Entwicklungsziel oder als soziokulturelles Konstrukt aufgefasst werden (vgl. Kammermeyer, 2005).

Trotz der Überholtheit des Eigenschaftskonstrukts dominiert dieses nach wie vor die Praxis der Einschulungsentscheidungen. Statt die Passung von Voraussetzungen und Anforderungen zu analysieren und dabei auch die Veränderbarkeit der schulischen Verhältnisse zu berücksichtigen, wird einseitig die Schulfähigkeit des Kindes geprüft (vgl. La Paro & Pianta, 2000, p. 444; ebenso Kammermeyer, 2000, S. 116). Dies wird damit erklärt, dass die handelnden Personen Einschulungsentscheidungen zu treffen haben (vgl. Kammermeyer, ebd.). Vermutlich trägt dazu auch bei, dass auf der Basis des ökosystemischen Modells Schulfähigkeit erst nach der Einschulung und nur im Zeitverlauf beurteilbar ist: Voraussetzung ist, dass das Kind unter schulischen Bedingungen lernt und dabei immer wieder die Passung seiner Voraussetzungen zu den schulischen Anforderungen ermittelt werden kann. Dies geschieht sinnvollerweise in einer förderdiagnostischen Perspektive, d.h., Nicht Passung setzt spezifische Fördermaßnahmen in Gang (vgl. Meisels, 1998, S. 19).

Wiederholt wird vorgeschlagen, dass die Klärung, was die Kindertageseinrichtung und die Grundschule jeweils konkret unter Schulfähigkeit verstehen, zum Kern der Zusammenarbeit beider Institutionen werden soll (vgl. Kammermeyer, 2000, S. 236f.; Gemeinsamer Rahmen, 2004, S. 8). Schulfähigkeit kann deshalb sowohl von den Zielen und Bildungsprozessen der vorschulischen Kindertageseinrichtungen (quasi „bottom-up") als auch vom Schulsystem aus („top-down") konkretisiert werden. Dabei könnten sich charakteristische Unterschiede ergeben.

Für die skandinavischen Staaten, vor allem für Norwegen und Schweden, wird herausgearbeitet, dass die auf das Kind als Person und lernendes Individuum und weniger auf die spezifischen Voraussetzungen in einzelnen Lernbereichen gerichtete Perspektive der Pädagogen in vor- und außerschulischen Einrichtungen das gemeinsame Schulfähigkeitsverständnis am Schuleintritt prägt und zu Veränderungen des Anfangsunterrichts durch Übernahme vorschulischer Elemente geführt hat, ablesbar z.B. an der Rolle des Spiels (vgl. Broström & Wagner, 2003; Oberhuemer, 2004). Kammermeyer (2000) stellt dagegen für Deutschland eher geringe Unterschiede im Schulfähigkeitsverständnis von Erzieherinnen und Lehrkräften fest. Übereinstimmend halten sie Wahrnehmung, Sprachverständnis, Konzentration und Sozialverhalten für wichtig und Gliederungsfähigkeit und Mengenerfassung für unwichtig. Für die Erzieherinnen sind Selbstständigkeit und Feinmotorik wichtiger als für die Lehrerinnen (ebd., S. 162).

Bezogen auf Viereinhalbjährige setzen in der ECCE-Studie (European Child Care and Education Study) sowohl die Erzieherinnen als auch die Mütter die Förderung schulbezogener Fähigkeiten und die konkrete Vorbereitung auf Lesen und Schreiben auf die letzten Plätze einer acht Aufgaben umfassenden Liste, an deren Spitze Aspekte der Förderung der Gesamtpersönlichkeit des Kindes rangieren, wie die Förderung des Selbstwertgefühls und der Kreativität und Phantasie (vgl. Tietze u.a., 1998, S. 91). Zwei Jahre später, wenn die Kinder sechseinhalb Jahre alt sind und unmittelbar vor dem Schuleintritt stehen, wird das Ziel, den Kindern „die Anfänge des Lesens und Schreibens beizubringen", als einzige Aufgabe als „weniger bedeutsam" eingestuft, und zwar übereinstimmend von Müttern und Erzieherinnen, wobei die pädagogischen Fachkräfte dies für noch weniger wichtig halten. Auf den ersten beiden Plätzen stehen nach wie vor die Förderung des Selbstwertgefühls der Kinder und die Stimulierung ihrer Kreativität und Vorstellungskraft. Allerdings wird auch die Vorbereitung auf die Schule von Müttern und Erzieherinnen als „bedeutsame" Aufgabe des Kindergartens gesehen (vgl. Tietze, Roßbach & Grenner, 2005, S. 120ff.). Dies könnte damit erklärt werden, dass die Erzieherinnen die Kinder bevorzugt lernzielfern und eher durch beiläufige, in den Alltag eingebettete Maßnahmen auf die Schule vorbereiten (vgl. Kammermeyer, 2008). Die Studie von Rank (2008) macht deutlich, dass die Mehrheit der von ihr befragten Erzieherinnen sowohl dem kognitiven Lernen als auch dem Schriftspracherwerb im Kindergarten positiv gegenübersteht. Allerdings muss die Initiative dazu vom Kind ausgehen und das Ziel der Angebote wird weniger in der Schulvorbereitung als in einem Beitrag zur Persönlichkeitsförderung der Kinder gesehen (ebd., S. 199f.).

Während in der ECCE-Studie die Mütter ähnlich wie die Erzieherinnen lernzielnahe Schulvorbereitung ablehnen, orientieren sich US-amerikanische Eltern hinsichtlich der Schulfähigkeit von Schulanfängern in erster Linie an den konkreten Lernvoraussetzungen des Kindes, wie z.B. bis 20 oder mehr zählen können und das Alphabet kennen (vgl. La Paro & Pianta, p. 444). In einer räumlich und bezogen auf den Befragtenkreis eng begrenzten Studie rücken deutsche Eltern 2002 hingegen lernmethodische Fähigkeiten wie Konzentration und Aufmerksamkeit an die erste Stelle, gefolgt von Selbstständigkeit und Sozialkompetenz. Lernvoraussetzungen wie Zahlen-, Farb- und Form- sowie Buchstabenkenntnis folgen erst danach (Brozio, 2004, S. 15ff.).

Der Forschungsstand stellt demgegenüber die Bedeutung kognitiver Lernvoraussetzungen und der domänenspezifischen Vorläuferfähigkeiten heraus. Nicht nur einseitig distale, sondern auch verstärkt proximale, auf die Anforderungen des Anfangsunterrichts bezogene Schulfähigkeitskriterien sollten als Diagnosegesichtspunkte berücksichtigt und für die Förderung im Anfangsunterricht genutzt werden (vgl. Burgener-Woeffray, 1996; Kammermeyer, 2005). Wenn sich die Füllung des Begriffs Schulfähigkeit daran orientiert, was den Erfolg der Schüler/-innen in den ersten Klassenstufen der Grundschule voraussagen kann, stehen ebenfalls die Lernvoraussetzungen der Schulanfänger/-innen im Mittelpunkt (vgl. Duncan et al., 2007).

Vor diesem Hintergrund werden im vorliegenden Beitrag zwei Fragen untersucht:
- Wie verstehen Eltern, Erzieherinnen und Lehrkräfte Schulfähigkeit? Unterscheiden sich Untergruppen von Eltern und Erzieherinnen?
- Wer soll nach Ansicht von Eltern und Erzieherinnen wann über die Schulfähigkeit eines Kindes entscheiden?

3. Methode

Die folgenden quantitativen Befunde basieren auf Eltern- und Erzieherinnenbefragungen, die zu zwei Messzeitpunkten (MZP) durchgeführt wurden. In einer Fragebogenerhebung (dritter MZP, d.h. zwei Jahre vor dem fristgerechten Einschulungstermin) sollten zunächst alle Eltern ($n = 547$) und Erzieherinnen ($n = 97$) die auch von Kammermeyer (2000) untersuchten folgenden 15 Schulfähigkeitskriterien hinsichtlich ihrer Wichtigkeit bewerten (*„Für wie wichtig halten Sie folgende Kriterien im Hinblick auf die Schulfähigkeit eines Kindes?"*, vierstufiges Antwortformat, 1 = *unwichtig*, 4 = *wichtig*):

Denkfähigkeit, Gedächtnisleistung, Alter des Kindes, körperliche Entwicklung, Gliederungsfähigkeit, Grobmotorik, Konzentration, Mengenerfassung, Selbstständigkeit, Sozialverhalten, sprachliche Entwicklung, Wahrnehmung, Feinmotorik, gesundheitliche Robustheit, Arbeitsverhalten.

Zur vertiefenden Analyse wurden die Eltern und die Erzieherinnen zum gleichen Zeitpunkt um offene Antworten zu ihren Schulfähigkeitskriterien gebeten. Diese Nennungen wurden kategorisiert und zusammengefasst und Eltern und Erzieherinnen ein Jahr später, nun ein Jahr vor Beginn der Schulpflicht (MZP 5), vorgelegt mit der Bitte, die drei wichtigsten Kriterien zu nennen. Die Erstklasslehrkräfte ($n = 97$), in deren Klassen Kinder aus der BiKS-Stichprobe eingeschult worden und deren Schulen zur Mitarbeit in der Studie bereit waren, wählten aus der gleichen Liste ihre drei wichtigsten Schulfähigkeitskriterien im Frühjahr 2009 (MZP 7) aus.

Außerdem wurden die Nennungen der Eltern in Abhängigkeit von ihrem Bildungsniveau und ihrer Einschulungspräferenz ausgewertet, d.h., ob sie eine vorzeitige, fristgerechte oder verspätete Einschulung bevorzugten.

Im Rahmen der qualitativen Erhebungen wurden leitfadengestützte Interviews geführt. Die Elterninterviews fanden jeweils ein Jahr sowie drei Monate vor und nach der Einschulung statt. Aus der Gesamtstichprobe wurden Eltern ausgewählt, für die eine vorzeitige ($n = 23$) bzw. eine verspätete Einschulung ihrer Kinder ($n = 20$) infrage kam. Die Fragen zur Schulfähigkeit waren Teil des jeweils ersten Interviews und wurden im Herbst 2006 bzw. Herbst 2007 erhoben. Die Interviews wurden inhaltsanalytisch ausgewertet (vgl. den Beitrag von Faust, Kratzmann & Wehner, Teil I, in diesem Band).

4. Ergebnisse zum Verständnis von Schulfähigkeit

4.1 Elternsicht

Alle 15 vorgelegten Schulfähigkeitskriterien bewerten die Eltern tendenziell als wichtig oder eher wichtig (vgl. Tab. 1, linker Teil, Mittelwerte zwischen 3.84 und 2.99). Als die drei wichtigsten Merkmale sehen sie die Konzentrationsfähigkeit, die sprachliche Entwicklung sowie das Sozialverhalten eines Kindes an. Am unwichtigsten wird das Alter eingestuft.

In den weiteren Analysen, in denen die Eltern nach ihrem Bildungsniveau und ihrer Einschulungspräferenz unterschieden wurden, zeigen sich Unterschiede in der Beurteilung der Kriterien und ihrer Rangfolge (vgl. Tab. 1, mittlerer und rechter Teil). Das Bildungsniveau wurde anhand des höchsten beruflichen Bildungsabschlusses der Eltern erfasst und in einer dreistufigen Skala eingeordnet: hoch (FH- oder Universitätsabschluss), mittel (Berufsfachschule, Meister, Techniker), niedrig (ohne Abschluss, Lehre, in Ausbildung). Signifikante Unterschiede bestehen beim Bildungsniveau hinsichtlich der Kriterien Körperliche Entwicklung ($F(2, 317) = 3.522, p = .031$), Gesundheitliche Robustheit ($F(2, 321) = 10.513, p = .000$) und Alter des Kindes ($F(2, 318) = 9.918, p = .000$). Ein Vergleich zwischen den Gruppen (Post-hoc-Test nach Scheffé) ermittelt, dass die Unterschiede zwischen den Gruppen auf die Eltern mit hohem Bildungsniveau zurückzuführen sind. Sie legen weniger Wert auf die genannten Kriterien.

Die Einschulungspräferenz wurde mit folgender Frage erhoben: „*Außerdem möchten wir auch heute schon von Ihnen wissen, wie Sie grundsätzlich zum Zeitpunkt der Einschulung stehen.*" Es standen drei Antwortmöglichkeiten zur Auswahl: „*Kinder sollten möglichst früh eingeschult werden*", „*... dann eingeschult werden, wenn sie schulpflichtig werden*", „*... möglichst spät eingeschult werden*". Je nach ihrer Einschulungspräferenz beurteilen die Eltern die gleichen drei Kriterien unterschiedlich (Körperliche Entwicklung: $F(2, 304) = 9.326$, $p = .000$; Gesundheitliche Robustheit: $F(2, 308) = 8.271$, $p = .000$; Alter: $F(2, 305) = 20.232$, $p = .000$). Post-hoc-Tests nach Scheffé zeigen, dass die Unterschiede zwischen den Eltern auf die Gruppe der Eltern zurückzuführen sind, die möglichst früh einschulen wollen und diese Kriterien als weniger wichtig bewerten. Das Sozialverhalten ($F(2, 310) = 3.156$, $p = .044$) wird dagegen von den Eltern mit der Tendenz zur späten Einschulung signifikant höher eingestuft.

Eine Prüfung anhand einer multivariaten Varianzanalyse belegt keine Interaktionen zwischen Bildungsniveau und Einschulungspräferenz. Gleichwohl zeigt sich in einer Gegenüberstellung eine Präferenz zur früheren Einschulung bei höherem Bildungsniveau der Eltern (13.2 % dieser Eltern präferieren eine möglichst frühe Einschulung, gegenüber 5.9 % der Eltern mit niedrigem Bildungsabschluss; $\chi^2 = 10.60$; $df = 4$; $p < .05$). Späte Einschulungen werden dagegen vor allem von den Eltern mit mittlerem Bildungsniveau befürwortet (25 % davon sprechen sich für eine möglichst späte Einschulung aus, wogegen dies in den anderen Gruppen 11.6 bzw. 13.6 % sind). Bezogen auf alle befragten Eltern bevorzugen 75.6 % die fristgerechte, 9 % eine möglichst frühe und 15.4 % eine möglichst späte Einschulung.

Die offenen Elternantworten aus dem MZP 3 wurden zu Kategorien zusammengefasst (vgl. Tab. 2). Zwei Kategorien stehen mit Abstand an der Spitze der Elternnennungen und werden von knapp der Hälfte aller Befragten genannt: Konzentration und Sozialverhalten. Unter Konzentration werden dabei folgende Elternantworten zusammengefasst: Konzentration, Konzentrationsfähigkeit, Zuhörvermögen, Aufmerksamkeit, längere Zeit fähig, sich auf ein Thema zu konzentrieren, nicht leicht ablenkbar. In die Kategorie Sozialverhalten gehen u.a. folgende Einzelnennungen ein: soziale Kompetenz, Freundschaften aufbauen können, in der Gruppe gut zurechtkommen, soziale Kontakte, Teamfähigkeit, Konflikte lösen, Integrationsfähigkeit, kontaktfähig. Das drittwichtigste Kriterium ist für die Eltern das Interesse des Kindes, d.h. Neugier, Lernbereitschaft und Spaß an der Schule. Unmittelbare Lernvoraussetzungen wie Buchstaben- und Zahlenkenntnis und Wissen folgen demgegenüber mit weitem Abstand und erscheinen nur 12 % bzw. 8 % der Befragten als eines der drei wichtigsten Schulfähigkeitskriterien.

Tabelle 1: Eltern – Eingeschätzte Wichtigkeit der vorgelegten Schulfähigkeitskriterien (MZP 3)

| | Eltern ohne Subgruppen | | | | | Eltern nach elterl. Bildungsniveau | | | | | | Eltern nach elterl. Einschulungspräferenz | | | | | |
| | | | | | | Niedrig | | Mittel | | Hoch | | Früh | | Fristgerecht | | Spät | |
	N	Min	Max	AM	SD	AM	SD	AM	SD	AM	SD	AM	SD	AM	SD	AM	SD
Konzentration	324	2	4	3.84	.373	3.86	.353	3.82	.390	3.84	.387	3.76	.435	3.83	.375	3.92	.347
Sprachliche Entwicklung	324	3	4	3.81	.392	3.84	.365	3.87	.342	3.75	.437	3.78	.424	3.79	.405	3.92	.279
Sozialverhalten	329	3	4	3.77	.424	3.75	.437	3.76	.428	3.78	.415	3.69	.471	3.74	.441	3.90	.309
Wahrnehmung	328	2	4	3.46	.557	3.47	.563	3.45	.551	3.44	.559	3.45	.506	3.43	.575	3.54	.504
Gedächtnisleistung	326	2	4	3.44	.555	3.50	.550	3.47	.528	3.35	.569	3.39	.629	3.42	.552	3.55	.544
Selbstständigkeit	329	2	4	3.41	.594	3.43	.603	3.32	.571	3.44	.599	3.41	.628	3.41	.602	3.46	.544
Körperliche Entwicklung	323	1	4	3.38	.731	3.48	.690	3.43	.738	3.24	.750	3.00	.756	3.35	.748	3.71	.504
Feinmotorik	327	1	4	3.34	.616	3.36	.592	3.39	.591	3.28	.651	3.43	.504	3.30	.605	3.52	.714
Gliederungsfähigkeit	325	2	4	3.33	.576	3.38	.537	3.32	.571	3.27	.610	3.24	.636	3.31	.548	3.38	.640
Mengenerfassung	325	2	4	3.31	.614	3.38	.597	3.32	.616	3.23	.622	3.45	.506	3.28	.604	3.40	.707
Denkfähigkeit	327	1	4	3.31	.649	3.34	.665	3.30	.566	3.26	.681	3.45	.506	3.27	.682	3.31	.589
Gesundheitliche Robustheit	327	1	4	3.27	.728	3.37	.672	3.47	.622	3.05	.782	3.14	.743	3.21	.748	3.66	.522
Grobmotorik	327	1	4	3.25	.747	3.27	.707	3.28	.704	3.21	.810	3.14	.743	3.23	.750	3.38	.761
Arbeitsverhalten	327	1	4	3.21	.662	3.25	.663	3.21	.618	3.16	.686	3.14	.693	3.22	.666	3.25	.668
Alter des Kindes	324	1	4	2.99	.840	3.20	.809	3.07	.859	2.75	.797	2.17	.658	3.06	.765	3.30	.931
Gültige Werte (Listenweise)	301					109		72		118		25		216		45	

Antwortformat: 1=*unwichtig*, 2=*eher unwichtig*, 3=*eher wichtig*, 4=*wichtig*

159

Tabelle 2:   Schulfähigkeitskriterien in der Sicht der Eltern – Kategorisierung der
offenen Nennungen (MZP 3)

	N	Anzahl Nennungen	Anteil Nennungen
Konzentration	434	211	.49
Sozialverhalten	441	208	.47
Interesse	431	95	.22
Selbstständigkeit	427	90	.21
Reife	433	91	.21
Kognitive Entwicklung	426	80	.19
Sprachliche Entwicklung	427	76	.18
Ausdauer	428	69	.16
Grob- und Feinmotorik	428	61	.14
Buchstaben- und Zahlenkenntnis	428	51	.12
Selbstbewusstsein	423	44	.10
Körperliche Entwicklung	426	40	.09
Wissen	426	34	.08
Alter	426	33	.08
allgemeiner Entwicklungsstand	422	29	.07
Emotionale Stabilität	421	17	.04
Begabung	420	14	.03
Regelbewusstsein	421	14	.03
Gesundheitliche Entwicklung	423	14	.03
Persönlichkeit	422	13	.03
Frustrationstoleranz	420	5	.01
Gemeinsam mit Freunden in die Schule gehen	420	5	.01
Verantwortungsbewusstsein	421	5	.01
Drei Jahre im Kindergarten	421	4	.01
Unterforderung im Kindergarten	421	4	.01
Sportlichkeit	420	3	.01
Gutachten	420	1	.00
Leistungsstand	420	1	.00
Moralische Fähigkeiten	420	1	.00
Gültige Werte (Listenweise)	420		

In den qualitativen Interviews wurden die Eltern, für deren Kind eine vorzeitige
bzw. verspätete Einschulung in Frage kommt, offen gefragt, welche Fähigkeiten
ein Kind haben muss, wenn es in die Schule kommt. Im Anschluss wurden beide Befragtengruppen aufgefordert, die genannten Schulfähigkeitskriterien in eine
Rangfolge zu bringen. Die Aussagen wurden ebenfalls in Abhängigkeit vom an-
gestrebten Einschulungszeitpunkt und Bildungsniveau (abgekürzt Bn) der Eltern
analysiert. Offen gefragt nennen beide Elterngruppen ähnlich wie alle Eltern als
Antwort auf die offene Frage zunächst eine ganze Bandbreite von Aspekten, wie
z.B. Selbstständigkeit, soziale Kompetenzen, Konzentrationsfähigkeit, Interesse

des Kindes an der Schule, sozial-emotionale Reife, körperliche Entwicklung, Fein-motorik sowie Beherrschung der deutschen Sprache.

Sowohl in den Interviews zur vorzeitigen Einschulung (abgekürzt vorz.) als auch in den Gesprächen zu einem verspäteten Schuleintritt (abgekürzt versp.) beto-nen insbesondere die bildungsnahen Eltern personale Kriterien, wie emotionale Stabilität, Selbstbewusstsein und Belastbarkeit. Dies wird auch vor dem Hinter-grund schulischer Anforderungen und verschiedener Rahmenbedingungen (z.B. mit dem Schulbus fahren, den Schulweg finden) gesehen:

> Für mich ist eine emotionale Stabilität ganz wichtig, das heißt auch, in diesem großen Klassenverband bestehen zu können. Ein gewisses Durchsetzungsvermögen. (…) Es ist mir ganz wichtig, dass sie da das Rüstzeug mitbringt, dem standzuhalten. (…) Auch ein gewisses Konfliktmanagement. (Bayern, Bn hoch, Interview vorz.)

Dagegen stellen die Eltern mit niedrigem Bildungsniveau in beiden Gesprächen häufiger als die bildungsnahen Eltern den körperlichen Entwicklungsstand als re-levantes Schulfähigkeitskriterium heraus, teilweise mit dem Argument der Selbst-behauptung gegenüber Mitschülern. So wird die Größe des Kindes genannt, aber auch das Gewicht und der gesundheitliche Zustand:

> Es sollte körperlich groß genug sein und auch kräftig genug, um den Schulweg und den Schulranzen überhaupt tragen zu können. (…) Es ist schon schwer das Ganze. (Hessen, Bn niedrig, Interview versp.)

Im Interview über die vorzeitige Einschulung äußern sich beinahe alle Eltern, die ihr Kind vorzeitig einschulen wollen, zu kognitiven Kompetenzen i.S. schulnaher Vorläuferfähigkeiten und Vorkenntnissen. Vergleicht man deren Aussagen mit El-tern, die eine reguläre Einschulung anstreben, so zeigt sich bei diesen Eltern eine differenziertere Vorstellung dieser Schulfähigkeitskriterien. Allerdings könnte dies auch mit dem fast durchgehend hohen Bildungsniveau dieser Eltern zusammen-hängen:

> Sie sollten die Zahlen bis zehn können und auch dieses simultane Erfassen bis fünf. Also, wenn sie die Würfelaugen sehen, müssen sie nicht zählen, sondern sehen gleich, dass das fünf sind. (Hessen, Bn hoch, Interview vorz.)

Die Eltern, die eine Zurückstellung vom Schulbesuch in Erwägung ziehen, äußern sich ebenfalls zu kognitiven Kompetenzen und weisen auf Defizite ihres Kindes in diesem Bereich hin. Sie berichten beispielsweise von einem geringen Mengen-verständnis bei ihrem Kind, mangelndem mathematischen Vorstellungsvermögen sowie von Schwächen in der Wahrnehmung und Merkfähigkeit. Obwohl die El-tern diese Defizite herausstellen, gewichten sie für ihre Einschulungsentscheidung andere Kriterien stärker und relativieren die Bedeutung schulnaher Vorkenntnisse durch die gleichzeitige Betonung der Selbstständigkeit, des Sozialverhaltens oder der Freude an der Schule. Zudem wird die Einführung in die Anfänge des Lesens, Schreibens und Rechnens als Aufgabe der Grundschule und nicht als Auftrag der vorschulischen Einrichtung angesehen:

> Die Selbstständigkeit ist am wichtigsten. (…) Ich kümmere mich um meine Sachen, weiß, was ich aufhabe, und schaue darauf, dass ich meine Hefte immer wieder mit heim bringe. Diese Sachen, das ist das Wichtigste, weil ich denke, zum Schreiben- und Rechnenlernen ist eigentlich die Schule da. Das muss er nicht unbedingt schon vorher können. (Bayern, Bn hoch, Interview versp.)

Mit Blick auf die Rangfolge zeigt sich, dass die deutliche Mehrheit der Eltern in beiden Interviews – ähnlich wie in den quantitativen Daten – die Konzentrationsfähigkeit bzw. Ausdauer als das wichtigste Kriterium ansieht:

> Ich glaube, am zentralsten für die Schule ist eine gewisse Konzentrationsfähigkeit. Die sollte da sein. Wenn eine gute Konzentration da ist, kann es sehr viel in kürzester Zeit nachholen und lernen. (Bayern, Bn hoch, Interview vorz.)

Daneben führen soziale Fähigkeiten, Selbstständigkeit und die „sozial-emotionale Reife" die Rangfolge an. Dabei spielt die „*Konfliktfähigkeit, die Fähigkeit, sich mit Problemen auseinanderzusetzen und auch Lösungsmöglichkeiten parat zu haben*" eine Rolle für den künftigen Schulalltag. Vor allem für die Eltern, für deren Kinder eine vorzeitige Einschulung in Frage kommt, steht das „*Neugierig-Sein, dieses Lernen-Wollen*" und die Freude auf die Schule an oberer Stelle. Dies geht einher mit der allgemein in diesen Interviews zu erkennenden Tendenz, dem Wunsch des Kindes einen höheren Stellenwert zuzuschreiben. Die kognitiven Kompetenzen stehen bei diesen Eltern nur zwei Mal an erster Stelle und werden ebenso wie in den Interviews zur verspäteten Einschulung durch die gleichzeitige Betonung sozialer Fähigkeiten und der Konzentrationsfähigkeit bzw. Ausdauer relativiert.

4.2   Erzieherinnensicht

Die offenen Antworten der Erzieherinnen ähneln bemerkenswert denen der Eltern: Die gleichen beiden Kriterien stehen an der Spitze, allerdings in umgekehrter Reihenfolge (vgl. Tab. 3). Für mehr als die Hälfte der Erzieherinnen gehört das Sozialverhalten zu den drei wichtigsten Schulfähigkeitskriterien. 31 % nennen danach die Konzentration des Kindes und 29 % seine kognitive Entwicklung. Wissen und Buchstaben- und Zahlenkenntnis werden in der offenen Befragung nur von 3 % der Erzieherinnen erwähnt. Abweichend von den Eltern unterscheiden sich die Fachkräfte nicht nach ihrer grundsätzlichen Einschulungspräferenz, die bei dieser

Gruppe mit der Frage nach dem generell zu bevorzugenden Einschulungszeitpunkt erhoben wurde. Erwähnenswert ist, dass sich lediglich eine Erzieherin für eine möglichst frühe Einschulung der Kinder ausspricht.

Tabelle 3:   Schulfähigkeitskriterien in der Sicht der Erzieherinnen – Kategorisierung der offenen Nennungen (MZP 3)

	N	Anzahl Nennungen	Anteil Nennungen
Sozialverhalten	90	50	.56
Konzentration	91	28	.31
Kognitive Entwicklung	90	26	.29
Selbstständigkeit	92	24	.26
Selbstbewusstsein	91	19	.21
Reife	90	17	.19
Grob- und Feinmotorik	90	15	.17
Emotionale Stabilität	90	15	.17
Ausdauer	90	15	.17
Interesse	90	12	.13
Sprachliche Entwicklung	90	11	.12
Allgemeiner Entwicklungsstand	90	8	.09
Körperliche Entwicklung	90	6	.07
Frustrationstoleranz	90	4	.04
Wissen	90	3	.03
Buchstaben- und Zahlenkenntnis	90	3	.03
Gesundheitliche Entwicklung	90	2	.02
Regelbewusstsein	90	2	.02
Persönlichkeit	90	2	.02
Förderung durch das Elternhaus	90	1	.01
Begabung	90	1	.01
Unterforderung im Kindergarten	90	0	.00
Gemeinsam mit Freunden in die Schule gehen	90	0	.00
Moralische Fähigkeiten	90	0	.00
Sportlichkeit	90	0	.00
Leistungsstand	90	0	.00
Drei Jahre im Kindergarten	90	0	.00
Gutachten	90	0	.00
Verantwortungsbewusstsein	90	0	.00
Alter	90	0	.00
Gültige Werte (Listenweise)	90		

4.3 Vergleich der Eltern-, Erzieherinnen- und Lehrersicht

Für alle drei Befragtengruppen stehen Ausdauer/Konzentrationsfähigkeit des Kindes an der Spitze der Schulfähigkeitskriterien, bei den Eltern gefolgt vom geistigen Entwicklungsstand, bei den Erzieherinnen von der Selbstständigkeit und in der Sicht der Lehrer/-innen von den sozialen Fähigkeiten und dem Interesse des Kindes an der Schule bzw. am Lernen (vgl. Tab. 4). Der geistige Entwicklungsstand und die Selbstständigkeit des Kindes gehören auch für die Lehrkräfte zu den fünf wichtigsten Kriterien. Weitgehende Einigkeit herrscht auch hinsichtlich der unwichtigsten Kriterien: Am seltensten werden Durchsetzungsvermögen und die Kenntnis von Buchstaben und Zahlen genannt, bei den Erzieherinnen ergänzt durch die Fähigkeit ruhig sitzen und zuhören zu können. Die Kenntnis von Buchstaben und Zahlen wird sowohl von den Erzieherinnen als auch den Lehrkräften kein einziges Mal aus der vorgelegten Liste ausgewählt.

Tabelle 4: Wichtigste Schulfähigkeitskriterien in der Sicht von Eltern, Erzieherinnen und Lehrkräften (Eltern- bzw. Erzieherinnenbefragung, MZP 5; Lehrerfragebogen, MZP 7)

	Eltern AM	Erzieherinnen AM	Lehrer/-innen AM
Ausdauer/Konzentrationsfähigkeit	.67	.68	.76
Geistiger Entwicklungsstand	.51	.47	.62
Selbstständigkeit	.40	.56	.59
Soziale Fähigkeiten	.36	.42	.67
Interesse an Schule und/oder am Lernen	.34	.33	.67
Ruhig sitzen und zuhören können	.20	.01	.27
Emotionaler Entwicklungsstand	.14	.41	.63
Körperlicher Entwicklungsstand	.14	.08	.32
Alter des Kindes	.13	.02	.11
Durchsetzungsvermögen	.05	.01	.07
Kenntnis von Buchstaben und Zahlen	.05	.00	.00
Gültige Werte	438	88	97

Antwortformat: 0=*nicht genannt*/1=*genannt*
Maximal drei Nennungen

4.2 Zeitpunkt und Zuständigkeit für die Schulfähigkeitsentscheidung

Zur Frage, ob ihrer Meinung nach die Schulfähigkeit eines Kindes bei der Einschulung eine Rolle spielen sollte oder das Alter eines Kindes als Kriterium genügt, befürwortet die deutliche Mehrheit (84 %), dass bei jedem Kind individuell über die Schulfähigkeit entschieden werden sollte, während ca. 16 % der Eltern meinen,

dass ohne Berücksichtigung der Schulfähigkeit alle Kinder mit sechs Jahren eingeschult werden sollten.

Als Zeitpunkt, zu dem man sich mit der Schulfähigkeit eines Kindes beschäftigen sollte, präferieren die meisten Eltern (66 %) ein Jahr und ein knappes Drittel ein
halbes Jahr vor der Einschulung (27.1 %). 6.4 % befürworten die Thematisierung
erst drei Monate vor der Einschulung, während es einem kleinen Teil (0.5 %) der
Eltern ausreichend erscheint, einige Wochen nach Schulbeginn die Schulfähigkeit
des Kindes zu thematisieren. Zur Frage, wer über die Schulfähigkeit eines Kindes
entscheiden sollte, konnten die Eltern den Kindergarten bzw. die Erzieherinnen,
die Lehrkräfte der Grundschule oder das Elternhaus angeben, wobei Mehrfachnennungen möglich waren. Die Befragten sehen insbesondere das Elternhaus (91.4 %)
und das Fachpersonal des Kindergartens (86.4 %) in der Pflicht. Etwas mehr als
die Hälfte der Eltern betrachtet es auch als Aufgabe der Schule, über die Schulfähigkeit eines Kindes zu entscheiden (59.8 %). Nähere Analysen zeigen eine Abhängigkeit vom Bildungsniveau und der allgemeinen Einschulungspräferenz der
Eltern. Je höher das Bildungsniveau der Eltern, desto stärker werden Institutionen
bei der Entscheidung über Schulfähigkeit einbezogen. Statistisch bedeutsam auf
dem 10 %-Niveau werden diese Unterschiede aber nur bei der Rolle der Schule
($\chi^2 = 4.92$; $df = 2$; $p < .1$).

Ebenfalls in Übereinstimmung mit den Eltern sind die Erzieherinnen mehrheitlich der Meinung, dass bei jedem Kind individuell über die Schulfähigkeit des
Kindes entschieden werden sollte (84.6 %), während ein Teil (15.4 %) die Ansicht
vertritt, dass das Alter des Kindes als alleiniges Kriterium ausreicht. Verglichen
mit den Eltern befürworten die Erzieherinnen eine frühere Thematisierung der
Schulfähigkeit entweder ein Jahr (81.0 %) oder ein halbes Jahr (19.0 %) vor dem
geplanten Einschulungszeitpunkt. Sich erst drei Monate oder ein paar Wochen nach
der Einschulung mit der Schulfähigkeit eines Kindes zu beschäftigen, lehnen sie
übereinstimmend ab. Die Zuständigkeit, die Schulfähigkeit eines Kindes festzustellen, liegt ihrer Ansicht nach bei den Eltern (91.7 %). Zugleich sehen sie die
Schulen bzw. die Lehrkräfte stärker in der Pflicht, sich an der Entscheidung zu beteiligen (84.5 %). Dass sich die Erzieherinnen selbst vorrangig in einer Beraterrolle
gegenüber den Eltern sehen, spiegelt sich darin, dass sie es (fast) einstimmig als
ihre Aufgabe ansehen, über die Schulfähigkeit eines Kindes zu beraten (98.8 %).

5. Zusammenfassung, Diskussion und Ausblick

Sämtliche 15 vorgelegten Kriterien halten alle Eltern für wichtig oder eher wichtig.
Als einziges Kriterium wird das Alter des Kindes von den wenigen Eltern, die eine
vorzeitige Einschulung ihres Kindes beabsichtigen, als „eher unwichtig" eingestuft
($n = 25$, $AM = 2.17$, $SD = .658$). Hierin spiegelt sich die Einschulungsabsicht dieser

Eltern, die ja gerade abweichend von den Stichtagsregelungen ihr Kind in einem jüngeren Alter in die Schule schicken wollen. Sowohl bei den vorgelegten Kriterien als auch in den selbst beschriebenen Anforderungen nennen die Eltern lernmethodische, soziale und kognitive Fähigkeiten als wichtigste Voraussetzungen für den Schuleintritt, nämlich Konzentrationsfähigkeit und Sozialverhalten, ergänzt durch die sprachliche Entwicklung des Kindes. Dies stimmt mit den Befunden von Kammermeyer (2000, S. 141ff.) überein, nach denen diese drei Kriterien sowohl für Lehrer/-innen als auch für Erzieherinnen zu den bedeutsamsten gehören (vgl. ähnlich auch Brozio, 2004). Auf eine neue Tendenz verweist in den offenen Antworten der BiKS-Eltern die Berücksichtigung des Interesses, das das Kind der Schule bzw. dem Lernen entgegenbringt, und der Wünsche der Kinder hinsichtlich ihrer Einschulung (vgl. Tab. 2 und den Beitrag von Faust, Kluczniok & Pohlmann-Rother, in diesem Band). Weniger wichtig erachten Eltern körperlich-gesundheitliche Kriterien, wobei diese insbesondere für Eltern mit hohem Bildungsniveau und der Tendenz zu einer möglichst frühen Einschulung geringer ins Gewicht fallen.

Weitestgehende Einigkeit herrscht unter allen Eltern und Erzieherinnen, dass weniger das Alter eines Kindes bei der Einschulung ausschlaggebend sein sollte als sein individueller Entwicklungsstand. Während ein Teil der Eltern meint, dass es auch drei Monate oder sogar ein paar Wochen nach der Einschulung genügt, sich mit der Schulfähigkeit eines Kindes auseinanderzusetzen, sollte dies nach Ansicht des Kindergartenfachpersonals früher geschehen. Beide Befragtengruppen nehmen diese Entscheidung als Aufgabe aller Beteiligten (Elternhaus, Kindergarten, Grundschule) wahr. Allerdings messen die Erzieherinnen sich selbst und den Lehrkräften eine stärkere Bedeutung bei als die Eltern. Letztere sehen die Verantwortung in erster Linie bei sich selbst, beziehen allerdings den Rat der Schule ein, wenn es um nicht fristgerechte Einschulungen geht.

Die Ergebnisse zu den offenen Leitfadeninterviews decken sich mit den Befragungen anhand aus der Literatur abgeleiteter und aus früheren Elternantworten gebildeter Kategorien: Zwar werden durchaus auch proximale Lernvoraussetzungen genannt, aber sie werden in den Kontext lernmethodischer, sozialer und personaler Voraussetzungen eingeordnet und erscheinen dann weniger wichtig. Die an der Spitze stehende Konzentrationsfähigkeit stellt sich als eine übergeordnete Kompetenz dar, durch die die lernzielnahen Kenntnisse und Fähigkeiten leicht erworben werden können. Die Eltern gehen davon aus, dass Kinder, die das Lernen gelernt haben, die notwendigen Grundlagen für das schulische Lernen rasch zu Beginn des ersten Schuljahrs erwerben können. Zudem wird der Einstieg in das Lernen schulischer Inhalte als eine Aufgabe verstanden, die auf die Kinder erst mit dem Schuleintritt zukommt. Dies steht in Widerspruch zu grundschulpädagogischen und pädagogisch-psychologischen Erkenntnissen, wonach der Schulanfang „keine Stunde null" ist (Richter & Brügelmann, 1994) und die relevanten Vorkenntnisse in den Jahren der Vorschulzeit erworben werden (Speck-Hamdan, 2001). Insbesondere bei Kindern mit Defiziten sollte z.B. das phonologische Unterscheidungsvermögen bzw. das zahlen- und mengenbezogene Vorwissen präventiv während der Vorschulzeit gefördert werden (vgl. Forster & Martschinke, 2001, S. 13; Küspert, Weber, Marx & Schneider, 2007; Krajewski, 2005).

Vornehmlich Eltern mit hohem Bildungsniveau betonen personale Voraussetzungen wie emotionale Stabilität und Belastbarkeit. Um zu aufzuklären, ob und falls ja, weshalb bildungsnahe Eltern auf proximale Schulvorbereitung verzichten wollen, wurde eine qualitative Zusatzstudie mit zehn bildungsnahen Eltern durchgeführt (Geitner, 2008). Die Befragten geben an, ihr Kind innerhalb der Familie in ihrer Persönlichkeit zu stärken und auf die Schule vorzubereiten, indem sie sich Zeit für Gespräche nehmen, zuhören und z.B. über Veränderungen sprechen, die mit dem Übergang in die Schule verbunden sind. Etwa die Hälfte der Eltern betont, ihrem Kind viel vorzulesen und gemeinsam Bücher anzuschauen, aber auch den Namen zu schreiben oder Mengen zu ordnen. Außerhalb der Familie werden die Kinder teilweise in Englischkursen, im Sportverein oder durch Ergotherapie und musikalische Früherziehung gefördert.

Zusammenfassend dominieren in den Schulfähigkeitskriterien der Eltern und in Übereinstimmung damit der Erzieherinnen und der Lehrkräfte demnach allgemeine Voraussetzungen lernmethodischer und sozialer Art, ergänzt durch personale und auf die Sprachentwicklung bezogene Gesichtspunkte. Akzentuiert wird die Fähigkeit des Kindes, mit der neuen Situation in der Schule zurechtzukommen und sie für das Lernen nutzen zu können. Die Bedeutung der proximalen Kriterien schlägt sich bei keiner Befragtengruppe nieder, auch nicht bei den Lehrkräften.

Demgegenüber sagen in der empirischen Forschung die kognitiven Voraussetzungen (also auch Konzentrationsfähigkeit und Sprachentwicklung) und lese- und mathematikbezogene Vorkenntnisse mit moderaten Korrelationen knapp unter .50 den Schulerfolg in Lesen und Mathematik in den ersten zwei Klassenstufen voraus, während die Erklärung der erfolgreichen Anpassung an die Schulsituation aufgrund von vorschulischen sozialen und verhaltensbezogenen Fähigkeiten mit Korrelationen im Bereich von .30 wesentlich geringer ist. In der sozialen Domäne finden also stärkere Veränderungen in der Rangreihe der Kinder statt und es lassen sich nur 10 % der Varianz gegenüber 25 % in der kognitiven Dimension aufklären (La Paro & Pianta, 2000). Demnach lässt auch die Erklärung des Schulerfolgs in Lesen und Mathematik genügend Raum für weitere bislang nicht erfasste Prädiktoren. In Regressionsanalysen auf der Basis von sechs umfangreichen Längsschnittdatensätzen ermittelten Duncan et al. (2007) Effekte der bei Schulbeginn gemessenen Fähigkeiten in Lesen und Mathematik sowie der Fähigkeit, die eigene Aufmerksamkeit zu steuern und an Klassenaktivitäten teilzunehmen, auf spätere sprachliche und mathematische Schulleistungen. Die durchschnittliche Effektstärke der sprachlichen und mathematischen Lernvoraussetzungen lag im Mittel doppelt so hoch wie die der Fähigkeiten zur Aufmerksamkeitssteuerung (.34 für mathematische Voraussetzungen, .17 für Lesen und .10 für Aufmerksamkeit, jeweils bezogen auf ein kombiniertes Leistungsmaß, vgl. ebd., p. 1439). Diese Hauptergebnisse wurden zwischenzeitlich durch fünf Reanalysen im Großen und Ganzen bestätigt (vgl. Foster, 2010, und der dadurch eingeleitete Teil in dieser Zeitschrift). Soziale Verhaltensweisen und Problemverhalten hatten demgegenüber keinen Einfluss. Demnach erscheint es wenig sicher, Einschulungsentscheidungen auf soziale Fähigkeiten zu gründen, bzw. ratsam, proximale Lernvoraussetzungen und Aufmerksamkeitsfähigkeiten zu berücksichtigen. Dies bedingt allerdings, neben den Vorkenntnissen, für die bewährte Verfahren vorliegen, auch die Aufmerksamkeitsfähigkeiten der Schulanfänger objektiv, reliabel und valide zu erheben.

Dass weder die Eltern, noch die Erzieherinnen und auch nicht die Lehrer/-innen proximale Lernvoraussetzungen nannten, könnte mit der Begrenzung auf drei Nennungen zusammenhängen: Im Verhältnis zu den distalen allgemeinen Voraussetzungen erscheint die Buchstaben- und Zahlenkenntnis als allzu eng. Bei den Lehrkräften könnte hinzukommen, dass aus Vergleichbarkeitsgründen die aus den Elternantworten entwickelten Bezeichnungen verwendet wurden. Möglicherweise hätte die phonologische Bewusstheit als Kriterium von ihrer Seite stärkere Zustimmung gefunden.

Literatur

Broström, S. & Wagner, J. T. (2003). Transitions in context: Models, practicalities and problems. In S. Broström & J. T. Wagner (Eds.), *Early childhood education in five Nordic countries. Perspectives on the transition from preschool to school* (pp. 27–36). Aarhus: Systime.

Brozio, P. (2004). *Schulfähigkeit als Kompetenz. Was Eltern für ihre Kinder fordern.* Kieler Berichte, Neue Folge Nr. 10. Beiträge aus dem Institut für Pädagogik der Universität zu Kiel. Kiel: Institut für Pädagogik.

Burgener-Woeffray, A. (1996). *Grundlagen der Schuleintrittsdiagnostik. Kritik traditioneller Verfahren und Entwurf eines umfassenden Konzepts.* Bern, Stuttgart, Wien: Haupt.

Duncan, G. J., Dowsett, Ch. J., Claessens, A., Magnuson, K., Huston, A. C., Klebanov, P., Pagani, L. S., Feinstein, L., Engel, M., Brooks-Gunn, J., Sexton, H., Duckworth, K. & Japel, C. (2007). School readiness and later achievement. In: *Developmental Psychology, 43*, 1428–1446.

Forster, M. & Martschinke, S. (2001). *Diagnose und Förderung im Schriftspracherwerb, Band 2. Leichter lesen und schreiben lernen mit der Hexe Susi. Übungen und Spiele zur Förderung der phonologischen Bewusstheit.* Donauwörth: Auer.

Foster, E. M. (2010). The value of reanalysis and replication: Introduction to special section. *Developmental Psychology, 46*, 973–975.

Geitner, S. (2008). *Schulvorbereitung aus der Sicht von bildungsnahen Eltern.* Unveröffentlichte Diplomarbeit. Bamberg: Otto-Friedrich-Universität Bamberg.

Gemeinsamer Rahmen der Länder für die frühe Bildung in Kindertageseinrichtungen (2004). Beschluss der Jugendministerkonferenz vom 13./14.4.2004, Beschluss der Kultusministerkonferenz vom 3./4.6.2004.

Kammermeyer, G. (2000). *Schulfähigkeit. Kriterien und diagnostische/prognostische Kompetenz von Lehrerinnen, Lehrern und Erzieherinnen.* Bad Heilbrunn: Klinkhardt.

Kammermeyer, G. (2005). Schulfähigkeit und Schuleingangsdiagnostik. In: W. Einsiedler, M. Götz, H. Hacker, J. Kahlert R. W. Keck & U. Sandfuchs (Hrsg.), *Handbuch Grundschulpädagogik und Grundschuldidaktik* (S. 297–306). Bad Heilbrunn: Klinkhardt.

Kammermeyer, G. (2008). Förderung der Schulfähigkeit. In K.-H. Arnold, O. Graumann & A. Rakhkochkine (Hrsg.), *Handbuch Förderung. Grundlagen, Bereiche und Methoden der individuellen Förderung von Schülern* (S. 322–330). Weinheim und Basel: Beltz.

Krajewski, K. (2005). Vorläuferfertigkeiten mathematischen Verständnisses und ihre Bedeutung für die Früherkennung von Risikofaktoren und den Umgang damit. In T. Guldimann & B. Hauser (Hrsg.), *Bildung 4- bis 8-jähriger Kinder* (S. 89–102). Münster: Waxmann.

Küspert, P., Weber, J., Marx, P. & Schneider, W. (2007). Prävention von Lese-Rechtschreibschwierigkeiten. In W. v. Suchodoletz (Hrsg.), *Prävention von Entwicklungsstörungen* (S. 81–96). Göttingen: Hogrefe.

La Paro, K. M. & Pianta, R. C. (2000). Predicting children's competence in the early school years: A meta-analytic review. *Review of Educational Research, 70,* 443–484.

Meisels, S. J. (1998). *Assessing Readiness. CIERA Report No. 3–002.* Ann Arbor: Center for the Improvement of Early Reading, University of Michigan. Verfügbar unter: http://www.ciera.org/library/reports/inquiry-3/3–002/3–002.pdf [27.6.2010].

Oberhuemer, P. (2004). Bildungskonzepte für die frühen Jahre in internationaler Perspektive. In W. E. Fthenakis & P. Oberhuemer (Hrsg.), *Frühpädagogik international. Bildungsqualität im Blickpunkt* (S. 359–383). Wiesbaden: VS.

Rank, A. (2008). *Subjektive Theorien von Erzieherinnen zu vorschulischem Lernen und Schriftspracherwerb.* Berlin: Wissenschaftlicher Verlag.

Richter, S. & Brügelmann, H. (1994). Der Schulanfang ist keine Stunde Null. In H. Brügelmann & S. Richter (Hrsg.), *Wie wir recht schreiben lernen. 10 Jahre Kinder auf dem Weg zur Schrift* (S. 62–77). Lengwil: Libelle.

Speck-Hamdan, A. (2001). Schulanfänger: Könner? – Debütanten? In G. Faust-Siehl & A. Speck-Hamdan (Hrsg.), *Schulanfang ohne Umwege. Mehr Flexibilität im Bildungswesen* (S. 16–29). Frankfurt: Der Grundschulverband.

Tietze, W. (Hrsg.), Meischner, T., Gänsfuß, R., Grenner, K., Schuster, K.-M., Völkel, P. & Roßbach, H.-G. et al. (1998). *Wie gut sind unsere Kindergärten? Eine Untersuchung zur pädagogischen Qualität in deutschen Kindergärten.* Neuwied, Kriftel, Berlin: Luchterhand.

Tietze, W., Roßbach, H.-G. & Grenner, K. (2005). *Kinder von 4 bis 8 Jahren. Zur Qualität der Erziehung und Bildung in Kindergarten, Grundschule und Familie.* Weinheim, Basel: Beltz.

169

Welche Eltern schulen vorzeitig ein?

Eine Untersuchung zum Verlauf und zu Einflussfaktoren der vorzeitigen Einschulungsentscheidung[1]

Katharina Kluczniok

1. Einleitung

Die Frage nach dem „richtigen" Einschulungszeitpunkt wurde in den vergangenen 60 Jahren in der pädagogischen, bildungspolitischen und öffentlichen Diskussion immer wieder neu gestellt und mittels verschiedener Maßnahmen (z.B. Eingangsstufen an Grundschulen, flexible Verweildauer in der Grundschule, Stichtagsveränderungen) zu lösen versucht. Rückblickend lassen sich Wellenbewegungen aufzeigen, in denen ein früher Schuleintritt entweder abgelehnt (z.B. 1950er und 1980er Jahre) oder befürwortet (z.B. 1970er Jahre) wurde. Gegenwärtig ist diese Frage erneut aktuell. Was jeweils unter „richtig" verstanden wurde bzw. wird, muss immer in Bezug zur Anforderungsstruktur in der Grundschule gesehen werden. Je nach den Anforderungen in der Grundschule kann eine Einschulung mit drei oder aber mit sechs Jahren richtig sein.

Grundsätzlich müssen zwei Aspekte unterschieden werden, die allerdings in der öffentlichen Diskussion zur Einschulungsfrage manchmal vermischt werden: Zum einen wurde bzw. wird über eine generelle Vorverlegung des Einschulungszeitpunktes diskutiert. Eine solche Verschiebung des Einschulungsstichtags in Richtung Jahresende (z.B. vom 30.06. auf den 30.09.) betrifft einen gesamten Einschulungsjahrgang und führt zu einem generellen jüngeren Einschulungsalter (abgesehen von verspäteten Einschulungen), da alle Kinder, die bis zu diesem Stichtag sechs Jahre alt werden, schulpflichtig sind. Zum anderen bestand bzw. besteht für Eltern die Möglichkeit, ihr Kind vorzeitig, d.h. vor Erreichen der Schulpflicht, einzuschulen. Dies unterscheidet sich insofern von der generellen früheren Einschulung aller Kinder eines Jahrgangs, da die vorzeitige Einschulung als Einzelfallentscheidung eine individuelle Anpassung an die generelle Einschulungsregelung darstellt. Die vorliegende Studie beschäftigt sich mit dem zweiten Aspekt, dem individuellen Entschluss von Eltern, ihr Kind vorzeitig einzuschulen.

---

1 Die Dissertation der Autorin ist 2012 erschienen (vgl. Kluczniok, 2012).

2. Forschungsstand

Überwiegend nationale, ältere Studien befassen sich mit der Gruppe der vorzeitig eingeschulten Kinder und deren Schulerfolg (z.B. Bauer, 1971; Bellenberg, 1999; Dumke & Panskus, 1979; Tietze, 1973; 1978). Diese Befunde fallen je nach Untersuchungsbereich (kognitiv, sozial-emotional) und Operationalisierung des Schulerfolgs (Tests, Noten, Lehrereinschätzungen) heterogen aus, so dass sich daraus keine eindeutigen Empfehlungen für die Ablehnung oder Unterstützung der vorzeitigen Einschulung ableiten lassen. Als Schwäche dieser Studien wird angeführt, dass sie den Einschulungszeitpunkt gewöhnlich retrospektiv erfassen und die Kinder zumeist erst deutlich nach Schuleintritt in die Erhebungen aufnehmen. Daher können über die vorangegangene Bildungslaufbahn der Kinder keine Aussagen getroffen werden, was die Aussagekraft dieser Ergebnisse insgesamt schmälert und somit unbefriedigend ist.

Darüber hinaus gibt es wenig Forschung, wie Eltern die Entscheidung zur vorzeitigen Einschulung treffen. Der Forschungsstand beschränkt sich auf ältere Studien, die herausgearbeitet haben, dass sich vor allem Eltern aus der Ober- und Mittelschicht für die vorzeitige Einschulung entscheiden (Bauer, 1971; Tietze, 1973). Ergänzend finden sich in neueren Analysen von Kratzmann und Schneider (2009) Hinweise auf weitere Hintergrundmerkmale der Familie (z.B. Einkommen) und des Kindes (z.B. Geschwisterfolge), die die vorzeitige Einschulung beeinflussen. Demnach ist bekannt, dass strukturelle Hintergrundmerkmale auf Seiten der Eltern und des Kindes eine Rolle für die Entscheidung zur vorzeitigen Einschulung spielen. Dagegen wurden die Einstellungen und Sichtweisen der Eltern nur in den – relativ alten – nationalen Studien von Bittner und Gaupp (1962), Bauer (1971) und Tietze (1973) untersucht. Bei der Interpretation der Ergebnisse ist der damalige Zeitgeist der Bildungsreform der 1960/1970er Jahre, der von einem besonderen Bildungsoptimismus geprägt war, zu beachten. Die Entscheidung zur vorzeitigen Einschulung war diesen Studien zufolge an der bestmöglichen Förderung des Kindes ausgerichtet.

Daneben existieren Einzelberichte von Eltern, die ihre individuellen Erfahrungen mit der Einschulungsentscheidung schildern, aber eher der Sparte der Ratgeber- als der Forschungsliteratur angehören (Kallenbach, 2003; Martin, 1992). Diese auf Einzelfälle beschränkten, subjektiv gefärbten Berichte vermögen es nicht, den komplexen Prozess der Einschulungsentscheidung und die für die Entscheidung relevanten Faktoren systematisch anhand empirischer Daten zu analysieren.

3. Fragestellung und Umsetzung

Eltern, die sich für eine vorzeitige Einschulung ihres Kindes entscheiden, obwohl der Schulerfolg vorzeitig eingeschulter Kinder unklar und für die Eltern zum Zeitpunkt der Einschulungsentscheidung noch nicht absehbar ist, stellen eine interessante Untersuchungsgruppe dar. Bei diesen Eltern findet im Vergleich zu Eltern, deren Kinder fristgerecht eingeschult werden, ein Entscheidungsprozess statt. Daher können ihr Entscheidungsverhalten detailliert untersucht und mögliche Einflussfaktoren während des Entscheidungsprozesses herausgearbeitet werden, um zu klären, woran sich die Eltern bei ihrer Entscheidungsfindung orientieren. In der Forschung wurde dieser Elterngruppe bislang wenig Aufmerksamkeit geschenkt. Um diese Forschungslücke zu schließen, setzt die Studie bereits vor der Einschulung an und arbeitet heraus, welche Merkmale (z.B. Anregungsprozesse, strukturelle Aspekte, subjektive Einstellungen) im Entscheidungsprozess diejenigen Eltern kennzeichnen, die die vorzeitige Einschulung tatsächlich umsetzen. In Abbildung 1 ist die Modellierung der Einschulungsentscheidung grafisch veranschaulicht, die den empirischen Analysen zugrunde liegt.

Abbildung 1: Modellierung der Einschulungsentscheidung. VE=vorzeitige Einschulung.

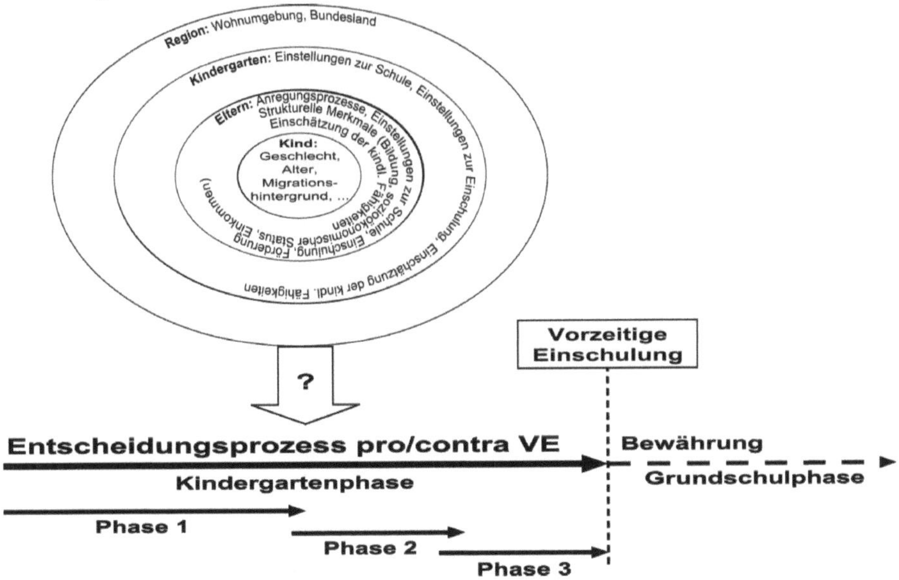

Die Abbildung zeigt, dass die Entscheidung für oder gegen eine vorzeitige Einschulung eine Bildungsentscheidung während der Kindergartenzeit des Kindes ist und in drei Phasen unterteilt werden kann. Die letzte Phase mündet in die tatsächliche Entscheidung bzw. Umsetzung der Entscheidung. Über welche Etappen sich die Entscheidung herausbildet, ist bisher offen und soll in der vorliegenden Studie untersucht werden. Als Entscheidungsträger fungieren in Anlehnung an ökologische Modelle (z.B. Nickel, 1990) die vier Kontexte Kind, Eltern, Kindergarten und Region, wobei der Fokus insbesondere auf den Eltern liegt, da diese die Entscheidung letztlich treffen und umsetzen müssen. Welche Aspekte der vier Kontexte zu dieser Entscheidung führen, ist bisher nicht geklärt und daher Gegenstand der eigenen Untersuchung.

Generell kann angenommen werden, dass Eltern in Abhängigkeit der Charakteristika des Kindes wie Alter, Geschlecht und Migrationshintergrund ihre Einschulungsentscheidung treffen. Des Weiteren kann die elterliche Einschätzung der familialen Gesamtsituation bei der Entscheidung für oder gegen eine vorzeitige Einschulung eine Rolle spielen. So können Anregungsprozesse (z.B. Güte und Ausmaß der Förderung), strukturelle Merkmale (z.B. finanzielle Ressourcen, Bildungsstand) sowie maßgeblich die Einstellungen zur Einschulung, Schule und Förderung und die subjektiven Fähigkeitseinschätzungen des Kindes die Einschulungsentscheidung beeinflussen. Darüber hinaus kann die elterliche Entscheidung von den pädagogischen Fachkräften im Kindergarten beeinflusst werden. Je nach den Einstellungen der Erzieherinnen zur Einschulung und ihren Einschätzungen des Entwicklungsstands und der Kompetenzen des jeweiligen Kindes kann dies die Entscheidung der Eltern zur vorzeitigen Einschulung begünstigen oder nicht. Zusätzlich unterliegt die Einschulungsentscheidung regionalen Rahmenbedingungen wie z.B. bundeslandspezifischen Einschulungsstichtagen, die der Elternentscheidung Grenzen setzen. Um diesbezügliche Verzerrungen in den beiden Stichprobenregionen Bayern und Hessen auszuschließen, sind das Bundesland sowie die Wohnumgebung als regionale Indikatoren in den Analysen kontrolliert.

Datengrundlage ist die Stichprobe von BiKS 3–10 ($N = 532$; zurückgestellte Kinder sind ausgeschlossen, um Verzerrungen zu vermeiden) mit den Messzeitpunkten 1, 3, 4 und 5, also im Alter der Kinder zwischen drei und sechs Jahren. Als Erhebungsinstrumente fungieren Befragungen sowie Beobachtungen der familialen Anregung.

4. Ergebnisse

Den folgenden Analysen liegt die Fragestellung zugrunde, in welchen Einflussfaktoren aus den drei Kontexten (Eltern, Kind und Kindergarten) sich Eltern, die sich tatsächlich für eine vorzeitige Einschulung entscheiden, von Eltern unterscheiden, die keine vorzeitige Einschulung realisieren. Die Analysen basieren auf einer Teilstichprobe von 27 Eltern, die ihr Kind tatsächlich vorzeitig einschulen, und 27 Eltern, die keine vorzeitige Einschulung durchführen, aber in ausgewählten Hintergrundmerkmalen (z.B. Schulbildung, sozioökonomischer Status) mittels eines

Propensity Score Matching parallelisiert und damit ähnlich sind. Beginnend mit dem Kontext Eltern wird untersucht, in welchen prozessualen, strukturellen und einstellungsbezogenen Merkmalen sowie kindbezogenen Fähigkeitseinschätzungen sich diese beiden Elterngruppen unterscheiden.

4.1 Merkmale der Eltern

T-Tests für unabhängige Stichproben ergeben im Bereich der *familialen Prozesse* einen signifikanten Unterschied zwischen den beiden Elterngruppen bei den schulvorbereitenden und grundlegenden Aktivitäten. Demnach machen Eltern, die eine vorzeitige Einschulung realisieren, weniger schulvorbereitende Aktivitäten wie z.B. Sprach- und Zahlenspiele mit ihren Kindern ($M = 4.73^2$, $SE = 1.10$; keine VE: $M = 10.56$, $SE = 1.89$; $t = -2.663$; $df = 51$; $p = .011$). Auch grundlegende Förderaktivitäten (z.B. Mithilfe im Haushalt, Freie Sprache/Erzählen) werden von Eltern, die tatsächlich vorzeitig einschulen, seltener durchgeführt ($M = 38.88$, $SE = 9.46$; keine VE: $M = 64.04$, $SE = 7.23$; $t = -2.123$; $df = 51$; $p = .039$). Dieses Ergebnis mag auf den ersten Blick überraschen, kann aber wie folgt erklärt werden: Eltern, die eine vorzeitige Einschulung umsetzen, sind von den Fähigkeiten ihres Kindes sehr überzeugt und halten daher schulvorbereitende Aktivitäten für überflüssig oder sogar für dysfunktional. Keine signifikanten Unterschiede finden sich im Bereich der familialen Anregungsgüte (soziale Unterstützung, Anregung in Literacy und in Numeracy) sowie in der Nutzungshäufigkeit kulturell-wissensbezogener Angebote (z.B. Besuch eines Museums oder Konzerts). Demnach weisen Eltern unabhängig von der Entscheidung für oder gegen eine vorzeitige Einschulung ein ähnliches gutes Unterstützungsverhalten und eine ähnlich gute familiale Anregung in bereichsspezifischen Aspekten wie Literacy und Numeracy auf. Zudem bieten beide Elterngruppen ihren Kindern in vergleichbarem Ausmaß kulturell-wissensbezogene Aktivitäten an.

Im Bereich der *familialen Strukturen* finden sich keine signifikanten Unterschiede im Nettoäquivalenzeinkommen, in der Haushaltsgröße und der Kinderanzahl. Dies widerspricht für das Einkommen den SOEP-Analysen von Kratzmann und Schneider (2009), wonach Eltern mit einem höheren Einkommen eher vorzeitig einschulen. Die eigenen Ergebnisse können darauf zurückgeführt werden, dass vorab für das Propensity Score Matching einige strukturelle Hintergrundmerkmale der Familien kontrolliert wurden, von denen bekannt ist, dass sie eine vorzeitige Einschulung beeinflussen.

---

2   Der Mittelwert gibt die Häufigkeit in Viertelstundenabschnitten über drei Tage wieder. Demnach machen Eltern, die vorzeitig einschulen, ca. 71 Minuten lang schulvorbereitende Aktivitäten mit ihren Kindern versus ca. 158 Minuten bei den Eltern, die nicht vorzeitig einschulen.

In Bezug auf ihre *Einstellungen* unterscheiden sich die beiden Elterngruppen signifikant in ihren Bildungsaspirationen hinsichtlich des erwarteten Schulabschlusses für ihr Kind. Diejenigen Eltern, die eine vorzeitige Einschulung durchführen, halten das Abitur eher für wahrscheinlich ($M = 4.43$, $SE = .16$; keine VE: $M = 3.78$, $SE = .19$; $t = 2.573$; $df = 42$; $p = .014$; 1 = unwahrscheinlich, 5 = wahrscheinlich). Insgesamt weisen diese Eltern eine hohe Erfolgserwartung auf. Dies ist insofern interessant, weil bei Eltern von Kindergartenkindern noch keine Erfahrungen mit schulischen Bewertungen und Entscheidungen über die weitere Schulkarriere des Kindes vorliegen, außer es handelt sich um Geschwisterkinder. Ähnlich hoch ausgeprägte Bildungsaspirationen berichtet Bauer (1971) bei Eltern des hessischen Schulversuchs zur Früheinschulung. Die eigenen Ergebnisse können somit die Bedeutung von Bildungsaspirationen, die bisher vornehmlich bei der Übergangsentscheidung in die Sekundarstufe aufgewiesen wurde (z.B. Paulus & Blossfeld, 2007), auch bei der Entscheidung zur vorzeitigen Einschulung belegen.

In den Einstellungen zur Einschulung und Schule lässt sich für die elterliche Einschätzung, inwieweit eine vorzeitige Einschulung gelingt, ein signifikanter Unterschied zwischen beiden Elterngruppen feststellen. Eltern, die eine vorzeitige Einschulung tatsächlich realisieren, sehen diese weniger problematisch an ($M = 1.86$, $SE = .17$; keine VE: $M = 2.62$, $SE = .15$; $t = -3.285$; $df = 42$; $p = .002$; 1 = negative Einschätzung der VE unwahrscheinlich, 4 = wahrscheinlich). Zudem unterscheiden sich die Eltern in ihren Einstellungen zur Schule. So stehen Eltern, die eine vorzeitige Einschulung umsetzen, signifikant weniger ablehnend der Schule gegenüber ($M = 1.17$, $SE = .15$; keine VE: $M = 1.64$, $SE = .11$; $t = -2.580$; $df = 44$; $p = .013$; 0 = negatives Bild von Schule trifft nicht zu, 3 = trifft zu). Ihrer Meinung nach trifft es eher nicht zu, dass in der Grundschule zu viel verlangt wird, der Spaß am Lernen verloren geht und die Kinder durch den frühen Schuleintritt überfordert sind. Bauer (1971) berichtet ebenfalls weniger Überforderungsbefürchtungen sowie positivere Einstellungen zur Schule (im Sinne von Unterstützung und Entlastung bei Erziehungsaufgaben) bei Eltern, die ihr Kind im hessischen Schulversuch zur Früheinschulung freiwillig angemeldet hatten, im Vergleich zu fristgerecht einschulenden Kontrollgruppeneltern. Vielfach wird in der (Ratgeber-)Literatur als Argument gegen eine vorzeitige Einschulung vorgetragen, dass dadurch „die Kindheit geraubt" wird und der „Ernst des Lebens" zu früh beginnt (Engemann, 1997). Diese negativen Einstellungen können bei den untersuchten BiKS-Eltern vor der Einschulung nicht bestätigt werden. Deskriptiv betrachtet halten Eltern, die vorzeitig einschulen, kindbezogene Gründe (z.B. *das Kind langweilt sich im Kindergarten*) bei der Entscheidung zur vorzeitigen Einschulung für wichtiger. Demgegenüber sind Kosten-Nutzen-Aspekte (z.B. *der Schulbesuch ist im Vergleich zum Kindergartenbesuch kostenlos*) sowie Gründe, die der Gelegenheitsorientierung zugeschrieben werden können (z.B. *das Kind möchte mit Freunden/Geschwistern in die Schule gehen*), für beide Elterngruppen eher unwichtig. Dies stimmt mit der

Studie von Tietze (1973) überein, die belegt, dass sich Eltern bei der vorzeitigen Einschulung intrinsisch motiviert an der bestmöglichen Förderung des Kindes orientieren. Auch Bittner und Gaupp (1962) finden in ihrer Studie zu Motiven bei der Einschulungsentscheidung Eltern, die kindzentrierte Gründe wie z.B. Interessen des Kindes angeben.

Die Einstellungen der beiden Elterngruppen zur Förderung der Kinder unterscheiden sich nicht signifikant. Deskriptiv betrachtet weisen die Eltern, die eine vorzeitige Einschulung umsetzen, stärker ausgeprägte Fördereinstellungen auf als die Kontrollgruppe.

Hinsichtlich der Informiertheit zur Einschulung unterscheiden sich die Elterngruppen signifikant in ihrem Informationsstand. Eltern, die vorzeitig einschulen, sind besser über rechtliche Regelungen informiert ($M = 3.50$, $SE = .13$; keine VE: $M = 2.78$, $SE = .20$; $t = 3.023$; $df = 47$; $p = .004$; 1 = nicht informiert, 4 = gut informiert). Dies macht insofern Sinn, weil Eltern, die ihr Kind vorzeitig einschulen wollen, selbst aktiv werden müssen. Diejenigen Eltern, die ihre Entscheidung noch nicht abschließend getroffen haben, holen Informationen auf einer breiten Basis ein, um ihre Entscheidung absichern zu können (Faust, Kluczniok & Pohlmann, 2007; vgl. auch den Beitrag in diesem Band). Des Weiteren zeigen sich keine signifikanten Unterschiede zwischen den Elterngruppen bezüglich der Informiertheit über zeitliche Abläufe und den kindlichen Entwicklungsstand sowie hinsichtlich der genutzten Informationsquellen. Darüber hinaus haben beide Elterngruppen mit der Familie und mit den Erzieherinnen über die Einschulung gesprochen und kaum eigene Erfahrungen mit der vorzeitigen Einschulung.

Bei den *kindbezogenen Fähigkeitseinschätzungen* ergeben sich nur für das kindliche Arbeitsverhalten signifikante Unterschiede zwischen den Elterngruppen. Eltern, die eine vorzeitige Einschulung durchführen, schätzen ihr Kind im Arbeitsverhalten signifikant besser ein ($M = 2.14$, $SE = .05$; keine VE: $M = 1.86$, $SE = .09$; $t = 2.713$; $df = 47$; $p = .010$; 0 = trifft nicht zu, 3 = trifft zu). Deskriptiv betrachtet halten Eltern, die vorzeitig einschulen, ihre Kinder auch in den Bereichen „Sprache/Schriftsprache", „Sozialverhalten" sowie „emotionale Selbststeuerung" für gewandter. Bauer (1971) berichtet ebenfalls eine höhere Fähigkeitseinschätzung der vorzeitig eingeschulten Kinder in schulrelevanten Kulturtechniken aus Sicht der Eltern. Anders verhält es sich bei der Einschätzung des Arbeitsverhaltens, worunter Fähigkeiten des Kindes fallen wie z.B., dass das Kind meistens bei der Sache ist und sich nicht ablenken lässt oder ein Spiel bzw. eine Aufgabe zu Ende führt, bevor es etwas Neues beginnt. Die höhere Fähigkeitszuschreibung in diesem Bereich bei Kindern, die vorzeitig eingeschult werden, findet sich so in der Forschungsliteratur nicht wieder. Stattdessen wird von Lehrkräften bei vorzeitig eingeschulten Kindern häufig ein gesteigerter Förderbedarf im Arbeitsverhalten ausgemacht (Schüller, 2007) oder zumindest werden keine Vorteile bei dieser Kindergruppe gesehen (Tietze, 1973).

4.2 Merkmale des Kindes

T-Tests für unabhängige Stichproben zeigen, dass das *Alter des Kindes bei Kindergarteneintritt* in den Elterngruppen signifikant unterschiedlich ausfällt. Die Kinder, deren Eltern eine vorzeitige Einschulung durchführen, sind bei Eintritt in den Kindergarten mehr als drei Monate jünger ($M = 35.96$, $SE = 1.06$; keine VE: $M = 39.56$, $SE = 1.09$; $t = -2.370$; $df = 52$; $p = .022$). Dieser Befund stimmt mit anderen Forschungsergebnissen überein (Kratzmann & Schneider, 2009) und kann dahingehend interpretiert werden, dass diese Eltern in einem frühen Kindergarteneintritt eine Möglichkeit der besonderen Förderung ihrer Kinder sehen. Diese ausgeprägte Förderorientierung wird bei der vorzeitigen Einschulung ebenfalls offenkundig. Die Eltern verzichten mit der vorzeitigen Einschulung auf ein weiteres Kindergartenjahr. Es kann vermutet werden, dass die Eltern dies aus Sorge tun, dass ihr Kind sich in einem weiteren Kindergartenjahr langweilen könnte. Inwieweit sich das Kindergarteneintrittsalter auf die Bewährung der Einschulungsentscheidung und den Schulerfolg dieser BiKS-Kinder auswirkt, muss an dieser Stelle offen bleiben. Des Weiteren kann kein signifikanter Unterschied zwischen beiden Elterngruppen im *Migrationshintergrund* festgestellt werden. Dieses Ergebnis reiht sich in andere Forschungsarbeiten ein (Kratzmann & Schneider, 2009; C. Kluczniok, 2009). Hinsichtlich der *Geschwisterposition* können ebenfalls keine signifikanten Unterschiede zwischen den Elterngruppen festgestellt werden. Für die Entscheidungsfindung ist es unerheblich, ob das Kind ein Erstgeborenes ist oder nicht. Dies widerspricht anderen Forschungsergebnissen (Kratzmann & Schneider, 2009), wonach Erstgeborene seltener vorzeitig eingeschult werden. Es wurde erwartet, dass Eltern, die bereits schulische Erfahrungen mit einem älteren Geschwisterkind gemacht haben und daher mit den schulischen Anforderung vertrauter sind, eher eine vorzeitige Einschulung präferieren als Eltern, bei denen die Einschulungsentscheidung das erste Mal ansteht.

4.3 Merkmale der Kindergärten und der Erzieherinnen

In den *Einstellungen* der pädagogischen Fachkräfte zu kindbezogenen Bildungsaspirationen ergeben sich den *t*-Tests für unabhängige Stichproben zufolge keine signifikanten Unterschiede zwischen den Elterngruppen. Deskriptiv betrachtet halten die pädagogischen Fachkräfte derjenigen Kinder, deren Eltern eine vorzeitige Einschulung umsetzen, das Abitur als Schulabschluss für das Kind für wahrscheinlicher als für Kinder, die nicht vorzeitig eingeschult werden.

In den Einstellungen der Erzieherinnen zum Zeitpunkt, zu dem das Kind in die Schule kommen sollte, zeigt sich ein signifikanter Unterschied zwischen den Elterngruppen. Die pädagogischen Fachkräfte im Kindergarten geben sechs Monate vor der vorzeitigen Einschulung deutlich häufiger an, dass die Kinder vorzeitig eingeschult werden, deren Eltern eine vorzeitige Einschulung auch umsetzen ($M = .74$, $SE = .09$; keine VE: $M = .00$, $SE = .00$; $t = 7.895$; $df = 46$; $p = .000$; 0 = nicht vorzeitig, 1 = vorzeitig). Dieses Ergebnis lässt mehrere Vermutungen zu: Entweder passen sich die Erzieherinnen an die Meinung der Eltern an oder umgekehrt die Eltern an die Meinung der Erzieherinnen. Ebenso vorstellbar ist aber auch, dass beide ihre Entscheidung unabhängig voneinander treffen und sich anschließend in Beratungsgesprächen im Kindergarten darüber austauschen. Daraus kann eine Revision der Entscheidung auf beiden Seiten folgen. Um zu klären, welche Vermutung zutreffender ist, ist weitere Forschung notwendig.

Die Meinung der Erzieherinnen zur elterlichen Einschulungspräferenz fällt für die beiden Elterngruppen signifikant unterschiedlich aus. Die pädagogischen Fachkräfte halten die Einschulungsentscheidung bei den Eltern eher für richtig, die keine vorzeitige Einschulung umsetzen ($M = 1.00$, $SE = .00$; tatsächlich VE: $M = .71$, $SE = .10$; $t = -2.828$; $df = 44$; $p = .010$; 0 = Entscheidung falsch, 1 = Entscheidung richtig). Auch diesbezüglich können nur Vermutungen geäußert werden. So ist vorstellbar, dass die Erzieherinnen zu wenig über die Bedingungen und Anforderungen im Anfangsunterricht informiert sind und aus ihrer eigenen Schulzeit noch ein eher negatives Bild von Schule haben. Dies kann dazu führen, dass die Erzieherinnen zurückhaltender mit vorzeitigen Einschulungsempfehlungen sind. Inwieweit diese Vermutungen zutreffend sind, muss an dieser Stelle ebenfalls offen bleiben. Keine signifikanten Unterschiede ergeben sich hinsichtlich der Frage, ob die Eltern mit den Erzieherinnen über die Einschulung gesprochen haben. Zum Befragungszeitpunkt sechs Monate vor der vorzeitigen Einschulung haben Erzieherinnen sowohl mit Eltern gesprochen, die eine vorzeitige Einschulung tatsächlich umsetzen, als auch mit Eltern, die dies nicht tun.

In den *kindbezogenen Fähigkeitseinschätzungen* der pädagogischen Fachkräfte im Kindergarten ergeben sich keine signifikanten Unterschiede. Deskriptiv betrachtet schätzen die Erzieherinnen diejenigen Kinder, deren Eltern eine vorzeitige Einschulung durchführen, in allen betrachteten Fähigkeitsbereichen (Sprache, Schriftsprache, technisch-mathematisches Interesse, Arbeitsverhalten, Sozialverhalten) mit Ausnahme der emotionalen Selbststeuerung kompetenter ein als die Kinder, die nicht vorzeitig eingeschult werden.

Als Fazit kann über alle Kontexte hinweg festgehalten werden, dass sich die beiden Elterngruppen in vielen Merkmalen nicht voneinander unterscheiden. Die Unterschiede finden sich hauptsächlich in den Einstellungen und kindbezogenen Fähigkeitseinschätzungen der Eltern und Erzieherinnen wieder. Strukturelle Merkmale der Familie spielen keine Rolle. Darüber hinaus sind die quantitativen Indikatoren der familialen Anregung in Form von Förderaktivitäten für die elterliche Entscheidung relevant, wohingegen qualitative Aspekte der Anregung z.B. in Literacy und Numeracy keine Rolle für eine vorzeitige Einschulung spielen.

In Abbildung 2 sind die Einflussfaktoren der tatsächlichen Entscheidung für eine vorzeitige Einschulung grafisch veranschaulicht.

Abbildung 2: Zusammenfassung der signifikanten Einflussfaktoren auf die tatsächliche Entscheidung zur vorzeitigen Einschulung. VE=vorzeitige Einschulung.

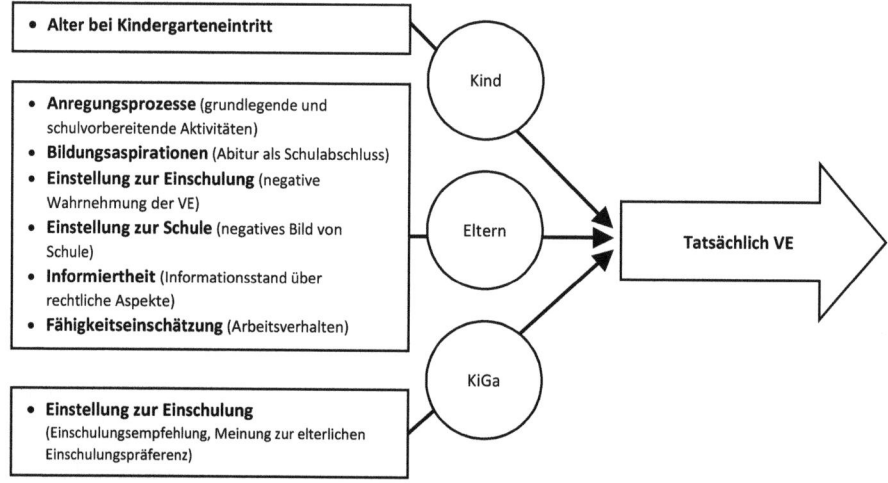

Die vorzeitig einschulenden Eltern können wie folgt beschrieben werden: Sie machen weniger grundlegende und schulvorbereitende Förderaktivitäten mit ihren Kindern, weisen höhere Bildungsaspirationen auf, sehen die Schule sowie die vorzeitige Einschulung als weniger negativ an und sind besser über rechtliche Regelungen bei der Einschulung informiert. Des Weiteren schätzen diese Eltern die Kinder insbesondere im Arbeitsverhalten für kompetenter ein. Zudem empfehlen Erzieherinnen denjenigen Kindern eher eine vorzeitige Einschulung, deren Eltern diese auch umsetzen. Dennoch zeigt sich auf Seiten der Erzieherinnen eine gewisse Zurückhaltung der vorzeitigen Einschulung gegenüber, da diese die Einschulungsentscheidung bei den Eltern eher für richtig halten, die keine vorzeitige Einschulung durchführen. Darüber hinaus sind die Kinder, die vorzeitig eingeschult werden, bei Eintritt in den Kindergarten rund drei Monate jünger.

5. Praktische und bildungspolitische Bedeutsamkeit der Ergebnisse

Im Folgenden werden zwei praktische und bildungspolitische Implikationen herausgestellt, die sich aus den vorliegenden Ergebnissen ergeben.

Erstens sollte die Beratung am runden Tisch gemeinsam mit der Erzieherin und einer Lehrkraft über den Austausch der kindlichen Fähigkeiten (z.B. auf der

Grundlage von Entwicklungsdokumentationen) hinaus den Eltern ein realistisches Bild des Anfangsunterrichts bzw. der Grundschule vermitteln, um einschätzen zu können, ob das Kind den Anforderungen der Schule und andersherum die Schule dem Kind gerecht wird. Hierzu bietet es sich an, Grundschullehrerinnen zu individuellen Beratungsgesprächen einzuladen und über die Schule und ihre Rahmenbedingungen berichten zu lassen. Der Einbezug der Grundschule in die Entscheidung erscheint insbesondere für diejenigen Eltern wichtig, bei denen die Einschulung des erstgeborenen Kindes ansteht und die somit über weniger Vorerfahrungen mit der Einschulung bzw. der Schule verfügen. Daher muss es ein weiteres Ziel sein, die Informationspolitik so zu gestalten, dass die Eltern über die Bedingungen und Anforderungen in der Grundschule informiert sind und dadurch ein realistisches Bild des Anfangsunterrichts haben. Nur so können veraltete Vorstellungen wie z.B. „der Ernst des Lebens beginnt mit dem Schulanfang" bei den Eltern aufgebrochen werden.

Die zweite Forderung greift die Stichtagsproblematik auf. Die eigenen Befunde sowie die Daten der amtlichen Statistik stellen Unterschiede im Ausmaß der vorzeitigen Einschulungen zwischen den beiden beteiligten Bundesländern fest. In Hessen liegt die Quote der vorzeitigen Einschulung deutlich höher als in Bayern, was mit dem früheren Stichtag in Hessen zusammenhängt. Demnach zeigt sich in den BiKS-Daten, dass Eltern auf bildungspolitische Veränderungen in Form von Stichtagsverschiebungen durchaus reagieren, nämlich bayerische Eltern zurückhaltender mit der vorzeitigen Einschulung als hessische Eltern.

Stichtagsveränderungen als alleinige Reformmaßnahmen zur Umgestaltung des Übergangs in die Grundschule greifen zu kurz, zumal wenn sie häufig wieder korrigiert werden müssen. Stattdessen sollte auf bildungspolitischer Ebene – neben der bereits oben geforderten Zusammenarbeit zwischen Kindergarten, Grundschule und Elternhaus bei der Einschulungsberatung – darüber nachgedacht werden, einen zweiten Einschulungstermin im Frühjahr einzuführen. Die eigenen Ergebnisse zum Verlauf der Einschulungsentscheidung haben verdeutlicht, dass es zu Beginn einige Eltern gibt, die eine vorzeitige Einschulung in Erwägung ziehen, von dieser aber im Verlauf der Kindergartenzeit des Kindes letztlich wieder abkommen. Dies kann als Anzeichen für die elterliche Unsicherheit gewertet werden, inwieweit eine vorzeitige Einschulung für das betroffene Kind erfolgversprechend ist. Ein zweiter Einschulungstermin hätte den Vorteil, dass für Eltern, deren Kinder kurz nach dem Einschulungsstichtag geboren sind, die Entscheidung für oder gegen eine vorzeitige Einschulung entschärft wird. Der zweite Einschulungstermin im Frühjahr kann dazu beitragen, dass den Eltern die Einschulungsentscheidung leichter fällt, da sie sich nur zwischen dem Einschulungstermin im Herbst und sechs Monaten später entscheiden müssen. Das bildungspolitisch gewünschte Ziel, das Einschulungsalter insgesamt abzusenken, könnte damit ebenfalls erreicht werden, da auch diejenigen Kinder, für die eine Zurückstellung vom Schulbesuch für den Einschulungstermin im Herbst überlegt wird, zum zweiten Termin im Frühjahr eingeschult werden könnten. Auch diese Kinder müssten nicht ein ganzes Jahr warten, bis sie eingeschult werden. Die Modellversuche zur neuen Schuleingangsstufe (z.B. Liebers, 2008) können hier Anregungen zur praktischen Umsetzung geben.

Literatur

Bauer, A. (1971). Zum sozio-ökonomischen und sozio-kulturellen Bildungsmilieu. In Deutsches Institut für Internationale Pädagogische Forschung (Hrsg.), *Der Hessische Schulversuch zur Früheinschulung* (S. 43–100). Frankfurt: Deutsches Institut für Internationale Pädagogische Forschung.

Bellenberg, G. (1999). *Individuelle Schullaufbahnen. Eine empirische Untersuchung über Bildungsverläufe von der Einschulung bis zum Abschluß*. Weinheim: Juventa.

Bittner, G. & Gaupp, A. (1962). Pädagogisch-psychologische Untersuchung über die Schulbewährung vorzeitig eingeschulter Kinder. In K. Ingenkamp (Hrsg.), *Praktische Erfahrungen mit Schulreifetests* (S. 33–51). Basel/New York: Karger.

Dumke, D. & Panskus, G. (1979). Der Schulerfolg vorzeitig aufgenommener Grundschüler. *Unterrichtswissenschaft, 7*, 174–181.

Engemann, C. (1997). Vorzeitige Einschulung – ein Tabu. Zur pädagogischen Bedeutung der vorzeitigen Einschulung. *SchulVerwaltung BW, 6* (1), 14–18.

Faust, G., Kluczniok, K. & Pohlmann, S. (2007). Eltern vor der Entscheidung über vorzeitige Einschulung. *Zeitschrift für Pädagogik, 53*, 462–476.

Kallenbach, A. (2003). *Mit fünf Jahren in die Schule? Lisa und ihre Mutter erzählen*. Düsseldorf: Alein-Verlag.

Kluczniok, C. (2009). *Herkunftsbedingte Disparitäten im Bildungswesen? Der Schulerfolg von Kindern mit Migrationshintergrund im Raum Erlangen-Nürnberg*. Unveröffentlichte Diplomarbeit, Friedrich-Alexander-Universität Erlangen.

Kluczniok, K. (2012). *Die vorzeitige Einschulung. Eine empirische Analyse zum Verlauf und zu Determinanten der Einschulungsentscheidung*. Münster: Waxmann.

Kratzmann, J. & Schneider, T. (2009). Soziale Ungleichheit beim Schulstart. Empirische Untersuchungen zur Bedeutung der sozialen Herkunft und des Kindergartenbesuchs auf den Zeitpunkt der Einschulung. *Kölner Zeitschrift für Soziologie und Sozialpsychologie, 61*, 211–234.

Liebers, K. (2008). Die Umsetzung verbindlicher pädagogischer Standards der flexiblen Eingangsphase im Spiegel der Schülerzahlstatistik in FLEX-Klassen. In K. Liebers, A. Prengel & G. Bieber (Hrsg.), *Die flexible Schuleingangsphase. Evaluationen zur Neugestaltung des Anfangsunterrichts* (S. 72–96). Weinheim: Beltz.

Martin, E. (1992). Die Odyssee einer vorzeitigen Einschulung. *Labyrinth, 36*, 3–5.

Nickel, H. (1990). Das Problem der Einschulung aus ökologisch-systemischer Perspektive. *Psychologie in Erziehung und Unterricht, 37*, 217–227.

Paulus, W. & Blossfeld, H.-P. (2007). Schichtspezifische Präferenzen oder sozioökonomisches Entscheidungskalkül? Zur Rolle elterlicher Bildungsaspirationen im Entscheidungsprozess beim Übergang von der Grundschule in die Sekundarstufe. *Zeitschrift für Pädagogik, 53,* 491–508.

Schüller, B. (2007). „Frühchen" in der Grundschule. Erfahrungen einer Lehrerin mit der frühen Einschulung. *Grundschule, 39* (1), 20–21.

Tietze, W. (1973). *Chancenungleichheit bei Schulbeginn: Eine empirische Untersuchung über vorzeitig eingeschulte Kinder.* Düsseldorf: Schwann.

Tietze, W. (1978). *Früheinschulung. Auswirkungen einer bildungspolitischen Maßnahme.* Kronberg: Scriptor.

Wie sich bei den Eltern die Entscheidung zur vorzeitigen Einschulung herausbildet

Ergebnisse aus offenen Leitfadeninterviews ein Jahr vor dem Schuleintritt[1]

Gabriele Faust, Katharina Kluczniok und Sanna Pohlmann-Rother

1.   Einleitung

Im zunächst gegabelten und danach gestuften deutschen Bildungssystem sind die Übergänge die neuralgischen Phasen, in denen auch bei gleicher Kompetenz die Weichen zugunsten unterschiedlicher weiterer Laufbahnen gestellt werden, die sich dann wiederum in unterschiedlichen Kompetenzen niederschlagen. In Gegensatz zum Übergang von der Grundschule in die Sekundarstufe I ist der *erste* Übergang im Schulsystem beim Eintritt in die Grundschule unter dieser Fragestellung jedoch noch kaum im Blick (Becker & Biedinger, 2006; Kristen, 2005), obwohl seit den 1970er Jahren bekannt ist, dass bei der vorzeitigen Einschulung Kinder aus bildungsnahen Elternhäusern überrepräsentiert sind, während vorwiegend Kinder aus bildungsfernen Familien verspätet in die Schule kommen (Rüdiger, Kormann & Peez, 1976; Tietze, 1973). Konzentriert auf die soziale Herkunft und den Schulerfolg der Kinder betrachten die zur vorzeitigen Einschulung vorliegenden Untersuchungen diese Entscheidungen jedoch sämtlich retrospektiv und in den meisten Fällen ohne Einbeziehung von Kompetenzmaßen zum Zeitpunkt der Einschulung. Daher lässt sich auf dieser Grundlage nicht bestimmen, inwiefern die unterschiedlichen Einschulungszeitpunkte (also z.B. vorzeitig oder fristgemäß) durch die unterschiedlichen Kompetenzen der Schulanfänger/-innen bedingt sind. Nur diese sog. primären Disparitäten rechtfertigen in der Sicht der soziologisch beeinflussten Übergangsforschung unterschiedliche Bildungsentscheidungen. Andere Unterschiede entstehen durch das unterschiedliche Entscheidungsverhalten der Eltern, also z.B. ihre unterschiedliche Informiertheit. Diese sog. sekundären Disparitäten basieren nicht auf der Leistungsfähigkeit des Kindes und sind deshalb in einem Bildungswesen, das vom Kindergarten an sozial ungleich genutzt und durch das die gesellschaftliche Statusverteilung reproduziert wird, nicht zu rechtfertigen. Vor allem aber wurde bislang nicht untersucht, *wie* es sozial selektiv

---

1   Diese Ergebnisse wurden zuerst veröffentlicht in Faust, Kluczniok & Pohlmann, 2007. Für diesen Band wurde der Artikel gekürzt. Die Autorinnen danken der Zeitschrift für Pädagogik für die Genehmigung zum veränderten Wiederabdruck.

zur Entscheidung für eine vorzeitige Einschulung kommt. Im Folgenden werden Ergebnisse aus einer qualitativen Interviewstudie zur Formation der Einschulungsentscheidung berichtet, wobei das Bildungsniveau des Elternhauses und das Alter sowie die Kompetenz des Kindes berücksichtigt werden.

2.   Fragestellungen und Vorgehen

Der qualitativen Interviewstudie liegen folgende Fragen zugrunde:
* Wie formiert sich bei den Eltern die Entscheidung für eine vorzeitige Einschulung in Abhebung von einem fristgerechten Schuleinritt?
* Welche Aspekte beeinflussen diese Entscheidung und welche Argumente werden von den Eltern genannt?
* Über welche Wege wirkt sich das familiäre Bildungsniveau auf den Entscheidungsprozess und sein Ergebnis aus?

Für die Interviewstudie wurde aus der Gesamtstichprobe aller 547 BiKS-Kinder und -Eltern nach drei Kriterien eine Subgruppe gebildet: (1.) Alter des Kindes: Vollendung des sechsten Lebensjahrs bis maximal zwei Monate *nach* dem jeweiligen Stichtag. Da in Bayern der Stichtag für das Schuljahr 2007/08 der 30.9. ist, betrifft dies Kinder, die zwischen dem 1.10. und 30.11.2001 geboren sind; für Hessen gilt der 30.6. als Stichtag, so dass die hessischen Kinder zwischen dem 1.7. und 31.8.2001 geboren sein mussten. Dieses Zweimonatsintervall wurde ausgewählt, um die Wahrscheinlichkeit für eine vorzeitige Einschulung zu maximieren. (2.) Im Durchschnitt mittlere und hohe Kompetenz der Kinder in den vier Bereichen Sprache, Gedächtnis, Vorwissen und nonverbale Kompetenz, da davon auszugehen ist, dass Kinder mit niedrigen Kompetenzwerten eher nicht für eine vorzeitige Einschulung in Frage kommen. (3.) Kein Migrationshintergrund, da die Entscheidungsprozesse dieser Familien in einer eigenen Teilstudie untersucht werden.

Aus dieser Subgruppe wurden aus den beiden Bundesländern sowie aus der hohen und mittleren Kompetenzgruppe jeweils ca. fünf Eltern per Zufall gezogen. Tabelle 1 vermittelt einen Überblick über den Bildungsabschluss der 23 Eltern und das Kompetenzniveau ihrer Kinder. Befragt wurden die Eltern im Herbst 2006 und damit ca. ein Jahr vor einer möglichen vorzeitigen Einschulung ihres Kindes, d.h. als die neun Jungen und 14 Mädchen vier bis fünf Jahre alt waren.

Tabelle 1: Stichprobenumfang der qualitativen Teilstudie zur vorzeitigen Einschulung nach Kompetenz des Kindes, Bildungsabschluss der Eltern und Bundesland

	Bildungsabschluss	**Kompetenz des Kindes**		
		Mittel	**Hoch**	**Gesamt**
Bayern	Niedrig	1	1	2
	Mittel	0	1	1
	Hoch	3	4	7
	Gesamt	4	6	10
Hessen	Niedrig	0	2	2
	Mittel	2	2	4
	Hoch	4	3	7
	Gesamt	6	7	13

Die offenen Leitfadeninterviews, die geschulte Datenerheber mit den Eltern führten, hatten eine durchschnittliche Dauer von 38 Minuten. Der Leitfaden umfasste nach einem offenen Einstieg (*„Noch ist XY im Kindergarten. Irgendwann wird er/ sie in die Schule kommen. Haben Sie sich bereits Gedanken über die Einschulung Ihres Kindes gemacht?"*) drei Fragebereiche mit obligatorischen und fakultativen Fragen und ein Schlussresümee. Der erste Fragebereich ermittelt die Tendenz der Eltern zu einem bestimmten Einschulungszeitpunkt (vorzeitig oder fristgerecht?) und die Gründe, die in ihrer Sicht jeweils für bzw. gegen diesen Zeitpunkt sprechen (Vor- und Nachteile sowohl für das Kind als auch die Familie). Die Eltern werden auch gefragt, wie sicher sie sich in ihrer Entscheidung sind. Der zweite Block beschäftigt sich mit der Informiertheit der Eltern zum Thema Einschulung. Erfragt werden der aktuelle Stand bzw. die geplante weitere Informationsbeschaffung und die Informationsquellen. Im Mittelpunkt des dritten Fragebereichs steht der Begriff der Schulfähigkeit, d.h. die Fähigkeiten, die das Kind aus Sicht der Eltern für einen erfolgreichen Schuleinstieg bereits mitbringen oder aber erst in der Schule erwerben sollte.[2]

Die Interviews wurden transkribiert und inhaltsanalytisch mithilfe des Programms MAXqda2 ausgewertet (vgl. dazu den Beitrag von Faust, Kratzmann und Wehner, Teil I, in diesem Band). Die zwei weiteren Interviews, die mit dieser Elterngruppe geführt wurden, bleiben hier unberücksichtigt. Dass sich die Einschulungsentscheidung im Verlauf der Vorschulzeit herausbildet, ist auch aus quantitativen Analysen ersichtlich (vgl. Kluczniok, 2012, und ihren Beitrag, in diesem Band).

---

2   Die Autorinnen danken Birgit Escher für ihre Mitarbeit bei den Auswertungen zu diesem Fragebereich.

3. Ergebnisse

3.1 Prozesshaftigkeit und grundsätzliche Unsicherheit

Die Ergebnisse werden vor dem Hintergrund des familiären Bildungsniveaus der Befragten[3] dargestellt. Am prägnantesten tritt hervor, dass der Prozess der Entscheidungsfindung teilweise noch in Gang und von grundsätzlicher Unsicherheit begleitet ist. Ein Teil der Eltern ist noch unentschlossen: *„Also mein Mann denkt jetzt ‚ja‘, aber ich bin jetzt der Typ, der sagt, ‚ach nein, gib ihr noch ein Jahr‘"* (Bildungsniveau hoch, im Folgenden Bh abgekürzt). Die Weichen für die Einschulung werden bereits weit im Vorfeld gestellt, wenn im Kindergarten entschieden wird, ab wann das Kind zum „Vorschulkind" wird und an den speziellen Angeboten für diese Gruppe wie z.B. einem Förderprogramm oder der Hospitation in der Schule teilnimmt: *„Wenn er nächstes Jahr eingeschult werden würde, wäre jetzt im Kindergarten das Schulkinderprojekt, wo man ihn anmelden müsste"* (Bh). Eventuell sind auch noch besondere Fördermaßnahmen einzuleiten.

Die Entscheidung über den Einschulungszeitpunkt muss zudem unter der Bedingung unvollständiger Informationen getroffen werden. Bis zum Schuleintritt können vielfältige Entwicklungen stattfinden: *„Da ich ja eigentlich jetzt im Moment noch von zwei Jahren ausgehe, bin ich noch nicht so auf die Schule fixiert, weil ich denk‘, das ist noch so viel Zeit und so viel Weg für ein fünfjähriges Kind, die zwei Jahre, das ist ja fast die Hälfte vom bisherigen Leben, und da tut sich so viel noch"* (Bildungsniveau niedrig, im Folgenden Bn abgekürzt). Weil die Eltern und ihre möglichen Ratgeber das Kind nicht unter schulischen Bedingungen kennen, kann nur vermutet werden, wie das Kind mit den vielfältigen Anforderungen im ersten Schuljahr zurechtkommen wird. Von den Schulanfängern werden in der Sicht der Eltern vielfältige motivationale, soziale, kognitive, personale und körperliche Voraussetzungen erwartet, z.B. Interesse am Lernen, Selbstständigkeit, positives Sozialverhalten, Vorwissen in Bezug auf die Lerngegenstände, aber auch Selbstsicherheit, psychische Stabilität und eine vorangeschrittene körperliche Entwicklung, wenn es etwa darum geht, mit dem Bus zu fahren oder sich auf dem Schulhof auch gegen Ältere durchzusetzen: *„Konzentrationsfähigkeit, dann auch die Bereitschaft, was zu lernen. Also die Wissbegierigkeit, (...) dann ein gewisses Maß an Selbstständigkeit, weil sie muss ja dann mit dem Bus zur Schule fahren. (...) Ansonsten natürlich die soziale Kompetenz"* (Bn). Das Kind kann diesen Anforderungen unterschiedlich entsprechen. Wichtige Merkmale der späteren Schulsituation des Kindes sind vor dem ersten Schultag nicht abzusehen, z.B. die Klassenzusammensetzung und die Merkmale des Anfangsunterrichts. Oft ist auch

---

3 Zweistufige Einteilung: niedrig = Lehre, in Ausbildung, Berufsfachschule, Meister, Techniker; hoch = Fachhochschule, Universität.

die Lehrkraft noch nicht endgültig bekannt. Hinzu kommt, dass sich auch die Kindergartensituation durch den Weggang der Schulkinder verändern wird.

3.2 Ausgewählte Entscheidungsaspekte

Folgende ausgewählte Aspekte spielen im Entscheidungsprozess der Eltern vornehmlich eine Rolle:

- Informiertheit
  Die Alternativentscheidung, das Kind entweder weiterhin im Kindergarten zu lassen oder es für die Schule anzumelden, erfordert ein hohes Maß an Informiertheit. Da die Eltern i.d.R. nicht angeschrieben werden und die notwendigen Informationen – wie z.B. welche Schule für das Kind zuständig ist und bis zu welchem Termin die Anmeldung erfolgen muss[4] – nicht „automatisch" erhalten wie beispielsweise bei einer fristgerechten Einschulung oder beim Übergang am Ende der Grundschulzeit, ist eigene Initiative erforderlich: *„Das ist ganz witzig, weil ich war gerade heute Morgen in der Grundschule und habe einen Antrag geholt. Weil XY ist ein Kann-Kind und wird ja vom Schulamt nicht angeschrieben, und deshalb bin ich heute allein zur Schule gegangen und habe mir Formulare geholt"* (Bh). Eltern mit hohem Bildungsniveau sind durchweg besser über die Einschulung informiert als Eltern mit niedrigem Bildungsabschluss. Unter letzteren befinden sich sowohl gut als auch weniger gut informierte Eltern: *„Das Problem ist das, es hat dir noch keiner gesagt, wer ist nun wirklich zuständig für die Anmeldung in der Schule. (...) Die einen sagen vom Kindergarten, die anderen sagen, du musst dein Kind alleine anmelden in der Schule. Und wenn es danach geht, müssten wir sie trotzdem schon dieses Jahr anmelden. Zwei Jahre vorher"* (Bn). Auffällig ist, dass in der Gruppe mit niedrigem Bildungsniveau die gut informierten Eltern in den meisten Fällen ein älteres Geschwisterkind haben. In der Elterngruppe mit hohem Bildungsabschluss sind auch die Eltern mit Einzelkind und einem jüngeren Geschwisterkind wohlinformiert. Über besonders umfangreiche Informationen verfügen vier Befragte, die entweder selbst Lehrerinnen sind oder enge Beziehungen zu Personen im Bildungssektor haben.

- Umgang mit der Zeitschiene
  Unter diese Kategorie fallen Aussagen der Eltern zu ihrer Zeitplanung. Besonders interessant ist dabei, ob die Entscheidung und der Anmeldetermin für die Eltern bereits aktuell sind oder noch in weiter Ferne liegen. Eltern mit niedrigem Bildungsniveau erleben die Entscheidung überwiegend als noch nicht

---

4   In Hessen z.B. liegt dieser Termin ein Dreivierteljahr vor dem Schulbeginn im Herbst des Vorjahres.

aktuell: *„Aber wenn ich jetzt noch fast zwei Jahre habe, dann schiebt man das auch ein bisschen weg. Dann macht man sich noch nicht so Gedanken, wie und wann ein Kind reif ist."* (Bn) Hingegen ist das Thema für die Eltern mit hohem Bildungsabschluss teils höchst aktuell und teils noch in ferner Zukunft: *„Also es gibt so alle ein, zwei Monate mal eine Diskussion darüber, in der Familie (...) Aber da wird es noch kein Ergebnis geben. (...) Im Mai oder April erfährt man dann letztendlich die Entscheidung von der Schule, ob (...) das Kind angenommen wird, und dann wird es bei uns die Entscheidung geben, dann werden wir uns hinsetzen und werden sagen, okay, wir geben ihn rein, oder nein, wir stellen ihn zurück"* (Bh).

- Weite vs. enge Bildungsauffassung
  Darunter wird die elterliche Wahrnehmung der Schule und der damit verbundene Bildungsbegriff gefasst. Im Gegensatz zu einem weiten Bildungsverständnis, das die allgemeine Anregung und Förderung der Kinder betont und den möglichen Schuleintritt als Erweiterung ihrer Erfahrungsmöglichkeiten ansieht, liegt eine enge Bildungsauffassung dann vor, wenn die Schule vornehmlich als Instanz zur Vermittlung von Sekundärtugenden wahrgenommen und mit dem Leistungsgedanken in Verbindung gebracht wird.
  Fast alle Eltern mit niedrigem Bildungsniveau haben eine verengte Sicht von Schule: *„Die Lehrer sind einfach nicht auf die Kinder eingestellt. Sie haben sofort zu funktionieren, wenn sie in die Schule kommen. (...) Und es wird immer mehr auf die Kleinen verlagert, und das ist für mich nicht Sinn und Zweck der Sache, weil der Druck halt immens hoch ist. (...) Kinder haben gar keine Zeit zum Schnaufen und das zu festigen, weil einfach immer noch mehr und immer wieder Neues kommt"* (Bn). Hingegen haben die Eltern mit hohem Bildungsniveau sowohl ein enges als auch eine weites Bildungsverständnis: *„Die sagen immer, das ist noch ein Jahr Kindheit mehr. Ich sage dann immer, sie bleibt doch Kind, auch wenn sie eingeschult wird. (...) Eltern haben immer so das Gefühl, dann ist die schöne Zeit vorbei. Jetzt beginnt der Ernst des Lebens, jetzt wird alles schlimm und jetzt ist alles nicht mehr schön. Aber die können doch trotzdem noch mittags spielen, ob die nun in den Kindergarten oder in die Schule gehen"* (Bh).

- Erfolgserwartung
  Diese Kategorie bezieht sich auf Aussagen zur Erfolgswahrscheinlichkeit einer gelingenden Einschulung und Grundschulzeit und ist hinsichtlich der theoretischen Grundlage von Bedeutung, da sie gemäß dem Wert-Erwartungsmodell die Einschulungsentscheidung direkt beeinflusst (vgl. die Beiträge von Faust, Teil I und V, in diesem Band). Über beide Elterngruppen hinweg zeigen sich heterogene Aussagen, die einerseits hohe Erfolgserwartungen beinhalten: *„Ich*

bin mir zwar noch nicht hundert Prozent sicher, aber so, wie ich sie sehe zu Hause (...), schätze ich sie so ein, dass sie es wirklich schaffen kann" (Bh). Andererseits finden sich auch Aussagen zu einer niedrigen Erfolgserwartung: *„Morgens habe ich meine Last mit ihr, dass sie in die Gänge kommt (...). Deswegen sehe ich schwarz, dass sie jetzt schon in die Schule geht bzw. nächstes Jahr"* (Bn). Es fällt den Eltern nicht leicht, den Schulerfolg ihrer Kinder im Vorhinein zu beurteilen.

- Besondere Umstände
  Für die Entscheidungen sind außerdem besondere Umstände im Umfeld von Kindergarten, Schule und Familie relevant, z.B.: Es ist eine große bzw. kleine Klasse zu erwarten, eine bestimmte Lehrerin soll vermieden werden, die Freunde kommen auch in die Schule, oder es steht ein Umzug bevor. *„All seine Freunde gehen ja auch. Das ist auch immer ein entscheidendes Kriterium. (...) Da ist ja dann von den Kindern, mit denen er in den Kindergarten gegangen ist, eigentlich niemand mehr da. Die gehen ja alle dann in die Schule"* (Bh). Unabhängig vom Bildungsniveau berücksichtigen alle Eltern solche besonderen Umstände bei ihrer Entscheidung zum Einschulungszeitpunkt. *„Das wäre natürlich der nächste Punkt, wenn der Große raus ging, dass der Kleine dann vielleicht die gleiche Lehrerin kriegt wie er, und das wäre für mich, das muss ich mir nicht noch mal vier Jahre geben"* (Bn).

- Kosten- und Nutzenaspekte
  Darunter fallen Elternaussagen zu den Vor- bzw. Nachteilen, die sie mit einer vorzeitigen Einschulung in Verbindung bringen. Eine schlechtere Betreuungssituation in der Schule, weniger Spielraum für die Urlaubsplanung und den Tagesablauf in der Familie, Pflichten bei der Betreuung der Hausaufgaben schon ein Jahr früher etc. sind Beispiele für Aussagen zu Kostenaspekten. Als Vorteile (Nutzen) könnten folgende Aspekte gesehen werden: Die Schule ist kostenfrei, das Kind schließt die Schule jünger ab, Unterforderung und Langeweile im Kindergarten werden möglicherweise vermieden. Im Rahmen des Wert-Erwartungsmodells kommt diesen Gesichtspunkten eine wichtige Rolle zu, da sie sich wie die Erfolgserwartung direkt auf die Einschulungsentscheidung auswirken. Sowohl die Kosten- als auch teilweise die Nutzenaspekte werden von beiden Elterngruppen unabhängig vom Bildungsniveau genannt, aber als Argumente für oder gegen eine vorzeitige Einschulung meist in einem Nachsatz wieder relativiert: *„Meine Schwester hat das auch schon gesagt, lass sie aus der Schule draußen, das bringt nichts, du musst jeden Tag mit ihr Hausaufgaben machen. Und da habe ich gesagt, das muss ich doch sowieso. Egal, ob sie jetzt in die Schule geht oder später"* (Bn). Für die Entscheidung scheinen sie deshalb nicht ausschlaggebend zu sein. Vor allem beim Nutzenaspekt wird deutlich, dass kein

vordergründiger Nutzen (z.B. die Schule kostet kein Geld etc.) zur Einschulungsentscheidung beiträgt, sondern eher intrinsische Motive: *„Ich sehe es so, dass sie – sie macht dann ja ein viertes Jahr Kindergarten – sich irgendwann ein bisschen langweilt und vielleicht nicht genügend gefordert fühlt"* (Bh).

- Weitere Aspekte
  In knapp zwei Drittel der Interviews sprechen die Eltern von sich aus den Wunsch des Kindes an. Teilweise sehen sie ihn als wichtig für die Entscheidung an und wollen ihn berücksichtigen: *„Und sie ist selber schon so eingestellt, sie will jetzt auch in die Schule, weil sie es gerade bei ihrem Bruder gesehen hat"* (Bh). Von den Eltern, die den Wunsch des Kindes erwähnen, sehen die Befragten mit hohem Bildungsniveau den Wunsch überwiegend als wichtig an, die Befragten mit niedrigem Bildungsniveau teils als wichtig und teils als unwichtig. Während in der Fachdiskussion Einigkeit darüber besteht, dass die Schule auf den Lernprozessen der Vorschulzeit aufbaut und diese fortführt, sehen die Eltern den Schulanfang überwiegend als Neubeginn: *„Aber ob die unbedingt zählen können bis hundert oder bis zehn (...). Ich denke, das wird ja langsam aufgebaut in der Schule. Die fangen ja alle gleich an"* (Bh) (vgl. dazu auch den Beitrag von Pohlmann-Rother, Kratzmann & Faust, in diesem Band).

4. Zusammenfassung

Die Einschulungsentscheidung zeigt sich in der Interviewauswertung als längerfristig erwogene Entscheidung, deren Rationalität allerdings nicht durch ein ökonomisches Kalkül geprägt ist. Im Mittelpunkt stehen Überlegungen, die „intrinsisch motiviert" an der bestmöglichen Förderung des Kindes orientiert sind (ähnlich schon Tietze, 1973, S. 105ff.; vgl. auch den Beitrag von Kluczniok, in diesem Band). Insbesondere Kosten und Nutzen sind wenig relevant, zumal es sich nur um eine Vorverlegung um ein Jahr handelt. Längerfristige Perspektiven – z.B. *„wegen G8 ein Jahr später"*[5] (Bh) – werden durchaus einbezogen, berücksichtigen jedoch den Schulabschluss und den Übergang in Beruf bzw. Studium eher nicht. Statusaspekte spielen somit bei diesem frühen Übergang höchstens eine untergeordnete Rolle.

Die Komplexität der Entscheidung wird durch Konzentration auf Hauptargumente reduziert, z.B. *„Langeweile vermeiden"*, *„keine Unterforderung im Kindergarten"*, aber auch *„Ein Jahr später tun sie sich leichter"*. Ins Gewicht fallen darüber hinaus besondere Umstände, die zu einer Präferenz für vorzeitige oder fristgerechte Einschulung führen können.

---

5 Dabei handelt es sich um die kurz zuvor beschlossene Verkürzung der Gymnasialzeit auf acht Jahre.

Was die Einfallstore für soziale Ungleichheit angeht, so sind vorab die primären Disparitäten entscheidend. Auch wenn die Kompetenzen des Kindes von den Eltern nur schwer eingeschätzt werden können, stellen diese zunächst in Verbindung mit einem passenden Alter die Weichen, ob eine vorzeitige Einschulung aussichtsreich erscheint. Die an das Bildungsniveau der Familie gekoppelte ungleiche Verteilung der kindlichen Kompetenzen bereits im Vorschulalter ist auch dafür verantwortlich, dass die Eltern mit hohem Bildungsniveau in der qualitativen Interviewstudie überrepräsentiert sind. Entscheidend ist darüber hinaus der Informationsstand der Eltern. Sekundäre Disparitäten entstehen außerdem durch die Zeitplanung der Eltern und ihren Umgang mit den Terminen sowie durch ihre Wahrnehmung der Schule, insbesondere ihr enger bzw. weiter Bildungsbegriff.

Bei der dargestellten Analyse handelt es sich um die Momentaufnahme einer Bildungsentscheidung, beschränkt auf die elterlichen Erwägungen. Ob sich die Absichten zu einer vorzeitigen Einschulung realisieren lassen, ist u.a. vom Bundesland abhängig. In Bayern würden die Kinder durch Anmeldung der Eltern schulpflichtig. In Hessen ist keine Stichtagsflexibilisierung vorgesehen, und der Anmeldetermin stand zum Zeitpunkt der Interviews unmittelbar bevor. Hier entscheidet die Schule, ob das Kind eingeschult wird.

Soziale Ungleichheiten werden auch mit der Absicht untersucht, zu mehr Chancengleichheit beizutragen. Bei der Entscheidung über vorzeitige Einschulung ließen sich auf Seiten der Eltern Informationsdefizite wohl vergleichsweise leicht verhindern, während gezielte Veränderungen im elterlichen Planungsverhalten und in ihrer Sicht der Schule ungleich schwieriger bzw. kaum möglich erscheinen. Hinzu kommen die primären Disparitäten, die eine vorzeitige Einschulung vieler Kinder aus Familien mit niedrigem Bildungsniveau von vornherein nicht ratsam machen.

Literatur

Becker, B. & Biedinger, N. (2006). Ethnische Bildungsungleichheit zu Schulbeginn. *Kölner Zeitschrift für Soziologie und Sozialpsychologie*, 58, 660–684.

Faust, G., Kluczniok, K. & Pohlmann, S. (2007). Eltern vor der Entscheidung über vorzeitige Einschulung. *Zeitschrift für Pädagogik, 53*, 462–476.

Kluczniok, K. (2012). *Die vorzeitige Einschulung. Eine empirische Analyse zum Verlauf und zu Determinanten der Einschulungsentscheidung*. Münster: Waxmann.

Kristen, C. (2005). *School choice and ethnic school segregation: primary school selection in Germany*. Münster: Waxmann.

Rüdiger, D., Kormann, A. & Peez, H. (1976). *Schuleintritt und Schulfähigkeit: Zur Theorie der Einschulung*. München: Reinhardt.

Tietze, W. (1973). *Chancenungleichheit bei Schulbeginn. Eine empirische Untersuchung über vorzeitig eingeschulte Kinder*. Düsseldorf: Schwann.

Entscheidungsprozesse im Zusammenhang mit einer Zurückstellung

Franziska Wehner

1. Forschungsstand

Die Bildungsungleichheit ist seit Langem ein betrachtetes Phänomen in Deutschland. Vor allem Selektionsmechanismen, die im Zusammenhang mit dem Übergang auf die weiterführenden Schulen und den anschließenden Bildungsverlauf stehen, wurden bereits vielfach untersucht. Ungleichheiten bestehen allerdings auch schon frühzeitiger im Bildungssystem. Der Übergang vom Kindergarten in die Grundschule ist solch eine Hürde, welche ebenfalls schon hinsichtlich verschiedener Merkmale und vor allem retrospektiv untersucht wurde. Im Folgenden werden einige empirische Ergebnisse dargestellt, welche sich einerseits mit dem Zustandekommen von Zurückstellungen und andererseits mit deren Auswirkungen beschäftigen.

1.1 Die Zurückstellung beeinflussende Merkmale

Bislang konnten schon einige Merkmale belegt werden, welche die Wahrscheinlichkeit für eine Zurückstellung erhöhen. Sie können in die drei Bereiche individuelle, familiäre und institutionelle Merkmale untergliedert werden.

Vor allem individuelle Merkmale wurden bisher am häufigsten untersucht, was vermutlich im Zusammenhang mit den Schuleintrittskomponenten Alter und Schulfähigkeit steht. So belegen die amtlichen Statistiken, dass eher Jungen als Mädchen und eher die jüngeren Kinder eines Jahrgangs als die, welche kurz vor dem landesspezifischen Stichtag das sechste Lebensjahr erreichen, vom Schulbesuch zurückgestellt werden. Während knapp 50 % aller fristgerecht eingeschulten Kinder Jungen sind, liegt ihr Anteil bei den Zurückgestellten bei fast zwei Dritteln (Schuljahr 2008/09; vgl. Autorengruppe Bildungsberichterstattung, 2010). In einer brandenburgischen Erhebung zeigte sich, dass bei den zurückgestellten Kindern mehr als 60 % ihr sechstes Lebensjahr in den letzten drei Monaten vor dem Stichtag erreichten (vgl. Liebers, 2011).

Bei verschiedenen familiären Merkmalen zeigte sich ebenfalls ein Einfluss auf die Zurückstellung. So sind Kinder aus Familien mit einem eher niedrigen Bildungsniveau und sozioökonomischen Status eher davon betroffen als Kinder aus Familien mit höherem Bildungsniveau und sozioökonomischen Status (vgl.

Kratzmann & Schneider, 2008; Liebers, 2011). Eine mögliche Erklärung, weshalb Kinder aus eher bildungsfernen und sozioökonomisch schwächeren Familien mit größerer Wahrscheinlichkeit zurückgestellt werden, könnte die Dauer des Kindergartenbesuches sein. In der Regel besuchen sie im Vergleich zu Kindern aus besser gestellten Familien den Kindergarten kürzer und erhalten dadurch die nötigen Fördermaßnahmen erst verspätet (vgl. Bos et al., 2007). Auch der Migrationshintergrund der Familie beeinflusst die Zurückstellung. Kinder mit Migrationshintergrund werden häufiger vom Schulbesuch zurückgestellt als Kinder aus erstsprachig deutschen Familien, was meist auf die nicht vorhandenen sprachlichen Fähigkeiten zurückzuführen ist (vgl. Autorengruppe Bildungsberichterstattung, 2010).

Diese individuellen und familiären Merkmale, welche die Wahrscheinlichkeit einer Zurückstellung erhöhen, konnten auch bei der BiKS-Stichprobe nachgewiesen werden. Allerdings wurden von den BiKS-Kindern nur fünf Prozent zurückgestellt, der Anteil liegt somit etwas unter dem damaligen bundesweiten Durchschnitt (5,96 %; Autorengruppe Bildungsberichterstattung, 2010, vgl. Tab. 1).

Tabelle 1:   Verteilung der vorzeitig, fristgerecht eingeschulten und zurückgestellten Kinder anhand von familiären und individuellen Merkmalen in der BiKS-Stichprobe ($N = 554$)

	Vorzeitig	Frist-gerecht	Zurück-gestellt
Anteil niedriger Bildungsabschluss (MZP 7)	0.6 %	86.5 %	12.8 %
Anteil mittlerer Bildungsabschluss (MZP 7)	4.0 %	88.7 %	7.3 %
Anteil hoher Bildungsabschluss (MZP 7)	9.6 %	86.5 %	3.9 %
HISEI (MZP 7)	56.1	52.7	46.2
Anteil Jungen	36 %	47 %	67 %
Alter zu Beginn der regulären Schulpflicht (in Monaten)	82	77	73
Rechnen (K-ABC), MZP 3	12.9	10.5	5.7
Wortschatz (PPVT), MZP 3	71.6	57.0	33.4
Grammatik (TROG), MZP 3	34.7	30.9	23.5
Kognitive Grundfähigkeiten (SON 2,5–7), MZP 3	10.2	9.0	7.8

Anmerkungen: Messzeitpunkt (MZP) 3: im Alter von 4 bis 5 Jahren; Messzeitpunkt 7: im Alter von 6 bis 7 Jahren

Bestimmte institutionelle Merkmale können ebenso zur Erhöhung oder Verringerung von Zurückstellungsquoten beitragen. Für Kinder, die vor Schulbeginn einen Kindergarten besuchen, zeigt sich eine geringere Wahrscheinlichkeit zurückgestellt zu werden als für jene, die keine vorschulische Einrichtung besuchen (vgl. Mader, 1989). Ein Erklärungsansatz dafür ist, dass Kinder ohne Kindergartenbesuch oder frühpädagogische Betreuung meist nicht die allgemeine und schulbezogene Förderung, welche in den meisten elementarpädagogischen Einrichtungen im letzten Jahr vor der Einschulung angeboten wird, erhalten. Vor allem Kinder mit eher schwächeren Kompetenzen und jene aus bildungsfernen Familien profitieren von einer spezifischen Schulvorbereitung (vgl. Niklas, Schmiedeler & Schneider, 2010).

In einer nordrhein-westfälischen Studie konnte insbesondere der Einfluss von Schulkindergärten auf die Einschulung aufgezeigt werden. Schulkindergärten[1] sind Brückeninstitutionen, sie nehmen zurückgestellte Kinder auf und bereiten diese, in dem zusätzlichen Jahr, auf den Schuleintritt vor. An Schulen mit Schulkindergarten zeigte sich eine deutlich höhere Zurückstellungsquote (vereinzelt doppelt so hohe Quoten) als an Schulen ohne Schulkindergärten (vgl. Mader, 1989). Allerdings weisen diese Förderinstitutionen keine positiven Effekte für Zurückstellung auf. Im Vergleich zu fristgerecht eingeschulten Kindern konnten den Schulkindergartenkindern keine Leistungsvorteile nachgewiesen werden (vgl. Jansen, 1994). Ebenso haben schulstrukturelle Bedingungen bei Zurückstellungen einen Einfluss. Beispielsweise beeinflussen die Klassengrößen den Anteil der Zurückstellungen. Je kleiner die Klassen sind, desto weniger Kinder werden zurückgestellt, d.h., mit zunehmender Klassengröße steigt der Anteil von zurückgestellten Kindern (vgl. Mader, 1989; Mader, Rossbach & Tietze, 1991; Roßbach & Tietze, 1996). Möglicherweise drückt sich hier auch die Ansicht der Lehrkräfte aus, dass die Förderung von lernschwachen Kindern in kleinen Gruppen besser umgesetzt werden kann.

1.2 Die Zurückstellung und deren Auswirkungen auf den Schulverlauf

Die Effekte von Zurückstellung auf den weiteren schulischen Verlauf sind uneinheitlich. Einige Studien konnten positive Auswirkungen nachweisen. Eine US-amerikanische Studie zu verspäteten Einschulungen konnte im Vergleich zu fristgerecht eingeschulten Kindern für zurückgestellte einen kleinen Vorsprung in den Leseleistungen von ca. einem Monat zu Beginn der Schulzeit feststellen. Dieser minimale Effekt des zusätzlichen Jahres wies allerdings keine langfristige Wirkung auf, denn bis Ende der dritten Klasse hatten sich die Leistungen der beiden Gruppen wieder angeglichen (vgl. Shepard & Smith, 1987). Ein verspäteter Schuleintritt wirkt sich gleichfalls auf die Wahrscheinlichkeit eine Klasse zu wiederholen aus. So wiederholen zurückgestellte Kinder im weiteren Schulverlauf weniger häufig eine Jahrgangsstufe als fristgerecht eingeschulte bzw. vorzeitig eingeschulte Kinder (vgl. Bellenberg, 1999). Möglicherweise steht dies allerdings nicht mit den tatsächlichen Leistungen im Zusammenhang, sondern vielmehr mit dem ohnehin schon fortgeschrittenen Alter der Zurückgestellten im Vergleich zu ihren Mitschülern, so dass Lehrer ihnen nicht noch ein zusätzliches Jahr aufbürden wollen.

---

1   Die Begrifflichkeit für diese Institution unterscheidet sich zwischen den Bundesländern. In Hessen werden sie Vorklassen genannt. In Bayern werden vergleichbare Einrichtungen als Diagnose-Förderklassen geführt.

Im Gegensatz zu den wenigen positiven Einflüssen konnten vermehrt negative Folgen einer Zurückstellung nachgewiesen werden. Auch wenn verspätet eingeschulte Kinder eher eine wiederholungsfreie Schullaufbahn durchlaufen, erreichen sie im Vergleich zu fristgerecht und vorzeitig eingeschulten eher einen niedrig qualifizierenden Schulabschluss. Der Anteil an Zurückgestellten ist somit an Haupt- und Realschulen größer als an Gymnasien (vgl. Bellenberg, 1999). Im weiteren schulischen Verlauf, und besonders in der Sekundarstufe I, gehören sie eher der Gruppe mit niedrigem oder mittlerem Leistungsniveau an (vgl. Kemmler, 1975; Thomas et al., 1992). Bei einem Vergleich der Schriftsprachentwicklung von zurückgestellten und im Schulkindergarten geförderten Kindern mit fristgerecht eingeschulten Kindern (diese wiesen vergleichbare vorschulische Schriftsprachvoraussetzungen auf wie die Schulkindergartenkinder) zeigten sich innerhalb der ersten beiden Grundschuljahre kaum signifikante Leistungsunterschiede. Lediglich am Ende der ersten und zweiten Klassen wiesen die Schulkindergartenkinder signifikant geringere Leistungen in den Leseproben auf, für alle weiteren Aufgaben ergaben sich hingegen keine statistisch signifikanten Unterschiede. Ein Vergleich der beiden Gruppen mit einer repräsentativen Gruppe regulär eingeschulter Kinder verdeutlichte, dass diese sowohl vor der Einschulung als auch am Ende der ersten und zweiten Jahrgangsstufe in allen schriftsprachbezogenen Aufgabenbereichen signifikant bessere Leistungen aufwiesen als die Schulkindergartenkinder und deren Kontrollgruppe (vgl. Jansen, 1994). Es zeigten sich sowohl weder kurz- noch langfristige Fördereffekte durch das zusätzliche Jahr im Schulkindergarten als auch Defizite hinsichtlich der Förderung von eher lernschwachen Kindern in der Grundschule. Zurückgestellte Kinder wurden auch in Einschätzungen von Lehrern bezüglich ihres Verhaltens als eher auffälliger und ängstlicher als ihre fristgerecht eingeschulten Klassenkameraden eingeschätzt. Unterschiede zwischen fristgerecht und verspätet eingeschulten Kindern ergaben sich auch bezüglich der Kompetenzeinschätzungen von Lehrern. Sowohl die kognitiven als auch die sozialen Kompetenzen wurden bei den zurückgestellten Kindern schlechter beurteilt (vgl. Thomas et al., 1992). Ein weiterer Effekt von Zurückstellung ist die teilweise frühzeitige Nutzung von zusätzlichen Lernangeboten, wie Förder- oder Nachhilfeunterricht (vgl. Graue & DiPerna, 2000).

2.   Fragestellung

Aus den Ergebnissen der bisherigen Forschung lassen sich zwar Merkmale belegen, welche die Wahrscheinlichkeit einer verspäten Einschulung erhöhen, allerdings können kaum generalisierende Aussagen zu schulischen Erfolgschancen von zurückgestellten Kindern gemacht werden. Eindeutige Vorteile einer Zurückstellung lassen sich aufgrund der empirischen Untersuchungen nicht belegen. Vielmehr scheinen eher Nachteile durch eine verspätete Einschulung zu entstehen (vgl. auch den Beitrag von Kratzmann, Faust & Wehner, Teil IV, in diesem Band). Weshalb werden Kinder ein Jahr vom Schulbesuch zurückgehalten, wenn kaum Vorteile belegt sind? Bisher ist wenig dazu bekannt, wie Eltern zu einer Zurückstellungsentscheidung gelangen. Der Beitrag geht deshalb folgender Frage nach: Welche familiären, individuellen und institutionellen Aspekte beeinflussen die Einschulungsentscheidung aus Sicht der Eltern?

3. Ergebnisse

3.1 Beratung im Kindergarten

Als einflussreich für die Einschulungsentscheidung hat sich der Kindergarten herausgestellt. Die Beratung der Erzieherinnen leistet einen entscheidenden Anteil zur Einschätzung des Kindes durch die Eltern. Dass die Einschulung ein Prozess ist, welcher weit vor dem ersten Schultag beginnt, zeigt sich auch in den Interviews. Ein Jahr vor dem regulären Schulbeginn erhielt erst die Hälfte der Eltern Informationen bezüglich der Einschulung, zumeist in Einzelgesprächen oder bei allgemeinen Elternabenden. All jene Eltern, welche bisher keine Beratung erhalten hatten, gaben allerdings an, schon einen Termin für ein kommendes Gespräch oder einen geplanten Elternabend zu haben.

> Ich habe jetzt ein Gespräch übernächste Woche eben, noch einmal mit dem Kindergarten. Die Kinder wurden jetzt beobachtet, also die hatten so Beobachtungswochen, wo sie eben genau schauen: Wie weit ist das Kind in welcher Beziehung, in welchen Fähigkeiten, in welchen Sachen? Und da wurde mir schon andeutungsweise gesagt, es wäre nichts Auffälliges dabei herausgekommen. Aber das Gespräch steht eben noch aus. Das möchte ich auf jeden Fall noch abwarten und mir dann noch einmal eine Meinung bilden. (Interview 6)

Drei Monate vor der regulären Einschulung hatten fast alle Eltern ein Gespräch mit der Erzieherin über die Einschulung. Lediglich eine Mutter hat zu diesem Zeitpunkt noch keine Beratung in Anspruch genommen. Sie berichtet allerdings darüber, dass die Möglichkeit dazu durchaus bestanden hätte.

> Vielleicht wenn man jetzt nachgefragt hätte, wie es ausschaut oder so, hätten die mit Sicherheit was gesagt. Aber ich denke, wenn jetzt etwas Außergewöhnliches gewesen wäre, hätte die Erzieherin es vielleicht auch gesagt. (Interview 12)

Anhand der Elternaussagen lassen sich hinsichtlich der Beratung zwei Erziehertypen bestimmen. Der erste Erziehertyp kann als aktive Beraterin umschrieben werden. In der Wahrnehmung der Eltern geht die Erzieherin auf sie zu, lädt sie zu

Gesprächen ein oder teilt ihnen Informationen bei „Tür- und Angelgesprächen"[2] mit.

> Also bei uns machen sie immer so Elterngespräche, alle halbe Jahre. (Interview 1)

> Ich halte immer mal kurz Rücksprache, so einmal im Monat: Was meinst du denn? Was macht er denn? Man unterhält sich dann halt drüber. […] Ja. Und sie kommt auch, wenn ihr was auffällt, dann sagt sie das auch: Pass auf, mach das mal oder brems' da mal. (Interview 8)

Andere Eltern sehen die Erzieherinnen eher in einer passiven Beraterrolle. In diesen Fällen bestehen zwar die Beratungsmöglichkeiten im Kindergarten, allerdings müssen die Eltern hier ihren Bedarf auch anmelden. Die Erzieherinnen stehen somit jederzeit zur Verfügung, gehen aber nicht aktiv auf die Eltern bezüglich der Einschulung zu.

> Von selbst jetzt tun die eigentlich nichts. Da muss man schon auf die zugehen. […] Also ich meine, er ist ja jetzt kein Problemkind oder irgendwie auffällig. Vielleicht ist es schon manchmal nicht verkehrt, wenn sie sich ein bisschen mehr einbringen würden. (Interview 18)

Auch wenn nicht alle Eltern aktiv von den Erzieherinnen bezüglich der Einschulung informiert und beraten werden, berichten die meisten Eltern dennoch weitestgehend zufrieden mit den Gesprächen gewesen zu sein. Nur zwei Mütter betonen, eher mangelhafte Beratungen erhalten zu haben. Eine Mutter begründet dies mit der viel zu späten Information über die vorhandenen Defizite ihres Kindes. Die andere Mutter gibt an, dass ihr scheinbar falsche Informationen bezogen auf die Einschulungsregelung mitgeteilt wurden.

> Naja, der Kindergarten hat auch nur begrenzte Information und die haben sie halt so weitergegeben. […] Ich hab' das aber im Kindergarten auch noch mal gesagt, dass sie eben da einer falschen Information aufsitzen und dass sie das doch noch mal überdenken oder sich halt besser informieren sollen. Vielleicht ist es auch von Jahr zu Jahr unterschiedlich. (Interview 6)

Auch wenn der Großteil der Eltern zufrieden ist, werden von einigen Verbesserungsvorschlägen geäußert. So erstaunt nicht, dass sich etwa die Hälfte der Eltern eine frühzeitigere oder aktivere Beratung durch die Erzieherinnen wünschen.

---

2 Als „Tür- und Angelgespräche" werden Kontakte zwischen den Eltern und Erzieherinnen verstanden, die einen kurzen Informationsaustausch beinhalten und eher nebenher geführt werden, wie z.B. beim Bringen bzw. Abholen der Kinder.

3.2 Schulfähigkeitsvorstellungen

Die Schulfähigkeit ist in den meisten Bundesländern Voraussetzung für den Eintritt in die Grundschule (Ausnahmen bilden hier die neuen Schuleingangsstufen). Auch bei der Entscheidungsfindung der Eltern spielt dieses Kriterium eine tragende Rolle. In den Interviews zeigt sich, dass die Eltern ein breites, aber auch unterschiedliches Bild von Schulfähigkeit besitzen. Dennoch treten einige Gemeinsamkeiten hervor. Fast alle Eltern benennen die sozialen Fähigkeiten sowie das Arbeitsverhalten des Kindes als wichtige Kriterien. Unter dem Begriff soziale Fähigkeiten fassen sie unter anderem die Integration eines Kindes in eine Gruppe sowie den fairen und sozial kompetenten Umgang mit anderen. Das Arbeitsverhalten beinhaltet aus Sicht der Eltern einerseits die Konzentrationsfähigkeit, also Aufmerksamsein und Zuhören, und andererseits die Ausdauer, welche sich vor allem auf das längere Sitzen in der Grundschule bezieht.

> Dann Konzentration, die muss auf jeden Fall vorhanden sein. Und dass das Kind überhaupt stillsitzen kann. Still ist gut, ruhig sitzen kann. Dass es sich in eine Gruppe integrieren kann. (Interview 19)

Kognitive Fähigkeiten benennt nur etwa die Hälfte der Eltern. Wichtig scheinen hier Vorkenntnisse in Lesen, Schreiben und Rechnen sowie das Aufgabenverständnis. Ähnlich bedeutsam für den Eintritt in die Grundschule ist für die Eltern eine gewisse emotional-psychische Reife. Verstanden werden darunter der Umgang mit Niederlagen oder das Erledigen von Aufgaben gegen den eigenen Willen.

> Dann müssen sie erstens mal auch emotional so weit sein, auch mal zurückzustecken. Wenn ich jetzt zum Beispiel eine Niederlage in der Schule habe. ‚Mensch, das schaffe ich jetzt nicht!' Da kann ich nicht losplärren und ausrasten ohne Ende. (Interview 8)

Die körperliche Entwicklung, im Sinne von Körpergröße oder krankheitsbedingten Rückständen, spielt für die Schulfähigkeit eher selten eine Rolle.

Die elterlichen Aussagen zum Begriff Schulfähigkeit umfassen fast nur auf das Kind bezogene Aspekte, angesprochen wird somit hauptsächlich das Bild vom schulfähigen Kind. Als wichtig für die Einschulung sehen die Eltern demnach an, was ein Kind kann bzw. nicht kann. Die Anpassung der Schule an die individuellen Fähigkeiten der Kinder – im Sinne einer kindfähigen Schule – wird in diesem Zusammenhang kaum berücksichtigt.

3.3 Wahrnehmung des Kindes

Unter dem Konstrukt Wahrnehmung des Kindes werden die individuellen Merkmale, wie Geschlecht oder Alter, und Fähigkeiten des Kindes gefasst.

Für die Einschulungsentscheidung sind die kindlichen Fähigkeiten vor allem in der elterlichen Einschätzung bedeutsam. Fähigkeiten, welche die Eltern oft als entscheidend benennen, sind der allgemeine Entwicklungsstand sowie das Interesse an Schule bzw. schulischen Themen. Fristgerecht einschulende Eltern schreiben ihren Kindern eine ‚normale Entwicklung' und ein vorhandenes Interesse an schulischen Inhalten zu.

> Also ich denke, er ist jetzt weit genug. Er kann seinen Namen schreiben. Er ist irgendwie, er hat keine Defizite. Also ich denke, es ist jetzt so weit, dass er rein muss. (Interview 12)

Hingegen weisen zurückgestellte Kinder, nach Einschätzung der Eltern, einen noch nicht ausreichenden Entwicklungsstand sowie ein Desinteresse an schulischen Themen auf.

> Die unruhige Art, die er einfach noch an sich hat. Er ist noch zu sehr Kind, zu verspielt. Ich denke, das gibt sich innerhalb von dem einen Jahr Kindergarten. [...] Und Schule sollte einfach Spaß machen. Und er hat im Moment noch einfach nicht diesen Drang, sich mal hinzusetzen und mal für längere Zeit als nicht nur zehn Minuten, sondern anhaltend eine halbe Stunde was konkret zu machen. (Interview 5)

Die als allgemein wichtig benannten sozialen Fähigkeiten spielen bei der Wahrnehmung der Fähigkeiten des eigenen Kindes keine tragende Rolle. Möglicherweise schreiben die Eltern ihren Kindern bereits ausreichende soziale Kompetenzen zu.

In den Interviews hat sich das Alter des Kindes als ein weiteres wichtiges individuelles Merkmal herausgestellt. Darunter verstanden werden einerseits das tatsächliche Alter des Kindes zu Beginn der Schule und andererseits das Alter des Kindes im Verhältnis zur Altersspanne in den Klassen.

Die fristgerecht einschulenden Eltern schätzen ihre Kinder als ‚alt genug' ein, während die zurückstellenden Eltern ihre Kinder als ‚zu jung' für die Schule ansehen.

Fristgerecht einschulende Mutter:

> Wie gesagt, er ist im Mai geboren und da war es eigentlich klar, dass er dann mit 6 ¼, na, ist fast 6 ½ eigentlich, schon in die Schule kommt. (Interview 12)

Verspätet einschulende Mutter:

> Und ich gehe ja jetzt von meinem Sohn aus, der einfach mit fünf noch eingeschult wird, und das ist in meinen Augen einfach zu bald, weil in dieser Schule oder in dieser Klasse, in die mein Kind dann kommt, gibt es durchaus schon Kinder, die sechs und sechseinhalb sind. Und er ist fünf. (Interview 5)

3.4 Bild von Schule

Ein weiterer, die Einschulungsentscheidung beeinflussender Aspekt ist die Wahrnehmung der Schule und des Bildungssystems. Zwei Sichtweisen lassen sich dabei unterscheiden: (1.) Mit einem eher offenen Bild von Schule verbinden sich die Förderung und die Möglichkeit zur Weiterentwicklung des Kindes durch den Schulstart; (2.) hingegen umfasst ein eher engeres Bild von Schule die Vorstellungen von unflexiblen Schulstrukturen, Leistungsdruck und eher homogenen Lerngruppen. Für die zurückstellenden Eltern konnte ein deutlich enges und sehr kritisches Bild von Schule aufgedeckt werden. Die bayrischen Eltern äußerten vor allem in Bezug auf die damals in Bayern stattfindende Stichtagsverlegung und die somit entstehenden hohen Altersspannen in den Anfangsklassen Unzufriedenheit. Ebenso negativ bewertet wurde die Stichtagsregelung, die einen individuelleren Schulstart verhindert.

> Ich bin eigentlich grundsätzlich eher dafür, das individueller zu sehen. Für solche Kinder wie die XY wäre zum Beispiel eine Einschulung zwischendrin ganz günstig. Zum Halbjahr, das wäre optimal. (Interview 3)

Die zurückstellenden Eltern verbinden mit der Grundschule weiterhin hohe Leistungsanforderungen und sie erwarten von Anfang an ein hohes Lerntempo.

> Aber heute wird halt in der Schule mehr verlangt, entweder friss oder stirb! Die gehen weiter mit dem Stoff, und wenn er es nicht begreift, dann bist du hintennach und dann hast du mit dem Kind ein Problem. (Interview 13)

Darüber hinaus äußern sich die zurückstellenden Eltern auch kritisch gegenüber dem deutschen Bildungssystem. Als ungünstig bewertet wird beispielsweise der zeitige Wechsel von der Grundschule auf die weiterführende Schule nach bereits vier Jahren. Die Einführung des achtjährigen Gymnasiums wurde von den bayrischen Eltern zusätzlich als eine negative Entwicklung angesehen.

> Und ich glaube, dass früher Einschulen, kürzeres Abitur, es geht um arbeitsmarktpolitische Dinge. Also es ist nicht das Wohl des Kindes im Blickpunkt, und das ist das, was mich ärgert. (Interview 3)

Bei den fristgerecht einschulenden Eltern lässt sich hingegen kein einheitliches Bild von Schule feststellen. Hier zeigen sich sowohl Eltern mit einer offeneren als auch engen Auffassung von Schule.

4. Zusammenfassung

Einige Aspekte, welche die Einschulungsentscheidung beeinflussen, wurden im Beitrag aufgezeigt. Der Kindergarten trägt u.a. mit seinen Beratungsangeboten zur Einschulungsentscheidung bei. Hier unterscheiden sich die Angebote jedoch zeitlich. Während in einigen Einrichtungen ca. ein Jahr vor der regulären Einschulung Gespräche stattfanden, geschah dies bei anderen erst in der zweiten Hälfte des letzten Kindergartenjahres. Es lässt sich vermuten, dass die Erzieherinnen noch nicht die Notwendigkeit einer Beratung sehen und die Eltern sich noch nicht intensiver mit der Einschulung auseinandergesetzt haben. Zwischen den fristgerecht einschulenden und den zurückstellenden Eltern finden sich keine Unterschiede in der wahrgenommenen Beratung im Kindergarten.

Die Vorstellung von Schulfähigkeit stellt einen weiteren Entscheidungsaspekt dar, trennt aber ebenso nicht zwischen den beiden hier betrachteten Einschulungsgruppen. Die genannten Kriterien sind weitgehend gleich. Als wichtigste Kriterien werden neben Selbstbewusstsein und Selbstständigkeit Konzentration und Ausdauer angesehen. Der Schulfähigkeitsbegriff der Eltern ist stark kindorientiert und die Merkmale der Grundschule werden kaum einbezogen.

Die elterliche Wahrnehmung des Kindes beinhaltet bei beiden Gruppen die gleichen Aspekte, jedoch wirken diese in gegensätzliche Richtungen. Während für fristgerecht einschulende Eltern die vorhandenen Fähigkeiten und das angemessene Alter des Kindes entscheidend sind, betonen zurückstellende Eltern die nicht vorhandenen Fähigkeiten und das noch zu junge Alter.

Die Entscheidung für eine Zurückstellung wird darüber hinaus vom subjektiven Bild von Schule beeinflusst. Die zurückstellenden Eltern haben eine kritische Haltung gegenüber dem Schulsystem. Insbesondere verbinden sie mit der Schule starken Leistungsdruck sowie unflexible Strukturen. Anhand der aufgezeigten Punkte wird deutlich, dass die Eltern für ihre Einschulungsentscheidung die gleichen Aspekte heranziehen. Unterschiede zwischen fristgerecht und verspätet einschulenden Eltern finden sich allerdings nur bezüglich der Wahrnehmung des Kindes und dem Bild von Schule.

Die aufgezeigten Aspekte können nun systematisch mit den Entscheidungskomponenten des Wert-Erwartungsmodells in Verbindung gebracht werden. Keinen direkten Einfluss scheint die institutionelle Beratung im Kindergarten auf die beiden Entscheidungskomponenten, subjektiver Wert und Erfolgserwartungen, zu haben. Hingegen zeigt sich die Beratung als eine wichtige Größe bei der Einschätzung der Fähigkeiten des eigenen Kindes und dem Bild von Schule. Letzteres wirkt sich wiederum direkt auf den subjektiven Wert und die Erfolgserwartungen aus. Die zurückstellenden Eltern besitzen zumeist ein eher enges Bild von Schule und erwarten durch eine fristgerechte Einschulung eher hohe Kosten, wie die zusätzliche Betreuung bei den Hausaufgaben oder die Belastung durch den Leistungsdruck, welche vor allem zu Lasten des Kindes gehen würde. Die Schulfähigkeitsvorstellungen beeinflussen sowohl die Wahrnehmung des Kindes als auch die Erfolgserwartungen. Je schlechter die Eltern die Fähigkeiten des eigenen Kindes einschätzen, desto niedriger sehen sie die Erfolgschancen bei einer fristgerechten Einschulung. Unter Bezugnahme auf die Wert-Erwartungstheorie scheint die Erfolgserwartungskomponente bedeutsam zu sein. Eltern, die aufgrund fehlender Fähigkeiten keinen erfolgreichen Start der Schullaufbahn für ihre Kinder erwarten und die Schule in einem eher negativen Licht sehen, entscheiden sich eher für eine Zurückstellung als für eine fristgerechte Einschulung.

Bisher offen ist, welche weiteren Aspekte die Entscheidung beeinflussen und wie diese mit den bereits aufgedeckten zusammenhängen. Welche Rolle spielen familiäre und institutionelle Förderung bei der Entscheidung? Welchen Einfluss hat die aufnehmende Grundschule bzw. wie geht diese mit dem Wunsch der Eltern um?

Literatur

Autorengruppe Bildungsberichterstattung (2010). *Bildung in Deutschland 2010. Ein indikatorengestützter Bericht mit einer Analyse zu Perspektiven des Bildungswesens im demografischen Wandel.* Bielefeld: Bertelsmann.

Bellenberg, G. (1999). *Individuelle Schullaufbahnen. Eine empirische Untersuchung über Bildungsverläufe von der Einschulung bis zum Abschluß.* Weinheim, München: Juventa Verlag.

Bos, W., Valtin, R., Hornberg, S., Buddeberg, I., Goy, M. & Voss, A. (2007). Internationaler Vergleich 2006: Lesekompetenz von Schülerinnen und Schülern am Ende der vierten Jahrgangsstufe. In W. Bos, S. Hornberg, K.-H. Arnold, G. Faust, L. Fried, E.-M. Lankes, K. Schwippert & R. Valtin (Hrsg.), *IGLU 2006. Lesekompetenzen von Grundschulkindern in Deutschland im internationalen Vergleich* (S. 109–160). Münster: Waxmann.

Graue, M. E. & DiPerna, J. (2000). Redshirting and early retention. Who gets the „gift of time" and what are its outcomes? *American Educational Research Journal, 37,* 509–534.

Jansen, H. (1994). Fördert der Besuch des Schulkindergartens die Entwicklung schriftsprachlicher Fertigkeiten? *Zeitschrift für Pädagogische Psychologie 8,* 165–175.

Kemmler, L. (1975). *Erfolg und Versagen in der Grundschule. Empirische Untersuchungen.* Göttingen, Toronto, Zürich: Verlag für Psychologie, Hogrefe.

Kratzmann, J. & Schneider, T. (2008). Verbessert der Besuch des Kindergartens die Startchancen von Kindern aus sozial schwachen Familien im Schulsystem? Eine Untersuchung auf Basis des SOEP. In J. Ramseger & M. Wagener (Hrsg.), *Chancenungleichheit in der Grundschule. Ursachen und Wege aus der Krise* (S. 295–298). Wiesbaden: VS-Verlag für Sozialwissenschaften.

Liebers, K. (2011). *Zurückstellungsgründe aus der Sicht von Eltern. Ergebnisse einer Elternbefragung zum Schulanfang 2010.* Ludwigsfelde: LISUM.

Mader, J. (1989). *Schulkindergarten und Zurückstellung. Zur Bedeutung schulisch-ökologischer Bedingungen bei der Einschulung.* Münster: Waxmann.

Mader, J., Roßbach, H.-G. & Tietze, W. (1991). Schulentwicklung und Schulentwicklungsforschung im Primarbereich – Untersuchungen zum Regelsystem. In K. Beck & A. Kell (Hrsg.), *Bilanz der Bildungsforschung. Stand und Zukunftsperspektiven* (S. 15–49). Weinheim: Deutscher Studien Verlag.

Niklas, F., Schmiedeler, S. & Schneider, W. (2010). Heterogenität in den Lernvoraussetzungen von Vorschulkindern. *Zeitschrift für Grundschulforschung, 3* (1), 18–31.

Roßbach, H.-G. & Tietze, W. (1996). *Schullaufbahnen in der Primarstufe. Eine empirische Untersuchung zu Integration und Segregation von Grundschülern.* Münster: Waxmann.

Shepard, L. A. & Smith, M. L. (1987). Effects of kindergarten retention at the end of first grade. *Psychology in the Schools, 24,* 346–357.

Thomas, A. M., Armisted, L., Kempton, T., Lynch, S., Forehand, R., Nousiainen, S., Neighbors, B. & Tannenbaum, L. (1992). Early retention: Are there long-term beneficial effects? *Psychology in the Schools, 29,* 342–347.

Einschulungsentscheidungen in Familien mit türkischem Migrationshintergrund

Jens Kratzmann

1.　Einschulungen von Kindern mit Migrationshintergrund

Die amtliche Einschulungsstatistik zeigt bereits seit vielen Jahren erhöhte Zurückstellungsquoten sowie eine überproportional häufige Aufnahme in Vorklassen von ausländischen Kindern auf (z.B. Tischler, Kisseler & Trabert, 2002). Gegensätzlich dazu liegt der Anteil an vorzeitigen Einschulungen von ausländischen Kindern unter dem Anteil vorzeitiger Einschulungen deutscher Kinder. Die Unterscheidung nach Staatsangehörigkeit ist jedoch heute überholt, da sich mit der zum 1. Januar 2000 in Kraft getretenen Änderung vom Abstammungsprinzip zum Territorialprinzip eine grundlegende Veränderung vollzogen hat. Die Kinder zugewanderter Eltern erhalten seitdem die deutsche Staatsangehörigkeit, wenn sie in Deutschland geboren wurden und sich wenigstens ein Elternteil seit mindestens acht Jahren rechtmäßig in Deutschland aufhält. Wenn nach der Bedeutung von Zuwanderung für die Einschulung gefragt werden soll, muss heute zu Analysezwecken dementsprechend zwischen Kindern mit und ohne Migrationshintergrund unterschieden werden.

Die Einschulung von Kindern mit Migrationshintergrund ist bisher ein weitgehend unerforschtes Gebiet. Dies ist insofern erstaunlich, als bereits seit langem bekannt ist, dass es Diskrepanzen in den Übergängen vom Kindergarten in die Grundschule zwischen Kindern mit und ohne Migrationshintergrund gibt. Verschiedene Studien auf Grundlage unterschiedlicher Stichproben und Operationalisierungen des Migrationshintergrundes belegen eine erhöhte Zurückstellungswahrscheinlichkeit von Kindern mit Migrationshintergrund, insbesondere wenn beide Elternteile zugewandert sind oder bei Kindern türkischer Herkunft (Joos, 2006; Kratzmann & Schneider, 2009). Für die vorzeitige Einschulung sind die Ergebnisse jedoch weniger eindeutig. Es finden sich in manchen Studien keine Unterschiede zwischen Kindern mit und ohne Migrationshintergrund, andere berichten bei Kindern türkischer Herkunft, oder wenn nur ein Elternteil zugewandert ist, von erhöhten Anteilen an vorzeitigen Einschulungen.

Die Unterschiede bei den Einschulungsraten zwischen Kindern mit und ohne Migrationshintergrund wurden bisher auf verschiedene Gründe zurückgeführt. Hierbei kann zwischen individuellen und institutionellen Ursachen unterschieden werden. Anders gesagt sind die Gründe dafür zum einen bei den Kindern und deren Familien und zum anderen beim Bildungssystem zu suchen.

Auf *individueller Ebene* werden die Gründe für das erhöhte Zurückstellungs-risiko von Kindern mit Migrationshintergrund in erster Linie im Kompetenzstand der Kinder gesehen. Von besonderer Bedeutung sind dabei die *sprachlichen Kompetenzen* der Kinder. Die BiKS-Studie hat gezeigt, dass Kompetenzunterschiede im Sprachstand zwischen Kindern mit und ohne Migrationshintergrund bereits im Alter von drei Jahren zu finden sind (Dubowy, Ebert, Maurice & Weinert, 2008). Ebenso wurden in erster Linie durch Auswertungen von Schuleingangsuntersu-chungen erhöhte Defizite in verschiedenen Aspekten von Sprache und damit ein erhöhtes Risiko des Deutschförderbedarfs von Kindern mit Migrationshinter-grund im Vorfeld der Einschulung festgestellt (Schöler et al., 2004). Dies war ein entscheidender Anlass dafür, in den Bundesländern im Vorfeld der Einschulung Sprachstandsfeststellungen für Kinder mit Migrationshintergrund einzuführen (Lisker, 2010). Auf Grundlage dieser Sprachstandsdiagnosen werden Kinder mit Migrationshintergrund seitdem durch spezielle Sprachfördermaßnahmen geför-dert, um dadurch eine Verringerung der Zurückstellungen vom Schulbesuch zu erreichen (kompensatorischer Ansatz).

Ein weiterer Aspekt auf individueller Seite sind differierende Einstellungen von Eltern mit Migrationshintergrund in Bezug auf *Schulfähigkeit* und die Einschulung ihrer Kinder. Hierzu gibt es jedoch nur eine Interviewstudie aus den 1980er Jahren in Hanau. Hierbei wird zunächst auf eine wahrgenommene Deklassierung in den Augen türkischer Eltern bei einer Zurückstellung oder Einschulung in eine Vor-klasse hingewiesen (Rachner & Unger, 1994a). Diese habe sich jedoch von einer kurzfristig-utilitaristischen zu einer eher kindzentriert-pädagogischen Argumenta-tion gewandelt. Demnach sehen Zuwanderer in der Zurückstellung nicht mehr le-diglich eine unnötige Verlängerung der Schulzeit, sondern vielmehr einen Beitrag, ihre Kinder besser auf die erste Klasse vorzubereiten (Rachner & Unger, 1994b).

Schließlich gibt es auf individueller Ebene eine Diskussion um mögliche Un-terschiede in den allgemeinen *Erziehungsvorstellungen* von Eltern, insbesondere mit türkischem Migrationshintergrund, die jedoch auf allgemeinerer Ebene geführt wird und weniger auf die Einschulung bezogen ist. Demnach könnte eine stärker auf Autorität, Rigidität, Auswendiglernen und Reproduzieren gerichtete Erziehung von Eltern mit Migrationshintergrund mit dem stärker auf Selbstkontrolle und Selbstbestimmung gerichteten deutschen Kindergarten in Widerspruch stehen (vgl. dazu beispielsweise Jäkel & Leyendecker, 2009). Dies könnte aber lediglich auf einen kleinen Teil der Zuwanderer zutreffen und ist zudem bisher noch nicht mit der Einschulung in Verbindung gebracht worden.

Auf *institutioneller Ebene* wird dem Schulsystem aber auch selbst ein Anteil der beobachteten migrationsgekoppelten Ungleichheiten bei der Einschulung zuge-schrieben. Demnach sind Zuwanderer alleine schon dadurch benachteiligt, dass ihre Herkunftssprache und -kultur im deutschen Bildungssystem nicht anerkannt wer-den und die Zuwanderer somit zusätzliche Hürden überwinden müssen (Gomolla

& Radtke, 2009). Sie müssen nicht nur die schulischen Anforderungen bewältigen, sondern sehen sich vielmehr noch mit der Aufgabe konfrontiert, die Schulsprache Deutsch zu lernen und sich in die deutsche Kultur zu integrieren. Gelingt dies nicht, so besteht nach der These der *institutionellen Diskriminierung* die Tendenz, Kinder mit Migrationshintergrund eher zurückzustellen oder in eine Förderstufe zu überweisen, um die Leistungshomogenität der Grundschulklassen möglichst zu erhalten. Eine Studie aus den 1980er Jahren zeigt für Nordrhein-Westfalen auf, dass vom Vorhandensein eines Schulkindergartens eine Art „Sogwirkung" ausgeht, die zu einer Erhöhung der Zurückstellungen führt (Mader, 1989). Kinder mit Migrationshintergrund könnten nach der These der institutionellen Diskriminierung besonders von dieser Sogwirkung betroffen sein.

Darüber hinaus besteht noch die Gefahr, mit *Vorurteilen und Stereotypen* durch Lehrkräfte oder Erzieherinnen konfrontiert zu werden und dadurch keine gerechte Beurteilung der Leistungen zu erhalten (Alexander & Schofield, 2008). Eine solche Konfrontation mit Vorurteilen und Stereotypen könnte das Selbstbewusstsein, das Selbstwertgefühl und die Leistungsmotivation der Kinder beeinträchtigen (Niesel, 2009). Zudem könnte allein die Wahrnehmung von Stereotypen zu geringerem Selbstvertrauen und geringerer Motivation führen, ungeachtet dessen, ob tatsächlich Stereotypisierungen vorhanden sind oder nicht, ein Phänomen, das unter dem Begriff „Stereotype threat" bekannt geworden ist. Es ist jedoch bisher unklar, ob es solche Vorurteile und Stereotypen bei Erzieherinnen gibt und ob sich dies auf die Einschulung der Kinder auswirkt.

Ein letzter möglicher Einflussfaktor, der sich auf institutioneller Ebene auf die Einschulung auswirken könnte, ist der *Anteil an Kindern mit Migrationshintergrund* in einer Einrichtung (vgl. auch Kratzmann, Smidt, Pohlmann-Rother & Kuger, in diesem Band). Dies wurde bisher verstärkt für den Übergang in die Sekundarstufe in den Blick genommen. Die Gruppenzusammensetzung könnte sich auf die pädagogische Anregungsqualität und damit auf den individuellen Entwicklungsfortschritt auswirken und somit die Einschulung indirekt beeinflussen. Hierzu gibt es jedoch kaum Befunde. Zwar wird von einem erhöhten Risiko eines diagnostizierten Förderbedarfs in Deutsch in Gruppen mit hohem Migrantenanteil berichtet (Becker, 2006), dieser Zusammenhang scheint jedoch für ausschließlich deutschsprachig aufwachsende Kinder nicht zu gelten (Grimm et al., 2004). Zudem muss hier der enge Zusammenhang zwischen Migration und sozialem Status bedacht werden, der mit dem Anteil an Kindern mit Migrationshintergrund in Zusammenhang steht und diesen Effekt möglicherweise mediiert.

2. Anliegen dieses Beitrags

Vor dem Hintergrund der migrationsgekoppelten Ungleichheiten bei der Einschulung, von denen vor allem Kinder türkischer Herkunft betroffen sind, und dem bisher unzureichenden Forschungsstand dazu (bei gleichzeitigem Aktionismus der Bundesländer) wurde im Rahmen der Forschergruppe BiKS die Einschulung von Kindern mit Migrationshintergrund in den Blick genommen. Zwei wesentliche Forschungslücken werden hiermit geschlossen:

Auf *individueller Ebene* wurde im Rahmen einer Dissertation die Formation der Einschulungsentscheidung bei Zuwandererfamilien türkischsprachiger Herkunft untersucht (ausführlich Kratzmann, 2011). Im Zentrum der Arbeit stand die Aufklärung von migrationsspezifischen Prozessen und Einflussgrößen, die bei der Entscheidung eine Rolle spielen. Den Ausgangspunkt bildeten psychologische und soziologische Werterwartungstheorien, wonach Entscheidungen entsprechend der Erfolgserwartung und dem subjektiven Wert, der den Optionen beigemessen wird, getroffen werden. Neben der Bedeutung individueller Bildungsvorstellungen und Erwartungen vonseiten der Eltern an das deutsche Bildungssystem wurde auch die Wahrnehmung institutioneller Betreuung und Beratung für die Einschulungsentscheidung einbezogen. Insbesondere bei Zuwanderern, die bisher wenige Erfahrungen mit dem deutschen Bildungssystem gemacht haben, könnte der institutionellen Beratung durch Kindergarten und Schule eine entscheidende Rolle beim Schuleintritt zukommen.

Auf *institutioneller Ebene* wurde im Rahmen der BiKS-Studie der Frage nachgegangen, ob sich auf Seiten von Erzieherinnen Stereotype gegenüber Zuwanderern, insbesondere Zuwanderern aus der Türkei, finden lassen (Kratzmann & Pohlmann-Rother, 2012) und ob sich geringere Leistungserwartungen und Prognosen des schulischen Bildungsverlaufs gegenüber deren Kindern zeigen (Kratzmann, 2012). Hierzu besteht ein erheblicher Forschungsbedarf, da zwar aus der Sozialpsychologie belegt ist, dass sich die Konfrontation mit Stereotypen auf die Entwicklung der Kinder auswirken kann (Alexander & Schofield 2008), jedoch keineswegs klar ist, ob solche Stereotypisierungen im Kindergarten eine Rolle spielen.

Zentrale Ergebnisse dieser Teilfragestellungen der BiKS-Studie werden hier zusammengefasst. Alle Fragestellungen wurden anhand einer methodologischen Verknüpfung aus qualitativen und quantitativen Forschungsmethoden beantwortet. Für den *qualitativen Teil* wurden sowohl mit Eltern als auch mit Erzieherinnen offene Leitfadeninterviews geführt. 25 Familien türkischsprachiger Herkunft und zehn Erzieherinnen konnten für die Teilnahme an diesen zusätzlichen Erhebungen gewonnen werden. Die *quantitativen Verfahren* greifen auf Angaben aus standardisierten Fragen an die Eltern und Erzieherinnen zurück. Diese machen eine Gegenüberstellung von vergleichbaren Kindern türkischsprachiger Herkunft und Kindern ohne Migrationshintergrund, aber auch eine Gegenüberstellung von Eltern- und Erzieherinnenangaben möglich.

3. Hauptergebnisse

3.1 Einschulungsentscheidung von Eltern türkischsprachiger Herkunft

Kein neuer Befund, aber dennoch eine erneute Bestätigung bisheriger Forschungs-ergebnisse, ist die Feststellung, dass Eltern türkischsprachiger Herkunft in Deutsch-land besonders *hohe Bildungsziele* für ihre Kinder verfolgen:

> „Also eigentlich möchte ich schon, dass er das Abitur macht. Ich meine, wenn er wirk-lich total ungeeignet wäre, würde ich ihn nicht hinprügeln dazu. Aber ich würde schon erwarten, dass er das Abitur macht. Was er danach macht, wäre mir eigentlich ganz egal. Hauptsache, er hat das Abitur und hat alle Möglichkeiten offen. Selbst wenn er dann Schreiner oder U-Bahnfahrer wird." (Zitat einer Mutter)

Diese hohe Bildungsmotivation findet sich durchgehend in allen Familien türkisch-sprachiger Herkunft, stärker noch als in vergleichbaren deutschsprachigen Fami-lien, und ist begründet durch den Wunsch nach ökonomischer Integration in die Gesellschaft. Haben die Eltern selbst einen hohen Bildungsabschluss in der Türkei erworben, verbinden sie mit Bildung darüber hinaus einen hohen ideellen Wert. Außerdem lässt sich in diesen hochgebildeten Familien ein starker Wunsch erken-nen, die eigenen verpassten Chancen bei der Umsetzung von Bildungszertifikaten in berufliche Positionierungen nachträglich über ihre Kinder zu verwirklichen.

Die Chancen der Kinder im deutschen Bildungssystem werden jedoch als ein-geschränkt angesehen. Hauptgründe für diese *eingeschränkten Chancenerwartun-gen* sind erwartete Schwierigkeiten aufgrund sprachlicher Defizite der Kinder und erwartete Ungleichbehandlungen durch die Lehrkräfte. Aber auch die öffentliche Diskussion in den Medien über die schlechten Erfolgsquoten der Zuwanderer aus der Türkei im Bildungssystem führt zu Ängsten vor einem Scheitern in der Schule:

> „Aber ich denke, unser nächstes Problem wird in der vierten Klasse sein, dass sie auf die weiterführende Schule kommt. Denn die Medien, das habe ich auch damals angegeben, also Medien, in Zeitungen oder Familie oder Bekannte oder Verwandte, da hört man so Vieles. Warum sind so viele Kinder in der Hauptschule von den Ausländern? Heutzutage sagt man, Hauptschule ist fast wie Sonderschule." (Zitat einer Mutter)

Diese Diskrepanz zwischen hohen Bildungsaspirationen und geringen Chancen-erwartungen hat Auswirkungen auf die Einschulungsentscheidung der Eltern, die jedoch nicht gleichförmig sind. Gemeinsam ist zunächst allen Eltern der *Wunsch nach einem möglichst guten Schulstart* für ihr Kind, unabhängig vom Einschulungszeitpunkt. Aus den eingeschränkten Chancenerwartungen im deutschen Bildungssystem resultiert jedoch tendenziell der Wunsch nach einer eher späten Einschulung. Damit ist die Hoffnung auf einen besseren Start in der Schule sowie eine erfolgreichere Schullaufbahn verbunden. Haben Eltern den Eindruck, ihr Kind sei gut genug auf die Schule vorbereitet, so kann dies auch zu einer vorzeitigen Einschulung führen. Zurückstellungen vom Schulbesuch erfolgen dagegen in Familien türkischsprachiger Herkunft freiwillig, wenn Eltern den Eindruck haben, ihr Kind sei noch nicht ausreichend auf die Schule vorbereitet. Im Zweifelsfall werden Zurückstellungen auch gegen den Rat von Institutionen durchgesetzt.

Dennoch ergibt sich aus dem Wunsch nach einer späten Einschulung nicht immer auch tatsächlich eine Zurückstellung vom Schulbesuch. Es ist vielmehr eine Frage der *wahrgenommenen Förderbedingungen* im Kindergarten, die den Entscheidungsprozess mit beeinflussen. Vom Kindergarten erwarten Eltern türkischsprachiger Herkunft die Förderung der deutschen Sprachkenntnisse, eine angemessene Vorbereitung auf die Schule sowie Informationen und Unterstützung in Erziehungsfragen. Diese erhalten sie aber nicht in allen Einrichtungen. Vielmehr äußern sich manche Eltern kritisch gegenüber dem pädagogischen Ansatz des Kindergartens:

> „Also ein Kind muss zum Erzieher gehen und sagen: Ich möchte das und das machen, nicht umgekehrt. Und das war all die Jahre, was ich vermisst habe. Weil ich kenn' das durch meine ganzen Geschwister anders. Halt in Gruppen und dass dann die Erzieherin kommt und sagt: So, jetzt malen wir mal oder jetzt machen wir mal das und jetzt schneiden wir mal." (Zitat einer Mutter)

Die *pädagogischen Einstellungen* der Erzieherinnen stehen teilweise den Einstellungen der Eltern entgegen. Für die Eltern ist eine angemessene Schulvorbereitung sehr wichtig. Dazu gehören auch eine Förderung der Sprachkenntnisse sowie eine Förderung von Wissen und Kulturtechniken. Diese Vorstellung resultiert zum einen aus einer anderen Form der Kinderbetreuung in der Türkei, zum anderen steht dahinter die Befürchtung, nicht genügend auf die Schule vorbereitet zu sein. Damit entstehen teilweise Konflikte zwischen Eltern türkischsprachiger Herkunft und Erzieherinnen, die am Ende zu einem Verzicht auf eine Zurückstellung führen können, obwohl eine Zurückstellung möglicherweise angemessen gewesen wäre. Insofern kann die Einschulung auch zur Flucht vor den Förderbedingungen des Kindergartens werden.

Ein weiterer Faktor, der zur Flucht vor dem Kindergarten treiben kann, ist eine *empfundene Ungleichbehandlung* im Rahmen von Beratungsgesprächen. Diese zeigt sich zum einen im alltäglichen Austausch in sogenannten „Tür- und Angelgesprächen" zwischen Eltern und Erzieherinnen, der mit türkischen Eltern weniger geführt wird als mit vergleichbaren deutschen Eltern, zum anderen in zumindest

empfundenen Ausgrenzungen und geringerer Wertschätzung im Laufe von Eltern-
gesprächen:

> „Ich habe mich da nicht wohlgefühlt und hatte aber auch das Gefühl, dass ich auch von
> deren Seite weder ernst genommen wurde noch gemocht wurde." (Zitat einer Mutter).

Ob manche türkischen Mütter tatsächlich nicht wertgeschätzt werden, lässt sich
zwar an dieser Stelle nicht beantworten, aber dennoch beeinträchtigt diese Empfin-
dung die Zusammenarbeit mit den Eltern und kann schließlich bis zu einer Flucht
vor dem Kindergarten führen.

Schließlich ist die Befürchtung zu nennen, eine Zurückstellung könne später zu
Benachteiligungen im schulischen Bildungsverlauf führen, da das Kind durch die
Zurückstellung bereits mit einem negativen Stereotyp (zurückgestellt = leistungs-
schwach) behaftet sein könnte. Eine Analyse von Entscheidungsaspekten für die
Einschulung hat gezeigt, dass die Fähigkeiten der Kinder, die Meinung von Institutionen (Kindergarten und Schule) sowie das Interesse des Kindes an Schule von
Eltern deutschsprachiger und türkischsprachiger Herkunft gleichermaßen wichtig
eingeschätzt wird. Außen liegende Faktoren werden dagegen von türkischen Eltern
als deutlich wichtiger eingeschätzt. Abbildung 1 macht diese Unterschiede deutlich. Bei türkischen Eltern besteht im Vergleich zu vergleichbaren deutschen Eltern
stärker die Befürchtung, Zurückstellung werde von anderen negativ bewertet und
Zurückstellung sei verlorene Zeit. Ebenso ist für türkische Eltern die Beitragsfrei-
heit der Schule eher ein Aspekt, ein Kind früher einzuschulen. Schließlich ist es
türkischen Eltern bei der Entscheidung über die Einschulung wichtiger, dass das
Kind in der jeweiligen Institution am besten gefördert wird und dass das Kind mit
Freunden oder Geschwistern in die Schule kommt.

Abbildung 1: Wichtigkeit von Entscheidungsaspekten für die Einschulung

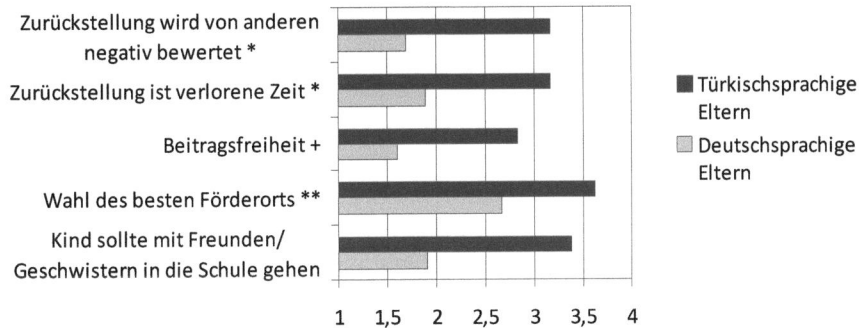

Anmerkungen: ** $p < .01$, * $p < .05$, + $p < .1$; 1 = *unwichtig*, 4 = *wichtig.*

Insgesamt lässt sich feststellen, dass die Entscheidung über die Einschulung bei Eltern türkischsprachiger Herkunft von großer Unsicherheit begleitet ist. Es bestehen Bedenken, das Kind könne nicht ausreichend auf die Schule vorbereitet sein und deshalb im Laufe der schulischen Bildungslaufbahn scheitern. Eltern sind daher verunsichert über die Einschulung, und wie ihre Entscheidung am Ende ausfällt, ist nicht nur eine Frage der Schulfähigkeit der Kinder, sondern vielmehr auch eine Frage der wahrgenommenen Unterstützung durch den Kindergarten oder externer Faktoren, wie der Befürchtung von negativen Stereotypen. Die Frage, ob das Kind die Anforderungen der Schule bewältigen kann, gerät dabei manchmal in den Hintergrund oder wird falsch eingeschätzt.

3.2 Erwartungen und Stereotype von Erzieherinnen

An der Entscheidung über die Einschulung sind aber auch Erzieherinnen beteiligt. Aus einer institutionellen Perspektive wurde deshalb die Frage gestellt, ob die Einstellungen von Erzieherinnen gegenüber Zuwanderern aus der Türkei durch Stereotype geprägt sind und ob geringere Erwartungen an Kinder mit Migrationshintergrund gestellt werden. In einer Analyse von offenen Leitfadeninterviews (vgl. ausführlich Kratzmann & Pohlmann-Rother, 2012) konnten kaum stereotypisierende Einstellungen gegenüber Kindern mit türkischem Migrationshintergrund festgestellt werden. Vielmehr hatten die Erzieherinnen ein sehr differenziertes Bild von Zuwanderern aus der Türkei in Deutschland:

> „Ich denke, es ist genau wie bei deutschen Eltern, es gibt Eltern, die einfach, ich will nicht sagen, wenig Interesse haben, die vielleicht manches einfach nicht wissen, die nicht wissen, dass ein Kind gefördert werden kann. Die nicht wissen, dass Fernsehen nicht gut für die Entwicklung ist. Die meinen, ihrem Kind Gutes zu tun, wenn sie es vor den Fernseher setzen, weil es dann vielleicht die Sprache besser versteht. Aber die gibt es bei deutschen Eltern genauso." (Zitat einer Erzieherin)

Dieses beispielhaft gewählte Zitat zeigt die Fähigkeit der Erzieherin auf, innerhalb der Gruppe der Zuwanderer aus der Türkei zu differenzieren. Zwar ist sie der Ansicht, manche türkische Eltern zeigten wenig Interesse an ihrem Kind und wären nicht in der Lage, ihr Kind angemessen zu fördern, jedoch schreibt sie diese Eigenschaft keineswegs allen türkischen Eltern zu. Vielmehr ist sie in der Lage individuelle Unterschiede zu sehen und bringt die Eigenschaft, sich nicht ausreichend um ein Kind zu kümmern, nicht mit der kulturellen Herkunft in Verbindung. Sie schreibt diese Eigenschaft genauso auch manchen deutschen Eltern zu, ohne auch hier eine Überpauschalisierung vorzunehmen.

Der Großteil der geführten Interviews zeichnete sich durch solch differenzierende Aussagen aus. Nicht nur in Bezug auf die Förderung und Unterstützung der

Kinder, sondern auch zum Sprachstand der Kinder in der deutschen Sprache, zur Bedeutung der Erstsprache in der Familie, zur Integration der Zuwanderer aus der Türkei oder zur Stellung des Mannes in den Familien werden stets solche differenzierte Aussagen getroffen. Bei keinem dieser Themen werden *allen* Zuwanderern aus der Türkei negative Eigenschaften zugeschrieben.

Dennoch gibt es auch Fälle, die sich durch eine stark generalisierende, negativ gefärbte Haltung gegenüber Zuwanderern aus der Türkei auszeichnen. Ihre Äußerungen sind durchweg geprägt von überpauschalisierenden Ansichten:

> „Das können nämlich die türkischen Frauen im Allgemeinen überhaupt nicht. Und das ist ein bisschen durch die Bank so. Also da, das sind keine Einzelfälle. Das ist wirklich ganz, ganz häufig so. Das schaffen die irgendwie einfach nicht. Konsequent zu sein, in keiner Weise. Den Jungs gegenüber noch schlechter wie den Mädchen." (Zitat einer Erzieherin)

Dieses Zitat macht z.B. deutlich, dass die Erzieherin *alle* türkischen Frauen für inkonsequent gegenüber ihren Kindern, insbesondere gegenüber Jungen hält. Im weiteren Verlauf des Interviews führt sie dies auf ein anderes Familienbild zurück, das in türkischen Familien herrsche. Der Mann habe in der Familie die dominante Rolle inne und Frauen und Kinder würden von den Männern unterdrückt. Zudem hält sie alle türkischen Migranten für ungebildet und nicht in der Lage, in der deutschen Kultur zurechtzukommen. Das ganze Interview ist von solchen undifferenzierten Aussagen gegenüber Familien aus der Türkei geprägt. Beim Großteil der Aussagen der Erzieherin schreibt sie allen oder dem Großteil der Zuwanderer aus der Türkei bestimmte Eigenschaften zu.

Da sich einzelne Fälle finden ließen, die sich eindeutig durch Stereotype gegenüber Zuwanderern aus der Türkei auszeichneten, wurde im nächsten Schritt geprüft, ob Erzieherinnen Kindern von Zuwanderern aus der Türkei weniger zutrauen und damit ein struktureller Nachteil für diese besteht. Hierzu wurden Fähigkeitseinschätzungen von Erzieherinnen in den Bereichen Sprache, Schriftsprache und technisch-mathematischem Interesse sowie Prognosen über den Einschulungszeitpunkt und den weiteren Bildungsverlauf von Kindern mit türkischem Migrationshintergrund hinzugezogen (vgl. ausführlich: Kratzmann, 2013).

Erzieherinnen wurden jeweils zu Beginn eines Kindergartenjahres in Fragebogen um Einschätzungen der Fähigkeiten der Kinder gebeten (4-stufige Skala: *trifft nicht zu, trifft eher nicht zu, trifft eher zu, trifft zu*). Einschätzungen wurden zur Sprache (Beispiel: *Das Kind hat für sein Alter einen sehr großen Wortschatz*), zu schriftsprachlichen Fähigkeiten (Beispiel: *Das Kind kennt einzelne Buchstaben*) und zu technisch-mathematischen Fähigkeiten und Interessen (Beispiel: *Das Kind kann bei Euro- und Cent-Münzen angeben, welche mehr und welche weniger wert sind*) erhoben. Zudem wurden Erzieherinnen ebenso zu Beginn jedes Kindergartenjahres für jedes Kind um eine Einschätzung gebeten, wann es eingeschult werden sollte. Hier gab es vier Antwortmöglichkeiten: *eher früh – sobald es schulpflichtig ist – eher spät – weiß ich noch nicht.* Weiterhin wurden Erzieherinnen um eine Einschätzung des voraussichtlichen Schulabschlusses der Kinder gebeten. Im ersten Kindergartenjahr wurde gefragt, welchen Schulabschluss das Kind voraussichtlich erreichen wird, mit den Antwortmöglichkeiten: *Hauptschule – Realschule – Gymnasium – weiß ich noch nicht.* Im zweiten und dritten Kindergartenjahr wurde aus methodischen Gründen etwas differenzierter nach der Wahrscheinlichkeit gefragt, dass das Kind die Hauptschule, die Realschule, das Gymnasium schafft (5-stufige Skala: *unwahrscheinlich, eher unwahrscheinlich, teils-teils, eher wahrscheinlich, wahrscheinlich*). Hier wird lediglich die eingeschätzte Wahrscheinlichkeit eines Gymnasialbesuchs verwendet.

Um prüfen zu können, ob Erzieherinnen Kinder mit türkischem Migrationshintergrund unterschätzen und ihnen weniger zutrauen, mussten einige weitere Merkmale kontrolliert werden, die mit dem Migrationshintergrund in Zusammenhang stehen. Dies waren der sozioökonomische Status, das Geschlecht und das Bundesland sowie die in Kompetenztests gemessenen Kompetenzen im Wortschatz, Rechenfertigkeiten und kognitiven Grundfähigkeiten. Auf diese Weise wurde sichergestellt, dass Unterschiede in den Einschätzungen der Erzieherinnen nicht auf tatsächliche Kompetenzunterschiede, Geschlechterunterschiede oder den sozioökonomischen Status und das Bundesland zurückzuführen sind.

Abbildung 2 zeigt die Ergebnisse des Vergleichs. Zu sehen sind jeweils standardisierte Mittelwertdifferenzen zwischen Kindern mit türkischem und ohne Migrationshintergrund. Positive Werte stehen für Unterschiede zugunsten der Kinder mit türkischem Migrationshintergrund, negative Werte für Unterschiede zugunsten der Kinder ohne Migrationshintergrund. Wichtig ist zu beachten, dass erst ab einem Wert von 0.3 von einem kleinen Effekt gesprochen wird. Von einem starken Effekt spricht man ab einem Wert von 0.8. Zu erkennen ist, dass sich weder die Fähigkeitseinschätzungen noch die Prognose der schulischen Laufbahn durch Erzieherinnen zwischen Kinder mit türkischem und ohne Migrationshintergrund deutlich unterscheiden, wenn man die gemessenen Kompetenzen, das Geschlecht, den sozioökonomischen Status und das Bundesland kontrolliert. Im letzten Kindergartenjahr vor der Einschulung gibt es einen kleinen negativen Effekt bezüglich der sprachlichen Fähigkeiten der Kinder. Kinder mit türkischem Migrationshintergrund werden hier etwas unterschätzt. In den Bereichen Schriftsprache und technisch-mathematisches Interesse sind die Effekte eher positiv, aber kaum bedeutsam. Stärkere Unterschiede zeigen sich lediglich in Bezug auf die prognostizierte Einschulung. Im ersten Kindergartenjahr sprechen sich Erzieherinnen bei Kindern mit türkischem Migrationshintergrund eher für eine fristgerechte Einschulung aus und bei Kindern ohne Migrationshintergrund geben sie eher an, noch nicht zu wissen, wann das Kind eingeschult werden sollte. Im zweiten Kindergartenjahr sprechen sich Erzieherinnen bei Kindern mit türkischem Migrationshintergrund wieder eher für eine fristgerechte Einschulung aus, bei vergleichbaren Kindern ohne Migrationshintergrund eher für eine Zurückstellung. Im dritten Kindergartenjahr zeigen sich diese Unterschiede nicht mehr. Zu keinem Zeitpunkt gibt es Unterschiede bei der Empfehlung für eine vorzeitige Einschulung, was wohl daran liegt, dass sich Erzieherinnen fast nie für eine vorzeitige Einschulung aussprechen.

Abbildung 2: Standardisierte Mittelwertdifferenzen zwischen Kindern mit türkischem und Kindern ohne Migrationshintergrund

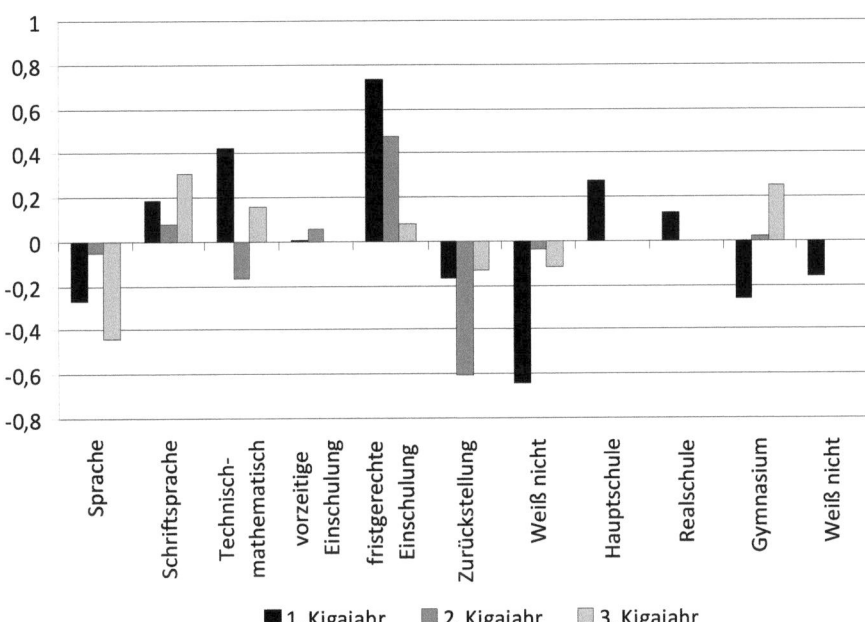

Insgesamt zeigten sich zwar Einstellungen von Erzieherinnen, die durch negative Stereotype gegenüber Zuwanderern aus der Türkei geprägt sind, jedoch handelt es sich dabei wohl eher um Einzelfälle. In der qualitativen Analyse konnte nur ein solcher Fall identifiziert werden, in der quantitativen Analyse beruhen die Einschätzungen der Erzieherinnen recht genau auf den tatsächlichen Kompetenzen der Kinder. Benachteiligungen von Kindern mit türkischem Migrationshintergrund, die durch die Einstellungen und Haltungen der Erzieherinnen verursacht sind, sind daher wohl eher die Ausnahme.

4. Zusammenfassung und Implikationen

Für Zuwanderer aus der Türkei stellt sich die Frage nach dem richtigen Einschulungszeitpunkt noch einmal in anderer Weise als für nicht gewanderte Eltern. Drei Faktoren spielen bei der Einschulungsentscheidung eine spezifische Rolle, die Einschätzung der Deutschkenntnisse, die Chancenwahrnehmung im deutschen Bildungssystem und die Fördereinstellungen. Je nach individueller Bewertung dieser Faktoren und der Wahrnehmung des Kindergartens führt dies zu differenziellen Einschulungsentscheidungen.

Genauso wie alle anderen wollen auch Zuwanderer aus der Türkei ihrem Kind einen möglichst guten Schulstart ermöglichen. Wenn sie selbst das deutsche Bildungssystem nicht durchlaufen haben, können sie jedoch möglicherweise die Anforderungen der Schule nicht richtig einschätzen. Zudem besteht bei vielen der Eindruck, im deutschen Bildungssystem schlechtere Chancen zu haben. Daher ist eine *intensive Beratung von Anfang an* für diese Eltern besonders wichtig. Erzieherinnen und Erzieher in Kindertagesstätten sowie Lehrkräfte in der Grundschule sollten daher das Gespräch mit den Eltern suchen und sie in Bezug auf Fördermöglichkeiten beraten. Dabei sollten sie vorurteilsfrei auf die Eltern zugehen und in intensiven Gesprächen die jeweils individuelle Situation der Familien erkennen und entsprechende Handlungsschritte planen. Dies kann nur durch einen regelmäßigen Kontakt mit den Eltern gelingen. Dabei ist es insbesondere Aufgabe der Pädagoginnen und Pädagogen, den Kontakt mit den Eltern aufzubauen, sofern diese nicht selbstständig ihren Beratungsbedarf signalisieren.

Die Bedeutung von deutschen Sprachkenntnissen für den Verlauf der schulischen Laufbahn ist weitestgehend unumstritten. Wenn das Kind die sprachlichen Voraussetzungen für die Grundschule nicht mitbringt und die Eltern ihr Kind in dieser Hinsicht nicht genügend unterstützen können, besteht die Gefahr, dass das Kind die Anforderungen der Grundschule nicht erfüllen kann. Demnach ist die *frühzeitige Förderung der Schulsprache Deutsch* sehr wichtig für die Bewältigung des Schulanfangs. Dazu ist es jedoch notwendig, den Sprachstand der Kinder zu erkennen und Fördermaßnahmen einzuleiten, die am Stand der Kinder ansetzen und die Unterstützungsmöglichkeiten der Familie berücksichtigen.

Die Befunde zu den Erwartungen von Erzieherinnen zeigen, dass der Migrationshintergrund in Bezug auf die Fähigkeitseinschätzung und die Prognose des weiteren schulischen Bildungsverlaufs für Erzieherinnen keine Rolle spielt. Sie geben ihre Einschätzungen auf Grundlage der vorhandenen Fähigkeiten der Kinder ab. In Bezug auf die Einschulungsempfehlung kann nicht von einer überproportionalen Empfehlung zur Zurückstellung von Kindern mit türkischem Migrationshintergrund durch Erzieherinnen gesprochen werden. Im Gegenteil sind sie bei vergleichbaren Kindern ohne Migrationshintergrund eher unsicherer und sprechen sich zeitweise für eine Zurückstellung vom Schulbesuch aus. Im letzten Kindergartenjahr gibt es diese Unterschiede allerdings nicht mehr.

Trotzdem hat die qualitative Analyse aufgezeigt, dass es Erzieherinnen gibt, die stereotype Vorstellungen von Familien mit türkischem Migrationshintergrund haben. Inwieweit sich das auf ihr Handeln niederschlägt, kann hier allerdings nicht beantwortet werden. Insgesamt stimmen die Befunde eher optimistisch, dass es sich dabei lediglich um einzelne Erzieherinnen handelt, da die quantitativen Analysen keine negativen Effekte für Kinder mit türkischem Migrationshintergrund aufzeigen konnten. Es ist demnach nicht von einer strukturellen Benachteiligung durch die Erzieherinnen auszugehen.

Trotz allem bleibt es für Erzieherinnen wichtig, sich stets über die große Vielfalt innerhalb der Gruppe der Zuwandererkinder bewusst zu sein und nicht in Versuchung zu geraten, bestimmte negative Eigenschaften unreflektiert mit dem Herkunftsland in Verbindung zu bringen. Die Vermittlung von Wissen über die Vielfalt, die Familien mit Migrationshintergrund mit in die Einrichtung bringen, sollte Bestandteil der Ausbildung des pädagogischen Personals in Kindertagesstätten sein, ebenso wie eine Reflexion über möglicherweise vorhandene stereotype Vorstellungen. Aber auch nach der Ausbildung sollte ein intensiver Austausch mit allen Familien über deren Erziehungseinstellungen, Lebenssituationen und familiären Hintergründe erfolgen, um jeweils individuell auf die Situation der Familie reagieren zu können.

Literatur

Alexander, K. M. & Schofield, J. W. (2008). Understanding and mitigating stereotype threat's negative influence on immigrant and minority students' academic performance. *Kölner Zeitschrift für Soziologie und Sozialpsychologie, Sonderheft* (48), 529–552.

Becker, B. (2006). Der Einfluss des Kindergartens als Kontext zum Erwerb der deutschen Sprache bei Migrantenkindern. *Zeitschrift für Soziologie, 35*, 449–464.

Dubowy, M., Ebert, S., Maurice, J. von & Weinert, S. (2008). Sprachlich-kognitive Kompetenzen beim Eintritt in den Kindergarten: Ein Vergleich von Kindern mit und ohne Migrationshintergrund. *Zeitschrift für Entwicklungspsychologie und Pädagogische Psychologie, 40* (3), 124–134.

Gomolla, M. & Radtke, F.-O. (2009). *Institutionelle Diskriminierung: Die Herstellung ethnischer Differenz in der Schule* (3. Aufl.). Wiesbaden: VS Verlag für Sozialwissenschaften.

Grimm, H., Aktas, M., Jungmann, T., Peglow, S., Stahn, D. & Wolter, E. (2004). Sprachscreening im Vorschulalter: Wie viele Kinder brauchen tatsächlich eine Sprachförderung? *Frühförderung Interdisziplinär, 23*, 108–117.

Jäkel, J. & Leyendecker, B. (2009). Erziehungsverhalten türkischstämmiger und deutscher Mütter von Vorschulkindern. *Psychologie in Erziehung und Unterricht, 56*, 1–15.

Joos, M. (2006). Strukturelle Betreuungsverhältnisse von deutschen, türkischen und russlanddeutschen Kindern. In C. Alt (Hrsg.), *Kinderleben – Integration durch Sprache? Bedingungen des Aufwachsens von türkischen, russlanddeutschen und deutschen Kindern.* 1. Aufl. (Schriften des Deutschen Jugendinstituts, S. 259–289). Wiesbaden: VS Verlag für Sozialwissenschaften.

Kratzmann, J. (2011). *Türkische Familien beim Übergang vom Kindergarten in die Grundschule: Einschulungsentscheidungen in der Migrationssituation.* Münster u.a.: Waxmann.

Kratzmann, J. (2013). Migrationsgekoppelte Ungleichheit durch niedrigere Erwartungen im Kindergarten? Fähigkeitseinschätzungen und Prognosen durch Erzieherinnen. *Kölner Zeitschrift für Soziologie und Sozialpsychologie, 65 (1)*, 73–99.

Kratzmann, J. & Pohlmann-Rother, S. (2012). Ethnische Stereotype im Kindergarten? Erzieherinnenhaltungen gegenüber Zuwanderern aus der Türkei. *Zeitschrift für Pädagogik, 58* (6), 855–876.

Kratzmann, J. & Schneider, T. (2009). Soziale Ungleichheiten beim Schulstart: Empirische Untersuchungen zur Bedeutung der sozialen Herkunft und des Kindergartenbesuchs auf den Zeitpunkt der Einschulung. *Kölner Zeitschrift für Soziologie und Sozialpsychologie, 61* (2), 211–234.

Lisker, A. (2010). *Sprachstandsfeststellung und Sprachförderung im Kindergarten sowie beim Übergang in die Schule.* München (Expertise im Auftrag des Deutschen Jugendinstituts).

Mader, J. (1989). *Schulkindergarten und Zurückstellung: Zur Bedeutung schulisch-ökologischer Bedingungen bei der Einschulung.* Münster: Waxmann.

Niesel, R. (2009). Endlich ein Schulkind? Identitätsentwicklung und Migration am Beginn der Bildungsbiographie. In H. Knauf (Hrsg.), *Frühe Kindheit gestalten. Perspektiven zeitgemäßer Elementarbildung* (S. 75–88). Stuttgart: Kohlhammer.

Rachner, C. & Unger, B. (1994a). Einschulung und Anfangsunterricht im Urteil türkischer Eltern (1). *Sachunterricht und Mathematik in der Primarstufe, 22* (3), 132–136.

Rachner, C. & Unger, B. (1994b). Einschulung und Anfangsunterricht im Urteil türkischer Eltern (2). *Sachunterricht und Mathematik in der Primarstufe, 22* (4), 182–186.

Schöler, H., Dutzi, I., Roos, J., Schäfer, P., Grün-Nolz, P. & Engler-Thümmel, H. (April 2004). *Einschulungsuntersuchungen 2003 in Mannheim* (Arbeitsberichte aus dem Forschungsprojekt ‚Differenzialdiagnostik' Nr. 16). Heidelberg: Pädagogische Hochschule (Heidelberg). Verfügbar unter: http://www.ph-heidelberg.de/wp/schoeler/Arbeitsbericht16.pdf [2.8.2010].

Tischler, L. C., Kisseler, W. & Trabert, L. (2002). Migrationsreport Hessen 2002: Bevölkerung, Ausbildung, Arbeitsmarkt (FEH-Report Nr. 637). Wiesbaden: Forschungs- und Entwicklungsgesellschaft Hessen (mbH). Verfügbar unter: http://www.schader-stiftung.de/docs/migrationsreport_hessen_2002.pdf [4.8.2010].

Frühzeitig, fristgemäß oder verzögert? Pädagogische Orientierungen von Erzieherinnen bei der Einschulung

Manja Plehn

1. Einleitung

Die BiKS-Einschulungsuntersuchungen gingen davon aus, dass neben den kindbezogenen und familiären Bedingungen auch die Einflüsse der Institutionen Kindergarten und Grundschule den Schuleintritt eines Kindes beeinflussen. Gerade bei der Einschulung ist das pädagogische Personal des Kindergartens ein wichtiger Ratgeber der Eltern. Gemeinsam werden Fragen zum Entwicklungsstand, zur Schulfähigkeit und zum möglichen Einschulungszeitpunkt des Kindes erörtert und schließlich gibt die Erziehungsperson eine Empfehlung, ob das Kind frühzeitig, fristgemäß oder verspätet eingeschult werden sollte. Dazu stellen sich folgende Fragen: Wie bildet sich die Empfehlung von Erzieherinnen und Erziehern zum Einschulungszeitpunkt eines Kindes heraus? Welche Aspekte werden vom pädagogischen Personal dabei berücksichtigt? Welche pädagogischen Orientierungen beeinflussen die Empfehlung im Hintergrund? Im vorliegenden Beitrag werden Befunde einer Interviewstudie vorgestellt, die diesen Fragen nachging und dabei die subjektiven Theorien von Erzieherinnen über Schulfähigkeit rekonstruierte (vgl. ausführlicher Plehn, 2012).

2. Einschulungsberatung im Kindergarten

2.1 Einschulungsberatung als Aufgabe des sozialpädagogischen Personals

Die Beratung von Eltern durch pädagogisches Fachpersonal in Kindertagesstätten zählt zu den zentralen Aufgaben sozialpädagogischer Einrichtungen. Sie ist eine wesentliche Form der Zusammenarbeit mit den Erziehungsberechtigten, die zunächst aus dem Kinder- und Jugendhilfegesetzes (KJHG) hervorgeht: Um Eltern in der Wahrnehmung ihrer Erziehungsverantwortung zu stärken, sind ihnen „allgemeine Leistungen zur Förderung der Erziehung in der Familie und insbesondere Angebote der Beratung in allgemeinen Fragen der Erziehung und Entwicklung junger Menschen" anzubieten (§ 16 Abs. 2 S. 2 KJHG). Einzelne Bundesländer spezifizieren diesen allgemeinen Beratungsauftrag. So ist beispielsweise in der Ausführungsverordnung zum Bayerischen Kinderbildungs- und -betreuungsgesetz (AVBayKiBiG) des Freistaats Bayern geregelt, dass das frühpädagogische Personal die Eltern regelmäßig über den Stand der Lern- und Entwicklungsprozesse ihres Kindes in der Kindertageseinrichtung informiert und mit ihnen Fragen seiner Bildung, Erziehung und Betreuung erörtert und berät. Den pädagogischen Fachkräften obliegt die Aufgabe, auf die Fragen der Eltern bezüglich der Schulfähigkeit ihres Kindes einzugehen, sie zum anstehenden Übergang in die Schule zu informieren und ihnen dabei Hilfestellung zu geben (ebd., Art. 14). Auch in einigen Bildungs- und Erziehungsplänen für den Elementarbereich sind Aussagen zur Elternberatung zu finden. So wird etwa im hessischen Bildungs- und Erziehungsplan als Zieldimension für die pädagogischen Fachkräfte eine Verständigung über Schulfähigkeit festgehalten – gemeinsam mit den Eltern, der Schule und dem Kind (vgl. Hessisches Sozialministerium & Hessisches Kultusministerium, 2007, S. 103).

2.2 Elternberatung im Kindergarten als funktionale Beratung

Die Gespräche von Erzieherinnen im Kindergarten mit Eltern hinsichtlich der Einschulung des Kindes sind als funktionale Beratung zu kennzeichnen. Funktionale Beratung (vgl. Hölzel, 1981) ist eine allgemeine erzieherische und sozialpädagogische Tätigkeit, die einen Teilaspekt neben den anderen Aufgaben in einer Kindertageseinrichtung darstellt. Sie behandelt häufig die Klärung der von Eltern oder Heranwachsenden vorgebrachten Fragen, z.B. zur Erziehung und Entwicklung von Kindern, Entwicklungsaufgaben, Erziehungsschwierigkeiten und Verhaltensauffälligkeiten (vgl. Averhoff, Herkommer, Jeannot & Strodtmann, 2007, S. 277f.). Funktionale Beratung umfasst keine Anamnese, Diagnose oder Therapie – im Unterschied zur (sozial-)pädagogischen Beratung (vgl. Textor, 1987). Als Voraussetzung für gelingende funktionale Beratung wird die Fähigkeit der Beratenden gesehen, eine Vertrauensbeziehung und ein sicheres emotionales Klima zwischen sich und der ratsuchenden Person herzustellen. Die Unabhängigkeit, Eigenverantwortung und Individualität der Ratsuchenden gelte es zu akzeptieren (vgl. ebd.). Der Rat, etwa zum Einschulungszeitpunkt eines Kindes, ist für das pädagogische Fachpersonal verbindlich, für die ratsuchenden Eltern jedoch nicht.

2.3 Gesetzliche Bestimmungen zur Schulpflicht als Rahmenbedingung

Der Beratungsauftrag zum Einschulungszeitpunkt entsteht erst vor dem Hintergrund der gesetzlichen Bestimmungen zur Schulpflicht. Demnach haben bestimmte Eltern eine Wahlmöglichkeit hinsichtlich des Schuleintrittsjahres ihres Kindes. So können Eltern von Kann-Kindern den vorgezogenen Schuleintritt ihres fünfjährigen Kindes beantragen, obwohl es erst im Folgejahr schulpflichtig wird. Andere Eltern können einen Antrag einreichen, ihr schulpflichtiges Kind für ein Jahr von der Einschulung zurückstellen zu lassen. Diese drei Einschulungsvarianten sind in erster Linie an das Alter des Kindes geknüpft, während der Entwicklungsstand und die Schulfähigkeit des Kindes sekundäre Voraussetzungen für die Aufnahme in die Schule bilden. Die Ausführungen in den Schulgesetzen zu Inhalten von Schulfähigkeit verweisen auf die körperliche, geistige, seelische und sprachliche Entwicklung des Kindes, aufgrund derer es in der Lage sein soll, erfolgreich am Unterricht teilzunehmen (ausführlicher im Beitrag von Pohlmann-Rother, Kratzmann & Faust, in diesem Band). Das zu erreichende Entwicklungsniveau wird in den Schulgesetzen nicht präzisiert, wodurch eine subjektive Auslegung durch das pädagogische Personal erforderlich wird.

3.   Pädagogische Orientierungen

Es wird davon ausgegangen, dass das professionelle Handeln von pädagogischen Akteuren u.a. von ihren pädagogischen Orientierungen beeinflusst wird (vgl. Goodnow, 1988; Palacios, Gonzaléz & Moreno, 1992; Roßbach, 2004). Das sind individuelle berufsbezogene Einstellungen, Überzeugungen und Vorstellungen einer Person z.B. zum pädagogischen Auftrag, zu Leitbildern und Erziehungszielen wie auch bezüglich der Aufgaben von Kindergarten und Grundschule (vgl. z.B. Dippelhofer-Stiem, 2002). Sie können Unterbereiche und Dimensionen enthalten, wie etwa das Bild vom Kind, von Kindheit und Vorstellungen über Entwicklung sowie zu angemessenen pädagogischen Maßnahmen. Pädagogische Orientierungen haben im Bereich der Orientierungsqualität Einfluss auf die Qualität pädagogischer Prozesse und beeinflussen darüber die Entwicklung von Kindern (vgl. Tietze et al., 2005, S. 208f.). Zur eingehenderen Analyse dieser Kognitionen werden bevorzugt Methoden der qualitativ-empirischen Sozialforschung eingesetzt, die es erlauben, die Innenaspekte des Handelns einer Person zu erschließen, indem Bedeutungen beschrieben, Sinn und Absichten im Dialog rekonstruiert werden (vgl. Groeben, Wahl, Schlee & Scheele, 1988).

4.   Methodisches Vorgehen

Um aufzudecken, welche Aspekte Erzieherinnen und Erzieher in ihren Überlegungen zum individuell passenden Einschulungszeitpunkt heranziehen und welche pädagogischen Orientierungen dabei wirksam sind, wurden teilstrukturierte Leitfaden-Interviews durchgeführt. Die Stichprobe ist eine Substichprobe aller am BiKS-Projekt teilnehmenden 97 Erzieherinnen. Diese wurden so gruppiert, dass die Wahrscheinlichkeit der aktuellen Beteiligung in Beratungs- und Abwägungsprozessen zum Einschulungszeitpunkt hoch war. Aus dieser Gruppe wurden zufällig 20 pädagogische Fachkräfte ermittelt (hälftig auf Hessen und Bayern verteilt) und im Jahr 2007 bzw. 2008 befragt (ausführlicher in Plehn, 2012). Die Interviews wurden mittels eines deduktiv-induktiv entwickelten Kodiersystems im Rahmen einer qualitativen Inhaltsanalyse (vgl. Mayring, 2003) ausgewertet (vgl. auch den Beitrag von Faust, Kratzmann & Wehner, Teil I, in diesem Band).

5. Ergebnisse der Interviewanalyse

5.1 Berücksichtigte Merkmale

Die Erzieherinnen orientieren sich bei der Abwägung zwischen den Einschulungszeitpunkten zentral am Entwicklungsprofil des Kindes. Dieses stellen sie in ihren Vorstellungen dem Anforderungsprofil des Lernortes Schule gegenüber und schätzen die Passung ab. Sie empfehlen dann die Einschulung zum nächstmöglichen Turnus, wenn das Kind ihrer Ansicht nach schulfähig ist, also voraussichtlich die schulischen Anforderungen bewältigen kann und nicht überfordert sein wird.

5.1.1 Entwicklungsprofil des Kindes

Zur Beurteilung der Schulfähigkeit ziehen die pädagogischen Fachkräfte ein Bündel von Entwicklungsbereichen heran, in denen ein Kind zur Einschulung ein bestimmtes Niveau erreicht haben soll. Die Kernkategorien sind die soziale, emotionale, kognitive, körperlich-motorische Entwicklung sowie Selbstständigkeit und schulbezogene Einstellungen des Kindes.

Die soziale Entwicklung, das ihnen wichtigste Schulfähigkeitskriterium, erläutern die Befragten mit einem Verhalten und Handeln des Kindes in der Gemeinschaft mit dem Ziel eines friedlichen Zusammenlebens. Es umfasst z.B. die Integration des Kindes in die Kindergartengruppe und das Einhalten von Regeln. In unmittelbarem Zusammenhang damit steht die emotionale Stabilität, die als Bedingung für den Fortschritt in allen anderen Entwicklungsbereichen gesehen wird. Als Inhaltsbereiche kognitiver Entwicklung werden Merkfähigkeit, Ausdauer, Aufgabenverständnis, Konzentration bei Leistungsbemühungen und die Fähigkeit zu längerem Stillsitzen genannt. Teilaspekte kognitiver Merkmale sind die Sprachentwicklung, u.a. hinsichtlich Wortschatz, Grammatik oder Aussprache, sowie das mengen- und zahlenbezogene Wissen. Allerdings sieht ein Teil der Befragten lediglich das Interesse an mathematischen Themen und Freude am Umgang mit Mengen und Zahlen als erforderlich für den Schuleintritt an. Neben den genannten Bereichen sind auch körperliche und motorische Merkmale relevante Schulfähigkeitskriterien. Die Anstrengungs- und Leistungsbereitschaft des Kindes und seine

Akzeptanz vorgegebener Aufgaben sind außerordentlich bedeutsam für die Erzieherinnen, sodass sie bei wiederholten Leistungsverweigerungen des Kindes einen späteren Einschulungszeitpunkt empfehlen:

> Wie ein Kind einfach, ja wenn es einfach so weit ist, dass es sagt, ich möchte ganz viel wissen, ich habe Lust, etwas zu wissen. Das ist, denke ich, auch so ein Zeichen der Schulfähigkeit. (102_BY_F)

Ebenfalls wichtig für die Schulfähigkeit ist den Befragten die Selbstständigkeit des Kindes, die u.a. auf Alltagszusammenhänge, wie Ankleiden oder Ordnung in den eigenen Utensilien halten, bezogen wird. Ausgehend vom bisherigen Entwicklungsverlauf und dem aktuellen Entwicklungsstand treffen die Erzieherinnen eine Prognose hinsichtlich der weiteren Entwicklung bis zur Schulanmeldung. Dabei schätzen sie ab, ob das Kind spätestens zum Zeitpunkt der Schulanmeldung die schulischen Anforderungen bewältigen wird.

5.1.2 Anforderungsprofile des Kindergartens und der Schule

Bei der Beurteilung der Schulfähigkeit wird das Kind im Vorgriff versuchsweise in ein schulisches Umfeld gesetzt. Gleichwohl haben die Erzieherinnen dabei die spezifische Anforderungsstruktur des gegenwärtigen Lernumfeldes Kindergarten im Blick. Dies führt zu einem Vergleich der institutionellen Anforderungsprofile, zu dem die folgenden fünf Dimensionen herausgearbeitet wurden: offizielle Rahmenbedingungen, Organisation des Lernens, Prinzipien der Leistungsbewertung, Didaktik und Methoden sowie die Unterstützung der Kinder (vgl. Abb. 1).

Bereits aus den offiziellen Rahmenbedingungen der Schule gehen in der Sicht der Erzieherinnen bedeutsame Anforderungen an Kinder hervor. Die schulischen Lerngruppen mit ca. 25–33 Kindern gegenüber den maximal 22 Kindern im Kindergarten würden optimales Lernen von Kindern erschweren. Auch die Organisation des Lernens unterscheide sich deutlich. So betrachten sie schulisches Lernen als stark durch den Lehrplan strukturiert, in dem z.B. die Inhalte und der zeitliche Umfang vorgeben seien. Im Kindergarten dagegen könnten sich Kinder durch den hohen Anteil an Freispielzeiten selbst ausgewählten Tätigkeiten widmen. Während Kinder im Elementarbereich nach ihrem individuellen Entwicklungsverlauf beurteilt werden, würde in der Schule eine sachlich-kriteriale Leistungsbewertung vollzogen, wodurch der individuelle Leistungszuwachs nur ungenügend berücksichtigt würde. Hinsichtlich der grundschulpädagogischen Didaktik und Methoden vermuten die befragten Erzieherinnen in der Schule reichlich frontal gehaltenen Unterricht und instruierendes Lernen, mit wenigen Phasen für Freispiel und Bewegung. Die Unterstützung der Kinder beim Lernen und im Alltag sei stark unterschiedlich ausgeprägt.

Abbildung 1: Profile von Kindergarten und Grundschule aus Erzieherinnensicht

Kindergarten	Grundschule
Anforderungen aus offiziellen Rahmenbedingungen	
Kind-Erwachsener-Relation	
Max. 22	Max. 33
Organisation des Lernens	
Themen, Ziele, Zeitpunkt, Zeitraum	
Vom Kind bestimmt (Freispiel)	Vorgegeben (Lehrplan)
Leistungsbewertung	
Sozial und individuell	Sachlich-kriterial
Geringe Leistungserwartungen	Hohe Leistungserwartungen
Didaktik und Methoden	
Kindzentriert	Lehrkraftzentriert, Frontalunterricht
Handlungsorientiert und ganzheitlich	Kognitive Erarbeitung
Gemeinsames Lernen	Lernen von der Lehrperson
Bewegungsorientiert	Bewegungsarm
Spielerisch	Instruierend
Unterstützung der Kinder	
Individuell, grundsätzlich immer	Wenig

Allerdings wird deutlich, dass den Erzieherinnen weder der Lehrplan noch die tatsächlichen Anforderungen aus eigenen Eindrücken bekannt sind. Vielmehr beruht dieses Schulbild wesentlich auf Berichten ehemaliger Kindergartenkinder, deren Eltern, Erfahrungen der Erzieherin in ihrer Rolle als Mutter eines Schulkindes und teils sogar auf eigenen biografischen Erfahrungen als Schulkind von vor zehn bis 30 Jahren. Dagegen zeigt sich gerade bei denjenigen pädagogischen Fachkräften, die an der Schuleingangsdiagnostik teilnahmen oder im Unterricht hospitierten, ein deutlich positiveres Schulbild, in dem schulisches Lernen als kindgerecht wahrgenommen wird. Den Kindergarten sehen die Befragten dagegen als einen Ort, in dem Kinder ihre Interessen und Neigungen frei entfalten dürfen.

Der Bildungsauftrag des Kindergartens werde ganzheitlich verstanden, wobei der Förderung der sozial-emotionalen Entwicklung Vorrang eingeräumt wird. In dieser Bildungsinstitution stehen die Bedürfnisse der Kinder im Mittelpunkt der pädagogischen Aktivitäten. Diese wollen von den Erzieherinnen vom Kind ausgehend, handlungsorientiert und bewegungsreich geplant und vor allem spielerisch umgesetzt werden. Der Kindergarten wird insgesamt als Schutzraum vor schulischen Anforderungen konzipiert und damit bewusst von Leistungsansprüchen abgegrenzt. Mit dem Schuleintritt verbinden die Erzieherinnen vielfältige Verpflichtungen, wodurch den Kindern zu wenige Gelegenheiten blieben, selbstbestimmt den eigenen Interessen nachzugehen:

> Weil ich mir denke, dass die Anforderungen in der Schule einfach rapide zugenommen haben und die Kinder sich einfach so ranhalten müssen. Ich denke, es ist viel weniger Zeit einfach Kind zu sein, wenn man dann mal Schulkind ist. Mit vielen Verpflichtungen. (413_BY_F)

Insgesamt werden die vorschulische und schulische Bildung stark kontrastierend dargestellt. Auch von Bülow (2011, S. 140) beschreibt, dass Erzieherinnen die Schule in erster Linie negativ vom Kindergarten abgrenzen und dies teilweise auf biographische Erfahrungen zurückführen. Fundierte Kenntnisse der Literatur oder der Praxis würden fehlen.

5.2 Wirksame pädagogische Orientierungen

Neben diesen gezielt bei der Empfehlungsfindung herangezogenen Aspekten werden weitere Kognitionen wirksam, die schließlich den empfohlenen Einschulungszeitpunkt beeinflussen.

5.2.1 Pädagogische Zielvorstellung

Zunächst kann in den Überlegungen einer jeden Erzieherin eine beratungsbezogene pädagogische Zielvorstellung festgestellt werden, für jedes Kind den individuell passenden Zeitpunkt zu bestimmen. Die gesamte Schulzeit soll erfolgreich hinsichtlich der persönlichen Entwicklung und der erreichten schulischen Leistung verlaufen. Für die befragten Erzieherinnen sind dafür der Schulanfang und die ersten Schuljahre entscheidend. Ihnen ist insbesondere ein vom Kind positiv wahrgenommener Schuleintritt sehr wichtig. Denn wenn ein Kind sich selbst seiner vergleichsweise schlechteren Leistungen bewusst wird, könnte es die Freude am Lernen verlieren, was letztendlich zu ungünstigen Auswirkungen auf sein Selbstkonzept führen könnte. Eine erfolgreiche Schulzeit verläuft ihrer Ansicht nach ohne Klassenwiederholungen. Bei Kindern mit vergleichsweise geringeren Leistungen oder bereits bei kleineren Entwicklungsrückständen raten die Erzieherinnen bevorzugt zu einem weiteren Kindergartenjahr, um das Risiko einer Jahrgangswiederholung zu verringern. Währenddessen könne es seine Kompetenzen weiter ausbauen, bis es für die Anforderungen der Schule gewappnet ist:

> Die ersten Schuljahre sind entscheidend für die Schullaufbahn. Wenn mir da schon der Spaß praktisch am Lernen genommen wird, dann zieht sich das so durch meine ganze Schullaufzeit irgendwo durch. Und häufig ist es so, dass man die ersten drei, vier Jahre

noch packt, und wenn man dann noch weiterkommt auf eine weiterführende Schule, spätestens dann bleibt man sitzen. Und von daher, ob ich jetzt ein Jahr dann in der Schule wiederhole oder ob ich dann ein Jahr hier länger bleib', dann würde ich sagen, lass ich das Kind lieber ein Jahr länger hier und es ist wirklich fit und reif und den ganzen Anforderungen und Belastungen, was da auf einen zukommt, wirklich gewachsen, wie dass ich das dann unbedingt in der Schule haben muss. (717_HE_Z)

In ihrer Wahrnehmung repräsentieren bereits die Anforderungen in der Grundschule einen gegenwärtig in der Gesellschaft vorherrschenden Wettbewerb um die besten späteren Berufschancen. Dem wollen sie Kinder so spät wie möglich aussetzen. Die bestehenden Ungleichheiten in der Entwicklung und Leistung von Kindern am Schulanfang bewerten sie als Chancenungleichheiten, denen sie mit ihrer Empfehlung entgegentreten möchten, indem sie versuchen, Kinder erst mit einem bestimmten Leistungs- und Entwicklungsniveau in die Schule zu geben.

5.2.2 Normative Konzepte von Kindheit

Diese Überlegungen vollziehen sich vor dem Hintergrund normativer Konzepte der Erzieherinnen von Kindheit. Hier sind Vorstellungen versammelt, wie Kindheit sein sollte, welche Erfahrungen Kinder machen sollten und welche besser nicht. Den Überzeugungen der pädagogischen Fachkräfte nach haben Kinder ein Recht auf eine glückliche und unbeschwerte Kindheit. Damit einher geht die selbstbestimmte Auswahl von Tätigkeiten, freies Spielen, sowohl in der inhaltlichen als auch weitgehend in der zeitlichen Dimension. Kinder sollten ihre Interessen und Neigungen frei entfalten dürfen. Der Kindergarten wird dabei als der geeignete Bildungsraum für Kinder bis zum siebten Lebensjahr betrachtet. Denn dort stehen deren Bedürfnisse im Mittelpunkt pädagogischer Aktivitäten. Fehlzeiten im Kindergartenalltag z.B. aufgrund von Therapien, Krankheiten oder gemeinsamer Zeiten in der Familie blieben weitgehend ohne bedeutsame Folgen für das Kind – anders als in der Schule. Fehlzeiten dort könnten zu Leistungsrückstand mit seinen oben beschriebenen negativen Auswirkungen führen.

5.2.3 Einstellungen zu den Einschulungszeitpunkten

Die rekonstruierten normativen Kindheitskonzepte und pädagogischen Zielorientierungen der Erzieherinnen werden schließlich besonders deutlich in den Einstellungen der Befragten zu den möglichen drei Einschulungszeitpunkten. Die Erzieherinnen bevorzugen die *fristgemäße Einschulung*. Diese ist zum Teil als Norm verankert und wird als grundsätzlich richtig bewertet. Aus der Antwort einer hessischen Erzieherin auf die Interviewfrage *„Was denken Sie allgemein, wann Kinder in die Schule kommen sollten?"* wird dies ersichtlich:

> Ja, wenn sie schulfähig oder schulreif sind. Ist in der Regel, sage ich einfach mal so, wenn sie so ganz normal eingeschult werden – also weder vorzeitig noch verspätet. (501_HE_F)

Die *Früheinschulung* von fünfjährigen Kindern lehnen die pädagogischen Fachkräfte überwiegend ab. Lediglich von einigen wenigen wird sie bei einer Hochbegabung oder überdurchschnittlicher kognitiver Entwicklung erwogen. Die Erzieherinnen, die die Früheinschulung generell ablehnen, sehen auch bei kognitiven Ausnahmeleistungen immer noch ausreichend Förderimpulse im Kindergarten für den sozialen und emotionalen Entwicklungsbereich. Auch könne dann mit kreativen oder körperlichen Aktivitäten ein Ausgleich geschaffen werden. Eine normale Entwicklung ist in ihren Augen kein Grund für eine Früheinschulung. Nur bei absoluter Sicherheit hinsichtlich der Schulfähigkeit eines fünfjährigen Kindes komme für sie eine frühere Einschulung in Frage. Das ereigne sich jedoch selten, da ihren subjektiven Hypothesen über die Entstehung von Schulfähigkeit nach fünfjährige Kinder kaum schulfähig sein können (vgl. ausführlicher Plehn, 2012):

> Ich denke, die Kinder müssen auch noch Kind bleiben und nicht schon mit fünf eingeschult werden. Das finde ich eigentlich nicht in Ordnung. Weil selbst wenn sie in bestimmten Bereichen schon fit sind. Es kann nicht sein, dass ein Kind mit fünf in allen Bereichen schon so weit ist, dass es in die Schule kann. (718_HE_Z)

Im Gegensatz zur Früheinschulung stellt die *Zurückstellung* eines Kindes für die Befragten eine Alternative zur fristgemäßen Einschulung dar. Ein zusätzliches Kindergartenjahr wird eher mit Vorteilen für das Kind verbunden. So könne das kleinere bzw. jüngere Kind nun wertvolle Erfahrung als größtes bzw. ältestes Gruppenmitglied sammeln, was sich positiv auf die Entwicklung seines Selbstkonzepts auswirke. Dabei wird deutlich, dass gerade Lernprozessen im sozialen Entwicklungsbereich eine herausragende Bedeutung zugeschrieben wird. Insgesamt wird die Einstellung vertreten, dass die Zurückstellung *„nicht geschadet hat"* (308_BY_Z).

Diese rekonstruierten Einstellungen zu den Einschulungszeitpunkten wurden methodisch mit einer anderen Interviewfrage erhoben als die herangezogenen Empfehlungskriterien. Beim Vergleich der Äußerungen innerhalb einzelner Interviews zeichnet sich dann eine Diskrepanz ab: Geben die Befragten zuvor noch an, den Einschulungszeitpunkt je nach Kind individuell bestimmen zu wollen, wird hier die generelle Ablehnung der Früheinschulung sehr deutlich. Inwieweit dies zu einem intrapersonellen Konflikt führt, wird von ihnen allerdings nicht thematisiert.

5.3 Beratungsrolle

Die herausgearbeiteten pädagogischen Orientierungen beeinflussen nicht nur, wie sich die Einschulungsempfehlung von pädagogischen Fachkräften herausbildet, sondern ebenfalls, wie Erzieherinnen ihren Beratungsauftrag umsetzen und somit ihre Beratungsrolle wahrnehmen. Dazu wurden drei Gruppen herausgearbeitet, die als partnerschaftlich, resigniert oder dominant bezeichnet wurden.

5.3.1 Partnerschaftlich

Die Erzieherinnen, deren Beratungsverhalten als partnerschaftlich bezeichnet wird, beschreiben ausführlich, wie sie ihren Beratungsauftrag verstehen. Dabei fällt auf, dass sie ihr Berufsbild mit Selbstbewusstsein füllen, z.B. auf der Basis ihrer diagnostischen und prognostischen Kompetenzen. Sie möchten den Eltern ihre Kompetenzen bei der Schulfähigkeitsbeurteilung zur Verfügung stellen und sie umfassend über die Entwicklung, Vorlieben und Abneigungen ihres Kindes informieren. Ihre eigene Rolle sehen sie als Begleiterin bei der Einschulungsentscheidung der Eltern. Dabei verstehen sie ihre eigene Empfehlung lediglich als eine von mehreren möglichen Perspektiven. Der Hinweis, weitere Meinungen einzuholen, wird von ihnen nicht nur bei unklarer Schulfähigkeit gegeben, sondern auch bei einem eindeutigen Entwicklungsstand des Kindes:

> Dann sage ich: ‚Das ist jetzt eure Entscheidung. Das spricht dafür und das spricht dagegen, aus meiner Sicht'. Dann müssen die Eltern wirklich selbst entscheiden und dann, ja, Kinderarzt können sie noch zu Rate ziehen. Oder manche Kinder, die dann in irgendeiner Förderung sind, dass sie da noch einmal nachfragen. (308_BY_Z)

Die Entscheidung sehen sie in der Verantwortung der Eltern. Auch denen messen sie hohe diagnostische Kompetenzen bei. Sie berichten von den guten Absichten der Eltern und vertrauen deren Bildungsentscheidung. Als Basis der Elternarbeit und -beratung sehen sie eine gleichberechtigte Partnerschaft. Eine andere Ansicht der Eltern zum Einschulungszeitpunkt führt daher nicht zu Konflikten, sondern wird als eine weitere Perspektive betrachtet, die lediglich auf Beobachtungen in der Umwelt Familie beruht.

5.3.2 Resigniert

In den Äußerungen anderer Fachkräfte ist eine Resignation erkennbar. Sie berichten von Eltern, die in ihnen keine kompetente Ratgeberin sehen, und vermuten, dass sie deshalb kaum nach ihrer Einschätzung gefragt werden. Sie haben erlebt, dass sich die Eltern gegen ihre Einschulungsempfehlung entschieden hatten, was sie enttäuschte und ihre Motivation sinken ließ, sich weiterhin um eine fundierte Einschätzung zu bemühen. Sie fühlen sich als Beraterin nicht ernst genommen, bedauern ihren fehlenden Einfluss und teilweise die mangelnde Einsicht der Eltern:

> Ja, also, ich sage mal, wenn ich meine Bedenken geäußert habe, dann kann ich mich eigentlich auch schon ein bisschen rausnehmen und sagen, jetzt wissen die Eltern, was ich denke, weil wie er sich hier verhält. Jetzt sollen sie eine Entscheidung treffen und ich kann eigentlich dann schon mit jeder Entscheidung leben. Wenn ich mich da jetzt so jedes Mal reinhängen würde, das ist vielleicht mit der Zeit schon ein bisschen abgestumpft bei mir. (413_BY_F)

Diese Fachkräfte stufen die Wertigkeit ihrer eigenen Empfehlung bewusst herab und formulieren keine eindeutige Empfehlung, sondern machen eher vage Andeutungen.

5.3.3 Dominant

Andere Erzieherinnen, die zwar ebenfalls die „Entscheidungsfreiheit" der Eltern betonen, versuchen allerdings, die Eltern dahingehend zu beeinflussen, der Empfehlung des Kindergartens zu folgen. Entscheiden sich die Erziehungsberechtigten gegen den Rat – meist streben die Eltern eine frühere Einschulung als die empfohlene an – versuchen diese Erzieherinnen mehrfach, die Eltern sowohl in terminierten Beratungsgesprächen als auch in Tür- und Angelgesprächen umzustimmen:

> Also, ich versuche halt einfach, die Eltern irgendwo mit Argumenten einfach zu überzeugen, es sich vielleicht noch einmal zu überlegen. Was mir eigentlich in der Regel schon gelingt. (501_HE_F)

Bemerkenswert ist, dass dieser Gruppe ausschließlich hessische Erzieherinnen zugeordnet wurden. Da in Bayern durch die Herabsetzung des Einschulungsalters vermehrt jüngere Kinder eingeschult werden, wäre zu erwarten gewesen, dass insbesondere bayerische Fachkräfte ihr Abraten von einer Früheinschulung nachdrücklich vertreten würden.

Die Wahrnehmung der Beratungsrolle findet Niederschlag in der Initiativergreifung zur Beratung. Die Initiative zu einem Gespräch über eine mögliche *Früheinschulung* geht zumeist von den Eltern aus. Nur vereinzelt fragen Erzieherinnen die Eltern zu Beginn des letzten Kindergartenjahres, ob für sie eine vorzeitige Einschulung ihres Kindes in Betracht kommt. Allerdings holen sie diese Information aus organisatorischen Gründen ein, nämlich um die Größe der kommenden Vorschulgruppe zu spezifizieren. Die Initiative zur *Zurückstellungsberatung* geht überwiegend von den Erzieherinnen aus. Zeigt ein Kind deutliche Entwicklungsrückstände oder bestehen starke Zweifel an seiner Schulfähigkeit, bitten die Erzieherinnen die Eltern um ein Gespräch, um ihre Beobachtungen, das weitere Vorgehen zur Förderung und eine mögliche Zurückstellung zu thematisieren.

6.　Diskussion

Eine Empfehlung zur Einschulung erhalten nur die Kinder, die zum Zeitpunkt der Schulanmeldung voraussichtlich schulfähig sein werden. Einem als „nicht schulfähig" beurteilten Kind wird von der Einschulung abgeraten und der weitere Besuch des Kindergartens empfohlen. Die Schulfähigkeit wird damit als eine vom Kind zu erbringende Vorleistung für den Schuleintritt betrachtet. Das Verständnis der Befragten von Schulfähigkeit muss insofern als selektionsorientiert bezeichnet werden. Damit wird jedoch, wenn auch unwissentlich, in Kauf genommen, den Schulbeginn als Hürde zu gestalten. Eine bereits an der ersten verpflichteten Bildungsstufe stattfindende Auswahl und die Verwendung der Schulfähigkeitsbeurteilung als Selektionsinstrument werden seit langem kritisiert (vgl. z.B. Burgener-Woeffray, 1996), da ein Nutzen von Zurückstellung insgesamt nicht eindeutig belegt ist. Zurückstellungen führen lediglich zu einer vergleichsweise geringeren Anzahl von Klassenwiederholungen (vgl. Tillmann & Meier, 2001, S. 469). Auch wenn vom Schulbesuch zurückgestellte Kinder ein günstigeres Leistungsbild entwickeln als die Kinder, die nach einer regulären Einschulung eine Klasse wiederholen müssen (vgl. Lehmann, Peek & Gänsfuß, 1997), merkt Jansen (2004) an, dass die Entwicklung von Kindern mit gleichen Defiziten positiver verläuft, wenn sie fristgerecht eingeschult werden, als wenn sie in den Kindergarten zurückgestellt werden. Ein höheres Lebensalter beim Schuleintritt führt auch nicht zu besseren Schulleistungen bei Erreichen der Sekundarstufe, wie Auswertungen im Rahmen der PISA-Studie aufzeigen (vgl. Schümer, Tillmann & Weiß, 2002, S. 473ff.). Weitere Nachteile für zurückgestellte Kinder bilden die psychischen Belastungen durch die Zurückstellung, wie Motivationsverlust, Verschlechterung der Grundstimmung und eine erhöhte Ängstlichkeit (vgl. Einsiedler 1988, vgl. dazu auch den Beitrag von Kratzmann, Faust & Wehner, in diesem Band).

Bemerkenswert sind die von den Erzieherinnen angeführten Argumentationen zu dieser Sichtweise. Diese verweisen auf die zugrunde liegenden normativen Kindheitskonzepte, denen Vorstellungen über hohe schulische Anforderungen entgegenstehen. Der große Einfluss dieser subjektiven Vorstellungen über eine glückliche Kindheit noch vor dem individuellen Entwicklungsstand des Kindes ist im Rahmen der Herausbildung der Einschulungsempfehlung allerdings kritisch zu sehen. Denn es kann nicht ausgeschlossen werden, dass es fünfjährige Kinder gibt, für die aus dem schulischen Umfeld durchaus angemessene Entwicklungsanreize hervorgehen würden und für die eine frühzeitige Einschulung der individuell passende Zeitpunkt wäre. Durch ein weiteres Kindergartenjahr könnten ihnen individuell angemessene Entwicklungsimpulse entgehen.

Eine Vielzahl von Forschungsarbeiten belegt die Spezifität von Unterrichtsgestaltung (vgl. z.B. Graue, 1992; Smith & Shepard, 1988) und zeigt auf, dass der Schulerfolg eines Kindes von den konkreten Bedingungen in der Klasse abhängt. Schulfähigkeit ist damit spezifisch von der jeweiligen Schule mitbestimmt (vgl. Nickel, 1988). Das Anforderungsprofil des Schulsystems leiten die befragten Erzieherinnen aus den Dimensionen offizielle Rahmenbedingungen, Organisation des Lernens, Leistungsbewertung, Didaktik und Methoden sowie Unterstützung der Kinder ab. Die Mehrheit der Erzieherinnen zeichnet dabei das Bild einer Schule, die (noch) nicht in der Lage ist, auf die Bedürfnisse der heterogenen Altersstruktur und Entwicklungsniveaus von angehenden Schulkindern angemessen und kindgerecht einzugehen, sondern stattdessen von hohen Leistungsanforderungen gekennzeichnet ist. Betrachtet man die Informationsquellen, auf denen diese kritische Wahrnehmung der nächsten Bildungsstufe beruht, so dominieren Erfahrungen aus zweiter Hand, private Erfahrungen und zum Teil auch eigene biografische Erfahrungen als Schulkind. Inwieweit aber diese Berichte anderer die gegenwärtige Praxis der Schule widerspiegeln, muss hinterfragt werden. Veränderungen des Lehrens und Lernens in der Grundschule, z.B. durch konstruktivistisch orientierte Lehr-Lernauffassungen und reformpädagogisch geprägte Zielvorstellungen (vgl. Einsiedler, 2003), werden von den Erzieherinnen nur marginal wahrgenommen. Möglicherweise sind die Erzieherinnen auch aufgrund fehlender Möglichkeiten, Einblicke in die Schule zu erhalten, auf diese indirekten Informationsquellen angewiesen. Solange Erzieherinnen nur wenig methodisch-didaktische Anpassungen des Anfangsunterrichts vermuten, werden sie kaum ihre kritischen Einstellungen gegenüber Schule und Früheinschulung und die Bevorzugung der fristgerechten Einschulung bzw. Zurückstellung aufgeben. Dies erscheint aber angebracht, um dem Entwicklungsstand des Kindes wieder mehr Gewicht bei der Einschulungsberatung zu verleihen.

Bei der Abwägung der Schulfähigkeit eines fünfjährigen Kindes ist es durchaus sinnvoll, die Passung der kindlichen Fähigkeiten mit den schulischen Anforderungen zu beurteilen. Letztere sollten dann aktuell und spezifisch für die jeweils aufnehmende Grundschule sein. Andernfalls läuft eine Einschulungsempfehlung unter Einbezug unspezifischer schulischer Anforderungen Gefahr, auf der Ebene von Spekulationen zu verbleiben.

Die hier herausgearbeiteten Befunde verweisen schließlich auf dringenden Handlungsbedarf, das Schulbild der Erzieherinnen zu aktualisieren. Dazu können Hospitationen im regulären Unterricht, informative Gespräche mit Grundschullehrkräften und die Teilnahme der pädagogischen Fachkräfte an der Schulfähigkeits- bzw. Schuleingangsdiagnostik sinnvoll sein. Wenn Erzieherinnen zudem ihre Einschätzungen der Schulfähigkeit und ihre Empfehlungen in Verbindung mit dem längerfristigen Schulerfolg ihrer ehemaligen Kindergartenkinder in Verbindung bringen könnten, würde dies ihren Erfahrungsraum erweitern, was zu mehr Beurteilungssicherheit führen könnte (vgl. auch Rank, 2008, S. 293f.). Dies würde regelmäßige Rückmeldungen von Lehrkräften über den Schulerfolg eingeschulter Kinder an die ehemaligen Erzieherinnen erforderlich machen.

In der Elternberatung zur Einschulung sollte es weniger darum gehen, Eltern von einem bestimmten Zeitpunkt zu überzeugen oder sie von einer vermeintlichen Fehlentscheidung abzubringen. Dann verfehlten die pädagogischen Fachkräfte die professionelle Umsetzung ihres Beratungsauftrages. Im Vordergrund der gemeinsamen Beratung zwischen Erzieherin und Eltern könnten zunächst die professionellen Beobachtungen der Erzieherin stehen, um dann individuell besondere Bedingungen für eine optimale Lernumgebung und -begleitung des Kindes für die kommende Zeit des schulischen Lernens zu erörtern. Noch viel wichtiger erscheint es jedoch, den Schulerfolg negativ beeinflussende Problemlagen, wie ängstlich-depressive Symptome und Aufmerksamkeitsstörungen, aufzudecken und pädagogische Interventionen für die noch verbleibende Kindergartenzeit zu bestimmen. Schließlich sollte es in einer Beratung zum Einschulungszeitpunkt eher um die Abwägung zwischen der frühen und regulären Einschulung gehen. Zurückstellungen sollten entsprechend den empirischen Befunden nur in Ausnahmefällen erwogen werden.

Literatur

Averhoff, C., Herkommer, L., Jeannot, G. & Strodtmann, D. (2007). *Pädagogisches Handeln professionalisieren: Sozialpädagogische Theorie und Praxis für die Erzieherausbildung.* Hamburg: Handwerk und Technik.

Burgener-Woeffray, A. (1996). *Grundlagen der Schuleintrittsdiagnostik: Kritik traditioneller Verfahren und Entwurf eines umfassenden Konzepts.* Bern: Haupt.

Dippelhofer-Stiem, B. (2002). Kindergarten und Vorschulkinder im Spiegel pädagogischer Wertvorstellungen von Erzieherinnen und Eltern. *Zeitschrift für Erziehungswissenschaft, 5,* 655–671.

Einsiedler, W. (1988). Schulanfang und Persönlichkeitsentwicklung. *Grundschule, 20* (10), 20–23.

Einsiedler, W. (2003). Unterricht in der Grundschule. In K.S. Cortina (Hrsg.), *Das Bildungswesen in der Bundesrepublik Deutschland. Strukturen und Entwicklungen im Überblick* [ein Bericht des Max-Planck-Instituts für Bildungsforschung]. rororo sachbuch (vollst. überarb. und erw. Neuausg.), (S. 285–341). Reinbek bei Hamburg: Rowohlt-Taschenbuch.

Goodnow, J. J. (1988). Parents' ideas, actions, and feelings: Models and methods from developmental and social psychology. *Child Development, 59,* 286–320.

Graue, M. E. (1992). Social interpretations of readiness for kindergarten. *Early Childhood Research Quarterly, 7,* 225–243.

Groeben, N., Wahl, D., Schlee, J. & Scheele, B. (Hrsg.) (1988). *Das Forschungsprogramm Subjektive Theorien: Eine Einführung in die Psychologie des reflexiven Subjekts.* Tübingen: Francke.

Hessisches Sozialministerium & Hessisches Kultusministerium (2007). *Auf den Anfang kommt es an! Bildungs- und Erziehungsplan für Kinder von 0 bis 10 Jahren in Hessen.* Wiesbaden.

Hölzel, S. (1981). *Erziehungsberatung. Praxisfelder der Sozialarbeit, Sozialpädagogik.* München: Kösel.

Jansen, H. (2004). Fördert der Besuch des Schulkindergartens die Entwicklung schriftsprachlicher Fertigkeiten? *Zeitschrift für Pädagogische Psychologie, 8* (3/4), 165–175.

Lehmann, R. H., Peek, R. & Gänsfuß, R. (1997). *Aspekte der Lernausgangslage von Schülerinnen und Schülern der fünften Klassen an Hamburger Schulen.* Hamburg: Behörde für Schule, Jugend und Berufsbildung, Amt für Schule.

Mayring, P. (2003). *Qualitative Inhaltsanalyse: Grundlagen und Techniken* (8. Aufl.). Weinheim: Beltz.

Nickel, H. (1988). Die Schulreife – Kriterien und Anhaltspunkte für Schuleingangsdiagnostik und Einschulungsberatung. In R. Portmann (Hrsg.), *Kinder kommen zur Schule: Hilfen und Hinweise für eine kindorientierte Einschulungspraxis* (S. 44–58). Frankfurt am Main: Arbeitskreis Grundschule e.V..

Palacios, J., Gonzaléz, M. M. & Moreno, M. C. (1992). Stimulating the child in the zone of proximal development: The role of parents' ideas. In I. E. Sigel, A. Mcgillicuddy-DeLisi & J. J. Goodnow (Eds.), *Parental belief systems: the psychological consequences for children* (pp. 71–94). Hillsdale, N. J.: Erlbaum.

Plehn, M. (2012). *Einschulung und Schulfähigkeit. Die Einschulungsempfehlung von Erzieherinnen – Rekonstruktionen subjektiver Theorien über Schulfähigkeit.* Dissertation Univ. Bamberg. Bad Heilbrunn: Klinkhardt.

Rank, A. (2008). *Subjektive Theorien von Erzieherinnen zu vorschulischem Lernen und Schriftspracherwerb.* Dissertation Univ. Regensburg. Berlin: wvb Wiss. Verl.

Roßbach, H.-G. (2004). Kognitiv anregende Lernumwelten im Kindergarten. *Zeitschrift für Erziehungswissenschaft,* Beiheft 3, 9–24.

Schümer, G., Tillmann, K.-J & Weiß, M. (2002). Institutionelle und soziale Bedingungen schulischen Lernens. In J. Baumert & M. Neubrand (Hrsg.), *PISA 2000 – die Länder der Bundesrepublik Deutschland im Vergleich* (S. 203–218). Opladen: Leske + Budrich.

Smith, M. L. & Shepard, L. A. (1988). Kindergarten readiness and retention: A qualitative study of teachers' beliefs and practices. *American Educational Research Journal, 25,* 307–333.

Textor, M. R. (1987). Beratung, Erziehung, Psychotherapie. Eine Begriffsbestimmung. *Psychologie in Erziehung und Unterricht, 34,* 1–13.

Tietze, W., Roßbach, H.-G. & Grenner, K. (2005). *Kinder von 4 bis 8 Jahren: Zur Qualität der Erziehung und Bildung in Kindergarten, Grundschule und Familie.* Weinheim: Beltz.

Tillmann, K. J. & Meier, U. (2001). Schule, Familie und Freunde – Erfahrungen von Schülerinnen und Schülern in Deutschland. In J. Baumert (Hrsg.), *PISA 2000. Basiskompetenzen von Schülerinnen und Schülern im internationalen Vergleich* (S. 468–810). Opladen: Leske + Budrich.

von Bülow, K. (2011). *Anschlussfähigkeit von Kindergarten und Grundschule. Rekonstruktion von subjektiven Bildungstheorien von Erzieherinnen und Lehrerinnen.* Bad Heilbrunn: Klinkhardt.

Der Beitrag der Schulleitungen zur Einschulungsentscheidung

Isabelle Schipper und Sanna Pohlmann-Rother

1. Einleitung und Fragestellungen

Im Jahr 2010 wurden in Deutschland 7.5 % der schulpflichtigen Kinder vom Schulbesuch zurückgestellt, während der Anteil vorzeitiger Einschulungen bei 4.5 % lag. Die Zahlen variieren innerhalb der Bundesländer je nach Stichtagsregelung erheblich (vgl. Autorengruppe Bildungsberichterstattung, 2012, S. 250). Für eine vorzeitige Einschulung ist ein Antrag der Eltern notwendig, die endgültige Entscheidung trifft die Schulleitung oder Schulbehörde, ggf. unter Hinzunahme eines ärztlichen Gutachtens. Eine Zurückstellung vom Schulbesuch soll nur in Ausnahmefällen zugelassen und kann von den Eltern beantragt oder von der Schulleitung angeraten werden. Die Entscheidung trifft ebenfalls die Schulleitung, möglichst in Absprache mit den Erziehungsberechtigten sowie weiteren pädagogischen Fachkräften (Erzieher/-innen, Schulpsychologen).

Obwohl damit die Schulleiter/-innen der Grundschulen jährlich vor der verantwortungsvollen Aufgabe stehen, über die Schulfähigkeit eines Kindes und damit über den Einschulungszeitpunkt zu entscheiden, wurde bislang noch nicht untersucht, wie sie bei dieser Entscheidung vorgehen und auf welche Schulfähigkeitsvorstellungen sie zurückgreifen. Der vorliegende Beitrag nimmt dieses Anliegen auf und geht im Einzelnen folgenden Fragstellungen nach:

- Welche Verfahren werden zur Überprüfung der Schulfähigkeit eingesetzt?
- Welche Schulfähigkeitskriterien sind aus Sicht der Schulleitungen bedeutsam?
- Aus welchen Gründen werden Kinder vorzeitig eingeschult bzw. vom Schulbesuch zurückgestellt?
- Welche Personen werden in die Entscheidung über eine nicht fristgerechte Einschulung einbezogen und in welcher Form?

2. Datengrundlage

Im Rahmen der BiKS-Studie wurden quantitative und qualitative Daten zu nicht fristgerechten Einschulungen durch Schulleiterbefragungen erhoben.

Im Jahr 2010 wurden 87 Schulleiter/-innen in Bayern und Hessen durch einen Fragebogen postalisch kontaktiert. Bei einer Rücklaufquote von rund 72 % liegen der quantitativen Analyse 63 Fragebogen zugrunde. In diesem Beitrag wird auf eine Auswahl der quantitativen Daten, die im Zusammenhang mit den nicht fristgerechten Einschulungen stehen, Bezug genommen. Der Anteil der bayerischen Daten ist stichprobenbedingt (vgl. den Beitrag von Faust, Kratzmann & Wehner, Teil I, in diesem Band) höher und liegt bei etwas mehr als zwei Dritteln. Neben den standardisierten Befragungen wurden leitfadengestützte Experteninterviews mit Schulleitungen aus beiden Bundesländern geführt. Durch diesen qualitativen Forschungsansatz sollten die dem Handeln zugrunde liegenden Subjektiven Theorien der Befragten aufgedeckt und die individuellen Perspektiven der Akteure beleuchtet werden. Im Rahmen der Interviewstudie wurden die Schulleiter/-innen zunächst zum Vorgehen bzw. zum Umgang mit Schulanfängern befragt, für die eine vorzeitige Einschulung in Frage kommt. Außerdem wurden die aus ihrer Sicht relevanten Schulfähigkeitskriterien sowie ihre grundsätzliche Haltung zur vorzeitigen Einschulung erfasst. Diese Befragung wurde im Schuljahr 2007/08 durchgeführt und umfasste sechs Schulleiter/-innen (jeweils drei aus Bayern und Hessen) von Schulen, an denen auch die vorzeitig eingeschulten Kinder der BiKS-Stichprobe angemeldet wurden. Analog dazu wurden die Schulleiter/-innen der verspätet eingeschulten BiKS-Kinder zum Thema Zurückstellung interviewt (Schuljahr 2009/10, acht Schulleiter/-innen aus Bayern, zwei aus Hessen). Die Interviews wurden, wie im Beitrag von Faust, Kratzmann und Wehner (Teil I, in diesem Band) beschrieben, inhaltsanalytisch ausgewertet (Mayring, 2010).

3. Quantitative Befunde

3.1 Überprüfung der Schulfähigkeit

Im Rahmen der quantitativen Befragung wurde erhoben, wie die Schulfähigkeit der zukünftigen Erstklässler überprüft wird und ob bzw. wenn ja, welche Tests und Verfahren vor der Einschulung eingesetzt werden. Elf Antwortmöglichkeiten zu standardisierten Tests bzw. informellen Verfahren wurden zur Auswahl angeboten, Mehrfachnennungen waren möglich. Darüber hinaus gab es die Antwortmöglichkeit *„Kein Verfahren"* sowie eine offene Antwortmöglichkeit. Fünf der abgefragten Tests bzw. Verfahren werden an keiner Schule eingesetzt. Hierzu zählen die älteren standardisierten Tests, wie der Schulaufnahmetest (Wolf-Schultest, SAT, Dreyer, 1973), die Weilburger Testaufgaben für Schulanfänger (Hetzer & Tent, 1971), das Mannheimer Schuleingangsdiagnostikum (Jäger, Beetz, Erler & Walter, 1982), der Frankfurter Schulreifetest (Roth, Schlevoigt, Süllwold & Wicht, 1963) sowie der Heidelberger sprachfreie Schulreifetest (Kratzmeier, 1969a). Der Duisburger Vor- und Einschulungstest (Meis, 1997) sowie der Reutlinger Test für Schulanfänger (Kratzmeier, 1969b) werden lediglich einmal angegeben. Dagegen erreicht der Göppinger Schuleignungstest (Kleiner, 1998) in Bayern eine Einsatzhäufigkeit von fast 30 %. In Hessen liegt er bei 5.3 %, was nur einer Nennung entspricht. Hier zeigt sich ein signifikant häufigerer Einsatz (p = .047[1]) in Bayern. Das Kieler Einschulungsverfahren (Fröse, Mölders & Wallrodt, 1986) geben zehn bayerische Schulleitungen (23.8 %) an, in Hessen wird es an keiner der befragten Schulen verwendet, so dass hier ebenfalls ein signifikanter Unterschied (p = .23[2]) festzustellen ist.

Am häufigsten kommen schuleigene Konzepte zum Einsatz. 33 Schulleiter/-innen aus Bayern (78.6 %) und 17 aus Hessen (89.5 %) geben an, selbsterstellte Testverfahren zu verwenden. Auch der sogenannte „Schnupperunterricht" wird mit 65.9 % in Bayern und 73.7 % in Hessen besonders häufig durchgeführt. Die folgende Grafik weist den Anteil des Einsatzes standardisierter Testverfahren und informeller Verfahren (schuleigene Testkonzepte und Schnupperunterricht) insgesamt sowie für die Bundesländer Bayern und Hessen aus.

Abbildung 1: Verwendete Tests und Verfahren

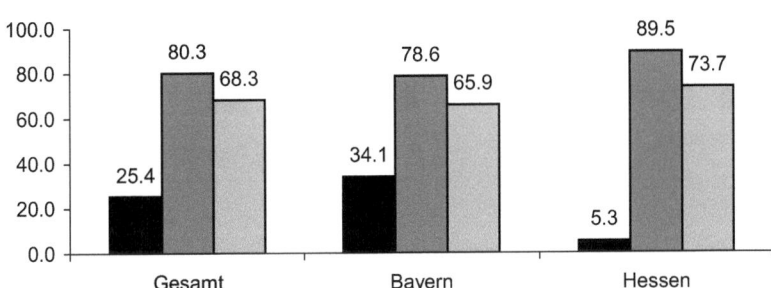

■ Standardisierte Testverfahren ■ Schuleigene Testverfahren □ Schnupperunterricht

Anmerkung: Mehrfachnennungen möglich

3.2 Kriterien bei der Entscheidung über eine nicht fristgerechte Einschulung

Darüber hinaus wurde erhoben, welche Entscheidungskriterien die Schulleiter/-innen heranziehen, wenn die Einschulungsentscheidung nicht eindeutig ist bzw. ein nicht fristgerechter Schuleintritt in Erwägung gezogen wird. In diesem Kontext ist interessant, wie die Ergebnisse standardisierter Tests bzw. informeller Verfahren im Vergleich zur eigenen Einschätzung bzw. den Beobachtungen der zuständigen Lehrkräfte gewichtet werden und welchen Stellenwert die Meinungen weiterer an der Einschulung beteiligter Akteure (z.B. Erzieher/-innen, Eltern) einnehmen.

---

1   Exakter Test nach Fisher
2   Exakter Test nach Fisher

Aus Sicht der befragten Schulleiter/-innen sind Befunde aus Testverfahren sowohl bei einer möglichen vorzeitigen als auch bei einer in Frage kommenden verspäteten Einschulung am bedeutsamsten. An zweiter Stelle rangiert die Einschätzung der Erzieherinnen, die insbesondere für die hessischen Lehrkräfte relevant ist und für diese bei einer möglichen vorzeitigen Einschulung eine ebenso große Rolle spielt wie die Ergebnisse der eingesetzten Tests bzw. informellen Verfahren. Dem eigenen Urteil bzw. dem der Lehrkräfte wird weit weniger Bedeutung beigemessen, ebenso der Meinung der Eltern und des schulärztlichen Dienstes im Fall einer möglichen Zurückstellung. Signifikante Gruppenunterschiede bestehen bei diesem Item nicht. Die prozentuale Verteilung ist getrennt nach Bundesländern den folgenden Abbildungen zu entnehmen.

Abbildung 2: Entscheidungskriterien in kritischen Fällen bei
einer vorzeitigen Einschulung

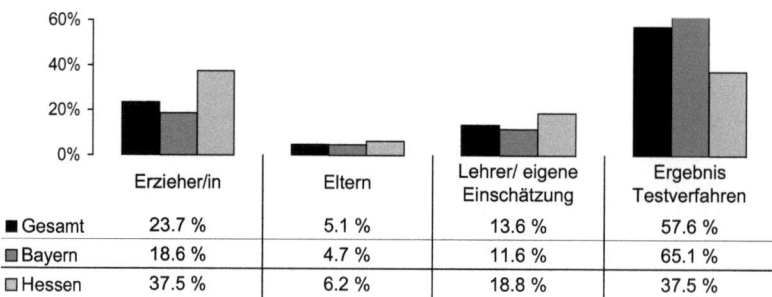

	Erzieher/in	Eltern	Lehrer/ eigene Einschätzung	Ergebnis Testverfahren
■ Gesamt	23.7 %	5.1 %	13.6 %	57.6 %
■ Bayern	18.6 %	4.7 %	11.6 %	65.1 %
□ Hessen	37.5 %	6.2 %	18.8 %	37.5 %

Abbildung 3: Entscheidungskriterien in kritischen Fällen bei
einer verspäteten Einschulung

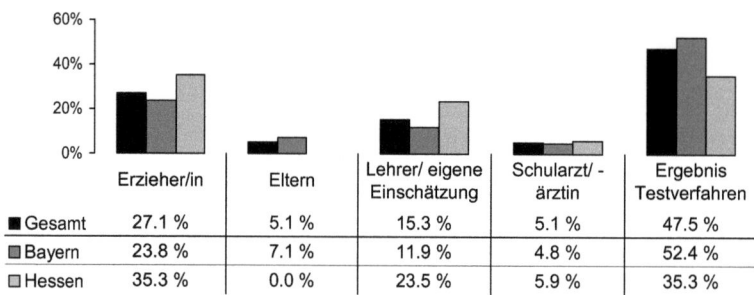

	Erzieher/in	Eltern	Lehrer/ eigene Einschätzung	Schularzt/ -ärztin	Ergebnis Testverfahren
■ Gesamt	27.1 %	5.1 %	15.3 %	5.1 %	47.5 %
■ Bayern	23.8 %	7.1 %	11.9 %	4.8 %	52.4 %
□ Hessen	35.3 %	0.0 %	23.5 %	5.9 %	35.3 %

3.3 Motive der Eltern für eine nicht fristgerechte Einschulung in der Sicht der Schulleitungen

Neben den Entscheidungskriterien wurden in der standardisierten Befragung auch die Motive der Eltern für nicht fristgerechte Einschulungen thematisiert. Die Schulleiter/-innen sollten angeben, welche Motive ihrer Ansicht nach Eltern dazu bewegen, ihr Kind vorzeitig oder verspätet einzuschulen.[3]

Die befragten Schulleiter/-innen vermuten, dass insbesondere kindbezogene Gründe auf Seiten der Eltern bei einer vorzeitigen Einschulung ausschlaggebend sind. Die Vermutung, dass das eigene Kind überdurchschnittlich begabt ist oder sich im Kindergarten langweilt, sind nach Ansicht der Schulleiter/-innen die am häufigsten auftretenden Motive, die Eltern zu einer vorzeitigen Einschulung bewegen. Daneben wird die Empfehlung der Erzieher/-innen als bedeutsam für diese Entscheidung eingeschätzt. Die Motive, Eltern wollten bei einer frühen Einschulung Kindergartengebühren sparen oder wieder ihrem eigenen Beruf nachgehen, halten die Schulleiter/-innen für wenig bedeutsam. Ebenso wird ein möglichst junges Alter der Kinder bei Schulabschluss als selten auftretendes Motiv der Eltern beurteilt. Tabelle 1 gibt eine Übersicht über die prozentuale Verteilung der Antworten.

Tabelle 1: Motive der Eltern für eine vorzeitige Einschulung aus Sicht der Schulleiter/-innen (in %)

	selten	eher selten	eher häufig	häufig
Kind langweilt sich im Kindergarten.	3.2	23.8	47.6	25.4
Kind soll mit älteren Freunden oder Geschwistern in die Schule gehen.	31.1	45.9	18.0	4.9
Eltern wollen die Kindergartengebühren sparen.	62.7	23.7	8.5	5.1
Eltern wollen wieder arbeiten gehen.	38.3	45.0	13.3	3.3
Eltern halten ihr Kind für überdurchschnittlich begabt.	1.6	19.0	54.0	25.4
Kind soll Schule später möglichst jung abschließen.	48.4	33.9	11.3	6.5
Erzieher/-in ermuntert Eltern zu früherem Schuleintritt.	27,4	37,1	25,8	9,7

Bei einer Zurückstellung vom Schulbesuch vermuten die Befragten ebenso wie bei einer vorzeitigen Einschulung auf Elternseite in erster Linie kindbezogene Gründe, wie eine mangelnde Schulreife. Auch gesundheitliche Probleme des Kindes sind nach Einschätzung der Schulleiter/-innen ein bedeutsames Motiv für eine Zurückstellung. Darüber hinaus zeigt sich auch hier die vergleichsweise hohe Bedeutung des Urteils der Erzieherinnen. Äußere Rahmenbedingungen, wie etwa die verkürzte gymnasiale Schulzeit oder attraktivere Betreuungszeiten des Kindergartens,

---

3   Das Item lautet: *„Was sind aus Ihrer Sicht von Seiten der Eltern die häufigsten Motive für eine vorzeitige Einschulung bzw. Zurückstellung vom Schulbesuch?"*

werden hingegen als weniger relevant eingeschätzt. Die prozentuale Verteilung ist der folgenden Tabelle zu entnehmen.

Tabelle 2: Motive der Eltern für eine Zurückstellung aus Sicht der Schulleiter/-innen (in %)

	selten	eher selten	eher häufig	häufig
Kind ist noch nicht reif für die Schule.	7.9	1.6	42.9	47.6
Kind soll mit jüngeren Freunden oder Geschwistern in die Schule gehen.	59.0	36.1	3.3	1.6
Kind hat Startvorteile gegenüber den Klassenkameraden.	48.3	35.0	13.3	3.3
Die Schulzeit ist durch die Einführung des achtjährigen Gymnasiums ohnehin verkürzt.	62.7	22.0	13.6	1.7
Im Kindergarten gibt es bessere Betreuungszeiten als in der Schule.	54.2	22.0	16.9	6.8
Erzieherin/ Erzieher rät zu einer Zurückstellung vom Schulbesuch.	3.2	11.1	50.8	34.9
Kind hat gesundheitliche Probleme.	11.3	33.9	32.3	22.6

4. Qualitative Befunde

4.1 Überprüfung der Schulfähigkeit

Durch die qualitative Analyse können die oben aufgezeigten quantitativen Befunde teilweise bestätigt und vertiefend beleuchtet werden. Auch in den leitfadengestützten Interviews wird deutlich, dass informelle Verfahren in der schulischen Praxis am häufigsten verwendet werden. Von allen befragten Schulleitungen wird der Einsatz informeller Verfahren zur Feststellung der Schulfähigkeit geschildert. Alle geben an, sich an ihrer Schule im Rahmen eines Schnupperunterrichts oder Schulspiels einen Eindruck über die Fähigkeiten der Kinder zu verschaffen. Während einer simulierten Schulstunde werden meist durch zwei Lehrkräfte Beobachtungen zum Verhalten und den Fähigkeiten der Kinder durchgeführt. Die Schulleiter/-innen und zuständigen Lehrkräfte stützen sich dabei meist nicht auf ein bestimmtes Verfahren, sondern verwenden Bestandteile aus Schulreifetests und informellen Verfahren, die sie u.a. mit selbst entwickelten Aufgabenformaten ergänzen. Von einer Vergleichbarkeit der Verfahren kann daher nicht ausgegangen werden. Die Beobachtungsphasen unterscheiden sich in der Länge der Durchführung und der Anzahl der Kinder, die in einer Gruppe zusammengefasst werden. Auch hinsichtlich der Inhalte bzw. überprüften Fähigkeiten und Fertigkeiten muss von einer großen Diversität zwischen den Schulen ausgegangen werden. Dies lässt sich an den folgenden Zitaten erkennen, die aus drei verschiedenen Interviews stammen:

Also richtige Testverfahren, also standardisierte Testverfahren, setzen wir nicht ein. Wir haben aus unserem Erfahrungsschatz Dinge zusammengestellt, die wir für sinnvoll halten, von denen wir glauben, dass sie wichtig sind und die uns einen relativ guten Aufschluss geben, wie der Entwicklungsstand des Kindes ist.

Wir haben so eine Art Screeningverfahren, das heißt, die Kollegen arbeiten da eine kleine Schulstunde aus, wo wir [...] verschiedene Sachen machen, ich weiß nicht, ob das bekannt ist, was da gemacht wird, ich krieg's jetzt aus dem Kopf schnell auch nicht her, da wird [...] Feinmotorik, wie können die Kinder Sachen wiederholen usw. [...], abgefragt.

Ja, ja, wir spielen Schule und da werden verschiedene Bereiche abgefragt, abgetestet, von der grobmotorischen bis zur feinmotorischen Entwicklung des Kindes, von der Phonologie her [...] und dann einfach auch noch die visuelle Differenzierung und auch im mathematischen Bereich die Mengen, Bildergeschichten, das Sprachverhalten der Kinder, dieses ganze Spektrum wird abgetestet, um einfach zu sehen, wie ist das Kind.

Im Gegensatz zu den quantitativen Befunden, die den weit verbreiteten Einsatz von informellen Verfahren lediglich aufzeigen, lassen die qualitativen Daten Aufschluss über die Inhalte dieser durch die Schulen konzipierten Verfahren zu. Die Inhalte bzw. die verwendeten Verfahren spiegeln die Bedeutsamkeit bestimmter Schulfähigkeitsaspekte wider, die in diesem Kontext von den Schulleitungen genannt wurden (Reihenfolge nach Häufigkeit des Auftretens in den Interviews): Fein- und Grobmotorik, sprachliche Fähigkeiten, Mengenverständnis, phonologische Bewusstheit, visuelle Differenzierung, Sozialverhalten, Zahlenverständnis, Konzentrationsfähigkeit/Aufmerksamkeit, Farbkenntnisse und Arbeitsverhalten.

Darüber hinaus wird in den Interviews deutlich, dass die Schulleiter/-innen ein großes Vertrauen in die Beurteilungskompetenz der beobachtenden Lehrkräfte während des Schnupperunterrichts bzw. Schulspiels legen:

Also ich verlasse mich und kann mich immer verlassen auf die Kompetenz der Lehrerin. [...] es geht um die Einschätzung: Ist das Kind schulreif oder nicht?

Die mangelnde Standardisierung dieser subjektiven Beurteilung wird von vier Befragten reflektiert, was sich an dem mehrfach geäußerten Bestreben zeigt, die Einschätzungen der Lehrkräfte anhand von Kriterien zu schematisieren. Ein hessischer Schulleiter schildert seine Bemühungen um eine kriterienbezogene Bewertung folgendermaßen:

Beim Spielvormittag bekommen die Kollegen so einen Bogen. Das ist schon von mir vorausgefüllt mit den wichtigsten Daten, auch worauf die achten sollen. Und dann gibt es verschiedene Bereiche: Sozialverhalten, Arbeitsverhalten, Grobmotorik, Feinmotorik, Mathematik, Sprache und Bildgeschichte. Das sind so die Themen, die angerissen werden. Und die Kollegen sollen für jedes Kind anschließend einschätzen, ob das überdurchschnittlich, gut, durchschnittlich, ausreichend oder unzureichend war. Und dann ergeben sich ja logischerweise […] bestimmte Gewichtungen. Und diese Gewichtung, wenn man das hier multipliziert, gibt eine bestimmte Punktzahl. Also wir haben das einfach mal so schematisiert, damit wir irgendwie zu einem Ergebnis kommen. Es nützt ja nichts, wenn da jeder irgendwas verbal von sich gibt, aber jeder beschreibt das anders. Irgendwie müssen sie zu einer Einschätzung kommen.

Die Entscheidung für das sog. Schulspiel begründet sich für sechs Schulleiter/ -innen u.a. in der Überzeugung, sich dadurch einen umfassenden Eindruck über das Kind machen zu können. Standardisierte Verfahren werden von drei Befragten explizit abgelehnt. Als Gründe werden u.a. eine allgemein zu verbreitete „Testhaltung" sowie eine bei den Kindern Angst auslösende, statt Lust auf Schule machende Situation angeführt.

Anders als in der quantitativen Befragung geben die Schulleiter/-innen in den Interviews überwiegend an, den Befunden der eingesetzten Verfahren mit Blick auf die Einschulungsentscheidung nur eine geringe Bedeutung beizumessen. Für vier Befragte spielt das Urteil der Erzieherinnen eine weitaus bedeutendere Rolle:

> Ganz entscheidend ist für mich das Urteil des Kindergartens […]. Die sehen das Kind an schlechten, an guten Tagen, wenn es ausgeschlafen ist, wenn es krank ist. Ich weiß ja nie, wie viel seiner Kapazitäten kann mir das Kind an diesem einen Tag zeigen. Ist das überhaupt repräsentativ für das Kind, hat es sich vielleicht besonders stark angestrengt und der Wert ist im Alltag gar nicht abrufbar. Oder umgekehrt, ist das Kind hier in der fremden Umgebung erstmal jetzt so verängstigt, […] Kindergarten würde ich ganz oben anstellen, Kindergartenurteil.

Hinsichtlich der Frage, welche weiteren Personen in die Einschulungsentscheidung einbezogen sind, zeigt sich, dass Eltern häufiger als die Erzieherinnen genannt werden. Zugleich wird aber auch erkennbar, dass es sich vornehmlich um beratende Gespräche mit den Eltern handelt, in denen diese über die Einschätzung der Schulleiter/-innen und Ergebnisse aus Schulfähigkeitstests bzw. informellen Verfahren informiert werden. Ziel ist es in der Regel, eine nicht fristgerechte Einschulungsentscheidung im Einvernehmen mit den Eltern zu treffen. Gespräche, in denen es darum geht, durch die Eltern Informationen über das Kind einzuholen, sind deutlich seltener. Mit den pädagogischen Fachkräften im Kindergarten hingegen steht die Mehrheit der Befragten in einem Austausch über Beobachtungen und Einschätzungen bezüglich der Kinder. Jedoch werden insbesondere von den bayerischen Befragten Hürden in der Kooperation zwischen dem Elementar- und Primarbereich beschrieben. Hier werden beispielsweise das Problem der Schweigepflicht gegenüber der Schule, eine große Anzahl von Kindergärten im Einzugsgebiet der Schule sowie die Zugehörigkeit der Institutionen zu verschiedenen Ministerien angesprochen. Obwohl die Kooperation mit den Kindergärten mehrheitlich als wertvoll und wichtig erachtet wird, offenbart sich in einem Interview auch eine abwertende Haltung gegenüber der Kompetenz der Erzieherinnen:

> Also, die Entscheidung lasse ich niemals von den Kindergärten fällen. Manche, der eine Kindergarten, der nicht so qualifizierte, meint immer, er kann entscheiden. Das können die aber nicht, sondern das ist Sache der Schule [...]. Aber wir holen die Einschätzung des Kindergartens ein. Manchmal ist die ganz unqualifiziert.

4.2 Vorgehen bei einer vorzeitigen Einschulung

Die Interviews ermöglichen außerdem einen Einblick in die Gründe, die Schulleiter/-innen dazu bewegen, eine nicht fristgerechte Einschulung zu veranlassen. Mit Blick auf eine vorzeitige Einschulung betonen die Befragten auf individueller Ebene die Bedeutung der sprachlichen Fähigkeiten eines Kindes und stellen das Sozialverhalten und die sozial-emotionale Stabilität des Schulanfängers als wichtigste Schulfähigkeitskriterien heraus. Auf institutioneller Ebene ist es den Schulleiter/-innen besonders wichtig, diese Entscheidung gemeinsam mit den Eltern und den zuständigen pädagogischen Fachkräften aus dem Kindergarten an einem „Runden Tisch" zu treffen. Obwohl letztlich die Schulleiter/-innen über eine Früheinschulung entscheiden, richten sie sich meist nach dem Elternwillen, selbst wenn sie das Kind nur begrenzt für geeignet halten. Auf diese Weise möchte ein Teil der befragten Lehrkräfte verhindern, dass die Eltern gegen die Entscheidung der Schule Widerspruch einlegen:

> Wir haben als Schulleitung letztendlich das Sagen. Aber es sollte immer ein „Runder Tisch" sein und man sollte natürlich einvernehmlich übereinkommen. Aber wenn wir nein sagen würden, können die Eltern zum Schulamt gehen und dann müsste der Schulpsychologe noch mal nachtesten und beraten. Es ist einfach so, dass wir sagen: ‚Nehmen wir sie halt.' Wir haben die Eltern darauf hingewiesen und es liegt nicht mehr in unserer Verantwortung sondern in der Verantwortung der Eltern.

Bei der Entscheidung über eine vorzeitige Einschulung kommt den Schnupperstunden bzw. Unterrichtsspielen eine eher untergeordnete Bedeutung zu. Viel wichtiger ist der Mehrheit der Schulleiter/-innen auch bei einer vorzeitigen Einschulung der Rat der Erzieherinnen, die die Kinder über eine längere Zeit kennen und ihrer Ansicht nach die Entwicklung besser beurteilen können.

> Die Absprache mit den Kindergärten ist wichtiger als der Kennenlerntag in der Schule, der einen Vormittag dauert, oder die Vorstellung bei der Schulärztin, die zehn Minuten dauert.

Ein Schulleiter berichtet allerdings davon, die Einschätzung des Kindergartenpersonals zwar als wichtig zu erachten, diese allerdings nicht einzuholen. Hier spiegelt sich das Bemühen wider, die Kinder unvoreingenommen bzw. als „unbeschriebene Blätter" kennen lernen zu wollen, damit sich die Lehrkräfte selbst ein Urteil bilden können.

> Und wir haben es die letzten zwei Jahre so gemacht, wir haben uns keine Vorinformationen geholt. Wir haben einfach gesagt, wir wollen die Kinder so sehen, als unbeschriebene Blätter. Und dann aus bestimmten Auffälligkeiten heraus [führen wir ein] Elterngespräch, [...] bis jetzt hat die Kollegin noch nicht mit dem Kindergarten gesprochen, weil sie sagt, ich kläre das erst einmal mit den Eltern ab.

4.3 Vorgehen bei einer Zurückstellung vom Schulbesuch

Hinsichtlich der Motive, die zu einer Zurückstellung führen, werden auf individueller Ebene reifungsbedingte Zurückstellungsgründe angeführt: *Wenn ein Kind einfach etwas reifungsverzögert ist, warum soll es nicht noch ein Jahr warten?* Darüber hinaus werden gesundheitliche Einschränkungen genannt. Als Schulfähigkeitskriterien, die zu einer Zurückstellung führen können, sofern sie bei Kindern unzureichend entwickelt sind, nennen die Befragten folgende Aspekte (Reihenfolge nach Häufigkeit der Nennungen): Sozialverhalten, Aufmerksamkeit/ Konzentration, mathematische Vorläuferfähigkeiten, Motorik, Sprachentwicklung, Selbstständigkeit bzw. lebenspraktische Fähigkeiten sowie visuelle Gliederungsfähigkeit. Auf institutioneller Ebene liegende Faktoren, die Einfluss auf eine Zurückstellungsentscheidung haben können, wurden von neun Befragten genannt. Tendenziell scheint das Angebot einer schulvorbereitenden Einrichtung (Bayern) oder Vorklasse (Hessen) zu einer höheren Zurückstellungswahrscheinlichkeit zu führen (vgl. dazu auch Mader, 1989). Sechs Schulleiter/-innen vertreten die Ansicht, dass Kinder während des Zurückstellungsjahres nicht im Kindergarten verbleiben sollen. Wenn die Förderung in einer vorschulischen Einrichtung oder Vorklasse gesichert ist, wird eine Zurückstellung durch die Schulleiter/-innen eher befürwortet:

> Da haben wir dann auch immer wirklich darauf geachtet, dass, wenn eine Zurückstellung ausgesprochen wird, das Kind nicht an dem Förderort bleibt, wo es momentan ist. D.h., wenn es im Kindergarten [...] drei Jahre lang war und wir müssen das Kind jetzt zurückstellen, dann kann es nicht sein, dass es noch ein Jahr im Kindergarten bleibt, sondern dann muss der Grund der Zurückstellung einfach auch behoben werden. Und das kann dann in der Regel nicht im Kindergarten passieren, sondern in einer anderen Fördereinrichtung.

Einen Einfluss auf die Zurückstellungsentscheidung hat nach den Ausführungen der Schulleiter/-innen auch die Klassengröße. In vier Interviews wird geschildert, dass eine Zurückstellung eher nicht realisiert wird, wenn die Anzahl der Schüler/-innen in den ersten Klassen gering ist. Es wird davon ausgegangen, dass die Kinder in diesem Fall intensiver gefördert werden können: *Wenn ich eine kleinere Klasse habe, kann ich eher mal ein Kind mit Defiziten noch aufnehmen und fördern.* Umgekehrt werden Kinder eher zurückgestellt, wenn eine hohe Anzahl von Schulanfängern die ersten Klassen besuchen. In diesem Fall wird eine adäquate Förderung dieser Kinder als wenig sinnvoll und kaum möglich erachtet: *Wenn wir jetzt ein Kind haben, das zurückgestellt werden sollte, und wir sagen: ‚Mein Gott, das kommt jetzt in eine Klasse mit 29 Kindern oder mit 28. Da ist dieses Kind verloren.'*

5. Zusammenfassung und Diskussion

Die Befunde der Schulleiterbefragungen offenbaren eine große Diversität hinsichtlich der eingesetzten Verfahren zur Feststellung der Schulfähigkeit und der Einbindung weiterer an der Einschulung beteiligter Personen. Aufgrund der weit verbreiteten selbst entwickelten informellen Verfahren und der damit verbundenen geringen Auswertungsobjektivität kann von einer mangelnden Vergleichbarkeit der erfassten Inhalte sowie der darauf basierenden Bewertungen ausgegangen werden. Dies kann zur Folge haben, dass Kinder bei vergleichbarer Ausgangslage an einer Schule eingeschult und an einer anderen möglicherweise zurückgestellt werden, was zu einer ersten Ungleichbehandlung im Bildungssystem führt. Vorliegende Untersuchungen zur Schulfähigkeitsbeurteilung von Lehrkräften aufgrund informeller Verfahren und tatsächlichem Schulerfolg von Erstklässlern belegen eine unzureichende Vorhersagewahrscheinlichkeit (Kammermeyer, 2000, S. 177ff.).

Der bei der Einschulungsentscheidung dominierende Blick auf das Kind von Seiten der Schulleiter/-innen und Eltern sowie die daraus resultierenden individuellen kindbezogenen Gründe für eine nicht fristgerechte Einschulung verdeutlichen, dass die Frage der Schulfähigkeit in weiten Teilen einseitig auf das Kind und weniger auf eine Passung zwischen kindlichen Voraussetzungen und schulischen Bedingungen fokussiert ist. Insofern lässt sich auch bei den befragten Schulleitungen nach wie vor eine traditionelle, reifungsbezogene Vorstellung von Schulfähigkeit feststellen.

In der aktuellen wissenschaftlichen Diskussion wird Schulfähigkeit jedoch als Produkt der Interaktion zwischen Familie, Kindergarten und Grundschule aufgefasst (vgl. Griebel & Niesel, 2004, S. 86; Nickel, 1981) und der Weg in die Schule als co-konstruktiver Prozess der beteiligten Akteure beschrieben. Dementsprechend wird in den Bildungsplänen Bayerns und Hessens explizit die Kooperation zwischen Kindergarten und Grundschule unter Einbezug der Eltern gefordert (vgl. StMAS & IFP, 2012, S. 106; HSM & HKM, 2007, S. 95). Es wurde deutlich, dass die meisten Schulleitungen die Erfahrungen und Einschätzungen der Erzieherinnen für die Einschulungsentscheidungen aufgreifen und nutzen. In der Regel wird das Urteil der Erzieherinnen als wichtiger bewertet als die eigene Einschätzung, auch wenn es einzelne Fälle gibt, in denen die kindbezogenen Informationen von Seiten der Erzieherinnen bewusst nicht eingeholt werden, um gegenüber den künftigen Erstklässlern nicht voreingenommen zu sein. Insgesamt wird das pädagogische Personal des Kindergartens überwiegend als kompetenter Ansprechpartner wahrgenommen, dem eine anerkennende und wertschätzende Einstellung gegenüber zum Ausdruck gebracht wird. Allerdings weisen die Aussagen der Schulleiter/-innen auch auf Schwierigkeiten hin, die einem Austausch über die Kinder im Weg stehen können, wie z.B. die Schweigepflicht der Erzieher/-innen oder ein großes Einzugsgebiet der Schulen mit vielen abgebenden Kindergärten. Zudem deuten die Befragungen darauf hin, dass die Eltern der künftigen Erstklässler/-innen im Sinne der ökosystemischen Perspektive noch nicht ausreichend in die Einschulungsentscheidungen einbezogen werden. Im Vordergrund stehen Informationsgespräche, als relevante und gleichberechtigte Informationsgeber werden sie jedoch weniger gesehen.

Abschließend soll noch einmal betont werden, dass die nach wie vor recht hohen Zurückstellungsquoten sowie die hier aufgezeigten Befunde verdeutlichen, dass die schulische Praxis der Forderung nicht gerecht wird, Kinder nur im Ausnahmefall verspätet einzuschulen. Als häufigster Zurückstellungsgrund werden Defizite im Sozialverhalten angeführt. Aber auch institutionelle Bedingungen wie Klassengröße oder alternative Fördermöglichkeiten haben Einfluss auf diese Entscheidung. Dies legt einen Zusammenhang zwischen verspäteten Einschulungen und den Bedingungen an der jeweiligen Einzelschule nahe (so auch Mader, 1989). Die Auslese am Schulanfang ist auch deshalb kritisch zu bewerten, weil zurückgestellte Kinder trotz niedrigerer Wiederholungsraten im Vergleich zu vorzeitig Eingeschulten zu der leistungsschwächeren Gruppe gehören (Bellenberg, 1999; Bos et al., 2008) und „aus dem zusätzlichen Jahr keinen substanziellen Nutzen im Vergleich zu den nicht zurückgestellten Risikokindern ziehen" (vgl. Einsiedler, Martschinke & Kammermeyer, 2008, S. 340).

Literatur

Autorengruppe Bildungsberichterstattung (Hrsg.) (2012). *Bildung in Deutschland 2012. Ein indikatorengestützter Bericht mit einer Analyse zur kulturellen Bildung im Lebenslauf.* Bielefeld: Bertelsmann Verlag.

Bayerisches Staatsministerium für Arbeit und Sozialordnung, Familie und Frauen (StMAS) & Institut für Frühpädagogik München (IFP) (Hrsg.) (2012). *Der Bayerische Bildungs- und Erziehungsplan für Kinder in Tageseinrichtungen bis zur Einschulung.* 5., erweiterte Auflage. Berlin: Cornelsen Verlag.

Bellenberg, G. (1999). *Individuelle Schullaufbahnen. Eine empirische Untersuchung über Bildungsverläufe von der Einschulung bis zum Abschluß.* Weinheim, München: Juventa.

Bos, W., Bonsen, M., Baumert, J., Prenzel, M., Selter, C. & Walther, G. (Hrsg.) (2008). *TIMSS 2007. Mathematische und naturwissenschaftliche Kompetenzen von Grundschulkindern in Deutschland im internationalen Vergleich.* Münster: Waxmann.

Dreyer, M. (1973). *Schulaufnahmetest (SAT).* Regensburg: Wolf-Verlag.

Einsiedler, W., Martschinke, S. & Kammermeyer, G. (2008). Die Grundschule zwischen Heterogenität und gemeinsamer Bildung. In K. S. Cortina, J. Baumert, A. Leschinsky, K. U. Mayer & L. Trommer (Hrsg.), *Das Bildungswesen in der Bundesrepublik Deutschland. Strukturen und Entwicklungen im Überblick* (S. 325–374). Reinbek bei Hamburg: Rowohlt Taschenbuch Verlag.

Fröse, S., Mölders, R. & Wallrodt, W. (1986). *Kieler Einschulungsverfahren.* Weinheim und Basel: Beltz.

Griebel, W. & Niesel, R. (2004). *Transitionen. Fähigkeit von Kindern in Tageseinrichtungen fördern, Veränderungen erfolgreich bewältigen.* Weinheim und Basel: Beltz.

Hessisches Sozialministerium (HSM) & Hessisches Kultusministerium (HKM) (Hrsg.) (2007). *Bildung von Anfang an. Bildungs- und Erziehungsplan für Kinder von 0 bis 10 Jahren in Hessen.* Paderborn: Bonifatius.

Hetzer, H. & Tent, L. (1971). *Weilburger Testaufgaben für Schulanfänger (WTA).* Weinheim und Basel: Beltz.

Jäger, R. S., Beetz, E., Erler, R. & Walter, R. (1982). *Mannheimer Schuleingangsdiagnostikum (MSD).* Weinheim und Basel: Beltz.

Kammermeyer, G. (2000). *Schulfähigkeit. Kriterien und diagnostische-prognostische Kompetenz von Lehrerinnen, Lehrern und Erzieherinnen.* Bad Heilbrunn: Klinkhardt.

Kleiner, A. (1998). *GSS Göppinger sprachfreier Schuleignungstest zur Untersuchung der Schuleignung und der Qualität psychischer Funktionen.* Göttingen: Beltz Test.

Kratzmeier, H. (1969a). *Heidelberger sprachfreier Schulreifetest (HSST).* Berlin: Marhold.

Kratzmeier, H. (1969b). *Reutlinger Test für Schulanfänger (RTS).* Weinheim und Basel: Beltz.

Mader, J. (1989). *Schulkindergarten und Zurückstellung. Zur Bedeutung schulisch-ökologischer Bedingungen bei der Einschulung.* Münster: Waxmann.

Mayring, P. (2010). *Qualitative Inhaltsanalyse. Grundlagen und Techniken* (11. akt. und überarb. Aufl.). Weinheim und Basel: Beltz.

Meis, R. (1997). *DVET. Duisburger Vor- und Einschulungstest* (Neubearbeitet von Jan Poerschke, 3. neu bearb. Aufl.). Weinheim und Basel: Beltz.

Nickel, H. (1981). Schulreife und Schulversagen: Ein ökopsychologischer Erklärungsansatz und seine praktischen Konsequenzen. *Psychologie in Erziehung und Unterricht, 28,* 19–37.

Roth, H., Schlevoigt, G., Süllwold, F. & Wicht, G. (1963). *Handbuch zum Frankfurter Schulreifetest – Komm, spiel mit!* (3. Aufl.). Frankfurt am Main: Hochschule für internationale pädagogische Forschung.

Psychosoziale Probleme und Erfolg bei der Einschulung[1]

Gabriele Faust, Jens Kratzmann und Franziska Wehner

1. Theoretischer Hintergrund

1.1 Schuleintritt als Labilisierung des Person-Umwelt-Verhältnisses oder Hervortreten bereits bestehender Anpassungsschwierigkeiten?

Seit etwa einem Jahrzehnt dominiert in der Erforschung des Schuleintritts der Transitionsansatz (vgl. den Beitrag von Faust, Teil I, in diesem Band). Danach wird angenommen, dass die Einschulung Veränderungen auf der individuellen, interaktionalen und kontextuellen Ebene mit sich bringt. Da in vielen Staaten die vorschulischen Bildungseinrichtungen nur wenig mit dem Schulsystem verbunden sind, wird der Schuleintritt als häufig problembelasteter Einschnitt für das Kind und seine Eltern gesehen. Übergangsprobleme werden zurückgeführt auf die Umstellungen hinsichtlich Räumen, Zeit, Verlauf des Vormittags und Sozialbeziehungen, auf Belästigungen durch andere Kinder oder die Anpassung an die affektiv-neutraleren, universalistischen und an Leistung orientierten schulischen Interaktionen. Quantitativ sollen ein Drittel bis zur Hälfte der Kinder Übergangsprobleme haben (für Polen Kienig, 2002; für Deutschland Beelmann, 2000; Griebel & Niesel, 2004; Grotz, 2005). Im unmittelbaren Umfeld des Schuleintritts auftretende schwere Identitätskrisen werden als „Schuleintrittskrisen" gekennzeichnet (Knörzer & Grass, 1992). Der Übergang in die Schule erhält seine besondere Brisanz dadurch, dass zahlreiche Autoren davon ausgehen, dass seine Bewältigung langanhaltende Folgen hat, etwa hinsichtlich des Schulerfolgs in den ersten Klassenstufen oder weiterer Übergänge im Lebenslauf (z.B. Fabian, 2007; Margetts, 2002a und 2007; Rimm-Kaufman & Pianta, 2000; Wagner, 2003).

Während der Wechsel der Umwelten bei der Einschulung im Transitionsansatz als eine grundlegende Labilisierung des Person-Umwelt-Verhältnisses aufgefasst wird, sind nach der „paradoxen" Theorie der Gruppe um Caspi und Moffitt Veränderungen der Persönlichkeit und neu entwickelte Verhaltensweisen gerade in Übergangssituationen wenig wahrscheinlich. Stattdessen werden in dieser Sicht bestehende persönlichkeitsspezifische Tendenzen und gewohnte Verhaltensweisen aktiviert und auch in der Interaktion von den damit vertrauten Umwelten gestützt (Caspi & Moffitt, 1993; vgl. auch Beelmann, 2006). Bereits in der Vorschulzeit

---

1 Dieser Beitrag erschien unter dem Titel „Schuleintritt als Risiko für Schulanfänger?" in der Zeitschrift für Pädagogische Psychologie, 2012, 26 (3), S. 197–212. Wir danken dem Verlag für die Erlaubnis zum gekürzten Wiederabdruck.

hervortretende Anpassungsprobleme wie z.B. erhöhte Angst, Schüchternheit oder dissoziales Verhalten sollten sich danach auch während des Übergangs in die Grundschule und zu Beginn der Grundschulzeit zeigen und verstärkt wahrgenommen werden. Sie würden dann zu Unrecht als Begleiterscheinungen oder Folgen des Übergangs interpretiert.

Voraussetzung ist allerdings, dass sozial-emotionale Persönlichkeitseigenschaften schon im Kindesalter hinreichend stabil sind. Dafür gibt es zahlreiche Belege: Eine Metaanalyse zur differentiellen Rangstabilität von Temperamentsmerkmalen, wie z.B. Anpassungsfähigkeit und negative Emotionalität, und Persönlichkeitsdimensionen auf der Basis von insgesamt 152 Längsschnittstudien zeigt einen bedeutsamen Stabilitätszuwachs von .35 im Alter von null bis drei Jahren auf etwa .50 im Alter von drei bis sechs Jahren (Roberts & DelVecchio, 2000). Auf der Basis von Verhaltensbeobachtungen an der repräsentativen neuseeländischen Dunedin-Geburtskohorte durch externe Beobachter weisen Caspi und Silva (1995, hier weitere Hinweise auf ähnliche Befunde) nach, dass Zuordnungen von Dreijährigen zu Temperamentsgruppen (z.B. „leicht irritierbar", „gehemmt", „zuversichtlich", „zurückhaltend", „gut angepasst") mit selbstberichteten Persönlichkeitsmerkmalen der 18-Jährigen zusammenhängen. Vor allem die „leicht irritierbaren" Dreijährigen erreichen als Achtzehnjährige hohe Werte in Bezug auf Impulsivität, Aufsuchen von Gefahren, Aggression und Entfremdungserleben in der sozialen Interaktion. Dass Erlebens- und Verhaltensprobleme im Vorschulalter relativ stabil sind, zeigt sich auch in der Erlangen-Nürnberger Entwicklungs- und Präventionsstudie. Ca. 7 % der 4- bis 6-jährigen Kindergartenkinder werden übereinstimmend von beiden Eltern und den pädagogischen Fachkräften als problembelastet eingestuft. Diese Einstufung ändert sich für ca. 50 % der Kinder im Einjahresabstand nicht (Lösel, Stemmler, Beelmann & Jaursch, 2005). Zur Erklärung der Stabilität wird angenommen, dass sozial-emotionale Persönlichkeitsunterschiede „etwa zur Hälfte durch genetische Unterschiede bedingt" (Asendorpf, 2002, S. 63) sind. Wenn eine einflussreiche Umwelt erhalten bleibt, wie z.B. die Familie vor und nach dem Schuleintritt, könnte dies ebenso stabilisierend wirken wie spezifische Interaktionen zwischen der Person und ihrer Umwelt, etwa indem die Person mit ihrem Verhalten jeweils ähnliche Reaktionen der Interaktionspartner hervorruft und diese wie für sie üblich interpretiert oder bestimmte Umwelten bevorzugt aufsucht (Caspi & Silva, 1995).

In Bezug auf den Schuleintritt sollten neben Analysen zur Häufigkeit von Übergangsproblemen vor allem längsschnittliche Untersuchungen, mit Messzeitpunkten nicht nur im unmittelbaren zeitlichen Zusammenhang mit dem Übergang, zwischen dem Transitionsansatz und der „paradoxen" Theorie Caspi und Moffitts entscheiden lassen.

1.2 Welche individuellen, familiären und institutionellen Merkmale wirken sich förderlich auf die Bewältigung des Schuleintritts aus?

Nationale und internationale Studien verweisen auf die Bedeutung individueller, familialer und institutioneller Merkmale für eine erfolgreiche schulische Laufbahn. Unter den *individuellen Faktoren* sind unter anderem die Vorkenntnisse, das Geschlecht und das Alter des Kindes als Einflussgrößen bekannt (Margetts, 2002a). Entfaltete schriftsprachliche Vorläuferfähigkeiten und frühes mathematisches Wissen wirken sich positiv auf die späteren fachbezogenen Leistungen in Mathematik und Deutsch aus (vgl. Duncan et al., 2007; Krajewski, 2003; Küspert, Weber, Marx & Schneider, 2007; Stamm, 2004). Geschlechtsspezifisch könnten Mädchen gegenüber Jungen im Vorteil sein. Eltern schätzen Mädchen im Vergleich zu Jungen vor allem besser bezüglich ihrer Leseleistungen ein (vgl. Valtin, Wagner & Schwippert, 2005). Mädchen sind generell erfolgreicher im Schulsystem, sie zeigen bessere Leseleistungen und wiederholen seltener eine Klassenstufe als Jungen. Des Weiteren werden sie am Schulanfang häufiger vorzeitig eingeschult und seltener zurückgestellt (Autorengruppe Bildungsberichterstattung, 2012, S. 63). Bezogen auf das Einschulungsalter liegen zahlreiche Arbeiten aus der Bildungsökonomie vor, die durch Reanalysen von Large-Scale-Datensätzen in Verbindung mit dem erschlossenen Alter der Kinder bei der Einschulung belegen, dass ältere Schulanfänger verglichen mit jüngeren – vorzeitig Eingeschulten oder den relativ Jüngeren des gleichen Einschulungsjahrgangs – in ihrer weiteren Schulkarriere bessere Leistungen erzielen, seltener Klassen wiederholen und zu größeren Anteilen anspruchsvollere weiterführende Schulformen und auf das College vorbereitende Kurse sowie höher eingestufte Universitäten besuchen (Bedard & Dhuey, 2006; Puhani & Weber, 2005). In explorativen Interviews im Rahmen der letztgenannten Studie äußerten Schulleiter/-innen, dass ältere Kinder „reifer" und „konzentrationsfähiger" seien, besser mit dem Schulalltag zurechtkämen, weniger unter fehlendem Spiel litten und es ihnen leichter fiele, Enttäuschungen zu überwinden.

Auf *familialer Ebene* sind vor allem der Bildungshintergrund der Eltern sowie der sozioökonomische Status einflussreich. Kinder aus diesen Familien erfahren bereits im frühkindlichen Alter eine anregungsreiche Umwelt und Unterstützung, welche sich positiv auf die Entwicklung auswirkt (Stamm & Viehausen, 2009). Zur Bewältigung des Schuleintritts belegt Margetts (2003) Kompetenznachteile und Verhaltensprobleme von Kindern aus Familien mit niedrigem sozioökonomischen Status und Vätern, die nicht Vollzeit beschäftigt waren. Im Gegensatz dazu allerdings ermittelt das DJI-Kinderpanel keinen Einfluss des mütterlichen Bildungsniveaus auf den von den Müttern eingeschätzten Schulstart ihrer Kinder (Haunberger & Teubner, 2007).

Institutionell sollen besondere Angebote im Kindergarten die Kinder auf die Schule vorbereiten (vgl. dazu den Beitrag von Faust, Wehner & Kratzmann, Teil II, in diesem Band). In der Kindergartenpraxis sind bereichsspezifische Förderungen im letzten Kindergartenjahr weit verbreitet, z.B. in Form besonderer Vorschulgruppen oder als Trainingsprogramme zur Vorbereitung auf den Anfangsunterricht Mathematik und Schriftsprache. Außerdem werden zur Förderung eines erfolgreichen Schuleintritts Maßnahmen auf örtlicher, regionaler und nationaler Ebene gefordert, in denen die vorschulischen Institutionen und die Grundschulen unter Einbezug der Familien und der Kinder zusammenarbeiten. Die vorgeschlagenen Maßnahmen sind weltweit erstaunlich ähnlich: Gegenseitige Hospitationen von pädagogischen Fachkräften und Lehrpersonen, Schul- bzw. Kindergartenbesuche von Vorschul- bzw. Schulkindern, tutorielle Unterstützung der Schulanfänger durch ältere Schülerinnen und Schüler, Austausch von Entwicklungsdokumentationen und die gemeinsame Gestaltung der Elternarbeit (Fabian & Dunlop, 2007; Margetts, 2002b). Als wichtigste Voraussetzung gilt eine intensive Kommunikation zwischen den Professionellen beider Stufen, die durch gemeinsame Fortbildungen gestützt wird. Wenig untersucht wird bislang allerdings, welche Wirkungen Übergangsbegleitmaßnahmen auf die Kinder haben und ob sie den Schuleintritt erleichtern (so auch Margetts, 2002a; Wagner, 2003; deutsche Daten zuletzt von Mader, 1989).

1.3 Fragestellungen und Hypothesen

Vor diesem Hintergrund werden zwei Fragen untersucht:

- Treten im unmittelbaren Umfeld des Schulanfangs Anpassungsschwierigkeiten neu auf oder bestehen sie schon länger? Nach dem Transitionsansatz sind neu auftretende Probleme zu erwarten (Hypothese 1a), nach der „paradoxen" Theorie nicht (Hypothese 1b).
- Welche Kinder bewältigen den Schuleintritt in der Sicht von Eltern und Lehrkräften problemlos, welche nicht, und welche Rolle spielen institutionelle Hilfen? Mädchen, ältere Kinder sowie Kinder mit besseren Vorläuferfähigkeiten und aus höher gebildeten Familien sollten am Schulanfang erfolgreicher sein (Hypothese 2a). Außerdem sollten sich Übergangsbegleitmaßnahmen im Rahmen der Kooperation von Kindergarten und Grundschule und die Schulvorbereitung im Kindergarten positiv auf die Bewältigung des Schuleintritts auswirken (Hypothese 2b).

2. Methodische Umsetzung

2.1 Instrumente

Mit zwei Fragebogenbatterien wurde erfasst, wie die Kinder in der Sicht der Eltern und Lehrkräfte den Übergang vom Kindergarten in die Grundschule bewältigen. Das erste Instrument konzentrierte sich auf mögliche psychosoziale Probleme, das zweite auf Merkmale eines entlasteten, erfolgreichen Übergangs.

Instrument 1: Psychosoziale Belastungen

Zur Erfassung möglicher „Schuleintrittskrisen" wurden ebenso wie in anderen Studien zur Untersuchung psychosozialer Belastungen bei diesem Übergang (Beelmann, 2006; Grotz, 2005) drei der sieben Syndromskalen aus der Child Behavior Checklist 4–18 (Döpfner et al., 1998) eingesetzt. Erhoben wurden die Skalen durch kindbezogene Einschätzbogen zu vier Messzeitpunkten. Die Eltern erhielten diese neun und drei Monate vor sowie drei und neun Monate nach dem Einschulungstermin. Eingeschätzt wurden die Syndrome auf einer dreistufigen Skala (0–2): *nicht zutreffend; etwas oder manchmal zutreffend; genau oder häufig zutreffend.* Aufgrund eingeschränkter Kapazitäten wurden gekürzte Versionen erfragt. Die Auswahl erfolgte in erster Linie über inhaltliche Kriterien (nicht psychiatrische Aspekte, Passung für Kindergartenkinder). Die Skala *ängstlich-depressives Verhalten* bezog sich unter anderem auf Traurigkeit oder Verlegenheit des Kindes (Beispielitem: *Ist befangen oder wirkt leicht verlegen*). Anzeichen, welche auf *Aufmerksamkeitsprobleme* hinweisen, wurden anhand von Fragen zu Konzentration und Nervosität des Kindes erhoben (Beispielitem: *Ist nervös oder angespannt*). Die Skala *körperliche Beschwerden* erfasste unter anderem Aspekte zu Müdigkeit oder Erkrankungen ohne bekannte Ursachen (Beispielitem: *Ist immer müde*). Bei den Skalen ängstlich-depressives Verhalten und Aufmerksamkeitsprobleme lagen die Werte von Cronbachs Alpha fast durchgängig bei .70 und waren damit akzeptabel, bei der Skala körperliche Beschwerden lagen sie eher um .60 und waren damit grenzwertig. Die Mittelwerte der Skalen zeigten hier auch, dass körperliche Beschwerden insgesamt kaum auftraten.

Instrument 2: Erfolgreicher Schuleintritt

Die erfolgreiche Bewältigung des Schuleintritts wurde anhand von sieben Dimensionen in den kindbezogenen Eltern- und Lehrereinschätzbogen neun Monate nach der Einschulung erfragt. Die Einzelitems aller sieben Skalen wurden vierstufig erfasst (*trifft nicht zu; trifft eher nicht zu; trifft eher zu; trifft zu*). In Anlehnung an den

FEESS 3–4 (Fragebogen zur Erfassung emotionaler und sozialer Schulerfahrungen von Grundschulkindern dritter und vierter Klassen; Rauer & Schuck, 2003) und teilweise durch selbst entwickelte Items wurden die Bereiche Selbstständigkeit, Anstrengungsbereitschaft und Schuleinstellung erfasst. Selbstständigkeit wurde anhand von vier Items erhoben und beinhaltet die Fähigkeit, Aufgaben der Grundschule ohne Hilfe zu erledigen (Beispielitem: *Das Kind braucht viel Unterstützung bei den Hausaufgaben*). Ein motivierter Umgang mit Aufgaben der Grundschule wurde mit fünf Items für das Konstrukt Anstrengungsbereitschaft erfragt (Beispielitem: *Das Kind strengt sich an, wenn Aufgaben schwierig sind*). Die Skala Schuleinstellung bezog sich mit drei Items auf die Freude an der Schule (Beispielitem: *Das Kind geht gerne in die Schule*). Zwei weitere Skalen wurden selbst entwickelt: Die Bewältigung des Schulalltags wurde anhand von drei Items erfasst und beinhaltete die Fähigkeit, alltägliche Anforderungen der Grundschule zu erfüllen (Beispielitem: *Das Kind kann das geforderte Stillsitzen im Unterricht bewältigen*). Die soziale Integration in die Klasse, verstanden als Fähigkeit, Freundschaften mit Klassenkameraden zu schließen, wurde mit drei Items erhoben (Beispielitem: *Das Kind ist mit vielen Kindern in der Klasse befreundet*). Für die vorzeitig eingeschulten Kinder liegen dafür allerdings keine Angaben vor, da die Skalen erst nach der Einschulung der vorzeitig eingeschulten Kinder im Schuljahr 2007/08 eingesetzt wurden.

Die ebenfalls als abhängige Variable in die Analyse eines entlasteten, erfolgreichen Schuleinstiegs eingegangene Einschätzung der Fähigkeiten des Kindes basierte auf einer im Längsschnitt geführten, selbst entwickelten Itembatterie, die seit Erhebungsstart im halbjährlichen Abstand erhoben, bei Bedarf altersentsprechend angepasst und auf interne Konsistenz geprüft wurde. Herangezogen wurden hier die Dimensionen schriftsprachliche Fähigkeiten, in der die Fähigkeit des Kindes beurteilt wurde, mit der Schriftsprache umzugehen (Beispielitem: *Das Kind kann seinen Namen richtig schreiben*), und technisch-mathematische Fähigkeiten, in der das Wissen des Kindes in Bezug auf mathematische und technisch-naturwissenschaftliche Phänomene eingeschätzt wurde (Beispielitem: *Das Kind kann mit Geld rechnen*).

Die einzelnen Dimensionen erreichten in der internen Konsistenz zufriedenstellende Werte (Cronbachs α = .62 bis .94). Die Korrelationen zwischen der Eltern- und der Lehrerperspektive bewegten sich zwischen .30 und .45 und waren damit nur mäßig hoch.

Prädiktoren

Als erklärende Variablen für eine erfolgreiche Übergangsbewältigung des Kindes wurden sowohl Merkmale auf Familien- und Kindebene als auch auf Ebene der Institutionen berücksichtigt.

Auf *Kindebene* wurden das Alter bei der Einschulung, das Geschlecht und der Einschulungszeitpunkt (vorzeitig bzw. zurückgestellt vs. fristgerecht) herangezogen. Weiterhin eröffneten die BiKS-Daten die Möglichkeit, den Kompetenzstand vor der Einschulung einzubeziehen. Hierbei wurde auf die Rechenfertigkeiten (K-ABC, Fertigkeitenskala Rechnen, Kaufman & Kaufman, 2003), den Wortschatz (PPVT – adaptiert, Dunn & Dunn, 1981) sowie die kognitiven Grundfähigkeiten (SON-R 2½ – 7, Tellegen, Winkel, Wijnberg-Williams & Laros, 1998) zurückgegriffen. Verwendet wurden die Kompetenzwerte im Alter von etwa vier Jahren und damit zwei Jahre vor Beginn der Schulpflicht. Bei den Rechenfertigkeiten und den kognitiven Grundfähigkeiten wurden altersnormierte Werte verwendet. Da für den PPVT keine normierten Werte vorliegen, wurde das Alter am Testtag beim Wortschatz auspartialisiert.

Auf *Familienebene* wurde der Bildungshintergrund der Eltern anhand des höchsten schulischen Bildungsabschlusses erfasst und geht als Dummy-Variable in die Analysen ein. Unterschieden wurde zwischen niedriger (kein Schulabschluss, Hauptschulabschluss bzw. 5–8 Bildungsjahre), mittlerer (Realschulabschluss, Mittlere Reife, POS bzw. 9–10 Bildungsjahre) und hoher (Abitur, Fachabitur, EOS bzw. mehr als 10 Bildungsjahre) Bildung, wobei niedrige Bildung die Referenzkategorie war.

Auf *institutioneller Ebene* wurden in einem Elternfragebogen drei Monate nach dem Eintritt des Kindes in die Grundschule Kooperationsmaßnahmen von Kindergarten und Grundschule erhoben. Erfragt wurde die Teilnahme des Kindes an acht möglichen Kooperationsmaßnahmen. Die Eltern sollten angeben, ob das Kind aktiv teilgenommen, nicht teilgenommen hatte oder ob die Maßnahme nicht vorhanden bzw. ihnen nichts darüber bekannt war (die Häufigkeit wurde nicht erhoben). Die Einzelitems wurden nach inhaltlichen Kriterien additiv zu zwei Kooperationsskalen mit je vier Maßnahmen zusammengefasst. Der Bereich Gegenseitige Besuche umfasste unter anderem Treffen der Kinder aus den beiden Institutionen und den Besuch einer Lehrkraft im Kindergarten (Beispielitem: *Schulkinder besuchen die Kindergartengruppe*). Der zweite Bereich beinhaltete die Teilnahme an Vorschulprogrammen (Beispielitem: *Vorschulprogramm Mathematik*). Die so erstellten Indizes geben die Anzahl der vom Kind wahrgenommenen Maßnahmen wieder.

Darüber hinaus wurden die Erzieherinnen neun Monate vor Schulbeginn befragt, ob in ihrer Einrichtung Kooperationsmaßnahmen zwischen ihnen und den Grundschullehrkräften vorhanden bzw. nicht vorhanden waren. Der aus vier Einzelitems additiv ermittelte Index Austausch Lehrkräfte – Erzieher wurde ebenfalls berücksichtigt (Beispielitem: *Austausch zwischen Ihnen und der Lehrkraft über Stärken und Schwächen einzelner Schüler*). Als eine weitere Form des institutionellen Einflusses wurde der Austausch zwischen Eltern und pädagogischen Fachkräften zum Schuleintritt in die Analysen einbezogen. Dazu wurde auf die Elternangaben zwei Jahre vor dem fristgerechten Schuleintritt zurückgegriffen, ob bereits zu diesem Zeitpunkt, als das Kind vier Jahre alt war, Gespräche zwischen Eltern und Erzieherin über die Einschulung stattgefunden hatten.

2.3 Vorgehen

Psychosoziale Belastungen

Die erste Fragestellung nach dem Auftreten von Schuleintrittskrisen wurde durch Strukturgleichungsmodelle überprüft. Aus den Angaben der Eltern zur CBCL wurden die latenten Skalen „ängstlich-depressiv", „Aufmerksamkeitsprobleme" und „körperliche Beschwerden" gebildet (Range jeweils von 0–2). Da es darum ging zu klären, inwieweit Veränderungen zwischen den Messzeitpunkten auftreten, wurde für jede Skala mit der Software Mplus 6 ein Latent-Change-Modell über die vier Messzeitpunkte berechnet (Geiser, 2010; McArdle & Hamagami, 2001). Anhand dieser Modelle lassen sich Veränderungen der latenten Skalen zwischen aufeinander folgenden Messzeitpunkten schätzen, indem eine latente Differenzvariable gebildet wird. Als Gütekriterien werden der p-Wert des χ^2-Tests, der root mean square error of approximation (RMSEA) und der comparative fit index (CFI) angegeben. Bei einem guten Modell sollte der χ^2-Test nicht signifikant, der RMSEA < .05 und der CFI > .95 sein (Geiser, 2010).

Das Latent-Change-Modell für die Skala „Aufmerksamkeitsprobleme" ist als Beispiel in Abbildung 1 dargestellt. S1 bis S4 stehen für die jeweiligen Syndrome auf latenter Ebene zu den vier Messzeitpunkten. Diese wurden durch die manifesten Angaben der Eltern (I1–I6) zu den vier Messzeitpunkten gemessen. Fehlende Werte wurden durch das in Mplus implementierte full information maximum likelihood (FIML) Verfahren ersetzt, ausgenommen Fälle, von denen überhaupt keine Angaben (n = 160) vorlagen. Ohne Imputation würden sich die Analysen auf deutlich weniger Fälle stützen (je nach Skala läge die Fallzahl zwischen 166 und 180), die zudem möglicherweise selektiv sind. Bei hier nicht berichteten Analysen ohne Imputation zeigten sich keine substanziell anderen Ergebnisse. Deshalb kann davon ausgegangen werden, dass keine Verfälschung der Ergebnisse durch die Imputation vorliegt. Die Ladungen der Indikatoren wurden zu den vier Messzeitpunkten gleichgesetzt, um die Vergleichbarkeit der Messungen über die Zeit zu gewährleisten. Außerdem wurden indikatorspezifische Faktoren für fünf der sechs Indikatoren eingeführt (aus Platzgründen nicht in der Abbildung dargestellt), durch die diese Effekte modelliert werden. Um Varianz über die Zeit zu verhindern, wurden die Ladungen auf diesen Faktoren auf 1 fixiert. Die latenten Variablen S2-S1, S3-S2 und S4-S3 sind latente Differenzscores, die die Veränderungen zwischen den vier Messzeitpunkten wiedergeben. Diese Veränderungen wurden auf statistische Signifikanz geprüft.

Erfolgreicher Schuleinstieg

Für die zweite Fragestellung wurden anhand einer konfirmatorischen Faktorenanalyse latente Faktoren der Bewältigung des Schuleintritts gebildet und regressionsanalytisch Einflussfaktoren auf einen erfolgreichen Schulstart geprüft. Es konnte dabei sowohl auf Angaben der Eltern als auch der Lehrkräfte zurückgegriffen werden, für die Fragestellung zum Austausch zwischen der Lehrkraft und den pädagogischen Fachkräften im Kindergarten auch auf Angaben der Erzieherinnen. Abbildung 2 illustriert das Verfahren auszugsweise anhand der Faktoren Selbständigkeit, Schuleinstellung und soziale Integration. Die weiteren latenten Faktoren waren Anstrengungsbereitschaft, Bewältigung des Schulalltags sowie schriftsprachliche und technisch-mathematische Fähigkeiten. Die Angaben wurden jeweils zu einem gemeinsamen latenten Faktor zusammengefasst. Um den Effekt der Methode zu modellieren, wurde zusätzlich ein eigenständiger Faktor gebildet, der nur auf den Angaben der Eltern beruht (Multitrait-Multimethod-Modell). Fehlende Angaben wurden ebenfalls durch das in Mplus implementierte full information maximum likelihood (FIML) Verfahren ersetzt, ausgenommen Fälle, von denen überhaupt keine Angaben vorlagen (n = 156). Die konfirmatorischen Faktorenanalysen ergaben gemessen am RMSEA einen guten Modellfit (RMSEA = .04). Der χ^2-Test liefert jedoch ein signifikantes Ergebnis und der CFI-Wert bleibt auch knapp hinter dem erwünschten Wert von 0.95 zurück ($\chi^2 = 1973.85$, df = 1253, $p < .001$, CFI = .92).

Für die gebildeten sieben Skalen der Bewältigung des Schulanfangs wurde regressionsanalytisch geprüft, welche der oben beschriebenen Prädiktoren auf Kind-, Familien- und Institutionenebene die Bewältigung des Schuleinstiegs vorhersagen können. Die Prädiktoren auf mindestens ordinalem Skalenniveau wurden für die durchgeführten Regressionsanalysen am Mittelwert zentriert. Berichtet werden Regressionskoeffizienten aus vollstandardisierten Modellen.

Abbildung 1: Latent-Change-Modell (Neighbor-Change-Modell) für die Skala „Aufmerksamkeitsprobleme"
über vier Messzeitpunkte S1 bis S4

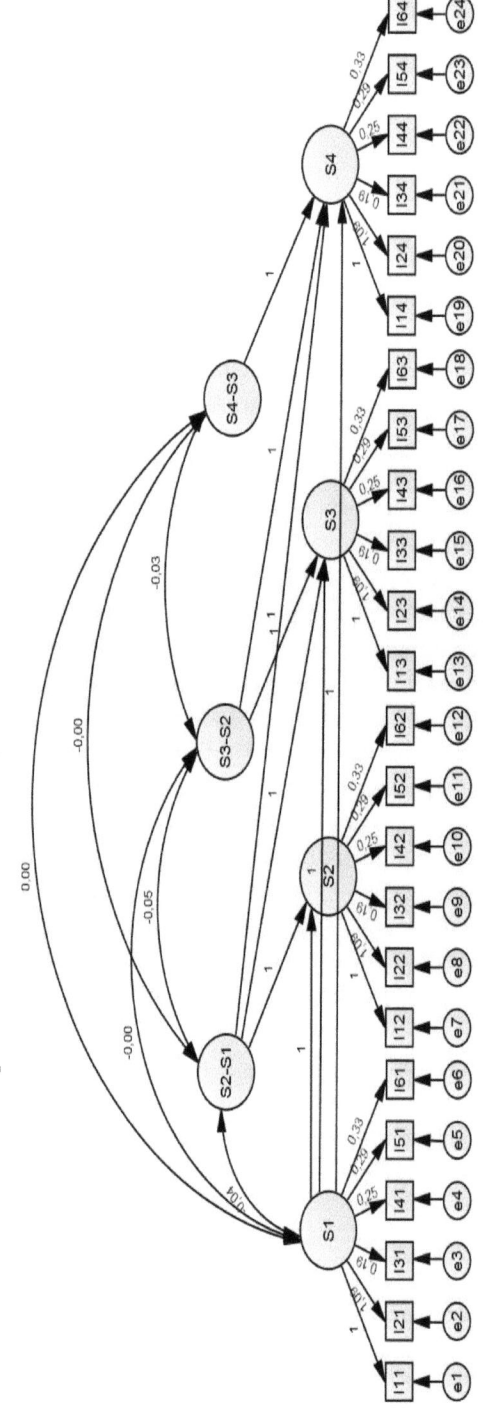

Anmerkungen: S = Syndrom, I = Indikator, e = Fehler.

Abbildung 2: Konfirmatorische Faktorenanalyse.

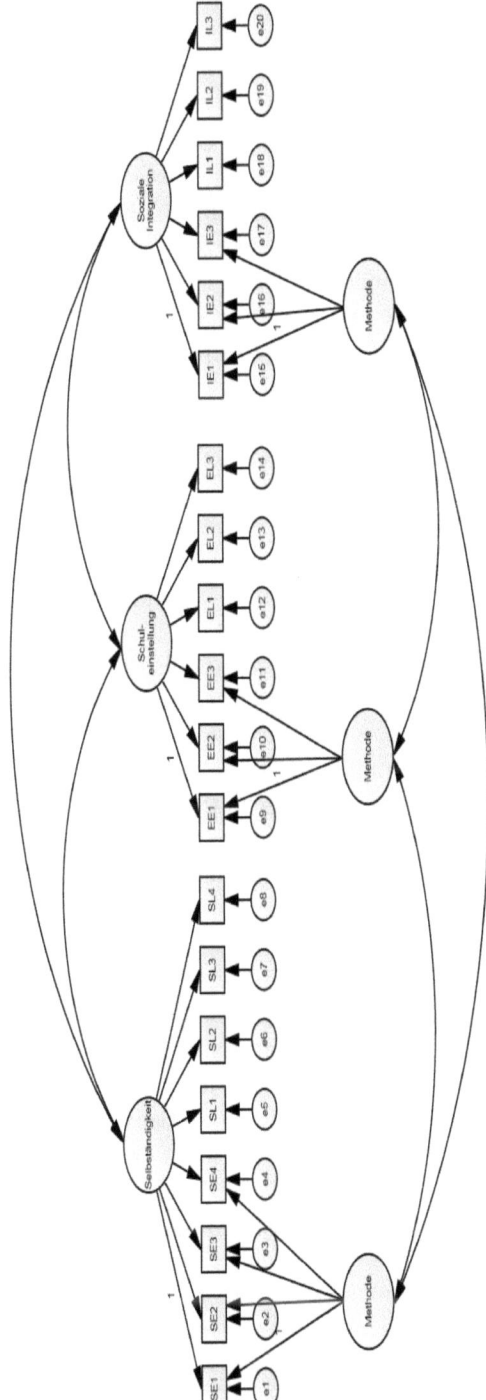

3. Ergebnisse

3.1 Verallgemeinerbarkeit der Ergebnisse

Für die Beantwortung der ersten Fragestellung wurden kindbezogene Elternein-schätzungen von 394 der 554 Fälle der BiKS-3–10-Studie verwendet. Da es sich hier um Angaben zu krisenhaften Erscheinungen handelt, könnte ein selektiver Ausfall hinsichtlich von Krisen betroffener Kinder vorliegen. Geprüft wurde dies anhand eines Mittelwertvergleiches von kindbezogenen Einschätzungen durch die Erzieherinnen, bei denen die Elternangaben vorhanden waren, mit jenen ohne El-ternangaben. Während für die beiden Skalen ängstlich-depressives Verhalten und körperliche Beschwerden keine Unterschiede festgestellt werden konnten, wurden in Bezug auf Aufmerksamkeitsprobleme Kinder, bei denen keine Elternangaben vorlagen, drei Monate vor Schuleintritt vergleichsweise schlechter von den päda-gogischen Fachkräften eingeschätzt (T = 2,703; df = 367; p = .007). Es muss somit davon ausgegangen werden, dass in diesem Bereich ein selektiver Ausfall vorliegt und das Ausmaß von Aufmerksamkeitsproblemen unterschätzt wird.

Bei den Analysen zur zweiten Fragestellung wurden 156 Kinder ausgeschlos-sen, da von diesen weder Angaben der Eltern noch der Lehrkräfte vorlagen. Ein möglicherweise vorliegender selektiver Ausfall wurde in logistischen Regressio-nen anhand von Eltern- und Erzieherangaben zum ersten Messzeitpunkt der BiKS-Studie zu Beginn der Kindergartenzeit der Kinder (technisch-mathematische und schriftsprachliche Fähigkeiten) und den Prädiktoren auf Kind- und Familienebene überprüft. Dies bestätigte sich: Kinder aus Familien mit niedriger Bildung und Kinder mit niedrigeren Kompetenzwerten im Wortschatz fallen häufiger aus der Stichprobe heraus. Bei getrennten Betrachtungen von Eltern- und Erzieherinnen-einschätzungen zeigte sich des Weiteren, dass die Erzieherinnen die ausgefallenen Kinder hinsichtlich der technisch-mathematischen Fähigkeiten schlechter ein-schätzten. Deshalb ist die untersuchte Stichprobe in einzelnen Bereichen selek-tiv und gibt nicht die Verteilung der gesamten Ausgangspopulation wieder, und es könnte eine Unterschätzung von Kindern mit problematischem Verhalten beim Übergang und eher schlechter Bewältigung des Schuleintritts vorliegen.

Weiterhin ist kritisch anzumerken, dass die Analysen zu den Fähigkeiten der Kinder nach Schuleintritt auf Einschätzungen der Eltern und Lehrkräfte beruhen. Diese könnten durch Subjektivität geprägt sein. Insbesondere die Eltern könnten ihre Kinder überschätzen, da sie ihr Kind nicht in dem Maße wie die Lehrkräfte mit Gleichaltrigen vergleichen können. Dies wird durch die mäßigen Korrelationen zwischen beiden Perspektiven gestützt. Durch den Einbezug zweier Perspektiven zu einem latenten Faktor kann jedoch davon ausgegangen werden, dass dieses Problem zumindest etwas verringert und der „wahre" Wert etwas genauer erfasst wurde.

3.2 Psychosoziale Belastungen

Tabelle 1 gibt einen Überblick über die latenten Skalenmittelwerte der drei erfassten CBCL-Syndromskalen sowie deren Veränderung über die vier Messzeitpunkte. Gemäß Hypothese 1a sollte vom zweiten zum dritten Messzeitpunkt eine Erhöhung des Mittelwerts auf den Syndromskalen auftreten. Für alle drei Skalen lässt sich jedoch erkennen, dass sich der Ausgangsmittelwert, neun Monate vor Schuleintritt, auf sehr niedrigem Niveau bewegt und sich über die Zeit kaum verändert. Besonders niedrig ist dieser Wert bei der Skala körperliche Beschwerden. Die niedrigen Standardfehler zwischen 0.01 und 0.03 weisen zudem darauf hin, dass die Veränderung zwischen den Individuen kaum variiert. Es ist deshalb entsprechend Hypothese 1b von einer hohen Stabilität der Syndrome auszugehen.

Das Latent-Change-Modell für die Skala *ängstlich-depressives Verhalten* weist eine recht gute Modellanpassung auf, $\chi^2 = 443.50$, df = 264, $p < .001$, CFI = .90, RMSEA = .04. Aufgrund des signifikanten χ^2-Tests müsste das Modell zwar verworfen werden, jedoch handelt es sich bei den CBCL-Skalen um schief verteilte Skalen, die zudem in einer großen Stichprobe administriert wurden. Beide Faktoren führen dazu, dass Modelle eher verworfen werden, obwohl sie eigentlich richtig sind (vgl. Eid, Gollwitzer & Schmitt, 2010). Aussagekräftiger sind hier der CFI- und der RMSEA-Koeffizient. Der CFI erreicht zwar nicht den erwünschten Wert von > .95, aber der RMSEA deutet auf eine gute Modellanpassung hin. Der latente Skalenmittelwert zum ersten Messzeitpunkt, neun Monate vor der Einschulung, liegt auf einem niedrigen Niveau bei 0.23 (SD = 0.02). Über die Zeit lassen sich nur minimale Veränderungen feststellen. Die Differenz vom ersten zum zweiten Messzeitpunkt beträgt 0.02 (SD = 0.02), die Differenz vom zweiten zum dritten Messzeitpunkt und damit in der Periode des Schuleintritts beträgt -0.02 (SD = 0.02) und die Differenz vom dritten zum vierten Messzeitpunkt im Laufe der ersten Klasse beträgt ebenso -0.02 (SD = 0.01). Lediglich die letzte Veränderung ist auf dem 10 %-Niveau tendenziell statistisch signifikant. Demnach ist die Differenz zwischen dem ersten Messzeitpunkt in der Grundschule und dem letzten Messzeitpunkt im Kindergarten nicht größer als die anderen beiden Differenzen, bei denen kein Wechsel der Institutionen stattgefunden hat. Zudem ist die Differenz nicht signifikant, weshalb die Hypothese zunehmenden ängstlich-depressiven Verhaltens nach der Einschulung nicht bestätigt werden kann.

Eine noch etwas bessere Modellanpassung weist das Latent-Change-Modell für die Skala *Aufmerksamkeitsprobleme* auf, $\chi^2 = 433.92$, df = 250, $p < .001$, CFI = .93, RMSEA = .04. Erneut weist der χ^2-Test auf das Verwerfen des Modells hin, jedoch zeigt der RMSEA eine gute Modellanpassung an, der CFI ist hier zwar besser, verfehlt aber erneut den erwünschten Wert. Der latente Skalenmittelwert zum ersten Messzeitpunkt, neun Monate vor der Einschulung, liegt auf einem etwas höherem Niveau bei 0.50 (SD = 0.03). Bei dieser Skala sind die Veränderungen etwas größer, jedoch alle im negativen Bereich und immer noch verschwindend gering. Die Differenz vom ersten zum zweiten Messzeitpunkt beträgt -0.04 (SD = 0.02), beim Übertritt vom Kindergarten in die Grundschule beträgt sie -0.04 (SD = 0.03), und die Differenz im Laufe der ersten Klasse vom dritten zum vierten Messzeitpunkt ist mit -0.01 (SD = 0.02) annähernd null. Keine dieser Veränderungen ist statistisch signifikant. Auch hier ist die Differenz zwischen dem ersten Messzeitpunkt in der Grundschule und dem letzten Messzeitpunkt im Kindergarten nicht größer als die anderen beiden Differenzen ohne Wechsel der Institutionen und zudem negativ, was eher auf die Abnahme von Aufmerksamkeitsproblemen hinweist.

Die dritte Skala zu *körperlichen Beschwerden* weist die schlechteste Modellanpassung auf, $\chi^2 = 356.10$, df = 162, $p < .001$, CFI = .89, RMSEA = .06. Keines der Gütekriterien erreicht einen zufriedenstellenden Wert, was vermutlich daran liegt, dass sich die Skalenwerte insgesamt auf einem extrem niedrigen Niveau bewegen. Neun Monate vor der Einschulung lag der Mittelwert bei 0.02 (SD = 0.01), und die Veränderungen über die Zeit sind nur marginal. Körperliche Beschwerden treten demnach in diesem Zeitraum nur sehr selten auf und es können kaum Aussagen dazu getroffen werden.

Tabelle 1: Latente Mittelwerte und latente Differenzen der CBCL-Skalen über die Zeit (Latent-Change-Modell)

		Ängstlich-depressiv M (SD)		Aufmerksamkeits-probleme M (SD)		Körperliche Beschwerden M (SD)	
Mittelwert 9 Monate vor Schuleintritt	S1	0.23	(0.02)***	0.50	(0.03)***	0.02	(0.01) *
Differenz 3 Monate vor Schuleintritt	S2-S1	0.02	(0.02)	-0.04	(0.02)	0.01	(0.01)
Differenz 3 Monate nach Schuleintritt	S3-S2	-0.02	(0.02)	-0.04	(0.03)	-0.01	(0.01)
Differenz 9 Monate nach Schuleintritt	S4-S3	-0.02	(0.01) +	-0.01	(0.02)	0.01	(0.01)
χ^2		443.50		433.92		356.10	
Df		264		250		162	
p-Wert (χ^2)		.00		.00		.00	
CFI		.904		.928		.887	
RMSEA		.042		.043		.055	
N		394		394		394	

Anmerkungen: + $p<0,1$; * $p<0,05$; ** $p<0,01$; *** $p<0,001$
Range der Skalen: 0 (*nicht zutreffend*) bis 2 (*genau oder häufig zutreffend*)

3.3 Erfolgreicher Schuleinstieg

Zur zweiten Fragestellung, dem entlasteten, erfolgreichen Schuleinstieg in der Sicht der Eltern und Lehrkräfte und dessen Bedingungen, wird in linearen Regressionsmodellen die Bedeutung individueller, familialer sowie institutioneller Merkmale für die Bewältigung des Schuleintritts geschätzt (Tab. 2). Die erklärte Varianz liegt je nach Aspekt zwischen 8 % und 39 %. Bei dieser Analyse wird Hypothese 2a weitgehend bestätigt, denn die individuellen Merkmale des Kindes, nämlich Alter bei der Einschulung, Geschlecht, vorschulische Fähigkeiten in Rechnen und Sprache, kognitive Grundfähigkeiten sowie das familiäre Bildungsniveau, erweisen sich als prädiktiv.

Individuelle Merkmale

In fast allen Modellen sind das Geschlecht des Kindes und die Vorläuferfähigkeiten im Kindergartenalter erklärungskräftig, teilweise auch das Alter bei der Einschulung.

Das Alter bei der Einschulung macht aus Sicht der Eltern und Lehrkräfte Unterschiede in Bezug auf motivationale Faktoren, nicht aber hinsichtlich schulnaher Fähigkeiten. Ältere Kinder werden gegen Ende der ersten Klasse selbstständiger (0.16, $p<.05$), anstrengungsbereiter (0.24, $p<.01$) und besser in die Klasse integriert (0.15, $p<.10$) eingeschätzt. Zudem wird ihnen eine positivere Einstellung gegenüber der Schule (0.18, $p<.05$) zugeschrieben. Weiter zeigen sich in fast allen Bereichen mit größtenteils hochsignifikanten negativen Koeffizienten Nachteile von Jungen gegenüber Mädchen im Hinblick auf Selbständigkeit (-0.13, $p<.01$), Anstrengungsbereitschaft (-0.26, $p<.001$), Schuleinstellung (-0.16, $p<.05$), Bewältigung des Schulalltags (-0.36, $p<.001$) sowie schriftsprachlichen Fähigkeiten (-0.12, $p<.05$). Vorteile zeigen sich für Jungen bei technisch-mathematischen Fähigkeiten (0.09, $p<.10$). Lediglich in Bezug auf die soziale Integration in die Klasse gibt es keine Unterschiede zwischen Jungen und Mädchen. Der Einschulungszeitpunkt scheint aus Sicht der Eltern und Lehrkräfte keinen Unterschied zu machen. Lediglich im Bereich der technisch-mathematischen Fähigkeiten werden vorzeitig eingeschulte Kinder schlechter eingeschätzt (-0.22, $p<.01$). Keine Unterschiede zeigen sich bei zurückgestellten Kindern. Bei den Vorläuferfähigkeiten haben vor allem die Rechenfertigkeiten im Alter von vier Jahren einen positiven Einfluss auf Selbstständigkeit (0.37, $p<.001$), Anstrengungsbereitschaft (0.16, $p<.05$), Bewältigung des Schulalltags (0.19, $p<.05$), soziale Integration in die Klasse (0.14, $p<.10$), schriftsprachliche Fähigkeiten (0.29, $p<.001$) sowie technisch-mathematische Fähigkeiten (0.33, $p<.001$). Darüber hinaus ist der Wortschatz im Alter von vier Jahren für Selbständigkeit (0.18, $p<.01$), Anstrengungsbereitschaft (0.16, $p<.05$),

Bewältigung des Schulalltags (0.17, $p<.05$) sowie schriftsprachliche Fähigkeiten (0.17, $p<.01$) relevant. Die kognitiven Grundfähigkeiten der Kinder im Alter von vier Jahren sind prädiktiv für Selbstständigkeit (0.10, $p<.10$), Anstrengungsbereitschaft (0.10, $p<.10$), Bewältigung des Schulalltags (0.12, $p<.10$) sowie technisch-mathematische Fähigkeiten (0.11, $p<10$), wenn auch nur tendenziell. Vorläuferfähigkeiten und kognitive Grundfähigkeiten sind dagegen für die Schuleinstellung und die soziale Integration in die Klasse nahezu bedeutungslos.

Familiäre Merkmale

Ein signifikant positiver Einfluss des Bildungshintergrunds der Eltern zeigt sich in fünf Bewältigungsdimensionen. Kinder aus höher gebildeten Elternhäusern werden in den Bereichen Selbstständigkeit (0.28, $p<.001$), Anstrengungsbereitschaft (0.22, $p<.05$), Schuleinstellung (0.27, $p<.01$), schriftsprachliche Fähigkeiten (0.31, $p<.001$) und technisch-mathematische Fähigkeiten (0.15, $p<.10$) besser eingeschätzt als Kinder aus niedrig gebildeten Elternhäusern. Ein mittleres Bildungsniveau der Familie, im Vergleich zu einem niedrig gebildeten Elternhaus, hat hingegen keine Bedeutung bei den technisch-mathematischen Fähigkeiten. In den anderen Bereichen ist der Einfluss etwas schwächer. Bei der Bewältigung des Schulalltags und der sozialen Integration in die Klasse ist das elterliche Bildungsniveau ohne Bedeutung.

Institutionelle Merkmale

Der geringste Einfluss zeigt sich auf institutioneller Ebene. Entsprechend Hypothese 2b wurde ein positiver Einfluss von Vorschulprogrammen und Übergangsbegleitmaßnahmen vermutet. Es treten jedoch nur vereinzelt signifikante Effekte auf (vgl. den Beitrag von Faust, Wehner & Kratzmann, Teil II, in diesem Band). Die gegenseitigen Besuche haben lediglich einen signifikant negativen Einfluss auf die Anstrengungsbereitschaft (-0.23, $p<.05$). Die Vorschulprogramme und der Austausch zwischen Lehrkräften und Erzieherinnen zeigen keinen Einfluss auf die sieben betrachteten Bewältigungsdimensionen. Ein frühzeitiges Gespräch über die Einschulung zwischen Eltern und Erzieherin hat eine negative Bedeutung sowohl für Selbstständigkeit (-0.15, $p<.10$) als auch für Anstrengungsbereitschaft (-0.19, $p<.05$). Keine Unterschiede zeigen sich hingegen für Schuleinstellung, soziale Integration in die Klasse und schriftsprachliche sowie technisch-mathematische Fähigkeiten.

Tabelle 2: Prädiktion eines gelungenen Schuleinstiegs in Eltern- und Lehrersicht. Lineare Regression, standardisierte Regressionskoeffizienten (Standardfehler in Klammern)

	Selbst-ständigkeit	Anstrengungs-bereitschaft	Schul-einstellung	Bewältigung des Schulalltags	Soz. Integrat. in die Klasse	Schriftsprachl. Fähigkeiten	Techn.-math. Fähigkeiten
Kindebene							
Alter bei Einschulung	0.16 (0.07)*	0.24 (0.08)**	0.18 (0.09)*	-0.11 (0.09)	0.15 (0.09)+	-0.05 (0.08)	-0.11 (0.07)
Geschlecht (Jungen)	-0.13 (0.05)**	-0.26 (0.06)***	-0.16 (0.06)*	-0.36 (0.06)***	-0.05 (0.06)	-0.12 (0.05)*	0.09 (0.05)+
Vorzeitig eingeschult	-0.00 (0.07)	-0.03 (0.08)	-0.07 (0.08)	-	-	0.04 (0.07)	-0.22 (0.07)**
Zurückgestellt	0.07 (0.09)	0.02 (0.11)	-0.08 (0.10)	0.19 (0.08)	-0.17 (0.11)	-0.03 (0.07)	0.11 (0.08)
Rechnen	0.37 (0.06)***	0.16 (0.07)*	0.08 (0.08)	0.19 (0.08)*	0.14 (0.07)+	0.29 (0.06)***	0.33 (0.06)***
Wortschatz	0.18 (0.06)**	0.16 (0.07)*	0.10 (0.07)	0.17 (0.08)*	-0.02 (0.07)	0.17 (0.06)**	0.10 (0.06)
Kognitive Grundfähigkeit	0.10 (0.05)+	0.10 (0.06)+	0.07 (0.07)	0.12 (0.07)+	0.10 (0.07)	-0.03 (0.06)	0.11 (0.06)+
Familienebene							
Mittlere Bildung	0.19 (0.08)*	0.22 (0.09)*	0.26 (0.10)*	0.14 (0.10)	0.04 (0.10)	0.23 (0.09)**	0.11 (0.06)
Hohe Bildung	0.28 (0.08)***	0.22 (0.09)*	0.27 (0.10)**	-0.07 (0.10)	0.07 (0.10)	0.31 (0.09)***	0.15 (0.08)+
Institutionelle Ebene							
Gegenseitige Besuche	-0.05 (0.09)	-0.23 (0.09)*	0.01 (0.11)	-0.17 (0.11)	0.08 (0.11)	-0.06 (0.10)	-0.01 (0.09)
Vorschulprogramme	0.03 (0.08)	0.15 (0.10)	0.16 (0.10)	0.04 (0.10)	0.02 (0.11)	0.08 (0.09)	0.08 (0.09)
Austausch Lehrkraft-Erzieher	-0.04 (0.08)	0.06 (0.08)	0.05 (0.10)	0.02 (0.09)	-0.01 (0.09)	-0.02 (0.08)	-0.04 (0.08)
Austausch Eltern-Erzieher	-0.15 (0.08)+	-0.19 (0.09)*	-0.13 (0.10)	-0.05 (0.10)	-0.15 (0.10)	0.04 (0.08)	-0.05 (0.09)
N	398	398	398	398	398	398	398
R-quadrat	.39	.35	.15	.34	.08	.28	.31

($^+$ p<0,1; * p<0,05; ** p<0,01; *** p<0,001)

4.   Diskussion

Die Analysen zu *Schuleintrittskrisen* lassen kaum Belastungen von Schulanfängern erkennen. Am häufigsten sind Aufmerksamkeitsprobleme, am seltensten körperliche Beschwerden. Die Frage, ob Anpassungsschwierigkeiten im Umfeld des Schulanfangs neu auftreten oder schon länger bestehen, konnte anhand der Latent-Change-Modelle geklärt werden. Für die drei untersuchten Syndromskalen der CBCL wurden keine Schuleintrittskrisen bzw. starken Veränderungen festgestellt. Lediglich beim ängstlich-depressiven Verhalten zeigten sich tendenziell signifikante Veränderungen, allerdings zwischen dem dritten und vierten Messzeitpunkt und damit während der ersten Klasse und zudem im Sinne einer Abnahme des Syndroms. Weiterhin belegen die Standardabweichungen der Veränderungen sowie die Stabilitätskoeffizienten, dass es kaum Verbesserungen oder Verschlechterungen der Werte gibt. Hypothese 1a wird damit nicht bestätigt. Es handelt sich also nicht um „Schuleintrittskrisen", sondern um bereits länger bestehende Persönlichkeits- oder Verhaltensprobleme. Die Annahmen des Transitionsansatzes, auf dessen Basis neu auftretende krisenhafte Erscheinungen zu erwarten gewesen wären, sind nicht mit den vorliegenden Resultaten vereinbar. Vielmehr wird die Hypothese 1b und damit der Ansatz von Caspi und Moffitt bestätigt (so auch Beelmann, 2006). Auf der Basis der „paradoxen" Theorie lässt sich nun besser erklären, warum die Bewältigung des Schuleintritts den Umgang mit späteren Übergängen wie auch den Schulerfolg z.B. in der Grundschule vorherzusagen scheint: Nicht mangelndes Coping-Verhalten während des Übergangs ist ursächlich, sondern relativ stabile Persönlichkeitsmerkmale und Verhaltensweisen beeinträchtigen oder begünstigen die Nutzung der Lerngelegenheiten in Kindergarten und Grundschule und prädestinieren die davon Betroffenen dazu, auch bei späteren Übergängen erneut verstärkt mit Übergangsproblemen aufzufallen oder diese problemlos zu bewältigen. Wenn statt der auf den Übergang beschränkten Anpassungsprobleme relativ stabile Persönlichkeitsmerkmale und individuelle Fähigkeiten den Schuleinstieg beeinflussen, erscheint es wichtig, möglichst frühzeitig in der Kindertagesstätte die weitere Entwicklung der davon betroffenen Kinder positiv zu beeinflussen. Dies könnte beispielsweise durch gezielte Präventionsprogramme für Kinder unter Einbezug der Eltern geschehen (z.B. durch das Eltern- und Kindertraining EFFEKT der Erlangen-Nürnberger Entwicklungs- und Präventionsstudie, Lösel, Beelmann, Stemmler & Jaursch, 2004).

Die Analysen zur zweiten Fragestellung, den Prädiktoren eines *erfolgreichen Schuleinstiegs*, belegen, dass die Risiko- bzw. Schutzfaktoren überwiegend und mit dem größten Gewicht auf der Ebene der individuellen und familiären Merkmale liegen. Hypothese 2a wird damit bestätigt. Je nach abhängiger Variable spielen vor allem das Einschulungsalter, das Geschlecht und die Vorläuferfähigkeiten im Vorschulalter eine entscheidende Rolle. Besonders der Schuleinstieg der Jungen zeigt sich im Hinblick auf fast alle überprüften Aspekte als belasteter als der der Mädchen (vgl. ähnlich auch Margetts, 2002a). Dies gilt vor allem für die Anstrengungsbereitschaft und die Bewältigung des Schulalltags, hinsichtlich derer Jungen deutlich negativer als Mädchen eingeschätzt werden. Des Weiteren zeigen sich Einflüsse des Alters bei der Einschulung. Ältere Kinder werden hinsichtlich Selbstständigkeit, Anstrengungsbereitschaft, Schuleinstellung und sozialer Integration in die Klasse besser eingeschätzt als jüngere Kinder. Der Einschulungszeitpunkt scheint hingegen keine Rolle für die Bewältigung des Schuleintritts zu spielen. Weder vorzeitig eingeschulte noch vom Schulbesuch zurückgestellte Kinder werden von Eltern und Lehrkräften neun Monate nach dem Schuleintritt besser oder schlechter eingeschätzt. Lediglich hinsichtlich der technisch-mathematischen Fähigkeiten werden vorzeitig eingeschulte Kinder schlechter bewertet. Gute Vorläuferfähigkeiten in Rechnen und Wortschatz wirken präventiv im Hinblick auf die Bewältigung des Schuleintritts. Beide haben einen positiven Einfluss auf die Selbstständigkeit, die Anstrengungsbereitschaft, die Bewältigung des Schulalltags und die schriftsprachlichen Fähigkeiten. Die positiven Zusammenhänge mit den Einschätzungen der technisch-mathematischen und schriftsprachlichen Fähigkeiten sind erwartungskonform. Auch hier ist der Einfluss mathematischer Vorläuferfähigkeiten auf schriftsprachliche und technisch-mathematische Fähigkeiten erneut stärker als der Einfluss sprachlicher Vorläuferfähigkeiten (Duncan et al., 2007, vgl. auch den Beitrag von Pohlmann-Rother, Kratzmann und Faust, Teil III, und den Beitrag von Faust, Teil IV, in diesem Band). In etwas schwächerem Ausmaß sind wie schon in früheren Studien (z. B. SCHOLASTIK, Weinert & Helmke, 1997) auch die kognitiven Grundfähigkeiten prädiktiv für die Bewältigung der Anforderungen der Grundschule.

Der Einfluss des familiären Bildungshintergrundes zeigt sich in den meisten untersuchten Bereichen. Kinder aus höher gebildeten Familien werden vor allem hinsichtlich ihrer Selbstständigkeit, Schuleinstellung und schriftsprachlichen Fähigkeiten deutlich besser beurteilt als Kinder aus niedrig gebildeten Familien. Dies entspricht den bereits bekannten Befunden, dass der familiäre Hintergrund einen Einfluss auf den Bildungsverlauf hat (Allmendinger, Ebner & Nikolai, 2009; Ditton, Krüsken & Schauenberg, 2005).

Auf institutioneller Ebene zeigt sich, dass Vorschulprogramme und der Austausch zwischen Lehrkräften und Erzieherinnen keine Bedeutung für die Bewältigung des Schuleintritts haben. Hypothese 2b kann nicht bestätigt werden (vgl. den Beitrag von Faust, Wehner & Kratzmann, Teil II, in diesem Band). Dies ist umso erstaunlicher, als die Schulvorbereitung in Teilen auf die Förderung bestimmter Vorläuferfähigkeiten ausgerichtet ist und diese wiederum einen starken positiven Einfluss auf einen erfolgreichen Schuleintritt haben. Möglicherweise ist eine für den Schuleintritt günstige Schulvorbereitung nicht vom Angebot an sich abhängig, sondern vielmehr von der Qualität der Durchführung und der Nutzung durch die

Kinder. Ein unerwarteter und schwer erklärlicher Befund ist der negative Einfluss der gegenseitigen Besuche auf die Anstrengungsbereitschaft. Dies bedeutet, dass Kinder, die an gegenseitigen Besuchen teilgenommen haben, schlechter bezüglich dieser Bewältigungsdimension eingeschätzt werden. Möglicherweise war die nachträgliche Erfassung der Teilnahme der Kinder an den Maßnahmen über die Eltern aber auch nicht präzise genug. Bis dahin muss vermutet werden, dass die Übergangsbegleitmaßnahmen im Rahmen der Kooperation von Kindergarten und Grundschule sowie die Vorschulprogramme einen entlasteten Schuleintritt nicht fördern. Ein Gespräch über die Einschulung zwischen Eltern und Erzieherin im Alter von vier Jahren scheint einen negativen Zusammenhang mit der späteren Selbstständigkeit und Anstrengungsbereitschaft aufzudecken. Dies lässt sich wahrscheinlich als Selektionseffekt erklären, da vor allem Eltern, die über eine vorzeitige Einschulung nachdenken oder frühzeitig Defizite in den Fähigkeiten ihres Kindes sehen, ein solches Gespräch führen.

Nicht überprüft wurde, ob mögliche Auswirkungen der Übergangsbegleitmaßnahmen von der Intensität der Kooperation und der Häufigkeit der Angebote abhängig sind. Aktuelle deutsche Umfragen zeigen, dass die Intensität der Kooperation von Kindergärten und Grundschulen erheblich schwankt: Die Spanne reicht von punktuellen Aktivitäten bis zu mehreren verschiedenen Maßnahmen, die sich in Einzelfällen zu beträchtlichen Gesamtzahlen addieren und auf eine regelmäßige Zusammenarbeit über das Jahr hindeuten (vgl. Akgün, 2006; Liebers & Kowalski, 2007; vgl. auch Margetts, 2002a, wonach hohe Anzahlen von Kooperationsaktivitäten mit niedrigen Raten von kindlichen Verhaltensproblemen korrelieren). In den Analysen wurden außerdem nur die Auswirkungen auf die Kinder geprüft. Mögliche längerfristige Wirkungen auf die Abstimmung der Bildungskonzepte und -maßnahmen der Erzieherinnen und Lehrkräfte, von denen wiederum Wirkungen auf die Kinder ausgehen könnten, wurden nicht untersucht. Einschränkend ist darüber hinaus festzuhalten, dass die Daten aus den zwei Bundesländern Bayern und Hessen stammen. Es könnte sein, dass landesspezifische Empfehlungen in den Bildungsplänen die Kooperationsmaßnahmen und deren Auswirkungen beeinflussen.

Zur zweiten Fragestellung lässt sich zusammenfassen, dass beim Schuleintritt jüngere Schulanfänger besondere Beachtung verdienen, ebenso Kinder, die geringere Vorkenntnisse aufweisen, männlichen Geschlechts sind oder aus bildungsferneren Familien kommen.

Literatur

Allmendinger, J., Ebner, C. & Nikolai, R. (2009). Soziologische Bildungsforschung. In R. Tippelt & B. Schmidt (Hrsg.), *Handbuch Bildungsforschung* (S. 47–70). Wiesbaden: VS Verlag für Sozialwissenschaften.

Akgün, M. (2006). *Praxis der Kooperation zwischen Kindertageseinrichtungen und Grundschulen in Nordrhein-Westfalen. Ergebnisse einer Erhebung im Rahmen des Projektes TransKIGs NRW.* Verfügbar unter: http://www.transkigs.nrw.de/projekt/erhebung.html [06.03.2010].

Asendorpf, J. B. (2002). Die Persönlichkeit als Lawine: Wann und warum sich Persönlichkeitsunterschiede stabilisieren. In G. Jüttemann & H. Thomae (Hrsg.), *Persönlichkeit und Entwicklung* (S. 46–72). Weinheim: Beltz.

Autorengruppe Bildungsberichterstattung (2012). *Bildung in Deutschland 2012: Ein indikatorengestützter Bericht mit einer Analyse zur kulturellen Bildung im Lebenslauf.* Bielefeld: Bertelsmann.

Bedard, K. & Dhuey, E. (2006). The Persistence of Early Childhood Maturity: International Evidence of Long-Run Age Effects. *The Quarterly Journal of Economics, 121,* 1437–1472.

Beelmann, W. (2000). Entwicklungsrisiken und -chancen bei der Bewältigung normativer sozialer Übergänge im Kindesalter. In C. Leyendecker & T. Horstmann (Hrsg.), *„Große Pläne für kleine Leute" – Grundlagen, Konzepte und Praxis der Frühförderung* (S. 71–77). München: E. Reinhardt.

Beelmann, W. (2006). *Normative Übergänge im Kindesalter: Anpassungsprobleme beim Eintritt in den Kindergarten, in die Grundschule und in die weiterführende Schule.* Hamburg: Kovač.

Caspi, A. & Moffitt, T. E. (1993). When do individual differences matter? A paradoxical theory of personality coherence. *Psychological Inquiry, 4* (4), 247–271.

Caspi, A. & Silva, P. A. (1995). Temperamental Qualities at Age Three Predict Personality Traits in Young Adulthood: Longitudinal Evidence from a Birth Cohort. *Child Development, 66,* 486–498.

Ditton, H., Krüsken, J., Schauenberg, M. (2005). Bildungsungleichheit – der Beitrag von Familie und Schule. *Zeitschrift für Erziehungswissenschaften, 8,* 285–304.

Döpfner, M., Plück, J., Bölte, S., Lenz, K., Melchers, P. & Heim, K. (1998). *Elternfragebogen über das Verhalten von Kindern und Jugendlichen. Deutsche Bearbeitung der Child Behavior Checklist (CBCL 4–18). Einführung und Anleitung zur Handauswertung.* (2. Aufl. mit deutschen Normen). Arbeitsgruppe Deutsche CBCL.

Duncan, G. J., Dowsett, C. J., Claessens, A., Magnuson, K., Huston, A. C., Klebanov, P. et al. (2007). School readiness and later achievement. *Developmental Psychology, 43,* 1428–1446.

Dunn, L. M. & Dunn, L. M. (1981). *Peabody Picture Vocabulary Test – Revised (PPVT-R). Manual for forms L and M.* Bloomington, MN: Pearson Assessment.

Eid, M., Gollwitzer, M. & Schmitt, M. (2010). *Statistik und Forschungsmethoden.* Weinheim: Beltz.

Fabian, H. (2007). Informing Transitions. In A.-W. Dunlop & H. Fabian (Eds.), *Informing Transitions in the Early Years. Research, policy and practice* (pp. 3–20). Maidenhead, Berkshire: McGrawHill.

Fabian, H. & Dunlop, A.-W. (2007). *Outcomes of good practice in transition processes for children entering primary school.* Working Paper 42. Bernard van Leer Foundation: The Hague.

Geiser, C. (2010). *Datenanalyse mit Mplus: Eine anwendungsorientierte Einführung.* Wiesbaden: VS Verlag für Sozialwissenschaften / GWV Fachverlage GmbH Wiesbaden. Verfügbar unter: http://dx.doi.org/10.1007/978–3-531–92042–9 [14.03.2011].

Griebel, W. & Niesel, R. (2004). *Transitionen. Fähigkeiten von Kindern in Tageseinrichtungen fördern, Veränderungen erfolgreich zu bewältigen.* Weinheim: Beltz.

Grotz, T. (2005). *Die Bewältigung des Übergangs vom Kindergarten zur Grundschule. Zur Bedeutung kindbezogener, familienbezogener und institutionsbezogener Schutz- und Risikofaktoren im Übergangsprozess.* Hamburg: Kovac.

Haunberger, S. & Teubner, M. (2007). Familie und Schulstart: Zur Bedeutung intrafamilialer und struktureller Resssourcen für den Eintritt in die Grundschule. In C. Alt (Hrsg.), *Kinderleben – Start in die Grundschule. Band 3: Ergebnisse aus der zweiten Welle* (S. 81–106). Wiesbaden: VS Verlag für Sozialwissenschaften.

Kaufman, A. S. & Kaufman, N. L. (2003). *Kaufman – Assessment Battery for Children. K-ABC; Individualtest zur Messung von Intelligenz und Fertigkeiten bei Kindern im Alter von 2;6 bis 12;5 Jahren; Durchführungs- und Auswertungshandbuch.* (Dt.-sprachige Fassung von P. Melchers & U. Preuß. 6. Aufl.). Frankfurt a. M.: Swets & Zeitlinger.

Kienig, A. (2002). The importance of social adjustment for future success. In H. Fabian & A.-W. Dunlop (Eds.), *Transitions in early years. Debating continuity and progression for children in early education* (pp. 23–37). London: RoutledgeFalmer.

Knörzer, W. & Grass, K. (1992). *Den Anfang der Schulzeit pädagogisch gestalten. Ein Studien- und Arbeitsbuch für den Anfangsunterricht.* Weinheim: Beltz.

Krajewski, K. (2003). *Vorhersage von Rechenschwäche in der Grundschule.* Studien zur Kindheits- und Jugendforschung, Bd. 29. Hamburg: Kovac.

Küspert, P., Weber, J., Marx, P. & Schneider, W. (2007). Prävention von Lese-Rechtschreibschwierigkeiten. In W. v. Suchodletz (Hrsg.), *Prävention von Entwicklungsstörungen* (S. 81–96). Göttingen: Hogrefe.

Liebers, K. & Kowalski, D. u. a. (2007). *Kooperation von Kindertageseinrichtungen und Grundschulen beim Übergang. Ergebnisse einer repräsentativen Befragung im Land Brandenburg zur Umsetzung des § 15 der Grundschulverordnung zur Kooperation von Kita und Schule beim Übergang.* Landesinstitut für Schule und Medien Berlin-Brandenburg (LISUM). Verfügbar unter: http://www.transkigs.de/fileadmin/user/redakteur/Brandenburg/Befragung_bergang_BB.pdf [06.03.2010].

Lösel, F., Beelmann, A., Stemmler, M. & Jaursch, S. (2004). *Soziale Kompetenz für Kinder und Familien: Ergebnisse der Erlangen-Nürnberger Entwicklungs- und Präventionsstudie.* Erlangen-Nürnberg: Institut für Psychologie. Verfügbar unter: http://www.bmfsfj.de/bmfsfj/generator/RedaktionBMFSFJ/Abteilung2/Pdf-Anlagen/soziale-kompetenz-f_C3_BCr-kinder-und-familien,property=pdf,bereich=bmfsfj,sprache=de,rwb=true.pdf [26.05.2011].

Lösel, F., Stemmler, M., Beelmann, A. & Jaursch, S. (2005). Aggressives Verhalten im Vorschulalter. Eine Untersuchung zum Problem verschiedener Informanten. In I. Seiffge-Krenke (Hrsg.), *Aggressionsentwicklung zwischen Normalität und Pathologie* (S. 141–167). Göttingen: Vandenhoeck & Ruprecht.

Mader, J. (1989). *Schulkindergarten und Zurückstellung. Zur Bedeutung schulisch-ökologischer Bedingungen bei der Einschulung.* Münster: Waxmann.

Margetts, K. (2002a). Transition to School – Complexity and Diversity. *European Early Childhood Education Research Journal, 10* (2), 103–114.

Margetts, K. (2002b). Planning transition programmes. In H. Fabian & A.-W. Dunlop (Eds.), *Transitions in the Early Years* (pp. 111–122). London: RoutledgeFalmer.

Margetts, K. (2003). *Personal, family and social influences on children's early school adjustment.* (Summary of a paper presented at the AECA Biennial Conference). Verfügbar unter: http://extranet.edfac.unimelb.edu.au/LED/tec/pdf/margetts_aeca_03.pdf [03.05.2010].

Margetts, K. (2007). Understanding and supporting transitions: shaping transition practices. In A.-W. Dunlop & H. Fabian (Eds.), *Informing Transitions in the Early Years. Research, policy and practice* (pp. 107–119). Maidenhead, Berkshire: McGrawHill.

McArdle, J. J. & Hamagami, F. (2001). Latent difference score structural models for linear dynamic analysis with incomplete longitudinal data. In L. M. Collins & A. G. Sayer (Eds.), *New methods for the analysis of change* (pp. 137–175). Washington, DC: American Psychological Association.

Puhani, P. A. & Weber, A. M. (2005). *Does the early bird catch the worm? Instrumental variable estimates of educational effects of age of school entry in Germany.* Verfügbar unter: ftp://ftp.iza.org/dps/dp1827.pdf [07.03.2006].

Rauer, W. & Schuck, K.-D. (2003). *Fragebogen zur Erfassung emotionaler und sozialer Schulerfahrungen (FEESS 3–4).* Manual. Göttingen: Beltz Test GmbH.

Rimm-Kaufman, S. E. & Pianta, R. (2000). An ecological perspective on the transition to kindergarten: A theoretical framework to guide empirical research. *Journal of Applied Developmental Psychology, 21*, 491–522.

Roberts, B. W. & DelVecchio, W. F. (2000). The rank-order consistency of personality traits from childhood to old age: A quantitative review of longitudinal studies. *Psychological Bulletin, 126*, 3–25.

Stamm, M. (2004). Bildungsraum Vorschule. Theoretische Überlegungen und Perspektiven zu den Möglichkeiten des früher als bisher üblichen kognitiven Kompetenzerwerbs. *Zeitschrift für Pädagogik, 6*, 865–878.

Stamm, M. & Viehausen, M. (2009). Frühkindliche Bildung und soziale Ungleichheit: Analysen und Perspektiven zum chancenausgleichenden Charakter frühkindlicher Bildungsangebote. *Zeitschrift für Soziologie der Erziehung und Sozialisation* (4), 403–418.

Tellegen, P. J., Winkel, M., Wijnberg-Williams, B. J. & Laros, J. A. (1998). *Snijders-Ooomen Non-verbaler Intelligenztest (SON-R 2 ½ – 7).* Lisse: Swets & Zeitlinger.

Valtin, R., Wagner, C. & Schwippert, K. (2005). Schülerinnen und Schüler am Ende der vierten Klasse – schulische Leistungen, lernbezogene Einstellungen und außerschulische Lernbedingungen. In W. Bos, E.-M. Lankes, M. Prenzel, K. Schwippert, R. Valtin & G. Walther (Hrsg.), *IGLU. Vertiefende Analysen zu Leseverständnis, Rahmenbedingungen und Zusatzstudien* (S. 187–238). Münster: Waxmann.

Wagner, J. T. (2003). Introduction: International Perspectives and Nordic Contributions. In S. Broström & J. T. Wagner (Eds.) (2003), *Early Childhood Education in Five Nordic Countries: Perspectives on the Transition from Preschool to School* (pp. 11–25). Arhus: Systime A/S.

Weinert, F. E. & Helmke, A. (Hrsg.) (1997). *Entwicklung im Grundschulalter.* Weinheim: Beltz PVU.

Die Bewährung der Entscheidungen im Verlauf der Grundschule

Jens Kratzmann, Gabriele Faust und Franziska Wehner

1. Auswirkungen unterschiedlicher Einschulungszeitpunkte

Die Frage nach den Auswirkungen unterschiedlicher Einschulungszeitpunkte (vorzeitig, fristgerecht oder verspätet) ist bisher national und international wenig erforscht. Grundsätzlich ist hier zwischen Studien zu Auswirkungen des Einschulungszeitpunktes als Selektionsmaßnahme und zur Bedeutung des Alters bei der Einschulung zu unterscheiden. Letztere versucht nicht Effekte der Selektionsmaßnahme, sondern vielmehr des Geburtsmonats zu extrahieren und bewegt sich damit auf der Suche nach dem optimalen Einschulungsalter. Hier werden überwiegend positive Effekte eines höheren Alters bei der Einschulung berichtet (z.B. Kawaguchi, 2011; Muehlenweg, Blomeyer, Stichnoth & Laucht, 2012; Robertson, 2011). Dies lässt sich jedoch nicht auf die Selektion bei der Einschulung übertragen, da lediglich der Schulerfolg von Kindern in Abhängigkeit des Alters betrachtet wird.

Über den weiteren Verlauf der Schulkarriere *vorzeitig eingeschulter Kinder* ist bisher wenig bekannt. Vorzeitig Eingeschulte werden meist als besonders leistungsstarke Gruppe beschrieben, da sie im Vergleich zu fristgerecht eingeschulten Kindern die Schullaufbahn nach der Grundschule eher in einer höheren Schulform fortsetzen und von Lehrkräften positiver beurteilt werden (Bellenberg, 1999; Lehmann, Peek & Gänsfuß, 1997; Moser, Keller & Tresch, 2002; Seyda, 2009; Tietze, 1973; 1978). Gegensätzlich dazu wurde jedoch auch eine erhöhte Klassenwiederholungswahrscheinlichkeit für vorzeitig eingeschulte Kinder festgestellt (Bellenberg, 1999; Lehmann et al., 1997; Moser et al., 2002). Die TIMS-Studie (Third International Mathematics and Science Study) zeigt demgegenüber in Deutschland in der vierten Klasse keine substanziellen Kompetenzunterschiede zwischen vorzeitig und fristgerecht eingeschulten Kindern (Autorengruppe Bildungsberichterstattung, 2010). Allerdings handelt es sich hierbei lediglich um mathematisch-naturwissenschaftliche Kompetenzen. Die Befunde zur vorzeitigen Einschulung sind demnach insgesamt widersprüchlich und reichen von positiven bis hin zu negativen Auswirkungen.

Die *Zurückstellung vom Schulbesuch* wurde im Vergleich zur vorzeitigen Einschulung deutlich stärker beforscht und weist eine inhaltliche Nähe zur Forschung über Klassenwiederholungen auf. Für den deutschsprachigen Raum lassen sich überwiegend keine Vorteile einer Zurückstellung finden. Für zurückgestellte Kinder, die einen Schulkindergarten besuchten, konnten im Vergleich zu fristgerecht eingeschulten, auch unter Kontrolle möglicher schulbezogener Einfluss-faktoren, keine Unterschiede bezüglich weiterer Selektionsmaßnahmen während der Grundschulzeit festgestellt werden (Mader, Roßbach & Tietze, 1991). Zudem konnten hinsichtlich der Schriftsprachentwicklung keine kompensatorischen Effekte des Schulkindergartens für Kinder mit schwachen Ausgangslagen nach-gewiesen werden. Die fristgerecht eingeschulten Kinder, mit durchschnittlichen Schriftsprachvoraussetzungen, wiesen sogar deutlich höhere Leistungen als die zurückgestellten Kinder auf (Jansen, 1994).

In internationalen Forschungsergebnissen wird unter Zurückstellung, vor allem im US-amerikanischen Raum, der verspätete Eintritt in den Kindergarten (Vorklas-se im Alter von fünf Jahren) bzw. die Wiederholung dieses Jahres verstanden. Posi-tive Auswirkungen konnten Shepard und Smith (1987) für zurückgestellte Kinder nur zu Beginn der Grundschule feststellen. Das zusätzliche Kindergartenjahr ver-schaffte ihnen am Ende der ersten Klasse gegenüber den fristgerecht eingeschulten Kindern lediglich im Lesen einen Lernvorsprung von ca. einem Monat. Allerdings beschränken sich diese Vorteile auf die Leseleistung, denn in den mathematischen Leistungen, den Lehrereinschätzungen hinsichtlich Lesen und Mathematik, dem Selbstkonzept, der Aufmerksamkeit oder der sozialen Reife konnten keine Unter-schiede festgestellt werden (ähnliche Ergebnisse auch bei Mantzicopoulos & Morri-son, 1992). Zudem muss davon ausgegangen werden, dass Leistungsvorsprünge im Laufe der Grundschulzeit wieder verschwinden (Dong, 2010; Frey 2005; Shepard & Smith, 1987). Gegensätzliche Befunde stellen wiederum schlechtere Leistungen zurückgestellter oder zur Zurückstellung empfohlener Kinder in Leistungsberei-chen wie Lesen, Mathematik oder Sprache fest (Dennebaum & Kulberg, 1994; ähnlich auch Hong & Yu, 2007). Im sozial-emotionalen und volitionalen Bereich gibt es jedoch vereinzelt Hinweise auf positive Auswirkungen einer Zurückstel-lung. Zwei Jahre nach der Maßnahme schrieben sich zurückgestellte Kinder selbst ein höheres Interesse am Lernen und bessere Kompetenzen zu als ihre jüngeren Klassenkameraden. Ebenso zeigten sie ein deutlich geringeres Ausmaß an inter-nalisierendem Problemverhalten als fristgerecht eingeschulte Kinder (Hong & Yu, 2008). Insgesamt lässt sich demnach auch für die Zurückstellung vom Schulbesuch kein eindeutiger Forschungsstand feststellen. Ähnlich uneinheitliche Ergebnisse zeigen sich in Bezug auf die Klassenwiederholung, als einer vergleichbaren Selek-tionsmaßnahme (Hughes, Chen, Thoemmes & Kwok, 2010; Jimerson & Ferguson, 2007; Ou & Reynolds, 2010).

Der Grund für die widersprüchlichen Ergebnisse in Bezug auf Effekte nicht fristgerechter Einschulungen liegt vermutlich in unterschiedlichen methodischen Vorgehensweisen. Um Aussagen über Auswirkungen unterschiedlicher Einschu-lungszeitpunkte treffen zu können, müssen Informationen vor und nach der Ein-schulung der Kinder gesammelt werden. Nur so lassen sich vergleichbare Gruppen nicht fristgerecht und fristgerecht eingeschulter Kinder herstellen, deren weiterer

Entwicklungsverlauf dann gegenübergestellt werden kann (Allen, Chen, Willson & Hughes, 2009; Lüdtke, Robitzsch, Köller & Winkelmann, 2010). Die Informationen vor der Einschulung liegen jedoch oft nicht vor, was unkontrollierbare Fehler mit sich bringt.

Eine weitere methodische Frage liegt im Zeitpunkt des Vergleichs fristgerecht und nicht fristgerecht eingeschulter Kinder. Hierzu lässt sich entweder ein Klassenstufenvergleich oder ein Altersvergleich vornehmen. Der Klassenstufenvergleich eignet sich insbesondere für curriculumsnahe Maße. Vergleichbare fristgerecht und nicht fristgerecht eingeschulte Kinder können so in Bezug auf ihre Leistungen in der gleichen Klassenstufe verglichen werden. Allerdings muss dabei bedacht werden, dass sich die beiden Gruppen aufgrund der nicht fristgerechten Einschulung im Alter um ein Jahr unterscheiden. Effekte des Alters und der Einschulung lassen sich dann nicht voneinander trennen. Beim Altersvergleich besteht diese methodische Schwierigkeit nicht. Hier muss allerdings bedacht werden, dass sich die Kinder im gleichen Alter in unterschiedlichen institutionellen Lernumwelten befinden. Curriculumsnahe Outcome-Maße sind bei einem solchen Vergleich daher nicht geeignet. Eine Studie zur Klassenwiederholung zeigt beispielsweise im Altersvergleich negative Effekte der Klassenwiederholung auf mathematische und sprachliche Kompetenzen, dagegen positive Effekte im Klassenstufenvergleich. Im sozialen und motivationalen Bereich zeigen sich wiederum positive Effekte im Altersvergleich, nicht aber im Klassenstufenvergleich (Bonvin, Bless & Schüpbach, 2008).

2. Anliegen dieses Beitrags

Aufgrund der Diskussion um den richtigen Einschulungszeitpunkt und der widersprüchlichen Ergebnisse zu Auswirkungen nicht fristgerechter Einschulungen wurde in der BiKS-Studie die weitere Entwicklung der Kinder in Abhängigkeit vom Einschulungszeitpunkt bis zum Ende der Grundschulzeit in den Blick genommen. Die BiKS-Studie war die bisher einzige Studie in Deutschland, die bereits vor der Einschulung Informationen über die Kinder sammelte. Hier wurden die Einschulungsentscheidungen in einem werterwartungstheoretischen Modell (Faust, Kluczniok & Pohlmann, 2007) betrachtet und Faktoren identifiziert, die die nicht fristgerechten Einschulungen begünstigen (vgl. den Beitrag von Faust, Kluczniok & Pohlmann-Rother, in diesem Band). Unter Rückgriff auf diese Faktoren lässt sich die Bedeutung des Einschulungszeitpunktes für die weitere Entwicklung der Kinder prüfen.

Dieser Beitrag gibt auf verschiedenen Ebenen einen Einblick in die Bedeutung nicht fristgerechter Einschulungen für die Grundschulzeit. Erstens wird hinsichtlich der Effektivität von Einschulungsentscheidungen der weitere Entwicklungsverlauf im sprachlichen und mathematischen Bereich unter Berücksichtigung sprachlich-kognitiver Kompetenzen vor der Einschulung und der soziokulturellen Herkunft der Kinder betrachtet. Zweitens wird die Zufriedenheit der Eltern mit ihrer Einschulungsentscheidung retrospektiv in den Blick genommen. Weitere Aspekte der Zufriedenheit mit dem Einschulungszeitpunkt während der Grundschulzeit werden aus offenen Interviews mit Eltern vorgestellt.

Entsprechend der Beschreibung der methodischen Vorgehensweise der Einschulungsuntersuchungen im Rahmen der BiKS-Studie wurde auch für die Bewährung der Einschulungsentscheidung ein Mixed-Method-Ansatz verfolgt. Es wurden sowohl standardisierte und offene Befragungen von Eltern und Lehrkräften als auch Kompetenztestungen von Schülerinnen und Schülern zur Analyse hinzugezogen. Die Auswertungen sind bei der Drucklegung des vorliegenden Buches noch nicht abgeschlossen. Daher werden hier lediglich vorläufige Ergebnisse berichtet.

3.   Hauptergebnisse

3.1   Auswirkungen nicht fristgerechter Einschulungen für die Kompetenzentwicklung der Kinder

Um die Auswirkungen unterschiedlicher Einschulungszeitpunkte für die weitere Kompetenzentwicklung der Kinder abschätzen zu können, wurden anhand statistischer Verfahren nicht fristgerecht eingeschulte Kinder jeweils einer vergleichbaren Gruppe fristgerecht eingeschulter Kinder gegenübergestellt. Die Vergleichsgruppe fristgerecht eingeschulter Kinder unterscheidet sich vor der Einschulung weder im Alter und im sprachlichen und mathematischen Kompetenzstand noch in der sozialen Herkunft und im Migrationshintergrund von den nicht fristgerecht eingeschulten Kindern. Die Geschlechter und die Bundesländer Bayern und Hessen sind ebenso in beiden Gruppen in gleicher Weise repräsentiert. Die weitere Kompetenzentwicklung der Kinder wurde einerseits durch Tests der Rechenfähigkeit, des Hörverständnisses und des passiven Wortschatzes, andererseits durch Einschätzungen von Eltern und Lehrkräften zu technisch-mathematischen, sprachlichen und schriftsprachlichen Fähigkeiten der Kinder erfasst. Aus dem Design ergeben sich zwei grundsätzliche Vergleichsmöglichkeiten (vgl. Abb. 1): Erstens lässt sich ein Vergleich der Kompetenzentwicklung bei gleichem Alter, aber unterschiedlicher Schulerfahrung anstellen. Zum ersten Messzeitpunkt im Frühjahr 2008 kann beispielsweise der Kompetenzstand vorzeitig eingeschulter Kinder, die sich in Klasse 1 befinden, dem Kompetenzstand vergleichbarer Kinder, die noch nicht eingeschult wurden, gegenübergestellt werden. Zweitens lassen sich die Kompetenzen in der gleichen Klassenstufe vergleichen. Der Kompetenzstand vom Schulbesuch zurückgestellter Kinder zu MZP 3 kann beispielsweise dem Kompetenzstand vergleichbarer fristgerecht eingeschulter Kinder zu MZP 2 gegenübergestellt werden. Die Kinder sind zu diesen Messzeitpunkten jeweils in Klasse 1, es ist jedoch zu beachten, dass die vom Schulbesuch zurückgestellten Kinder in Klasse 1 ein Jahr älter sind.

Abbildung 1: Übersicht über die Messzeitpunkte und sich daraus ergebende Vergleichsmöglichkeiten

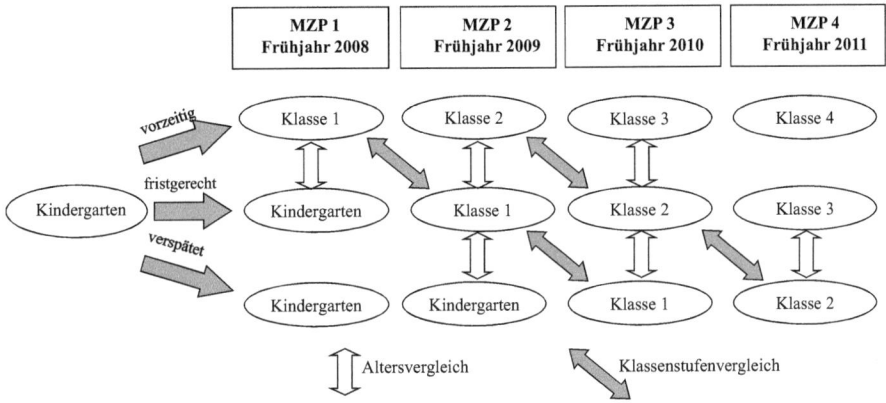

Nach bisherigem Auswertungsstand lassen sich auf Grundlage diesen Designs folgende Aussagen treffen:

Für *vorzeitig eingeschulte* Kinder ergeben sich im *Altersvergleich* Vorteile in der Entwicklung der Rechenfähigkeiten. Gegenüber ihren noch nicht eingeschulten Altersgenossen erreichen vorzeitig eingeschulte Kinder demnach einen Vorsprung im Rechnen, der auch in den folgenden beiden Jahren bestehen bleibt. Aufgrund unterschiedlicher curricularer Ausrichtungen von Kindergarten und Grundschule ist dieser Effekt nicht überraschend. Die Grundschule fördert die Entwicklung der Rechenfähigkeiten intensiver, als dies üblicherweise im Kindergarten geschieht. Der *Klassenstufenvergleich* zeigt jedoch einen gegenteiligen Effekt auf. Am Ende der ersten Klasse erreichen vorzeitig eingeschulte Kinder bei einer Gegenüberstellung vergleichbarer fristgerecht eingeschulter Kinder schlechtere Kompetenzwerte im Rechnen. Die Lehrereinschätzungen am Ende der ersten Klasse bestätigen diesen negativen Effekt, denn auch die Lehrkräfte schätzen die technisch-mathematischen Fähigkeiten vorzeitig eingeschulter Kinder im Mittel schlechter ein. Weitere Analysen zeigen jedoch, dass dieser negative Effekt der vorzeitigen Einschulung bereits am Ende der zweiten Klasse wieder verschwunden ist. Zu diesem Zeitpunkt finden sich weder in den Kompetenztests noch in den Lehrereinschätzungen im mathematischen Bereich Unterschiede zwischen vorzeitig und fristgerecht eingeschulten Kindern. Demnach scheint es für vorzeitig eingeschulte Kinder lediglich im ersten Schuljahr Schwierigkeiten im mathematischen Bereich zu geben, die sich jedoch im zweiten Schuljahr wieder legen.

Im *sprachlichen Bereich* gibt es kaum Unterschiede zwischen vorzeitig und fristgerecht eingeschulten Kindern. Der Altersvergleich zeigt keine Unterschiede in der Entwicklung des Hörverständnisses und des passiven Wortschatzes zwischen vorzeitig und fristgerecht eingeschulten Kindern. Der Klassenstufenvergleich zeigt analog zu den Rechenfähigkeiten einen negativen Effekt der vorzeitigen Einschulung, der jedoch wiederum nur in der ersten Klasse auftritt. Fristgerecht eingeschulte Kinder haben demnach ihr Hörverständnis und ihren passiven Wortschatz in der ersten Klasse bereits weiter entwickelt als die vorzeitig eingeschulten Kinder und haben zunächst einen Vorteil, der jedoch nicht von Dauer ist. Die Einschätzungen der Eltern und Lehrkräfte zu sprachlichen und schriftsprachlichen Fähigkeiten unterscheiden sich allerdings über die Klassenstufen nicht zwischen vorzeitig und fristgerecht eingeschulten Kindern.

Bei *vom Schulbesuch zurückgestellten Kindern* zeigt sich teilweise ein etwas anderes Bild. Zunächst findet sich im *Altersvergleich* auch hier der zu erwartende Effekt im mathematischen Bereich. Fristgerecht eingeschulte Kinder erreichen gegenüber den nicht eingeschulten Kindern einen Vorteil im Kompetenzstand im Rechnen, der ebenso in den folgenden beiden Jahren stabil bleibt. Auch dies lässt sich auf Unterschiede im Curriculum zurückführen. Im Gegensatz zu vorzeitig eingeschulten Kindern lässt sich dieser negative Effekt allerdings auch im Hörverstehen feststellen, nicht jedoch im passiven Wortschatz. Auch in den folgenden beiden Jahren bleibt der negative Effekt in der Entwicklung des Hörverstehens bestehen, geht jedoch etwas zurück. Der *Klassenstufenvergleich* zeigt wiederum positive Effekte der späteren Beschulung in der Entwicklung der Rechenfähigkeiten, des Hörverstehens und des passiven Wortschatzes. Im Gegensatz zur vorzeitigen Einschulung bleibt dieser positive Effekt in Bezug auf die Rechenfähigkeiten und den passiven Wortschatz auch in der zweiten Klasse bestehen und wird sogar noch stärker. Der positive Effekt im Hörverständnis dagegen lässt sich in der zweiten Klasse nicht mehr feststellen. Die Einschätzungen der Eltern und Lehrkräfte in den Bereichen Sprache, Schriftsprache und technisch-mathematische Fähigkeiten ergeben lediglich im Bereich der Schriftsprache Unterschiede zwischen den zurückgestellten und fristgerecht eingeschulten Kindern. Nach Einschätzung der Eltern haben zurückgestellte Kinder demnach höhere Kompetenzen im Bereich der Schriftsprache als die früher eingeschulten vergleichbaren Kinder. Die Einschätzung der Lehrkräfte bestätigt diese Unterschiede jedoch nicht.

3.2 Die Zufriedenheit der Eltern mit der Einschulungsentscheidung im Laufe der Grundschule

Eine andere Form der Betrachtung der Bewährung von Einschulungsentscheidungen ist die Analyse von Zufriedenheitsverläufen. Hierzu wurde im Rahmen von Interviews mit Eltern jedes Jahr gefragt, wie zufrieden sie derzeit mit ihrer Einschulungsentscheidung sind. Die Eltern konnten auf einer vierstufigen Skala wählen. Abbildung 2 zeigt die Verteilung der Angaben zu den vier Messzeitpunkten. Dargestellt sind jeweils die Anteile der Eltern, die mit ihrer Einschulungsentscheidung nicht zufrieden, eher nicht zufrieden, eher zufrieden oder zufrieden sind. Zu allen Befragungszeitpunkten ist der Großteil von je um 80 % der Eltern mit dem Einschulungszeitpunkt ihrer Kinder im Nachhinein betrachtet zufrieden. Nur ein geringer Anteil von unter 10 % ist mit der Einschulungsentscheidung im Nachhinein nicht oder eher nicht zufrieden.

Abbildung 2: Zufriedenheit der Eltern mit der Einschulungsentscheidung

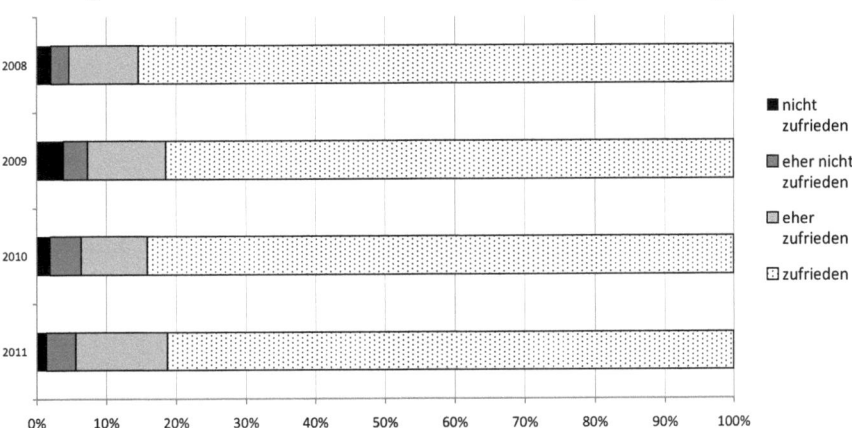

Zudem wurden die Eltern gefragt, ob sie ihr Kind wieder zum gleichen Zeitpunkt einschulen würden. Hier ergibt sich ein ähnliches Bild. Zu jedem Befragungszeitpunkt würden rund 90 % der Eltern wieder zum gleichen Zeitpunkt einschulen. Eltern, die nicht wieder zum gleichen Zeitpunkt einschulen würden, wurden zudem in einer offenen Frage nach Gründen dafür gefragt. Die Antworten wurden kategorisiert. Hierbei wird deutlich, dass der überwiegende Anteil der unzufriedenen Eltern das Kind im Nachhinein lieber später einschulen würde. Dieser steigt stetig von rund 71 % dieser Elterngruppe bei der ersten Befragung auf 93 % bei der vierten Befragung. Ein ähnliches Bild ergibt die Analyse der kategorisierten Gründe für die Unzufriedenheit (vgl. Tab. 1). Die Aspekte, die genannt werden, sind in erster Linie kindbezogen. Die drei häufigsten Nennungen beziehen sich auf das Alter, die Reife bzw. Entwicklung und das Arbeitsverhalten des Kindes. Die Kinder waren nach Ansicht der Eltern im Nachhinein zu jung, noch nicht weit genug entwickelt oder konnten die notwendige Konzentration noch nicht aufbringen. Auch sozial-emotionale Faktoren werden durchgehend vereinzelt als Gründe für die Unzufriedenheit mit der Einschulungsentscheidung aufgeführt. Außen liegende Faktoren werden kaum genannt, lediglich die zu hohen Anforderungen der Grundschule werden zu den ersten Messzeitpunkten häufig, später jedoch kaum noch genannt. Weitere Gründe spielen nur eine untergeordnete Rolle und tauchen lediglich vereinzelt auf.

Tabelle 1: Kategorisierte Gründe für die Unzufriedenheit mit der Einschulungsentscheidung (Anzahl der Nennungen)

Grund	MZP 1	MZP 2	MZP 3	MZP 4
Kind war zu jung	8	10	10	4
Reife/ Entwicklungsgründe	6	10	10	11
verspielt/ zu wenig Konzentration/ Arbeitsverhalten	8	13	9	10
Anforderungen/ Druck in der Schule	6	7	2	3
Sozial-emotionale Gründe	3	3	2	3
Ein Jahr Kindheit genommen/ mehr Spielzeit	4	-	-	-
Unterforderung in der Schule	4	3	-	-
Unterforderung im Kindergarten	1	-	1	-
Späte Einschulung grundsätzlich besser	3	2	-	1
Wunsch des Kindes	1	-	1	-
Unzufriedenheit mit der Schule	2	1	-	-
Diagnostizierte Entwicklungsstörung	-	3	-	1
Falsche Beratung	-	1	1	-
Keine Angabe	13	14	8	13
Gesamt	59	67	44	46

Diese Betrachtung der Zufriedenheit zu einzelnen Zeitpunkten lässt jedoch keine Rückschlüsse auf die Entwicklung der Zufriedenheit in den vier Jahren nach der Einschulungsentscheidung zu. Daher wurden anhand von latenten Klassenanalysen individuelle Zufriedenheitsverläufe typisiert (ausführlich: Kratzmann & Faust, 2013). Es lassen sich drei Typen von Zufriedenheitsverläufen feststellen. Die größte Gruppe der Eltern (82.1 %) äußert sich von Anfang an zufrieden mit der Einschulungsentscheidung. Daran ändert sich auch über die vier Messzeitpunkte kaum etwas. Eine kleine Gruppe der Eltern (5.1 %) ist im Gegensatz dazu von Anfang an unzufrieden mit der Einschulungsentscheidung. Eine letzte Gruppe (12.8 %) äußert sich zunächst zufrieden mit der Einschulungsentscheidung, im Laufe der Jahre nimmt diese Zufriedenheit aber stetig ab. Interessant sind hier vor allem diejenigen Eltern, die mit ihrer Entscheidung nicht oder immer weniger zufrieden sind.

Worauf lässt sich diese Unzufriedenheit zurückführen? Eine erste Prüfung ergab, dass die Zufriedenheit nicht mit dem Einschulungszeitpunkt in Zusammenhang steht. Weder die Eltern vorzeitig eingeschulter noch die Eltern zurückgestellter Kinder sind im Nachhinein überdurchschnittlich zufrieden oder unzufrieden mit ihrer Entscheidung. Vielmehr sind es Eltern von Kindern, die kurz vor dem Einschulungsstichtag geboren wurden, die mit ihrer Einschulungsentscheidung nicht oder immer weniger zufrieden sind. Für die *von Anfang an unzufriedenen Eltern* lässt sich darüber hinaus festhalten, dass es sich dabei überwiegend um Eltern von Jungen handelt und dass die Kinder bereits vor der Einschulung im Kindergarten im sprachlichen und schriftsprachlichen Bereich sowie durch Aufmerksamkeitsprobleme aufgefallen waren. Zudem äußern sich diese Eltern überdurchschnittlich häufig negativ über die Leistungsanforderungen, die Förderung und die strukturellen Rahmenbedingungen der Grundschule und bewerten ihr eigenes Verhältnis und das des Kindes zum Klassenlehrer als schlecht. Somit scheint die Unzufriedenheit dieser Eltern durch eine mangelnde Passung der Fähigkeitseinschätzungen der Eltern mit den Anforderungen der Grundschule zustande zu kommen. Bei *abnehmender Zufriedenheit der Eltern* scheint es sich dagegen um Kinder zu handeln, die im sozial-emotionalen Bereich auffällig sind. Sie wurden von Erzieherinnen bereits im Kindergarten überdurchschnittlich häufig als aggressiv oder ängstlich-depressiv beschrieben oder wiesen Aufmerksamkeitsprobleme auf. Das Verhältnis zum Klassenlehrer wird als negativ beschrieben, jedoch haben die Eltern kein allgemein negatives Bild von der Grundschule.

Die verschiedenen Typen von Zufriedenheitsverläufen lassen sich auch in den qualitativen Elterninterviews finden. Die meisten Eltern können auch hier dem ersten Typ zugeordnet werden. Sowohl in den Interviews kurz nach der Einschulung als auch zu Beginn der vierten Klassenstufe geben sie an, zufrieden mit ihrer Entscheidung zu sein. Zusätzlich betont wird diese Zufriedenheit durch die Bestätigung, auch nach den bisherigen Erfahrungen den gleichen Einschulungszeitpunkt für das Kind zu wählen. Auffallend ist, dass sowohl die vorzeitig als auch die verspätet einschulenden Eltern diesem Typ zugeordnet werden können. Eine mögliche Erklärung ist, dass nicht fristgerecht einschulende Eltern sich intensiver und teilweise auch länger mit der Entscheidung befassen, während fristgerecht einschulende Eltern sich vielleicht weniger mit dem Einschulungszeitpunkt auseinandersetzen.

> INTERV.: Hatten Sie überlegt, ob Sie vorzeitig einschulen oder zurückstellen?
> ELTERN: Nein. Eigentlich weder noch. Das war eigentlich klar, dass er da reinkommt. (Interview 12)

Eltern, die von Anfang an starke Unzufriedenheit mit der Einschulungsentscheidung äußern, treten in den qualitativen Elterninterviews nicht auf. Dennoch spricht eine Mutter nach der Einschulung an, Bedenken über die Richtigkeit ihrer Entscheidung zu haben. Allerdings zeigt sich übergreifend ein eher zufriedenes Bild mit der Entscheidung. Aus diesem Grunde lässt sie sich eher der Gruppe von Eltern zuordnen, welche anfänglich Zufriedenheit äußern und gegen Ende der Grundschulzeit unzufrieden sind. Diese Gruppe von Eltern ist kurz nach der Einschulung zufrieden, vereinzelt geben sie auch an, dass sie kaum Entscheidungsspielraum hatten. Diese, zu Beginn der Schule noch eher unbewertete Aussage findet sich zu

Beginn der vierten Klasse als eine Begründung für die Unzufriedenheit mit dem Einschulungszeitpunkt. Die Eltern gehen darauf ein keine wirkliche Wahl beim Einschulungszeitpunkt gehabt zu haben oder dass eine Zurückstellung einen aufwändigen Prozess bedeutet hätte. An dieser Stelle zeigt sich in gewisser Weise die oben angeführte Erklärung, dass sich fristgerecht einschulende Eltern teilweise weniger intensiv mit der Einschulungsentscheidung auseinandersetzen.

> Und ich habe mal darüber nachgedacht, aber ich habe halt auch von vielen Stellen gehört: ‚Das ist ein Riesen-Act, wenn man das macht. Und wenn es ein Muss-Kind ist. Und man muss zum Psychologen und man muss sich da irgendwelche Bescheinigungen einholen.' Und dann habe ich es verworfen, gesagt: ‚Na ja, jetzt schaue ich erstmal, wie es ihm geht und so viel wird es schon nicht sein und ...' Aber im Nachhinein hätte ich es wahrscheinlich machen sollen. Das wäre besser gewesen, weil ihm einfach die Zeit fehlt. (Interview 11)

Im Gegensatz zu den quantitativen Auswertungen deutet sich in den qualitativen Interviews noch eine weitere Möglichkeit des Zufriedenheitsverlaufes an. In einem Fall äußert die Mutter kurz nach der Einschulung starke Unzufriedenheit mit ihrer Entscheidung. Sie begründet dies anhand der Probleme des Kindes in der Schule und der daraus entstehenden Belastung für die Familie.

> Aber meine Nachmittage sind im Moment komplett geprägt von Schule mit dem Großen und dem Kleinen. Also das ist eine wahnsinnige Belastung im Moment. Und auch die Wochenenden, es ist nicht mehr so, dass man entspannt ein Wochenende planen kann. Man muss immer im Hinterkopf haben: ‚Ha, ich muss noch für die Schule üben!' Und so schwer wollte ich es ihm eigentlich nicht machen. Deswegen zweifle ich immer noch mit mir, ob ich ihn nicht einfach noch mal rausnehme. (Interview 20)

Unterstrichen wird die Unzufriedenheit durch die Überlegung das Kind wieder auszuschulen. Zu Beginn der vierten Klasse führt die Mutter jedoch aus, dass sie mittlerweile zufrieden ist. Auch wenn zu Beginn der Grundschule Schwierigkeiten bestanden, vermutete die Mutter, dass bei einer verspäteten Einschulung das Kind sich im Verlauf der Grundschule stark gelangweilt hätte. Vor allem das sehr gute Zurechtkommen des Kindes in der Schule sieht sie zum aktuellen Zeitpunkt als positiv, auch in Bezug auf ihre Einschulungsentscheidung.

4.　Diskussion und Implikationen

Die Frage nach dem richtigen Einschulungszeitpunkt und dem optimalen Einschulungsalter ist in den vergangenen Jahren wieder verstärkt in den Blick genommen worden. Insbesondere die von der Hälfte der Bundesländer vollzogene Verschiebung des Einschulungsstichtages auf einen späteren Zeitpunkt im Jahr und das damit verbundene jüngere Schuleintrittsalter der Kinder hat auf verschiedenen Ebenen zu neue Diskussionen geführt. Im Rahmen der BiKS-Studie wurde daher neben der Formation der Einschulungsentscheidung auch deren Bewährung in den Blick genommen.

Nach derzeitigem Stand der Auswertungen scheint die vorzeitige Einschulung zunächst ein Risiko in der ersten Klasse zu sein. Vor allem im mathematischen Bereich haben vorzeitig eingeschulte Kinder etwas mehr Schwierigkeiten, die Anforderungen der Grundschule zu erfüllen. Dieser Nachteil verschwindet jedoch bereits in der Klassenstufe 2. Es ist zu erwarten, dass auch im weiteren Verlauf der Grundschulzeit keine Unterschiede im sprachlichen, schriftsprachlichen und mathematischen Bereich auftreten sollten, die sich ursächlich auf die vorzeitige Einschulung zurückführen lassen. Dafür sprechen auch die TIMSS-Daten, die in der vierten Klasse keine Kompetenzunterschiede in Mathematik zwischen vorzeitig und fristgerecht eingeschulten Kindern finden können (Autorengruppe Bildungsberichterstattung, 2010).

Die Zurückstellung vom Schulbesuch erscheint demgegenüber eher als Vorteil für die weitere Entwicklung sprachlicher und mathematischer Kompetenzen. Zwar finden sich im akademischen Leistungsbereich im Altersvergleich negative Effekte für ehemals zurückgestellte Kinder, die mit internationalen Forschungen konform sind (Hong & Raudenbush, 2005; 2006; Hong & Yu, 2007), im Klassenstufenvergleich hingegen ebenso konform positive Effekte (Dong, 2010). Die negativen Effekte im Altersvergleich sind vermutlich auf unterschiedliche curriculare Ausrichtungen der Bildungsstufen zurückzuführen. Die positiven Effekte im Klassenstufenvergleich deuten darauf hin, dass ein weiterer Kompetenzaufbau im Rechnen, Hörverstehen und Wortschatz für Kinder hilfreich sein könnte, die Anforderungen der Grundschule zu bewältigen und die Grundschule somit eher ohne größere Schwierigkeiten zu durchlaufen (vgl. auch Hong & Yu, 2008). Allerdings muss auch davon ausgegangen werden, dass es sich dabei um eher kurzfristige Effekte handelt, die sich über die Zeit nivellieren (Arnold & Painter, 2006; Dong, 2010; Hong & Yu, 2008).

Zu beachten ist auch, dass hier jeweils Grenzfälle betrachtet werden, für die eine vorzeitige Einschulung bzw. eine Zurückstellung vom Schulbesuch infrage kommt. Dies sind in der Regel Kinder, die um den Einschulungsstichtag herum geboren wurden und deren schulnahe Kompetenzen besonders weit bzw. noch nicht ausreichend weit entwickelt sind. Eine pauschale Übertragung der Ergebnisse auf alle Kinder ist daher nicht möglich. Der Rückschluss, alle Kinder müssten nun später eingeschult werden, wäre deshalb falsch.

Die Betrachtung der Zufriedenheit der Eltern mit der Einschulungsentscheidung weist in die gleiche Richtung. Der Großteil der Eltern von rund 80 % ist mit der Einschulungsentscheidung im Nachhinein zufrieden. Es gibt jedoch auch einige Eltern, die mit ihrer Entscheidung von Anfang an unzufrieden sind oder die im weiteren Verlauf der Grundschule unzufrieden werden. Dies sind ebenso vor allem Eltern von Kindern, die um den Stichtag herum geboren wurden. Auffallend ist, dass der Großteil der unzufriedenen Eltern lieber später eingeschult hätte, nur einzelne geben an, sie hätten im Nachhinein lieber früher eingeschult. Eltern nennen als Gründe für die Unzufriedenheit mit der Einschulungsentscheidung in erster Linie das zu junge Alter der Kinder, einen noch nicht ausreichenden Entwicklungsstand sowie Aufmerksamkeitsprobleme der Kinder. Die sozial-emotionale Entwicklung spielt ebenso in einzelnen Fällen eine Rolle. Die Angaben der Eltern über die Gründe der Unzufriedenheit mit der Einschulungsentscheidung decken sich weitgehend mit dem Forschungsstand zur Vorhersage erfolgreicher Schullaufbahnen. Demnach sind es in erster Linie der Entwicklungsstand schulnaher Vorläuferfähigkeiten und die Aufmerksamkeitsfähigkeit und das Alter der Kinder, die mit dem weiteren Schulerfolg in Verbindung stehen (Duncan et al., 2007; Grimm, Steele, Mashburn, Burchinal & Pianta, 2010; Robertson 2011). Die Bedeutung sozial-emotionaler Faktoren ist umstritten. Möglicherweise sind diese nur für bestimmte Grenzfälle von Bedeutung (Hooper, Roberts, Sideris, Burchinal & Zeisel, 2010; Li-Grining, Votruba Drzal, Maldonado Carreño & Haas, 2010). Im Rahmen der BiKS-Studie konnten durch die bisherige Analyse von Zufriedenheitsverläufen zwar Hinweise auf eine mögliche Bedeutung sozial-emotionaler Faktoren gefunden werden, nähere Betrachtungen stehen jedoch noch aus. Darüber hinaus zeigt sich anhand der qualitativen Teilstudien, dass sich anfängliche Unzufriedenheit mit der Einschulungsentscheidung auch im Laufe der Grundschulzeit bessern kann.

Die Frage nach dem richtigen Einschulungszeitpunkt stellt sich nur für einen kleineren Teil der Eltern. In der Regel ist dies der Fall, wenn der Geburtstag der Kinder nahe am Einschulungsstichtag des jeweiligen Bundeslandes liegt. Auf Grundlage des aktuellen Forschungsstands sowie der Analysen der BiKS-Studie ist es ratsam, sprachliche und mathematische Vorläuferfähigkeiten, die Aufmerksamkeitsfähigkeit, aber auch den sozial-emotionalen Entwicklungsstand der Kinder bei der Entscheidung in den Blick zu nehmen. Im Zweifelsfall scheint die spätere Einschulung in der Regel die bessere Entscheidung zu sein.

Literatur

Allen, C. S., Chen, Q., Willson, V. L. & Hughes, J. N. (2009). Quality of Research Design Moderates Effects of Grade Retention on Achievement: A Meta-Analytic, Multilevel Analysis. *Educational evaluation and policy analysis, 31*, 480–499.

Arnold, L. J. & Painter, G. (2006). Does the age that children start kindergarten matter? Evidence of long-term educational and social outcomes. *Educational evaluation and policy analysis, 28*, 153–179.

Autorengruppe Bildungsberichterstattung (2010). *Bildungsbericht 2010: Ein indikatoren-gestützter Bericht mit einer Analyse zu Perspektiven des Bildungswesens im demografischen Wandel*. Bielefeld: Bertelsmann.

Bellenberg, G. (1999). *Individuelle Schullaufbahnen. Eine empirische Untersuchung über Bildungsverläufe von der Einschulung bis zum Abschluss*. Weinheim: Juventa.

Bonvin, P., Bless, G. & Schüpbach, M. (2008). Grade retention: decision-making and effects on learning as well as social and emotional development. *School effectiveness and school improvement, 19*, 1–19.

Dennebaum, J. M. & Kulberg, J. M. (1994). Kindergarten retention and transition classrooms – their relationship to achievement. *Psychology in the schools, 31*, 5–12.

Dong, Y. (2010). Kept back to get ahead? Kindergarten retention and academic performance. *European economic review, 54*, 219–236.

Duncan, G. J., Dowsett, Ch. J., Claessens, A., Magnuson, K., Huston, A. C., Klebanov, P. et al. (2007). School readiness and later achievement. *Development Psychology, 43*, 1428–1446.

Faust, G., Kluczniok, K. & Pohlmann, S. (2007). Eltern vor der Entscheidung über vorzeitige Einschulung. *Zeitschrift für Pädagogik, 53*, 462–476.

Frey, N. (2005). Retention, social promotion, and academic redshirting: What do we know and need to know? *Remedial and special education, 26*, 332–346.

Grimm, K. J., Steele, J. S., Mashburn, A. J., Burchinal, M. & Pianta, R. C. (2010). Early Behavioral Associations of Achievement Trajectories. *Developmental Psychology, 46*, 976–983.

Hong, G. & Raudenbush, S. W. (2005). Effects of kindergarten retention policy on children's cognitive growth in Reading and Mathematics. *Educational evaluation and policy analysis, 27*, 205–224.

Hong, G. & Raudenbush, S. W. (2006). Evaluating kindergarten retention policy: A case study of causal inference for multilevel observational data. *Journal of the American statistical association, 101*, 901–910.

Hong, G. & Yu, B. (2007). Early-grade retention and children's reading and math learning in elementary years. *Educational evaluation and policy analysis, 29*, 239–261.

Hong, G. & Yu, B. (2008). Effects of kindergarten retention on children's social-emotional development: An application of propensity score method to multivariate, multilevel data. *Developmental Psychology, 44*, 407–421.

Hooper, S. R., Roberts, J., Sideris, J., Burchinal, M. & Zeisel, S. (2010). Longitudinal predictors of Reading and Math trajectories through Middle School for African American versus Caucasian students across two samples. *Developmental Psychology, 46*, 1018–1029.

Hughes, J. N., Chen, Q., Thoemmes, F. & Kwok, O.-M. (2010). An investigation of the relationship between retention in first grade and performance on high stakes tests in third grade. *Educational evaluation and policy analysis, 32*, 166–182.

Jansen, H. (1994): Fördert der Besuch des Schulkindergartens die Entwicklung schriftsprachlicher Fertigkeiten? *Zeitschrift für Pädagogische Psychologie, 8*, 165–175.

Jimerson, S. R. & Ferguson, P. (2007). A longitudinal study of grade retention: Academic and behavioral outcomes of retained students through adolescence. *School psychology quarterly, 22*, 314–339.

Kawaguchi, D. (2011). Actual age at school entry, educational outcomes, and earnings. *Journal of the Japanese and international economics, 25* (2), 64–80.

Kratzmann, J. & Faust, G. (2013). Die Bewährung der Einschulungsentscheidung im Laufe der Grundschulzeit aus Sicht der Eltern. Manuskript in Vorbereitung.

Lehmann, R. H., Peek, R. & Gänsfuß, R. (1997). *Aspekte der Lernausgangslage von Schülerinnen und Schülern der fünften Klassen an Hamburger Schulen. Bericht über eine Untersuchung im September 1996.* Hamburg: Behörde für Schule, Jugend und Berufsbildung.

Li-Grining, Ch. P., Votruba Drzal, E., Maldonado Carreño, C. & Haas, K. (2010). Children's early approaches to learning and academic trajectories through fifth grade. *Developmental Psychology, 46*, 1062–1077.

Lüdtke, O., Robitzsch, A., Köller, O. & Winkelmann, H. (2010). Kausale Effekte in der Empirischen Bildungsforschung: Ein Vergleich verschiedener Ansätze zur Schätzung des Effekts des Einschulungsalters. In W. Bos, E. Klieme & O. Köller (Hrsg.), *Schulische Lerngelegenheiten und Kompetenzentwicklung. Festschrift für Jürgen Baumert.* (S. 257–284). Münster: Waxmann.

Mader, J., Roßbach, H.-G. & Tietze, W. (1991). Schulentwicklung und Schulentwicklungsforschung im Primarbereich – Untersuchungen zum Regelsystem. In K. Beck & A. Kell (Hrsg.), *Bilanz der Bildungsforschung. Stand und Zukunftsperspektiven* (S. 15–49). Weinheim: Deutscher Studienverlag.

Mantzicopoulos, P. & Morrison, D. (1992). Kindergarten retention – academic and behavioral outcomes through the end of 2nd-grade. *American educational research journal, 29*, 182–198.

Moser, U., Keller, F. & Tresch, S. (2002). *Evaluation der 3. Primarschulklassen: Schlussbericht.* Zürich: Kompetenzzentrum für Bildungsevaluation und Leistungsmessung an der Universität Zürich.

Muehlenweg, A., Blomeyer, D., Stichnoth, H. & Laucht, M. (2012). Effects of age at school entry (ASE) on the development of non-cognitive skills: Evidence from psychometric data. *Economics of education review, 31* (3), 68–76.

Ou, S.-R. & Reynolds, A. J. (2010). Grade retention, postsecondary education, and public aid receipt. *Educational evaluation and policy analysis, 32*, 118–139.

Robertson, E. (2011). The effects of quarter of birth on academic outcomes at the elementary school level. *Economics of education review, 30*, 300–311.

Seyda, S. (2009). Kindergartenbesuch und späterer Bildungserfolg: Eine bildungsökonomische Analyse anhand des Sozio-ökonomischen Panels. *Zeitschrift für Erziehungswissenschaft, 12*, 233–251.

Shepard, L. A. & Smith, M. L. (1987). Effects of kindergarten retention at the end of first grade. *Psychology in the Schools, 24*, 346–357.

Tietze, W. (1973). *Chancenungleichheit bei Schulbeginn.* Düsseldorf: Pädagogischer Verlag Schwann.

Tietze, W. (1978). *Früheinschulung. Auswirkungen einer bildungspolitischen Maßnahme.* Kronberg: Scriptor.

Zusammenfassung zentraler Ergebnisse und Ausblick

Gabriele Faust

Die zentrale Selektionsentscheidung im deutschen Bildungswesen ist die Übergangsentscheidung am Ende der Grundschule. Vor allem mit dieser Weichenstellung verfestigen sich, wenn die Schüler/-innen etwa zehn Jahre alt sind, die Bildungswege und die Kompetenzentwicklungen der Heranwachsenden, die in ihrem Ergebnis sowohl zum unterdurchschnittlichen Kompetenzerwerb als auch zur engen Kopplung von Herkunft und Kompetenzen führen. Im Mittelpunkt des vorliegenden Bands steht die Bildungsentscheidung Einschulung. Sie lässt sich als ein Etappenziel vor der zentralen Selektionsentscheidung verstehen. Die BiKS-Forschergruppe ging davon aus, dass die Einschulung ihrerseits bereits das Resultat von Bildungsprozessen in den vorangegangenen Jahren ist, die in der Familie und im Kindergarten stattfanden und durch deren Zusammenwirken bestimmt waren.

Im vorliegenden Band standen nach den beiden einleitenden Beiträgen im *zweiten Teil* die BiKS-Ergebnisse zu dieser Vorgeschichte der Einschulung und zur schulbezogenen Förderung der Kinder in Familie und Kindergarten im Mittelpunkt.

Auf der Basis des BiKS-Längsschnitts 3–10 wurde gezeigt, dass die Eltern ihre Kinder vor der Einschulung sprachlich, schriftsprachbezogen und in Mathematik förderten. Allerdings gelang dies Familien mit einem niedrigen Sozialstatus und Migrationshintergrund schlechter als den autochthonen bildungsnäheren Familien. Bei der Untersuchung des Lernzuwachses während der Kindergartenzeit stellte sich heraus, dass von der Förderung nur die Kinder mit geringeren Ausgangsvoraussetzungen profitierten (vgl. den Beitrag von Lehrl; im Folgenden beziehen sich die Verweise, wenn nicht anders erwähnt, jeweils auf die Beiträge in den entsprechenden Teilen des vorliegenden Bands). Das heißt, die Familien, die bis dahin ihre Kinder weniger gut gefördert hatten, hätten nun die Förderung verbessern müssen.

Mitunter wird angenommen, dass durch die Bildungs- und Erziehungspläne für Kindertageseinrichtungen vor der Schule, die seit etwa zehn Jahren in allen Bundesländern bestehen, die Kindergärten bereits zu Bildungseinrichtungen geworden sind, die die Kompetenznachteile der Kinder aus sozial niedrigeren Schichten und aus Familien mit Migrationshintergrund kompensieren könnten (vgl. z.B. Vereinigung der Bayerischen Wirtschaft e.V., 2013). BiKS belegt dazu, dass sich die schulrelevante Förderung in den Kindertageseinrichtungen auf die mündliche Sprache und die personale und soziale Entwicklung konzentrierte. Schriftsprachspezifische und mathematische Tätigkeiten sowie auf die Förderung der Konzentration ausgerichtete Aktivitäten spielten im Kindergartenalltag nur eine untergeordnete Rolle und nahmen mit Ausnahme der Buchstaben-Laut-Zuordnung und der Zahlensymbole in der Häufigkeit nicht systematisch mit dem Näherrücken der Einschulung zu. Neben der Quantität wurde auch die Qualität der für die Einschulung relevanten Förderung in vielen Bereichen als unzureichend eingeschätzt (vgl. den Beitrag von Smidt). Eltern und Erzieherinnen waren sich darüber hinaus einig, dass der Kindergarten vor allem die gestalterischen Fähigkeiten der Kinder fördern sollte. Demgegenüber sahen sie übereinstimmend die Familie als primären Förderort für die einschulungsrelevanten schriftsprachlichen und mathematischen Lernvoraussetzungen. Beide Gruppen waren nicht einheitlich von der Notwendigkeit einer gezielten Förderung überzeugt (vgl. den Beitrag von Wehner und Kratzmann). Es liegen keine Anzeichen vor, dass einbezogen wird, dass nicht alle Familien zur effektiven Förderung der Vorläuferfähigkeiten und des schulbezogenen Wissens ihres Kindes in der Lage sind. Eine kompensatorische Förderung der von Kompetenznachteilen betroffenen Kinder war bei beiden Gruppen nicht im Blick.

Insbesondere wäre die sprachliche Förderung der Kinder aus Familien mit Migrationshintergrund für den späteren Schulerfolg wichtig gewesen. Die BiKS-Auswertungen belegten dazu, dass die Erzieherinnen zwar Kinder mit und ohne Migrationshintergrund gleich behandelten, aber eine interkulturell offene Haltung mit Sprachförderpraktiken verbunden war, die tendenziell die Kinder mit der Zweitsprache Deutsch in dieser weniger forderten. Zudem zeigte sich, dass die Qualität der Sprache sank, wenn eine „kritische Schwelle" im Anteil von Kindern mit Migrationshintergrund in der Einrichtung erreicht war. Diese lag bei ca. 40 % (vgl. den Beitrag von Kratzmann et al.).

Besonders bedeutsam ist der Nachweis, dass sich schon die Dreijährigen zu Beginn der Kindergartenzeit stark in ihren sprachlich-kognitiven Kompetenzen unterscheiden (vgl. auch Niklas, Schmiedeler & Schneider, 2010; Weinert, Ebert & Dubowy, 2010). Hinzu kommt, dass die Kompetenzunterschiede über die Kindergartenzeit hinweg stabil blieben. Die Risikogruppen waren die Kinder von Müttern mit niedriger Bildung und aus Familien mit Migrationshintergrund. Der niedrigere sprachlich-kognitive Entwicklungsstand zu Schulanfang sagte wiederum Leistungnachteile in den Fächern Heimat- und Sachunterricht, Deutsch und Mathematik bis zum Ende der Klassenstufe 2 voraus (vgl. den Beitrag von Kotzerke et al.)[1]. Dies ist eine kritische Ausgangslage.

Die BiKS-Analysen zur weiteren Entwicklung der Disparitäten im Verlauf der Grundschulzeit sind noch im Gang. Jedoch wird bereits in der SCHOLASTIK-Studie das Grundschulalter ebenfalls als eine Phase bedeutsamer individueller Kompetenzzuwächse, aber auch der Stabilisierung interindividueller Differenzen beschrieben (Weinert & Helmke, 1997). Auch nach aktuelleren Grundschullängs-

---

1 Zu berücksichtigen ist, dass an der BiKS-Studie nur Kinder mit Kindergartenbesuch teilnehmen. Aussagen zur Kompetenzentwicklung ohne diese institutionelle Förderung sind daher nicht möglich.

schnittstudien sind die Leistungsdifferenzen am Ende der Grundschule wesentlich stärker durch die jeweiligen Ausgangsleistungen als durch den Lernzuwachs bestimmt (vgl. Ditton, Krüsken, Kaufmann, Schauenberg & Stahl, 2007; Krüsken, 2007). Bellin (2009) weist nach, dass selbst Kinder mit türkischem und „anderem" Migrationshintergrund in der Lesegeschwindigkeit ab Ende der ersten und sogar im Leseverständnis ab Ende der zweiten Klasse bis zum Ende der Klassenstufe 4 nur unwesentlich weniger dazulernen als die autochthonen Grundschüler/-innen. (Darauf begründet sich dann häufig die Forderung nach vorschulischer kompensatorischer Förderung.) In der Studie KOALA-S zeigen sich zwar sehr bedeutsame ausgleichende Effekte in den Lese-, Rechtschreib- und Mathematikleistungen von bayerischen und sächsischen Schulklassen, indem deren Heterogenität von Ende Klasse 2 bis Ende Klasse 4 stark abnimmt. Insbesondere steigerten sich leistungsschwächere Schüler/-innen und anfangs schwache Schulklassen. Gleichzeitig bleiben trotz dieser Aufholbewegung die Rangreihen innerhalb der Klassen und zwischen den Klassen stabil und die sozialen Herkunftseffekte erhalten (Ditton, 2010).

Die Querschnittuntersuchungen zu verschiedenen Leistungsbereichen am Ende der vierten Klassenstufe zeigen durchgehend das bekannte Bild großer Leistungsunterschiede und der engen Kopplung von sozialer Herkunft bzw. Migrationshintergrund und Schülerkompetenzen (zuletzt Schippert, Wendt & Tarelli, 2012; Stubbe, Tarelli & Wendt, 2012; Tarelli, Schwippert & Stubbe, 2012; Wendt, Stubbe & Schwippert, 2012). Da die Übergangsempfehlung der Grundschule bzw. die Wahl der Schulform in der Sekundarstufe I durch die Eltern in erster Linie von den primären Disparitäten beeinflusst wird (vgl. zuletzt Stubbe, Bos & Euen, 2012), schließt sich nahezu nahtlos der Besuch unterschiedlich fördernder Sekundarschulformen an. Nach den frühen Weichenstellungen, die u. a. in BiKS bis zum Kindergarteneintritt im Alter von ca. drei Jahren zurückverfolgt wurden, verfestigen sich damit die Bildungslaufbahnen im Jugendalter.

In der Kooperation von Kindergärten und Grundschulen unter Einbezug der Eltern, die eine Plattform für die Thematisierung und Einflussnahme auf diese Kompetenzverläufe bilden könnte, dominierte das Kennenlernen der neuen Bildungsstufe durch die Kinder und der Informationsaustausch unter den Erzieherinnen und Lehrkräften. Die Eltern wurden seltener einbezogen. Aktivitäten, von denen analog zu internationalen Befunden eine positive Wirkung auf den Übergang der Kinder erwartet werden könnte, wie z.B. die Abstimmung der Curricula und die Verständigung über die stufenübergreifende Förderung einzelner Kinder auf der Grundlage von Entwicklungsdokumentationen, sind nach den BiKS-Untersuchungen und verwandten aktuellen Studien wie z.B. dem FIS-Projekt (Eckerth, Hanke & Hein, 2012) keinesfalls üblich (vgl. den Beitrag von Faust et al.). In einer weiteren Auswertung (vgl. den Beitrag Faust, Kratzmann und Wehner, Teil IV) konnten sowohl für die Förderung der Vorläuferfähigkeiten im Kindergarten als auch für die Teilnahme der Kinder an den Kooperationsaktivitäten von Kindergarten und Grundschule keine positiven Auswirkungen auf den erfolgreichen Schuleinstieg der Kinder nachgewiesen werden.

Im *dritten Teil* des Bands standen die Einschulungsentscheidungen der Eltern in Verbindung mit dem Beitrag der Institutionen Kindergarten und Grundschule im Mittelpunkt. Dafür hat der Begriff der „Schulfähigkeit" strategische Bedeutung. Wenn es sich nicht gerade um eine neue Schuleingangsstufe handelt, stellt die Passung des Entwicklungsstands des Kindes zu den Anforderungen der jeweiligen Grundschule nach wie vor die Voraussetzung für die Einschulung dar. Die BiKS-Befragungen zur Schulfähigkeitsauffassung der Eltern, Erzieherinnen und Lehrkräfte zeigten, dass sich die Eltern und die Lehrkräfte an erster Stelle auf das – allerdings vage definierte – Lernvermögen der Kinder bezogen („Ausdauer/ Konzentrationsfähigkeit"), während bei den Erzieherinnen das Sozialverhalten der Kinder an der Spitze stand. Bei den Eltern folgte das Sozialverhalten auf dem zweiten Rang, bei den Lehrkräften gehörte es zu den vier wichtigsten Kriterien. Auffallend war außerdem, dass die Vorläuferfähigkeiten für die schriftsprachlichen und mathematischen Lernprozesse in der Schule bei allen drei Befragtengruppen auf dem letzten Platz rangierten. Buchstaben- und Zahlkenntnisse wurden von keiner einzigen Erzieherin und Lehrperson als Schulfähigkeitskriterium genannt (vgl. den Beitrag von Pohlmann-Rother et al.).

Grundsätzlich sollte Schulfähigkeit in Abhängigkeit davon bestimmt werden, was sich als prädiktiv für die erfolgreiche Bewältigung der ersten Klassenstufen und darüber hinaus erweist. Zwar wird dies noch grundsätzlich anerkannt, aber es ist umstritten, welche Kompetenzen auf Seiten der Vorschulkinder dafür vornehmlich berücksichtigt werden sollten, und es besteht auch keine Einigkeit über das methodische Vorgehen (vgl. Snow, 2006; 2007). Ein Untersuchungsansatz konzentriert sich auf die Analyse von stufenübergreifenden Längsschnittdaten. Danach sagen insbesondere bereichsspezifische Vorläuferfähigkeiten im Vorschulalter den Schulerfolg in der Grundschule voraus. Allerdings gibt es keine Eins-zu-Eins-Zuordnung von Vorläuferfähigkeit und späterer Schuldomäne: Teilweise sind schriftsprachliche Voraussetzungen auch für die späteren mathematischen Leistungen bedeutsam bzw. umgekehrt. Die Konzentrationsfähigkeit der Vorschulkinder erklärt ebenfalls – allerdings geringere – Anteile des späteren Schulerfolgs. In diesem Untersuchungsansatz sind die – unterschiedlich erfassten – sozialen Kompetenzen für den späteren Schulerfolg weitgehend bedeutungslos (Duncan et al., 2007, vgl. außerdem die in die gleiche Richtung weisenden Reanalysen, vgl. Foster, 2010). Allerdings ist die Diskussion über die Bedeutung der sozialen Kompetenzen noch im Gang. Denham (2006) z.B. verweist ausschließlich oder vornehmlich auf soziale Fähigkeiten. Schulanfänger/-innen brauchen zudem zumindest grundlegende soziale Kompetenzen, um sich an die neue Lernumgebung in der Schule zu gewöhnen, sie produktiv zu nutzen und mit ihren Mitschülern und den Lehrpersonen auszukommen. Als gut bestätigt kann außerdem der Ansatz gelten, wonach die Fähigkeit zur Kontrolle des eigenen Verhaltens, die Integration in die Lerngruppe und die Anerkennung durch die Mitschüler/-innen das Engagement im Unterricht beeinflussen, was wiederum für den langfristigen Lernerfolg bis in die Sekundarstufe I bedeutsam ist (Buhs, Ladd & Herald, 2006; Ladd & Dinella, 2009; Ladd, Herald & Kochel, 2006). Insofern lagen die Eltern und die Lehrkräfte in der BiKS-Studie prinzipiell richtig, als sie sich vor allem auf das Lernvermögen der Kinder bezogen. Dieses müsste dann aber klarer definiert und verlässlich eingeschätzt werden. Das Sozialverhalten und die Selbstständigkeit, die vornehmlich bei den Erzieherinnen hoch rangierten, eignen sich hingegen nicht zum Entscheid über Schulfähigkeit.

Über diese Diskussionen hinaus bildet sich gegenwärtig eine Richtung in der Schulfähigkeitsdiskussion heraus, die mit den volitionalen Kompetenzen und den Fähigkeiten zur Selbstregulation und Selbststeuerung stärker auf motivationale Aspekte und Fähigkeiten der zentralen Exekutive abhebt. Hasselhorn und Kollegen konzentrieren sich dazu auf die Fähigkeit zum Belohnungsaufschub im Alter von vier bis fünf Jahren, die als Vorläufer für spätere Selbstdisziplin verstanden wird und bedeutsame Anteile im Sozialverhalten und Schulerfolg des Jugendalters erklärt (Hasselhorn, Goldammer & Weber, 2008; Neubauer, Gawrilow & Hasselhorn, 2011). In einer der Reanalysen zu Duncan et al. (2007) sagen die feinmotorischen Fähigkeiten im Vorschulalter spätere Leistungen im Lesen und in Mathematik im Vergleich zur Konzentrationsfähigkeit mit mindestens gleichen oder höheren Koeffizienten voraus (Grissmer, Grimm, Aiyer, Murrah & Steele, 2010). Dieser Befund darf nun aber nicht als Wiederentdeckung des früheren Schulfähigkeitskriteriums Feinmotorik (vgl. z.B. Kammermeyer, 2000) gewertet werden. Auf der Basis neurowissenschaftlicher Untersuchungen sehen die Autoren die Relevanz für spätere Schulleistungen darin begründet, dass die Feinmotorik als Indikator für die Fähigkeit zur adaptiven kognitiven Kontrolle fungiert, die sowohl bei motorischen als auch kognitiven Aufgaben notwendig ist. Sie kann z.B. durch einen mehrmonatigen Kurs im Keyboard-Spielen und Singen gefördert werden. Belohnungsaufschub und kognitive Kontrolle sind bereichsübergreifende Kompetenzen. Wenn sich diese Blickverschiebung weiter bestätigen sollte, wären wiederum Veränderungen in den Schulfähigkeitskonzepten und als Folge davon auch in den Inhalten und Zielen der schulrelevanten Förderung in Familie und Kindergarten angebracht.

Im vorliegenden Band geht es danach um die Einschulungsentscheidungen, die im Fall von nicht fristgerechten Schuleintritten von den Eltern für ihr Kind zu beantragen sind. Dazu wurde auf das Wert-Erwartungsmodell zurückgegriffen (vgl. den Beitrag von Faust, Teil I). Es geht davon aus, dass sich Personen für die Alternative entscheiden, die mit ihren Werten übereinstimmt und den bestmöglichen Erfolg verspricht. Die Eltern trafen ihre Einschulungsentscheidung längerfristig und rational. Die Rationalität war allerdings nicht durch ein ökonomisches Kalkül geprägt, sondern orientierte sich „intrinsisch" an der bestmöglichen Förderung des Kindes. Kosten- und Nutzenerwägungen sowie Aspekte des Statuserhalts, die nach Rational Choice-Modellen zentral sind, erwiesen sich bei der Einschulung als wenig relevant, zumal es nur um zeitliche Verschiebungen des Schuleintritts von plus oder minus einem Jahr geht. Die Ausdifferenzierung dieses Modells für die Einschulungsentscheidung zeigte, dass die Balance von Wert und Erfolgserwartung von einem Geflecht von weiteren Entscheidungsaspekten beeinflusst wird (vgl. Abb. 1). Die Komplexität der Entscheidung kann durch die Konzentration auf Hauptargumente („frames", vgl. den Beitrag von Faust, Teil I) reduziert werden, z.B. bei einer vorzeitigen Einschulung *„Langeweile vermeiden", „keine Unterforderung im Kindergarten"*, aber auch *„Ein Jahr später tun sie sich leichter"*. Bei Zurückstellungen kamen u.a. folgende Argumentationen vor: *„Kind ist noch zu jung für die Einschulung", „kein Interesse an schulischen Inhalten"* sowie *„noch zu verspielt"*.

Betrachtet man die einzelnen Entscheidungsaspekte, war ein wichtiger Gesichtspunkt die Wahrnehmung des eigenen Kindes vor dem Hintergrund der erwarteten schulischen Anforderungen. Dies entspricht der Frage der Schulfähigkeit, die von den Eltern in Bezug auf ihr Kind zu klären versucht wird. Wenn die vorhandenen Fähigkeiten und die zu erwartenden Anforderungen noch nicht zueinander passen, steht die Einschulung noch nicht an. Die Eltern wurden bei dieser Abwägung von den beteiligten Institutionen beraten, vor allem vom Kindergarten. Da sich die Herausbildung dieser Entscheidung teilweise weit im Vorfeld des Schuleintritts abspielte, konnte die Schulfähigkeit des Kindes noch durch institutionelle und familiäre Maßnahmen beeinflusst werden und war deshalb auch davon abhängig. Ins Gewicht fielen darüber hinaus die besonderen Umstände. Was die Einfallstore für soziale Ungleichheit anging, so stellten die primären Disparitäten – in Verbindung mit einem passenden Alter des Kindes – die Weichen, ob eine nicht fristgerechte Einschulung der regulären vorgezogen wurde. Sekundäre Disparitäten entstanden vor allem durch die Informiertheit der Eltern, ihren Umgang mit der Terminschiene und ihre Wahrnehmung der Schule. Nach den Ergebnissen der BiKS-Einschulungsuntersuchungen spielt das elterliche Bild der Schule eine wichtige Rolle: Je nachdem, ob die Schule als eine insgesamt fördernde und das Kind in seiner Entwicklung bereichernde Umwelt oder als ein eher einschränkender und reglementierender neuer Lebensbereich wahrgenommen wurde, tendierten die Eltern zu einem frühen oder späteren Schuleintritt.

Abbildung 1: Wert-Erwartungsmodell zur Einschulungsentscheidung (Faust, Kluczniok & Pohlmann, 2007, S. 473)

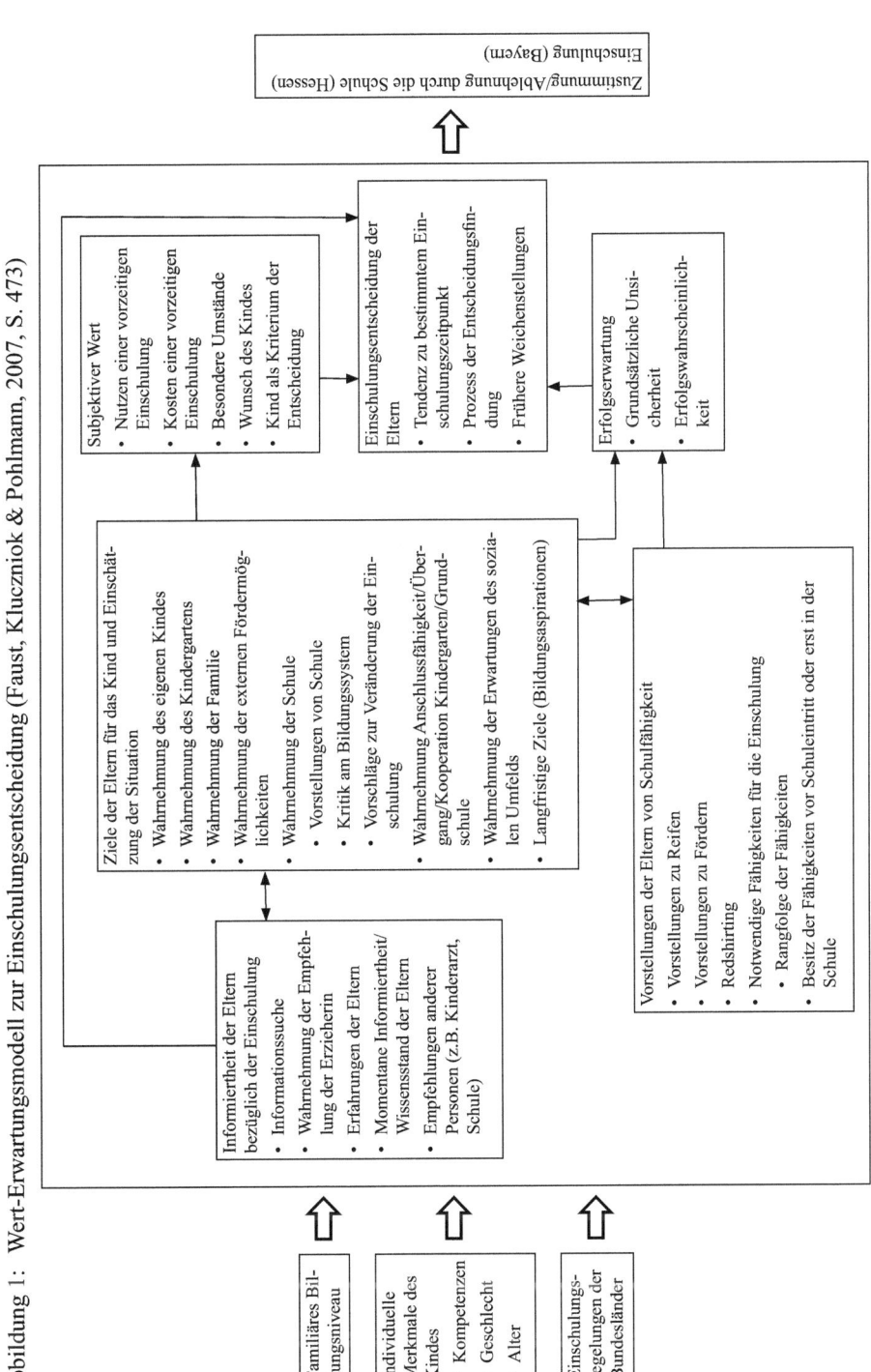

Die vorzeitige Einschulung wurde in zwei Beiträgen behandelt, zum einen in quantitativer Perspektive mit der Frage, welche Eltern vorzeitig einschulen (vgl. den Beitrag von Kluczniok), zum anderen auf der Basis der qualitativen Interviewstudie zur Formation dieser Einschulungsentscheidung (vgl. den Beitrag von Faust et al.). Die Analyse der Zurückstellungsentscheidungen belegte, dass dabei sowohl die Wahrnehmung des eigenen Kindes und der Anforderungen der Schule als auch das Bild von Schule einflussreich waren und dass die Erfolgserwartung die Weichen in Richtung der verspäteten Einschulung stellte (vgl. den Beitrag von Wehner). Die erhöhten Zurückstellungsraten in Familien mit Migrationshintergrund waren in den BiKS-Untersuchungen auf die Entscheidungen der Eltern zurückzuführen. Es gab keinen Nachweis für Diskriminierung von Seiten der Grundschulleitungen. Die Eltern setzten sich vielmehr gegen die Schule durch. Besonders unsicher waren die Eltern, ob die deutschen Sprachkenntnisse ihrer Kinder für die Grundschule ausreichen würden (vgl. den Beitrag von Kratzmann). Dies verweist auf die Notwendigkeit, die deutschen Sprachkenntnisse dieser Schulanfänger/-innen objektiv und reliabel einzuschätzen. Es ist noch nicht klar, in welchem Maß die je nach Bundesland unterschiedlichen Verfahren diesem Anspruch gerecht werden. Zudem ist noch nicht präzise genug bekannt, welche Sprachfähigkeiten die Grundschule von den Kindern genau verlangt (vgl. den Beitrag von Kotzerke et al., Teil II).

Die BiKS-Untersuchungen zum Beitrag, den Kindergarten und Grundschule zur Einschulungsentscheidung leisten, deckten den bedeutsamen Einfluss der Erzieherinnen auf. Da diese die Kinder aus dem Alltag und über mehrere Jahre hinweg kennen, sind sie für die Eltern wichtige Ratgeberinnen. Allerdings waren die Erzieherinnen über die aktuelle Grundschule nur selten aus eigenen Erfahrungen informiert. Stattdessen stützten sie sich auf ihre eigenen Schulerinnerungen, ihre Erfahrungen als Mütter von Schulkindern oder sie bezogen sich auf Berichte der Eltern von ehemaligen Kindergartenkindern oder dieser Kinder selbst. Hinzu kam, dass die BiKS-Erzieherinnen einer frühen Einschulung von Ausnahmen abgesehen kritisch gegenüberstanden, so dass für sie insbesondere die fristgerechte und die verspätete Einschulung infrage kamen. Dies wurde dann aufgebrochen, wenn die Erzieherinnen z.B. im Rahmen der Kooperation von Kindergarten und Grundschule die Anforderungen der Grundschule aus eigenen Erfahrungen kannten (vgl. den Beitrag von Plehn und Plehn, 2012). Die Grundschulleitungen führten im Rahmen der Schulanmeldung der Kinder informelle Schulfähigkeitsüberprüfungen durch, die überwiegend aus selbst entwickelten oder aus Verfahren entnommenen Einzelaufgaben bestanden, was deren Gültigkeit stark einschränkt. Nach den schulrechtlichen Bestimmungen entscheiden zwar die Grundschulleitungen über die Elternanträge auf nicht fristgerechte Einschulungen, de facto allerdings gaben sie in der Regel den Elternanträgen statt und vermieden dadurch Auseinandersetzungen, die die Beziehung von Elternhaus und Grundschule belastet hätten. Auch für die Schulleitungen waren die Erzieherinnen wichtige Informanten (vgl. den Beitrag von Schipper & Pohlmann-Rother). Daran ist problematisch, dass unzureichend informierte oder von vornherein auf bestimmte Einschulungszeitpunkte festgelegte Erzieherinnen den Erwartungen der Eltern und der Schulleitungen auf eine auf den jeweiligen Einzelfall abgestimmte individuelle Hilfestellung nicht gerecht werden. Die intensivere Kooperation von Kindergarten und Grundschule ist also auch im Interesse einer fundierteren Beratung von Eltern und Schulleitungen wichtig.

Im *vierten Teil* standen die Einschulung selbst und die Bewährung der Einschulungsentscheidungen im Mittelpunkt. Dazu wiesen die BiKS-Untersuchungen nach, dass es falsch wäre, die Einschulung als psychosoziales Risiko für alle Schulanfänger aufzufassen. Ängstlichkeit, Aufmerksamkeitsschwierigkeiten oder körperliche Probleme, die im Zusammenhang mit dem Schuleintritt beobachtet wurden, bestanden bei den davon betroffenen Kindern schon länger und dürfen daher nicht als Folge oder Begleiterscheinung des Übertritts interpretiert werden. Gleichwohl machten Eltern und Lehrkräfte Unterschiede zwischen Kindern, die erfolgreicher starteten, und solchen, denen der Schulstart weniger gut gelang. Zur zweiten Gruppe gehörten vor allem Jungen, Kinder mit geringeren Vorkenntnissen und aus Familien mit niedrigerer sozialer Herkunft und Migrationshintergrund sowie die Jüngeren in der Schuleintrittskohorte. Vorzeitig Eingeschulte waren in dieser Untersuchung in Eltern- und Lehrersicht nicht weniger erfolgreich als die fristgerecht Eingeschulten (vgl. den Beitrag von Faust et al.).

In einem Vergleich von Gruppen mit gleichen Voraussetzungen, die entweder vorzeitig oder fristgerecht eingeschult wurden, hatten die vorzeitig Eingeschulten demgegenüber am Ende der ersten Klasse im *Klassenstufen*vergleich niedrigere Kompetenzwerte im Rechnen und wurden auch von ihren Lehrkräften schlechter eingeschätzt. Auch im Hörverständnis und im passiven Wortschatz hatten sie Rückstände. Diese Nachteile waren jedoch ein Jahr später am Ende der zweiten Klasse verschwunden. Umgekehrt hatten Zurückgestellte im *Klassenstufen*vergleich am Ende der ersten Klasse Vorteile im Rechnen, Hörverstehen und passiven Wortschatz, die sich mit Ausnahme des Hörverstehens am Ende der zweiten Klasse noch vergrößerten (vgl. den Beitrag von Kratzmann et al.). Ein vorzeitig eingeschultes Kind kommt in eine Lerngruppe, in der es jünger als die Klassenkameraden ist. Gegenüber Gleichaltrigen ist es zwar kompetenter, gegenüber Älteren verfügt es aber allein aufgrund seiner bisherigen Lebensspanne über geringere Erfahrungen und in altersabhängigen Entwicklungsbereichen wie z.B. dem Arbeitsgedächtnis über geringere Kompetenzen, was insbesondere für die erste Klasse ein Risiko sein kann. Umgekehrt brachte es den Zurückgestellten in diesem Vergleich einen Vorteil, in einer Gruppe mit jüngeren Schulanfängern zu lernen. Diese Auswertung lenkt den Blick darauf, dass das Alter eben doch ein Einflussfaktor für den Schulerfolg ist und nicht vernachlässigt werden darf. Der Beschluss der Kultusministerkonferenz (KMK, 1997), der sich für vorzeitige Einschulungen aussprach und den generellen

Verzicht auf Zurückstellungen empfahl, gerät dadurch in ein kritisches Licht (vgl. auch den Beitrag von Faust, Teil I, in diesem Band).

Wird die Zufriedenheit der Eltern mit ihrer Einschulungsentscheidung als Bewährungskriterium herangezogen, macht der Einschulungszeitpunkt, also vorzeitig, fristgerecht oder verspätet, keinen Unterschied. Ca. vier Fünftel aller Eltern sind zufrieden. Das Fünftel, das nicht zufrieden ist, war dies entweder schon von Anfang an oder die Unzufriedenheit entwickelte sich im Verlauf der Grundschule. Als Risikofaktor wurde dabei in erster Linie die mangelnde Passung des Entwicklungsstands des Kindes zu den Anforderungen der Schule identifiziert (vgl. den Beitrag von Kratzmann et al.). Dies macht darauf aufmerksam, dass die Bewährung der Einschulungsentscheidungen nicht ausschließlich im Zusammenhang mit den unterschiedlichen Einschulungszeitpunkten analysiert werden darf. Forschungsbedarf besteht z.B. im Hinblick auf die Jüngeren innerhalb der fristgerecht eingeschulten Alterskohorte.

Der Gewinn der BiKS-Untersuchungen, so lässt sich zusammenfassen, liegt in einer genaueren Kenntnis der für die Einschulung relevanten Strukturen, Orientierungen und Prozesse in Familie, Kindergarten und Grundschule, der Formation der Einschulungsentscheidung und deren Bewährung in den weiteren Grundschulklassen. In den Teilen II, III und IV wurden die Ergebnisse der BiKS-Einschulungsuntersuchungen bereits jeweils einzeln diskutiert und in ihren Grenzen beleuchtet. Deshalb wird dies hier nur im Hinblick auf die der BiKS-Studie zugrunde liegende Hauptfragestellung (vgl. Vorwort) versucht.

Zur Frage, wie es zu den nicht befriedigenden Kompetenzen im Alter von 15 Jahren und der engen Kopplung von sozialer Herkunft und Kompetenz in Deutschland kommt, zeigen die BiKS-Einschulungsuntersuchungen, dass derzeit weder die Familien noch die Kindertageseinrichtungen die Kompetenznachteile kompensieren. Nach den wenigen Grundschullängsschnittstudien gelingt dies auch der Grundschule derzeit nicht. Über die ersten sieben bis zehn Jahre im Leben der Kinder verfestigt sich somit das Zusammenspiel von sozialer und ethnischer Herkunft, Kompetenzerwerb und Bildungsentscheidungen und führt zu den unterdurchschnittlichen Kompetenzen und der engen Kopplung an die Herkunft im Lebenslauf, die für das deutsche Bildungswesen bislang typisch sind. Insofern ist es nicht hilfreich, wenn nach dem Nachweis der mangelnden Kompensation der Lernausgangslagen zu Schulbeginn während der Grundschulzeit auf die entsprechende Förderung vor der Schule verwiesen wird. Aber auch die Annahme, dass die Familien und die Kindergärten gegenwärtig schon zur ausgleichenden Förderung vor der Schule bereit und in der Lage wären, führt nicht weiter.

Die BiKS-Forschergruppe hatte ursprünglich geplant, durch ein weiteres Teilprojekt die Interventionsmöglichkeiten für eine effektivere schulbezogene Förderung im Kindergarten zu erproben. Da aber die Leitlinien dieser Förderung zum Zeitpunkt der Antragstellung nicht ausreichend präzisiert werden konnten, kam dieses Teilprojekt nicht zustande. Forschungsergebnisse zum Ausgleich von für den späteren Schulerfolg relevanten Kompetenzen im Vorschulalter können deshalb nicht vorgelegt werden. BiKS zeigt jedoch, dass von diesem fundamentalen Problem Familien, Kindergärten und Grundschulen gleichermaßen betroffen sind. Programme oder Initiativen, die sich auf einzelne Akteure beschränken, könnten deshalb möglicherweise nicht ausreichen. Die Frage ist auch, wie die Einstellungen, die bislang die Praxis stützen, verändert werden könnten. Dazu rückt erneut die Kooperation von Kindergarten und Grundschule in den Blick, in der die Professionellen beider Bildungsstufen Maßnahmen zu einer erfolgreicheren Förderung entwickeln, erproben und überprüfen könnten.

Darüber hinaus sollte das Ziel selbst, der „Ausgleich" der Lernvoraussetzungen, noch einmal überprüft werden. Ergebnisse aus der Sekundarstufe verweisen darauf, dass dies häufig nur auf Kosten der leistungsfähigeren Schüler/-innen erreicht wird (z.B. Baumert, Roeder, Sang & Schmitz, 1986; Treiber & Weinert, 1985; vgl. auch Künsting, Post, Greb, Faust & Lipowsky, 2010). Durch die Bildungsstandards liegen in der Grundschule die Voraussetzungen dafür vor, sich von der Vorstellung eines Ausgleichs zu lösen und stattdessen anzustreben, dass alle Schüler/-innen zumindest die Mindeststandards erreichen. Dies erhält den Spielraum für die leistungsfähigeren Schüler/-innen, für die die Regel- oder sogar die Optimalstandards angestrebt werden könnten (vgl. Stanat, Pant, Böhme & Richter, 2012). Offen ist allerdings, in welcher Form vor der Schule Standards bestimmt, implementiert und überprüft werden könnten. Jedenfalls scheint es nicht auszureichen, zur Umsetzung der Erziehungs- und Bildungspläne nur die pädagogischen Fachkräfte zu befragen (vgl. Smidt & Schmidt, 2012).

Die BiKS-Studie fand zu einer Zeit statt, in der die frühe Bildung der Kinder gesellschaftlich und bildungspolitisch hohe Relevanz hatte und die Umsetzung der Erziehungs- und Bildungspläne für die Kindertageseinrichtungen vor der Einschulung noch in Gang war. Die Rahmenbedingungen für die Einschulung änderten sich sogar noch während der Erhebungen, als z.B. in Bayern die Verlegung des Einschulungsstichtags gestoppt wurde. Diese zeitbedingten Strömungen könnten die Ergebnisse beeinflusst haben. Zu bedenken ist auch, dass die Studie auf die zwei Bundesländer Bayern und Hessen begrenzt ist und von daher durch landesspezifische Bedingungen geprägt sein könnte.

Literatur

Baumert, J., Roeder, P. M., Sang, F. & Schmitz, B. (1986). Leistungsentwicklung und Ausgleich von Leistungsunterschieden in Gymnasialklassen. *Zeitschrift für Pädagogik, 32*, 639–660.

Bellin, N. (2009). *Klassenkomposition, Migrationshintergrund und Leistung. Mehrebenenanalysen zum Sprach- und Leseverständnis von Grundschülern.* Wiesbaden: Verlag für Sozialwissenschaften.

Buhs, E. S., Ladd, G. W. & Herald, S. L. (2006). Peer exclusion and victimization: Processes that mediate the relation between peer group rejection and children's classroom engagement and achievement? *Journal of Educational Psychology, 98,* 1–13.

Denham, S. A. (2006). Social-emotional competence as support for school readiness: What is it and how do we assess it? *Early Education and Development, 17,* 57–89.

Ditton, H. (2010). Differentielle Leistungsentwicklung in der zweiten Hälfte der Grundschulzeit. *Zeitschrift für Grundschulforschung, 3* (1), 83–98.

Ditton, H., Krüsken, J., Kaufmann, A., Schauenberg, M. & Stahl, N. (2007). Diskussion und Ausblick. In H. Ditton (Hrsg.), *Kompetenzaufbau und Laufbahnen im Schulsystem. Ergebnisse einer Längsschnittuntersuchung an Grundschulen* (S. 225–233). Münster: Waxmann.

Duncan, G. J., Dowsett, C. J., Claessens, A., Magnuson, K., Huston, A. C., Klebanov, P. et al. (2007). School readiness and later achievement. *Developmental Psychology, 43,* 1428–1446.

Eckerth, M., Hanke, P. & Hein, A. K. (2012). Schutzfaktoren zur Unterstützung der Übergangsbewältigung von der Kindertageseinrichtung in die Grundschule – Ergebnisse aus dem FIS-Projekt. In S. Pohlmann-Rother & U. Franz (Hrsg.), *Kooperation von KiTa und Grundschule. Eine Herausforderung an das pädagogische Personal* (S. 57–70). Köln: Carl Link.

Foster, E. M. (2010). The value of reanalysis and replication: Introduction to special section. *Developmental Psychology, 46,* 973–975.

Grissmer, D., Grimm, K. J., Aiyer, S. M., Murrah, W. M. & Steele, J. S. (2010). Fine motor skills and early comprehension of the world: Two new school readiness indicators. *Developmental Psychology, 46,* 1008–1017.

Hasselhorn, M., von Goldammer, A. & Weber, A. (2008). Belohnungsaufschub als volitionale Kompetenz. Ein relevanter Bereich für die Schuleingangsdiagnostik? *Psychologie in Erziehung und Unterricht, 55,* 123–131.

Kammermeyer, G. (2000). *Schulfähigkeit. Kriterien und diagnostische/prognostische Kompetenz von Lehrerinnen, Lehrern und Erzieherinnen.* Bad Heilbrunn: Klinkhardt.

KMK – Sekretariat der Ständigen Konferenz der Kultusminister der Länder in der Bundesrepublik Deutschland. (1997). *Empfehlung zum Schulanfang.* Beschluss der Kultusministerkonferenz vom 24.10.1997. KMK 24.10.1997.

Krüsken, J. (2007). Entwicklung von Schülerleistungen und Zensuren in der Grundschule. In H. Ditton (Hrsg.), *Kompetenzaufbau und Laufbahnen im Schulsystem. Ergebnisse einer Längsschnittuntersuchung an Grundschulen* (S. 41–62). Münster: Waxmann.

Künsting, J., Post, W., Greb, K., Faust, G. & Lipowsky, F. (2010). Leistungsheterogenität im Anfangsunterricht – Ein Risiko für die Leistungsentwicklung? *Zeitschrift für Grundschulforschung, 3* (1), 46–64.

Ladd, G. W. & Dinella, L. M. (2009). Continuity and change in early school engagement: Predictive of children's achievement trajectories from first to eighth grade? *Journal of Educational Psychology, 101,* 190–206.

Ladd, G. W., Herald, S. L. & Kochel, K. P., (2006). School readiness: Are there social prerequisites? *Early Education and Development, 17*, 115–150.

Neubauer, A., Gawrilow, C. & Hasselhorn, M. (2011). Belohnungsaufschub: Ein Ansatz zur Frühprognose volitionaler Kompetenzen. In M. Hasselhorn & W. Schneider (Hrsg.), *Frühprognose schulischer Kompetenzen* (Tests und Trends, Neue Folge, Band 9, S. 203–220). Göttingen: Hogrefe.

Niklas, F., Schmiedeler, S. & Schneider, W. (2010). Heterogenität in den Lernvoraussetzungen von Vorschulkindern. *Zeitschrift für Grundschulforschung, 3* (1), 18–31.

Plehn, M. (2012). *Einschulung und Schulfähigkeit. Die Einschulungsempfehlung von ErzieherInnen – Rekonstruktionen subjektiver Theorien über Schulfähigkeit.* Bad Heilbrunn: Klinkhardt.

Schwippert, K., Wendt, H. & Tarelli, I. (2012). Lesekompetenzen von Schülerinnen und Schülern mit Migrationshintergrund. In W. Bos, I. Tarelli, A. Bremerich-Vos & K. Schwippert (Hrsg.), *IGLU 2011. Lesekompetenzen von Grundschulkindern in Deutschland im internationalen Vergleich* (S. 191–207). Münster: Waxmann.

Smidt, W. & Schmidt, T. (2012). Die Umsetzung frühpädagogischer Bildungspläne: eine Übersicht über empirische Studien. *Zeitschrift für Sozialpädagogik, 10* (3), 244–256.

Snow, K. L. (2006). Measuring school readiness: Conceptual and practical considerations. *Early Education and Development, 17*, 7–41.

Snow, K. L. (2007). Integrative views of the domains of child function: Unifying school readiness. In R. C. Pianta, M. J. Cox & K. L. Snow (Eds.), *School readiness and the transition to kindergarten in the era of accountability* (pp. 197–216). Baltimore: Brooks Publishing.

Stanat, P., Pant, H. A., Böhme, K. & Richter, D. (Hrsg.) (2012). *Kompetenzen von Schülerinnen und Schülern am Ende der vierten Jahrgangsstufe in den Fächern Deutsch und Mathematik. Ergebnisse des IQB-Ländervergleichs 2011.* Münster: Waxmann.

Stubbe, T. C., Bos, W. & Euen, B. (2012). Der Übergang von der Primar- in die Sekundarstufe. In W. Bos, I. Tarelli, A. Bremerich-Vos & K. Schwippert (Hrsg.), *IGLU 2011. Lesekompetenzen von Grundschulkindern in Deutschland im internationalen Vergleich* (S. 209–226). Münster: Waxmann.

Stubbe, T. C., Tarelli, I. & Wendt, H. (2012). Soziale Disparitäten der Schülerleistungen in Mathematik und Naturwissenschaften. In W. Bos, H. Wendt, O. Köller & Ch. Selter (Hrsg.), *TIMSS 2011. Mathematische und naturwissenschaftliche Kompetenzen von Grundschulkindern in Deutschland im internationalen Vergleich* (S. 231–246). Münster: Waxmann.

Tarelli, I., Schwippert, K. & Stubbe, T. C. (2012). Mathematische und naturwissenschaftliche Kompetenzen von Schülerinnen und Schülern mit Migrationshintergrund. In W. Bos, H. Wendt, O. Köller & Ch. Selter (Hrsg.), *TIMSS 2011. Mathematische und naturwissenschaftliche Kompetenzen von Grundschulkindern in Deutschland im internationalen Vergleich* (S. 247–267). Münster: Waxmann.

Treiber, B. & Weinert, F. E. (1985). *Gute Schulleistungen für alle? Psychologische Studien zu einer pädagogischen Hoffnung.* Münster: Aschendorff.

Vereinigung der Bayerischen Wirtschaft e.V. (2013). *Position Vorschule und Schule.* O.O.: Vereinigung der Bayerischen Wirtschaft.

Weinert, F. E. & Helmke, A. (2007). Theoretischer Ertrag und praktischer Nutzen der SCHOLASTIK-Studie zur Entwicklung im Grundschulalter. In F. E. Weinert & A. Helmke (Hrsg.), *Entwicklung im Grundschulalter* (S. 459–474). Weinheim: PsychologieVerlagsUnion.

Weinert, S., Ebert, S. & Dubowy, M. (2010). Kompetenzen und soziale Disparitäten im Vorschulalter. *Zeitschrift für Grundschulforschung, 3* (1), 32–45.

Wendt, H., Stubbe, T. C. & Schwippert, K. (2012). Soziale Herkunft und Lesekompetenzen von Schülerinnen und Schülern. In W. Bos, I. Tarelli, A. Bremerich-Vos & K. Schwippert (Hrsg.), *IGLU 2011. Lesekompetenzen von Grundschulkindern in Deutschland im internationalen Vergleich* (S. 175–190). Münster: Waxmann.

Verzeichnis der Autorinnen und Autoren

Ebert, Susanne, Dr., Dipl. Psych, Jg. 1979; Wissenschaftliche Mitarbeiterin im entwicklungspsychologischen Teilprojekt 3 der Forschergruppe BiKS (Doktorandin und Postdoktorandin) 2005 bis 2013; seit 2013 akademische Rätin a.Z. am Lehrstuhl für Psychologie I – Entwicklung und Lernen, Markusplatz 3, 96045 Bamberg, susanne.ebert@uni-bamberg.de

Faust, Gabriele, Univ.-Prof. Dr., Jg. 1950; Leiterin des grundschulpädagogischen Teilprojekts 6 der BiKS-Forschergruppe 2005 bis 2013; Lehrstuhlinhaberin für Grundschulpädagogik und -didaktik an der Otto-Friedrich-Universität, Markusstraße 8a, 96047 Bamberg, gabriele.faust@uni-bamberg.de

Kluczniok, Katharina, Dr., Jg. 1981; Wissenschaftliche Mitarbeiterin im elementar- und familienpädagogischen Teilprojekt 2 der BiKS-Forschergruppe 2006 bis 2012; derzeit akademische Rätin a.Z. am Lehrstuhl für Elementar- und Familienpädagogik, Otto-Friedrich-Universität Bamberg, Markusstraße 8a, 96047 Bamberg, katharina.kluczniok@uni-bamberg.de

Kotzerke, Marei, M.Sc., Jg. 1985; seit Oktober 2011 Wissenschaftliche Mitarbeiterin im entwicklungspsychologischen Teilprojekt 3 der BiKS-Forschergruppe, Luitpoldstraße 5, 96052 Bamberg, marei.kotzerke@uni.bamberg.de

Kratzmann, Jens, Prof. Dr., Jg. 1975; Wissenschaftlicher Mitarbeiter im grundschulpädagogischen Teilprojekt 6 der BiKS-Forschergruppe 2007 bis 2013; Professor für Pädagogik mit Schwerpunkt frühe Kindheit an der Kath. Universität Eichstätt-Ingolstadt, Fakultät für Soziale Arbeit, Kapuzinergasse 2, 85072 Eichstätt, jens.kratzmann@ku.de

Kuger, Susanne, Dr., Dipl.-Psych., Jg. 1976; Wissenschaftliche Mitarbeiterin im elementar- und familienpädagogischen Teilprojekt 2 der BiKS-Forschergruppe 2005 bis 2011; derzeit Koordination der Entwicklung der internationalen Hintergrundbefragungsinstrumente für PISA 2015 am Deutschen Institut für internationale pädagogische Forschung (DIPF) in Frankfurt, Schloßstraße 29, 60486 Frankfurt, kuger@dipf.de

Lehrl, Simone, Dipl.-Päd., Jg. 1984; Wissenschaftliche Mitarbeiterin in BiKS 2008 bis 2012; seit 11/2012 Wissenschaftliche Mitarbeiterin am Lehrstuhl für Elementar- und Familienpädagogik der Otto-Friedrich-Universität Bamberg, Luitpoldstr. 5, 96052 Bamberg, simone.lehrl@uni-bamberg.de

Plehn, Manja, Dr., Dipl. Sozialarbeiterin (FH), Jg. 1977, Doktorandin im grundschulpädagogischen Teilprojekt 6 der BiKS-Forschergruppe 2009 bis 2012; derzeit Wissenschaftliche Mitarbeiterin am Institut für Bildung im Kindes- und Jugendalter der Universität Koblenz-Landau, Arbeitsbereich Pädagogik der frühen Kindheit, August-Croissant-Str. 5, 76829 Landau, manja@plehn.eu

Pohlmann-Rother, Sanna, M.A., Dr., Jg. 1977; Wissenschaftliche Mitarbeiterin im grundschulpädagogischen Teilprojekt der BiKS-Forschergruppe 2005 bis 2008; seit 2009 Akademische Rätin a.Z. am Lehrstuhl für Grundschulpädagogik und -didaktik der Otto-Friedrich-Universität Bamberg, Markusstraße 8a, 96047 Bamberg, sanna.pohlman-rother@uni-bamberg.de

Röhricht, Vanessa, Dipl.-Psych., geb. 1985; seit September 2011 Wissenschaftliche Mitarbeiterin im entwicklungspsychologischen Teilprojekt 3 der BiKS-Forschergruppe; Luitpoldstraße 5, 96052 Bamberg, vanessa.roehricht@uni-bamberg.de

Schipper, Isabelle, Master of Arts, Jg. 1980; Praktikantin im grundschulpädagogischen Teilprojekt 6 der BiKS-Forschergruppe im Jahr 2010; derzeit Grundschullehrerin in Hessen, i.schipper@hotmail.de

Smidt, Wilfried, Dr., Dipl.-Päd., Dipl.-Sozialpäd. (FH), Jg. 1975; Wissenschaftlicher Mitarbeiterin in BiKS 2006 bis 2011; derzeit Wissenschaftlicher Mitarbeiter am Institut für Bildung im Kindes- und Jugendalter, Arbeitsbereich Pädagogik der frühen Kindheit, Universität Koblenz-Landau, August-Croissant-Str. 5, 76829 Landau, smidt@uni-landau.de

Wehner, Franziska, M.A., Jg. 1982; seit August 2008 Wissenschaftliche Mitarbeiterin im grundschulpädagogischen Teilprojekt 6 der BiKS-Forschergruppe; Luitpoldstraße 5, 96052 Bamberg, franziska.wehner@uni-bamberg.de

Weinert, Sabine, Univ.-Prof. Dr., Jg. 1957; Projektleiterin des entwicklungspsychologischen Teilprojekts 3 der BiKS-Forschergruppe 2005 bis 2013; Inhaberin des Lehrstuhls für Psychologie I – Entwicklung und Lernen; Markusplatz 3, 96045 Bamberg, sabine.weinert@uni-bamberg.de